贵州省民族宗教事务委员会特色学科建设经费资助研究

贵州民族大学学术文库
GUIZHOU MINZUDAXUE XUESHU WENKU

中国西南苗族传统宗教研究

ZHONGGUO XINAN MIAOZU CHUANTONG
ZONGJIAO YANJIU

周永健◎著

中央民族大学出版社
China Minzu University Press

图书在版编目（CIP）数据

中国西南苗族传统宗教研究/周永健著. —北京：中央民族大学出版社，2016. 10

ISBN 978-7-5660-1248-7

Ⅰ. ①中…　Ⅱ. ①周…　Ⅲ. ①苗族—原始宗教—研究—西南地区　Ⅳ. ①B933

中国版本图书馆 CIP 数据核字（2016）第 249277 号

中国西南苗族传统宗教研究

著　　者　周永健
责任编辑　杨爱新
封面设计　汤建军
出 版 者　中央民族大学出版社
　　　　　北京市海淀区中关村南大街 27 号　邮编：100081
　　　　　电话：68472815（发行部）传真：68932751（发行部）
　　　　　　　　68932218（总编室）　　　　68932447（办公室）
发 行 者　全国各地新华书店
印 刷 厂　北京宏伟双华印刷有限公司
开　　本　787×1092（毫米）　1/16　印张：20. 75
字　　数　330 千字
版　　次　2016 年 10 月第 1 版　2016 年 10 月第 1 次印刷
书　　号　ISBN 978-7-5660-1248-7
定　　价　60. 00 元

目　录

导　论

第一节　研究现状与理论方法

一、研究意义

苗族历史悠久，分布地域广，人数众多。据国家统计局官网公布的2010年第六次全国人口普查结果统计，我国苗族总人口为9426007人，位居全国各民族总人口第六位；苗族主要居住在川、渝、滇、黔、桂、湘西、鄂西等广义西南地区。此外，苗族在海外亦多有分布，海外苗族人口约有200万人。所以，苗族亦当属于跨境民族。

苗族传统宗教今天依然是西南苗族精神生活的重要组成部分，亦早已渗透于其传统文化之中，并在苗族地区的社会生产、社会生活、社会管理与社会教化诸方面发生重大影响。因此，无论是西南苗族社会的现代化转型，还是研究其传统文化，都必须关注其传统宗教的作用机制；无论是哪一学科或领域的西南苗族研究，都绕不开其传统宗教这一话题。

当前，关于西南苗族传统宗教的研究成果已不少，但是，专门以此为主题的系统研究目前还未见推出。本课题即基于宗教与社会的立足点，运用文化人类学、民族学、社会学等学科的理路，切入西南苗族传统宗教研究主题。

研究的理论意义。通过对西南苗族传统宗教信仰与仪式的系统化梳理，探源析流、缘始察终，将乡土的、民间的苗族宗教予以系统性的、多视角的理性表达，推动西南苗族传统宗教的宗教人类学理论构建。分析各历史时期西南苗族传统宗教在社会生产、民众生活、社区控制与基层管理中的作用机制，为当代构建苗族地区和谐社会与新农村建设寻找地域性的宗教社会学的理论支撑，亦总结宗教政治学在苗族地区的实践经验。

研究的现实意义。考察传统宗教在苗族社会对民众精神生活与文化发展的影响模式，能够为今天苗族地区的新农村建设中的乡村文化建设活动提供较为贴切的工作思路与切入平台。探讨传统宗教在苗族地区乡村社会的聚合能力、善恶评价与惩戒机制以及宗教民俗对社区的影响机制，可以分析西南苗族基层社会的结构、功能与运行；也就为我们理解当今宗教信仰与民族地区乡村社会的关系提供现实指导。

二、关键概念之内涵界定

（一）“中国西南”涵盖之地理区域

据张泽洪教授研究，学术界对于中国西南地理范围的界定分为广义西南和狭义西南两个概念。司马迁《史记》、马长寿《中国西南民族分类》、杨成志《我对云南罗罗族的研究计划》以及陈国钧所撰《贵州苗夷社会概况》等论文均涉及“中国西南”之地理概念的涵盖范围。狭义西南即《史记·西南夷列传》所论及的“巴蜀西南外的滇、黔两省及川西南的一部分”，“而广义的西南泛指川、滇、黔、渝四省市为主，其外延可及广西、西藏甚至湘西、鄂西、粤北的地理区域”。[①]

本书论述中使用的“中国西南”这一地理概念，是指广义西南所界定的地理范围。我国苗族经历代迁徙奔走，已广布于上述地理空间，但是，本书中将主要撷取湘西、川南、渝东、黔省全部以及滇南之文山、红河诸地苗族聚居区的资料。对于此间苗族分布与支系状况，陈国钧亦曾论及：

① 张泽洪：《文化传播与仪式象征——中国西南少数民族宗教与道教祭祀仪式比较研究》，成都：四川出版集团巴蜀书社2008年版，第9页。

“所谓西南，其范围系指贵州、云南、四川、西康、湖南、广西、广东诸省，在此数省中散居原始民族极多，更以边区一带，崇山深谷，土地辽阔，栖息其间者尤多。这种民族，即称为‘苗族’，俗又叫‘苗子’，实则种类极多，名称亦极繁杂。”①

（二）“传统宗教”概念的选择

根源于苗族自身的民族文化而创立的民族宗教，明显有别于制度化宗教，对其称呼问题，学术界并不统一，传统宗教、民间宗教、民间信仰及民俗宗教诸概念均常见使用。“传统宗教”概念似乎更有解说力，尤其符合至今依然存续的西南苗族民族宗教特点与现状。

苗族传统宗教在远古时期自发产生，且一直从史前时代延续到近现代，是至今依然在苗族社会生活的各方面发挥重要作用的活态宗教。基于其民族文化传统而产生的苗族传统宗教，有信仰对象、信仰主体，但并非像五大神学宗教那样还有条文化的教义以及较为完善的宗教组织，但是却具有源远流长的历史和广泛的信仰基础，且已经融入苗族社会全体成员的日常生活之中。在千百年的历史沉淀与社会整合中，苗族传统宗教已成为苗族社会上层建筑的一部分。

三、国内外研究现状及发展趋势

（一）国内对西南苗族传统宗教的研究

近代以来，随着西方人类学、民族学的引进，尤其是因外患频仍而兴起的边疆学的推动，国内学术界开始关注西南苗疆，一些学者开始研究苗族的传统宗教。苗族传统宗教研究兴起于20世纪20年代的新闻媒体之采风报道，以及少数学人机缘巧合的或专题的实地调查研究。20世纪30年代，尤其是抗战爆发后，随着许多大专院校及研究机构的内迁，大批学者亲历西南苗疆的机会不期而至；无论是出于专业研究的需要，还是广泛的学术兴趣使然，抑或是政府出于动员抗战力量之迫切需求，针对苗区的各种田野

① 陈国钧：《西南新建设中的苗族问题》，《中华评论》1938年第1卷第4期，第64页。

调查迅速展开。这样，包含在广义苗族研究话题之下的苗族传统宗教之专题研究得以深入，并结出累累硕果，亦出现一些此领域的知名研究人士。

新中国成立后，国家层面的各民族社会历史调查全面铺开，虽然笼罩着无神论的意识形态诉求，但是，在具体的田野调查工作中，苗族传统宗教的话题亦或隐或显地被记录在案，相当数量的传统形态较为完整的研究素材得以保存。1978 年以后，对于苗族传统宗教的研究再度回暖，引发众多学者关注此领域的话题。1990 年以后，苗族传统宗教研究的热潮进一步升温，学术队伍的整体水平亦呈现从业余走向专业，从猎取奇闻杂谈的花边新闻形态走向与苗族社会现实需求紧密结合的理论联系实际研究。研究方法亦呈现出跨学科、多领域、交叉研究的取向。

就崇拜形式与内容研究部分看，关注图腾崇拜的大多数学者认为苗族曾经盛行盘瓠崇拜，谭璇《苗族节令风俗撮谈》、张永国《关于苗族的图腾崇拜问题》、王岚《论苗族盘瓠崇拜属于图腾崇拜》、吴曦云《苗族的图腾和盘瓠》均持有此说。但是，否定犬崇拜与盘瓠崇拜具有同一性的学者亦充分表达了自己的观点，例如，天娇在《与“盘瓠是苗族始祖”论者商榷》一文中即秉承此说。牛崇拜是苗族社会的普遍现象，天娇《与“盘瓠是苗族始祖”论者商榷》、雷秀武《试论黔东南苗族图腾问题》、沈飞《试论苗族牛角图腾文化》均持有此观点。枫木-蝴蝶图腾亦是苗族的图腾崇拜对象之一，一些学者主张，枫树图腾崇拜还应当包括与此有紧密联系的蝴蝶图腾，因为苗族生育信仰与枫树孕育蝴蝶的神话相关。苗族亦以龙为图腾，杨鹓在《龙崇拜新解》中提出，苗族崇拜的龙图腾与汉族所推崇的龙图腾有着千丝万缕的联系，但苗族的龙图腾形象还处于早期，且各支系的龙图腾较为杂乱，标准并不统一。刘丽《苗族的民间信仰及其区域差异》注意到苗族各支系的龙图腾存在非常明显的地域性特征，差异性较大。苗族亦曾以鸟为图腾，李子和在《苗族鸟图腾崇拜刍议》一文中主张，在苗族神话传说、古歌以及苗族史诗和众多的民间故事中，有关苗族鸟图腾崇拜的记录比比皆是。

在自然崇拜研究方面，苗族树崇拜问题受到众多学者关注，周相卿《格头村苗族原始宗教信仰与习惯法关系研究》发现，在实地调查中观察到的树崇拜遗存，与诸多文献所载的有关苗族视枫树为神树记录并不吻合。胡卫东在《黔东南苗族树崇拜调查与研究》中提出，在黔东南苗族的树崇拜对象中，既有守寨树，也有龙脉树，还崇拜一些风景林木。需要注意的是，该地区苗族的树崇拜仪式呈现出多样化的特征，而且树崇拜中的树种并不特定。在对竹崇拜现象的研究中，很多学者明显地将其视为图腾崇拜兼有祖先崇拜的混一崇拜现象。刘芳《苗族的竹崇拜与芦笙文化》提出，物质层面的竹文化，也即作为日常器物形态存在的竹文化，在苗族传统文化中并不突出；但是精神层面的竹崇拜，却受到苗族社会的重大关切，苗族社会生活以及人生重大礼仪均离不开竹崇拜仪式，所以，其重要地位不可替代。

在祖先崇拜中，几乎所有的研究者均认为，蚩尤被苗族社会公认为其人文初祖。田玉隆《论苗族民俗文化中的蚩尤形象》研究了蚩尤在苗族民俗文化中的各种形象，隆名骥在《苗族风俗中的祖先崇拜》中指出，苗族社会极为注重对其人文初祖蚩尤的祭祀，而且认为，苗族的牛图腾的渊源其实就是对民族祖先蚩尤的崇拜。童振藻《黔苗对于竹王之信仰》梳理了西南苗族地区普遍存在的竹王崇拜问题，分析了苗族社会中竹王崇拜之形成，当与传说中的竹王主政夜郎时，勤政为民，泽被黔苗，因而获祀有关。此外，不同历史时期的一些著名历史人物，因其曾经在苗疆做出了重大的军政贡献，有功于苗族社会，所以至今依然被祭祀崇奉。民国时期，一些深入苗疆调查的学者，就曾注意到各苗族支系奉祀诸葛亮、关羽、马援等汉族历史人物的现象。

对于生殖崇拜问题的研究，杨昌国的《鱼·盘瓠·枫木-蝴蝶——苗族生殖崇拜文化研究三题》认为，苗族对鱼的崇拜，主要在于崇拜其旺盛的生殖能力，所以，崇拜鱼类的目的在于经转移或催化作用，求得人类获得类似的生殖能力，实现孕育生息的目标。陈啸《试析苗族的龙崇拜及其造型艺术的嬗变》认为，苗族的龙文化中既具有明显的农事诉求，亦体现出突出的生殖崇拜特征。也即，取其形象类比男根，借用其神异而希冀借力于神助，实现多子多孙，家族人丁兴旺的目标。

对于苗族宗教师的研究，研究者曾经留意其称谓、职能及法术、法器，亦有人考察了苗族传统宗教的宗教师之传承、社会地位。吴晓东《苗族巫师的二重人格》认为，苗族宗教师在受到普遍尊敬的同时，自己却战战兢兢于神鬼世界，由于为自己的虔诚信仰所左右，苗族宗教师的举手投足均严格恪守传统的宗教信条。周继勇《苗族宗教试析》认为，苗族宗教师的宗教职责就在于苗族传统宗教的思想、主持祭祀仪式，演绎宗教行为。潘盛之《论苗族巫师的社会职能》认为，苗族宗教师既主持宗教活动，亦能通过一定的宗教仪式，在一定范围内引导、规制苗族农村社区的行为模式，同时，还能传承苗族的历史与文化，并承担着社会教化的职能。刘援朝在《苗巫与苗族传统社会》中提到，苗族宗教师不仅精通苗族传统宗教，还熟知苗族历史、文学、哲学、天文历法以及民族艺术、民族医学，所以，苗族宗教师是不折不扣的苗族传统文化的集大成者。

罗义群在《论苗族巫术的形成、流变与消亡》一文中，总结了苗族传统宗教之巫术的形成与衍化历程，并明确提出巫术是苗族传统文化中特有的一种文化形态。陈一石《苗族原始宗教试探》则对苗族宗教师在法事活动中使用的巫术进行了较为详细的归纳与分类。陈国钧《贵州安顺苗夷的宗教信仰》记述了安顺苗族巫术“哄娘哄爷”“扑水饭”与“小马儿”等，龙文玉《苗族的招魂风俗与屈原的招魂作品》则主张，中国各民族中存在的招魂巫术，当由苗族创立并予以推广。一些学者关注了苗族的择日术与占卜问题，觉迷《苗猺犵狫奇俗志》中列举了湘黔渝边区流行的苗族占卜术类型。杨德在《苗族占卜试析》中较为详细地分析了苗族占卜术中所使用的材质与媒介问题，罗义群《苗族“巫术艺术”论》认为，苗族传统巫术中，已经混杂着苗族传统文化的各方面内容，是探究苗族民族文化必不可少的途径，苗族巫术与其传统宗教互为表里，联系紧密。

（二）国外对西南苗族传统宗教的研究

西方涉及苗族的研究始于13世纪的意大利马可波罗（Marco Polo）的《马可波罗游记》，1688年，葡萄牙耶稣会士马盖兰斯（Magallans Gabriel）在其著作《中国新纪实》里亦有对川、黔、滇、桂境内山区苗族习俗的记载。1831年，佚名氏《对山地居民苗子的考察》则较为清晰地对中国西南苗族的传统宗教进行了论述。但上述论著之初衷，多是著作者在游历中，在机缘巧合的情况下，进入我国苗疆，因而能够初步接触西南苗族各支系，并随性记录其所见所闻，与学术层面的苗族传统宗教研究还有相当的距离，至少对苗族传统宗教的关注极为有限。

为适应对华侵略及在亚洲扩张的需要，1822年法国建立业细业学会，1890年巴黎开始出版研究中国学的杂志《通报》；1832年美国传教士在广州创办了中国学杂志《澳门月报》（或称《中国宝库》），1842年美国建立东方学会。西方学者与学术机构在其研究中不时涉及有关苗族宗教的研究。19世纪后半期，西方传教士、探险家及学者在其著作中涉及中国西南苗族宗教研究的逐渐增多。法国传教士保禄·维亚尔（Paul Vial）1880年来华，在我国西南地区传教。在其有关彝族的研究中亦涉及一些对苗族宗教习俗的论述。此外，还有W. 吉尔（William Gill）《金沙江：经由中国西藏东部到缅甸游记》（1880年）、布罗姆汤（Brormton）《对中国南部苗子部落的访问》（1881年）、C. 贝伯（Bber）《在中国西部旅行与调查》（1882年）以及大给恒《古铜鼓考》（1883年），这些实地调查与旅行记都或多或少地记录了西南苗族的宗教信仰习俗。

20世纪以来，西方学术界在苗族研究中，开始分门别类地对该民族的历史进行梳理，探究其族源，分析其社会组织形态，同时关注苗族的宗教信仰、文学艺术和语言文字等内容。1940—1941年，德国人类学家布克莱尔（Inez de Beauclair）曾在贵州等省对苗族、仡佬族等进行过调查，1945年他抵达贵州郎岱、镇宁等地进行实地调查，并以此调查资料为依据，出版了《贵州省的大花苗》（1954年）、《中国西南部贵州省的中国九个部族的文化特点》（1956年）及《黔东南苗族文化结构》（1960年）等一系列著述，对西南苗族宗教多有记述。民主德国学者勃劳梯加姆（H. Brāutigam）在其著述《关于1854年至1872年贵州各民族集团的人民起义》（1963年）以及《论白苗》（1963年）中，对苗族宗教信仰亦有所涉及。1941年，日本成立了东洋文化研究所，研究东方各国历史、法律、经济、哲学、宗教、语言、文学、民族学和考古学，1943年开始编辑发行《东洋文化研究所纪要》；之后，京都大学在1930年创刊了《东方学报》。这些杂志刊发了一些有关苗族宗教习俗研究的论文。1886年，英国传教士柏格理（Samuel Pollard）被圣经基督教教会会议任命为派往中国的传教士，在华期间柏格理与人合著《苗族的故事》（1909年），独著《在未知的中国》（1921年）、《柏格理日记》（1954年），这些著作的内容涉及苗族皈依基督教，建立基督教堂，培养苗族传教士，挤压苗族传统宗教与巫师的活动空间，焚毁苗族传统宗教中崇拜的偶像，禁止苗族举行祖先崇拜以及对精灵、大树、门、水、石头的崇拜等；同时，也记录了诸如丧葬习俗之类的苗族宗教信仰内容。英国传教士克拉克（Samuel R. Clark）在贵州安顺地区住了二十多年，详细调查研究了苗族的历史、语言、习俗、宗教等，1911年出版《在中国西南部落中》，内容涉及黑苗的文字传说、动物传说、创世神话及花苗、鸦雀苗的洪水神话与祖先神话，记述了苗族宗教信仰的椎牛仪式、占卜、丧葬与祭祖，并详细介绍了西方宗教与苗族宗教的碰撞情况。1908—1936年，英国传教士赫兹佩斯（W. Hudspeth）在贵州省威宁苗区传教，著有《中国西南部苗族中对门的崇拜》（1922年），对苗族的宗教信仰进行了较为系统的研究。20世纪初，法国传教士萨维那（F. M. Savina）曾经因传播福音而在我国西南苗疆生活多年，熟知苗族语言、习俗、历史文化及其宗教信仰，1924年出版《苗族史》，书中除记述苗族历史、语言外，还详细介绍了其习俗、传说和宗教信仰。法国勒摩纳（又译莱莫尼）博士的《苗族风水》（1972年）、《苗族指路歌》（1974年），莫尔坎德的《苗族的巫》则是对苗族宗教问题的专题研究。美国传教士葛维汉（D. C. Graham）兼有教士和学者双重身份，在华居留长达38年。他先后5次深入苗寨实地调查，详细记录了川南苗族的历史、艺术、习俗及宗教信仰等情况。他还先后发表了《川苗的习俗》《川苗的仪式》《川苗的宗教》等有关川南苗族研究的学术论文，涉及川南苗族的习俗、传说、神话等。

20世纪后半期，西方还出现了一批有关苗族宗教研究的专著，例如，L. 万尼切利（Vannicelli）《苗族的偶像崇拜》（1956年）、T. A. 莱曼（Lyman）《绿苗的祭鬼仪式》（1968年）、G. 莫雷尚（Moréchand）《苗族的萨满教》（1968年）、T. 德·拉古佩里（Lacouperie, A. T. de）《非汉族的古代宗教上的铜鼓》（年代待定）等，这些著作在研究的广度和深度上都达到较高水平。

（三）中国苗族传统宗教研究特点与存在的问题及发展趋势

就西南苗族传统宗教的研究内容看，研究者首先注重从宗教学的学科特点出发，对苗族传统宗教的信仰体系予以研究，考察其灵魂观与崇拜对象；同时注意有关苗族传统宗教之宗教师的相关问题，刻意记录、翻译祭祀仪式中的各种巫词、仪式结构、施行的法术以及宗教师的法事装束。当然，也有人开始注意将苗族传统宗教与苗族社会、民族历史以及相关的民族传统文化结合起来，进行深层次的考辨。对于民族间之文化交流与涵化问题，部分学者注意到了汉化程度较深的苗族支系，儒释道的诸多因子已经渗入苗族传统宗教的诸领域。所以，已经推出的研究成果中，研究者的研究视角还是比较宽泛的，问题意识突出，尤其是保存了大量苗族传统宗教的原生态的资料，而这些有价值的素材，今天多已流变。

就研究方法看，国内外对西南苗族传统宗教的研究，经历了由最初的猎奇赏异走向极具学术背景与兴趣的田野实地调查。就具体的研究方法看，运用民族学、人类学、社会学、宗教学等跨学科的综合研究方法进行深度分析是一必然走向。但是，由于中国历史文献中蕴藏着丰富的实录直书式的原始记录，尤其是地方史志与民间通俗文献中，有关苗族传统宗教的信息量极为浩繁；所以，传统的文献研究法亦是根本不能丢弃的重要研究方法。现当代，学者们进一步从单一的研究手段与方法走向跨学科、多领域、全方位的众多学科的研究方法综合运用的交叉研究取向。

虽然有关西南苗族传统宗教研究的成果在不断推出，但其总量依然较少。许多学者涉及此话题时，并非以此为主题，仅仅是在进行其他问题的研究中附带涉及而已。当然，即使是以此为主题的研究，许多学者也仅仅是关注苗族传统宗教某一方面的问题；或者仅仅是进行片段式的研究，缺乏历时性与共时性并重的问题意识。更有一些研究只是涉及某一苗族支系的现象，宏观性的整体研究并不多见。

通过对20世纪以来国内研究的考察，可以注意到此问题的研究趋势注重田野与实证，综合运用各种研究方法，进行多角度、跨学科的综合研究；尤其是注重现代科技手段的运用，使西南苗族传统宗教研究进入以影像记录等实时动态采录为特点的影视人类学研究层面；研究成果讲究文采，行文流畅，结论具有说服力。就研究内容与思维路径来看，具有民族文化多元共生的视角高度，凸显现实关切，将苗族宗教研究与当下西南苗族地区的社会发展、中国西部开发问题紧密结合，既分析碰撞，又研究涵化；看到了冲突，更思考和谐共生。在西南苗族宗教研究中，注重将传统宗教置于西南苗族传统文化的固有内容中进行思考，并以此为视角，考察西南苗族的民族性格、民族文化以及西南苗族社区的社会运行与社会教化等诸多关乎当代苗族社会发展的精神内层的微观而具体的问题。注重研究资料的多层次，尤其注重近代以来海外传教士、旅行家、探险家撰写的有关西南苗族地区的相关调查报告、探险记、日记等文献的搜集与利用。同时，存世的或依然散处田野的碑铭、谱牒、考古材料及有关苗族宗教的民间抄本都将成为研究者刻意利用的素材。

四、研究方法

有关苗族传统宗教问题，时至今日，各种文献资料可谓汗牛充栋。但是，这些文献资料尤其是纷繁众多的实地调查资料，被系统利用以研究苗族传统宗教的情况似乎并不理想，至少应该还大有可为之处。所以，本书的研究，重点就是充分利用文献，解读苗族传统宗教。试图通过查阅有关书籍、报刊、资料、手稿和其他记载等，对有关西南苗族宗教的研究资料进行搜集、梳理、分类，并运用宗教人类学的方法，探讨西南苗族传统宗教的传播、分布、结构和功能等内容。

历史上，由于苗族迁徙频繁，支系众多，加之各地区的苗族部族与支系因为自然与人文的因素，导致在宗教信仰中出现明显的差异性与地域性特色。所以，极有必要采用比较研究的方法，将西南苗族各支系传统宗教信仰中的同一仪式与信仰在不同地区、不同时代的表现形式进行比较研究，分析其地域文化内涵的差异。

西南各地苗族支系传统宗教的演变历程，尤其是地域性差异的研究，需要宗教文化生态学的思考角度。此种理论范式有助于考察西南苗族由信仰超自然存在所引起的种种观念与祭祀仪式，是怎样有助于民众在其自然、人文环境中建立起生存与发展的运行机制。

为了较为全面地掌握有关此项研究的资料，笔者通过社会调查、个人积累、网络查询、间接检索和刊物阅读的方式形成了对西南苗族传统宗教研究成果的全面搜集，并形成对西南苗族传统宗教研究的全面认识。通过对宗教学、文化人类学、民族学、社会学、民俗学等相关学科研究理论的系统梳理，形成西南苗族传统宗教研究的理论基础，在形成有关西南苗族传统宗教研究理论思考的基础上，构建研究体系，充分认识此项研究的性质、对象、任务以及内容和研究方法也就有了可行的方案。

在研究方法上较为突出的是综合利用宗教学、文化人类学、民族学、民俗学、区域文化学的研究方法，突出学科交叉性、综合性。对于研究材料的采用与拓展注重传统文献与民族志材料的利用，又留心于民族考古资料与私人日记，还搜求苗族宗教信仰的民间通俗抄本、歌谣与宗教艺术形式；既关注西南苗族传统宗教具有共性的、典型的材料，也尽可能地利用个性化的、地域化与体现变异性的宗教表现资料。就研究视角来看，注重从宗教与社会生活、宗教与社会空间、宗教与社会变迁、宗教与社会治理等角度切入西南苗族传统宗教的研究，无疑丰富了苗族宗教研究的内容，拓展了新领域，也提供了一较新的研究视角。

第二节　西南苗族传统宗教的特质

一、生活宗教化

（一）敬鬼祀神于时时处处

苗族社会对于传统宗教的信仰弥散于日常生活的各领域，对于一切不可知的，或难于把握的事物与现象均归之于神秘的鬼神力量的操控。因此，苗族民众在日常生活中非常迷信鬼神，一举一动多祷告或祈求于鬼神；凡吃饭饮酒等宴飨宾客时，必先飨鬼神，然后才敢食用。家里略有些许事情或变故，就一定会祈求于鬼神；做事亏心而想抵赖掩盖者，一旦面临神判时，就会胆战心惊、战栗不已而主动交代实情。

此外，在医疗卫生水平较为低下的时代，苗族社会普遍习惯于求医问药于其传统宗教，稍有疾病，就将请巫作法祭祀鬼神作为首要的乃至唯一的选择。对于此种情形，文献多有记载。《苗蛮图说》记述了贵阳、大定、安顺、遵义等地的花苗，为了医治疾病，“惟宰牲盛馔，祷于鬼神，虽至败家无悔焉”。铜仁地区的红苗，“五月寅日，夫妇另宿，不敢言，不出户，以避鬼神而忌虎也”①。由于信仰极为虔诚，整个苗族社会无不恪守与传统宗教有关的禁忌和原则，并希望以虔诚的态度坚守传统宗教仪轨，从

① 佚名：《苗蛮图说》，日本早稻田大学图书馆藏本，第13-14页。

而为自己与家庭规避祸患，驱邪纳福。湘西乾州、保靖等地的苗族，因敬畏鬼神而形成宗教禁忌。每年春节的第一个属马、属鼠的日子，或者过小年时，各家各户均要求大人小孩等通宵须保持静默而不得作声。他们认为在这样的时日里，如不恪守上述诸禁忌，“否则即坏鬼，坏鬼者，则须延巫打猪安神以赔罪”①。

苗族民众对于鬼神的敬畏心态，在湘西苗族宗教师的祭祀神辞中也有全面体现。日常生活中稍有不顺，或出现反常现象，民众一定将之说成是恶鬼作祟。

> 是恶鬼作祟，是凶神作怪。所以狗疯乱跑，猪癫乱窜。狗上屋顶，猪上楼板。鸡来进窝啄蛋，猪来进圈吃崽。母鸡打鸣，公鸡下蛋。母鸡生软壳蛋，公鸡下蛋硬壳。母狗产崽一只，母猪生崽一双。二月稻谷出穗，三月小米穗出。上山遇着死猎物，下坡碰上死野兔。见蛇两条，现在屋边。见虎两只，躲在屋旁。小鼠竖耳连声叫，大鼠抬脚吱吱响。菜花蛇进屋蜕皮，黄鼠狼进家舞爪。主人睡觉做噩梦，睡觉做坏梦。梦在雨雾上面，梦坐冰雪高头。梦在青山森林之中，梦坐深山林海之内。②

苗族群众对于生死寿夭、旱涝灾害、奇特的自然现象、地质变化以及两蛇交尾、狗生独崽、鸡吃鸡蛋、母猪睡槽等农业生产与社会生活中常见现象，均认为是鬼神作祟的结果。一旦出现上述情况，主人就会急切地寻求禳解之法，一定会去寨头卜卦，村尾测日，并延请宗教师举办禳解仪式。所以，有人说，苗族社会存在一种极为普遍的宗教信仰现象，时时处处均可见敬鬼祀神的焚香烧纸与祭祀朝拜行为。“疾病兵战，出行远归，皆有祀事。”③

（二）借助宗教破解生活困苦与疑惑

在文化教育程度普遍不高，科技文化知识较为贫乏的条件下，苗族社

① （民国）陈心传：《五溪苗族风土记》第一册，手稿本，1937年，第37-38页。

② 石启贵：《民国时期湘西苗族调查实录·祭祀神辞汉译卷》，北京：民族出版社2009年版，第411页。

③ （民国）陈心传：《五溪苗族风土记》第一册，手稿本，1937年，第38页。

会对于遭受的自然与社会压迫，以及人的生老病死等问题缺乏正确的解释机制与平台，于是就不约而同地转向传统宗教的神性注解，以求获得突破。通常情况下，一旦有人生病，苗族群众即通过驱邪祈禳的方式寻求解决途径。据民国《马关县志》卷二《风俗》载：

苗人之迷信，苗俗信鬼，有病不服药，惟请巫公，禳改退送，或于野旷之地，悬竿为记。击鼓吹笙，焚香奠酒，然后执斧椎牛以祭祖先。男女聚嗷，谓能却病，不效亦无悔悟。①

云南金平县花苗家人生病后，则用锅将香油炸热后所发出的火驱除屋内邪气，或者用火硝烧鬼的巫术形式驱鬼，祈求家庭成员平安清吉。一旦村寨中疾病流行，问题严重时，则会举行大规模的扫寨仪式，祈求神灵保佑。例如，云南部分苗族请巫师用一根草绳，串着若干染上狗血的木片横放在村前村后路上，并宰杀羊、鸡、狗等献鬼，以示将村中的恶鬼赶出村寨。麻栗坡孟黄苗族则常常在农历正月到二月间，举行拦鬼活动，以求确保村寨人员健康平安。祭时杀狗，将狗血涂在木刀上，并将其悬挂于寨门以阻拦邪鬼入寨。此外，多病的家庭则请巫师用两桃树枝沿屋四周扫至大门，以实现驱逐恶鬼的目的。② 湘西苗族亦是如此，有疾病不识医药，皆以为是鬼神致之。“必先延巫或降仙问之，欲祭何鬼，则皆以仙娘或巫者之一言为断，然后则屠牛或羊或猪以为求祀如往昔。”③

苗族群众亦信风水之说，常把健康平安与否，家族兴旺发达与否，乃至农业生产顺利与否同所居房屋之风水关联。云南金平县花苗盖新房前要先选屋基，占卜是否吉利。在苗族的丧葬习俗中，关心祖灵居所的风水是否满意的情况，亦较为普遍。“其择地法，不以罗针定方位，以木棒一条，

---

① 国家民委《民族问题五种丛书》编辑委员会，《中国民族问题资料·档案集成》编辑委员会编：《中国民族问题资料·档案集成 第5辑 中国少数民族社会历史调查资料丛刊 第106卷〈民族问题五种丛书〉及其档案汇编》，北京：中央民族大学出版社2005年版，第226页。

② 国家民委《民族问题五种丛书》编辑委员会，《中国民族问题资料·档案集成》编辑委员会编：《中国民族问题资料·档案集成 第5辑 中国少数民族社会历史调查资料丛刊 第106卷〈民族问题五种丛书〉及其档案汇编》，北京：中央民族大学出版社2005年版，第283页。

③ （民国）陈心传：《五溪苗族风土记》第一册，手稿本，1937年，第37页。

拼力向空抛掷，就棒横落葬，斜落斜葬。”①

利用宗教仪式求子嗣的信仰心理，在踩花山活动中表现突出，主办活动的夫妇多希望通过树立花杆，接触、利用仪式与活动中使用的布匹，使他们自己得到子女。民国《邱北县志》载：“数年后无子嗣者，许以踩花山，祈神佑之。有效则踩，踩必三年，头年三日，次年五日，三年七日，远来者不拘多寡，主人必招待之。”金平县苗族之艰于子嗣者，则以在大门口暗搭木桥的仪式，祈求经过此桥的来访者能够给主人带来吉祥，实现孕育子女的梦想。②

（三）宗教对人生节点的关切

日常生活中，苗族社会仪式随时随地均离不开传统宗教的参与，出门办事、与人争执乃至造屋建房都需要由巫师占卜吉凶祸福，主持仪式祈禳。就是一日三餐，只要有点酒肉，一般都要掐食祭祖，以求保佑。在苗族社会中，人的一生的所有节点时间都与宗教仪式紧密相关。许多支系的年轻夫妇结婚时有一定的宗教仪式，在未怀孕前，要以糯米、红蛋等为祭品，举行一定的宗教仪式后，再架桥求子。孩子出生后，则要再次举行接生、满月及周岁的祝福仪式。年老死亡后，则必须请巫师举行开路仪式，送亡灵回归祖居地。

以四川苗族为例，婚礼中，新娘走进男家时，须撑伞遮盖新娘头部，免为邪魔所侵；妇女怀孕五六个月时，常请端公来家念咒画符，驱除恶魔，保护孕妇与胎儿；产妇在一月内不得外出，小儿三年内不可剪发，免为恶魔所侵扰。满三岁时请长舅来家，为小孩剪发；至十二岁时，请端公行过关礼，以后即为成人。

人死之后，还须举行隆重的丧葬仪式，在死后三年至十年中，还要举行超荐仪式，即将旧棺木挖掘而焚毁之，以火酒洗涤遗骸，并擦以芥子油，如骨在掘出时呈黑色，则以为墓地不吉，必须易地另葬；如作黄色和

---

① 国家民委《民族问题五种丛书》编辑委员会，《中国民族问题资料·档案集成》编辑委员会编：《中国民族问题资料·档案集成 第5辑 中国少数民族社会历史调查资料丛刊 第106卷〈民族问题五种丛书〉及其档案汇编》，北京：中央民族大学出版社2005年版，第283页。

② 国家民委《民族问题五种丛书》编辑委员会，《中国民族问题资料·档案集成》编辑委员会编：《中国民族问题资料·档案集成 第5辑 中国少数民族社会历史调查资料丛刊 第106卷〈民族问题五种丛书〉及其档案汇编》，北京：中央民族大学出版社2005年版，第284页。

白色，则墓地吉利，子孙兴盛，仍葬原处。复葬时将各骨骼按次排列，并加着新衣，以为死者久不翻身，必感困疲，行此仪式后，死者灵魂比较舒适，其子孙亦少罹灾难。[①] 上述各节，无不体现出苗族传统宗教的弥散性特征，或者可以说，苗族民众的日常生活无不与其宗教信仰关联，所以，可以认定其传统宗教具有生活化的趋势。

（四）社会生产、经济生活与宗教

苗族的社会生产与经济生活也与其传统宗教联系紧密。云南一些苗族地区在农业生产中，相信地龙神事关年成的丰歉，为了祈求风调雨顺，农业丰收，就必须定期或不定期地举行祭龙仪式，祈请地龙神的护佑。农作物长出后，特别在抽穗时，为求得农作物丰收，就必须祭祀天公地母。可以说，苗族社会在农业生产的每一个环节，都会举行一定的仪式，以求得农事顺利。无论是春耕夏耘、秋收冬藏，还是水旱灾害时，民众均会祈祷于鬼神，寻求神性支持，以保证基本生活的有序运行。

此外，作为山地民族，狩猎的传统在苗族社会也比较盛行。为了获得猎物，猎人们在行猎时会举行祭山神仪式，如猎获大的野兽，更要祭祀山神，并在自己的队伍中选出经常狩猎的人主祭山神，由他负责每一次的祭祀。

有关苗族地区社会经济活动中的祭祀现象，清代宦游贵州的文人王仲番就曾对贵阳附近西苗的村寨祭白虎仪式进行描述："十月西成，合众于野，老翁善歌者执琵琶于前，男女青衣彩带吹笙，蹈舞随之，名曰祭白虎。"并留有《竹枝词》："蛮鞾乌笠走西东，白虎迎神报岁功。四尺铜絃双髻雪，癡聋休笑阿家翁。"此外，还对贵筑广顺等处的东苗的春祭活动予以记录："男女皆着半臂，仲春屠牛陈馔，延巫师祭神。""连山石角走嶙峋，云锦裁成半臂新。篝火野塘春祭散，漫将铜鼓赛江神。"[②] 这些记载，都可以说明苗族传统宗教早已渗透于苗民生活的每一个角落。因此，研究苗族文化，对其传统宗教当予以重视。

李亦园根据杨堃的相关理论，进一步延伸其内涵，他认为以普化宗教这一概念定义中国的民间本土信仰较为贴切。"其特点在于其教义、仪式与组织都与其世俗的社会生活与制度混为一体，并不像制度化宗教一样有

① ［美］葛维汉：《川苗之习俗》，《学术汇刊》1942年第1卷第1期，第150-151页。
② 仲番：《黔苗竹枝词（二）》，《国闻周报》1936年第13卷第47期，第1页。

完全独立的宗教组织与教义仪式。表现在小传统及日常生活中，则见于实物、医药习惯，姓名系统、祖先崇拜仪式、择日占卜、风水地理、神明仪式以及符箓咒法等方面，这些正是普化的中国宗教信仰基本假说所在，也是一般中国人世俗生活的前提。”① 其实，与汉族社会一样，苗族传统宗教的存在亦具有弥散性、普遍性的特征，该民族的传统宗教在社会的不同层面均发挥着显著的作用，在家庭整合、社会和经济生活、社区层面、社会控制与政治变动、传统道德秩序构建中呈现出无所不在的特征。其实，苗族传统宗教既存在于其族群之日常生活中，亦以苗族社区集体性活动为特征而展演与存留于世，更通过多神崇拜的表达，与苗疆地区的政治伦理紧密结合，使整个苗族社会凸显出生活宗教化的趋势。

二、形态古拙

（一）万物有灵却鬼神不分

由于生产力水平低下，知识程度不高，苗族持有万物有灵观，不仅认为人有魂，而且认为世界上万物有灵。对于一些巨大或奇特的自然物，如巨石、悬崖、深井以及枝叶茂密而高大的常绿树等，往往认为有灵而加以供奉，希望它们能够保佑村寨人畜平安。

因此，举凡天然惊怪之物，莫不尊之若神，如天地日月及惊奇古怪之山川木石等，均祭之。在他们日常敬奉的鬼神中，有石神、树神、风神、雷神、土神、水神及龙王，不论男女老幼都不准随意触动；古树干枯倒了，不准寨人作柴烧，只能让其腐烂；不准一人独自到井边，怕龙王劫去他的灵魂；不准糟蹋粮食，怕遭雷神打。不管是修房造屋，还是婚丧嫁娶，往往要请阴阳先生择吉日吉地，看风水龙脉。所以，有人形容湘西苗族的万物有灵观为：“举凡天、地、日、月、风、云、山、川及家中之锅、灶、水缸、中柱、大门、斗升、秤、扫帚……无不奉之为神。”②

苗族的传统宗教信仰较为古朴，依然处于神与鬼杂糅的阶段。但凡被

① 李亦园：《宗教与神话》，桂林：广西师范大学出版社 2004 年版，第 126-127 页。

② 孙家俭：《民国年间苗族论文集 · 湘西的苗人》（内部资料），贵州省民族研究所 1983 年印刷，第 75 页。

认为奇异突兀之物与事，即被苗族社会赋予具有超自然的能力。可是，不管是令人讨厌的魔鬼，还是必须敬畏的祖灵，抑或当虔诚奉祀的诸神祇，均被概称为鬼。因此，在苗族民众的日常生活中，稍见奇异现象或面临反常状态，一旦既有的认知能力不能予以合理解释时，就以为有鬼在作祟。于是乎，在戒惧防范与希望解脱的挣扎中，不得不祭祀祈祷于有超自然能力的鬼了。所以，有人认为，“就目前所见而言，苗人对于神的概念不大完全，神权不太盛，却为一种铁定的事实。”①

在苗族传统宗教的信仰体系中，虽然没有神的概念，但是，人死之后的灵魂被分为善鬼与恶鬼，则是非常明确的。祖先亡灵为善鬼，最为神圣，受人尊重，得到祭祀。恶鬼是那些阳寿没有到期而横死的人的幽灵，特别是那些在外的暴死者，例如，死于非命者，如为刀枪杀伤，或难产、滚坑、落坎而死，死后多为恶鬼，不得上天或立即投胎转生；或在人间为患于人。他们的灵魂不能进家，成了孤魂野鬼。有一些死不瞑目的野鬼心中愤愤不平，为了发泄，便专门与人作祟，成了害人的厉鬼，只要这种厉鬼缠身，人便会生病。②

（二）多神崇拜而最重祭祖

苗族虽持有多神信仰，却以崇拜祖先最为重要。他们把祀奉祖先和孝顺父母当作人生的两件大事。他们认为，死去的祖先之灵魂依然和自己的子孙后代一起生活，天天要吃东西。因此，其子孙后代必须敬畏祖灵，供奉祭祀祖神，如果敬祀殷勤，祖神高兴，其子孙后代则将得到祖灵的护佑；如果祭祀不到位，礼数缺失，祖灵就有可能作祟，危害子孙后代。所以，苗族地区在岁时节日，一定会祭祀祖先。只是在常祭时，可以只祭三代以内的祖神；逢大祭时，则须祭祀九代的祖先。

所以，在苗族家庭，所供奉的神祇多是他们的祖先。他们认为，“不流血汗，没有生命，不敬祖先，没有欢乐。”他们相信，祖神一天存在，他们也一天存在；祖神有一天被人消灭，他们怕将也要被人消灭。③ 苗族群众进餐时，多由家长念出祖先名字，然后洒些酒饭于地面供奉祖先。一

① 阮镜清：《广西融县苗人的文化》，《民俗》1943 年第 2 卷第 3-4 期，第 25 页。

② 杨培德：《鼓魂》，北京：中国文联出版社 2002 年版，第 76 页。

③ 王鹏皋：《苗民的迷信风俗》，《谈风》1936 年第 11 期，第 496 页。

些汉化明显的支系，干脆学习汉族模式，在堂屋正中的墙壁处立了神龛供奉祖先神灵。

以安顺苗族为例，他们认为尽管祖先已逝去，但是祖灵一定永远与子孙同在；所以，但凡年节之际，各家各户必须以酒肉奉祀祖先，甚至于日常饮食也必须妥为敬奉之。许多地区定期或不定期地举行祭祖盛典。川黔滇次方言的苗族每年的大年初三都要举行祭祖仪式，祭祀家族中已过世三代或五代的亡灵，祭祖时要求家族中的男性都要参加，并由熟悉家谱的长辈呼唤祖先的名字，请他们前来接受奉祀，并护佑家族平安幸福。①

（三）信仰普遍但形态初级

虽然苗族认为各种自然物都有神灵存在，但是，其所信奉的各种神灵并没有明确的职责分化；所以，无论是治病、求福还是求子嗣，都可以到被神化的自然物前去祈求。也即，在苗族传统宗教中，虽万物皆有灵，但并没有等级与神阶之区分。相关田野调查资料显示，在苗族的语言中也没有“神”这一词汇，只有“鬼”的名称存在。②

但是，他们所信仰的鬼怪和精灵可分为善的和恶的两类，善鬼是生者的保护者，不能怠慢；若对其不恭敬，就会变为恶鬼，使家人发生疾病与其他不幸的事情。恶鬼则是专和人作对的，使人生病；而且恶鬼都需请鬼师祭祀或驱逐。善鬼主要由民众自行奉祀，当然，也有一部分需要宗教师主持祭祀。

苗族传统宗教的古朴性还表现在神主表达的非偶像性。“苗民风俗，极好信神信鬼，所信之神，并非泥像木主，而是树神、竹神、井神等类。”③ 例如，在安顺苗族地区，土地菩萨一般是由几块大方石头砌成较为简陋的土地菩萨屋，土地屋设于寨旁路口处或大路边行人休息处。④ 这种非偶像性的信仰表达方式在苗族地区普遍存在，随处可见苗村路边多有小木庙，高尺余，庙里插几个小木片，既没有绘形，又没有文字，这也就是

① 安顺市苗学会：《安顺苗族》，贵阳：贵州民族出版社 2011 年版，第 87-88 页。

② 国家民委《民族问题五种丛书》编辑委员会，《中国民族问题资料·档案集成》编辑委员会编：《中国民族问题资料·档案集成 第 5 辑 中国少数民族社会历史调查资料丛刊 第 106 卷〈民族问题五种丛书〉及其档案汇编》，北京：中央民族大学出版社 2005 年版，第 694 页。

③ 《贵州的苗族社会》，《社会杂志》1931 年第 1 卷第 6 期，第 6 页。

④ 安顺市苗学会：《安顺苗族》，贵阳：贵州民族出版社 2011 年版，第 87 页。

菩萨了。

教团组织的缺失更是可以说明苗族传统宗教的初级状态，虽然他们对于神的信仰极深，但基本上没有形成成熟的宗教组织，即使出现了如湘西地区的巴代坛班，但其组织的严密性，尤其是组织持久存在与运行所需要的稳定的经济来源、系统化的管理层构架，都无从说起。虽然苗族传统宗教有自己的宗教师，但是，宗教师的选拔、技能的传承均较为随意，缺乏制度化的构建。所以，“这种教士当没有事可做时，便回家去种田。他们没有庙宇，没有神像，也没有祈祷”①。

苗族传统宗教的初级性特点还表现在信仰表达的随意性上，尽管苗族对于鬼神非常迷信，一举一动多以鬼神为主；但是，在信仰表达环节则较为随意，寻常人家就是在每次吃饭、饮酒时，随意摆一点食物先飨鬼神，然后再吃，以此表达自己的信仰。此外，苗族地区迎神赛会的事特别多，尤其是岁时节日、婚丧嫁娶，几乎都会举办类似活动。但是，这些与祭祀有关的活动却几乎都会连带着纷繁众多的娱神自娱的欢歌笑语，例如三月三跳厂、八月十五跳月等，虽然有祭祀的主题，更多的却是歌舞聚会的色彩乃至出现诸如“趁墟”等经济交易行为。祭祀之后，男女皆混杂歌舞，互相调笑。这一方面体现出苗族人性格的浪漫与豪爽，另一方面也证明他们所持有的与鬼神相处之道并非刻板到战战兢兢、唯唯诺诺。所以，清代陈孜醇《乾州纪异》就曾形象地描述苗族的这种较为随意的信仰模式：“踏歌方娱死，做旺敢夸生。”② 也就是说，湘西苗族举办丧葬仪式时，将葬前夜，男女罗列酒食，举家跳唱以娱尸；葬毕椎牛、墓次以宴飨亲戚，认为这样才能够光彩门面。

对此种情形，民国时期就有文章较为形象地进行刻画：死人至多停尸三日，邀同寨善歌者，前来唱孝歌，歌带讽刺，谑而且虐，皆指天骂地之词；听者无不笑出眼泪来。当人死时，家中人亦必咒骂天地，尤其是灶君爷，必大倒其霉，被人臭骂不止。死者的衣物等必烧化成灰，药罐掷出门外四十九步。青年人死了，情哥或情妹必来吊孝，吊后必跑至当初俩人相爱之地大哭，哭时数数落落，骂神骂鬼，有的直哭得没味儿了才回家，有的哭到没有想头，就碰死了账，谁也转不了那股子傻脾气。人病时，亲人

① 佚名：《四川苗族归主者千余人》，《通问报》1936 年第 17-18 期，第 6 页。

② 湖南少数民族古籍办公室：《苗族历代诗选》，长沙：岳麓书社 1990 年版，第 217 页。

必在山神土地处许愿，还愿依然用雄鸡刀头。人死了，要“勾愿”，不用香蜡纸烛，也不用祭品，只当着菩萨臭骂，骂有骂的歌词，谑的好笑，大概是说菩萨没出息；或是不该抢了他的“好人”去，枉自得人财帛，不能保平安的意思。有的还拿猪尿泡灌大粪或牛矢（屎）挂在神像面前，有的就把污泥涂在菩萨的脸上。[①]

三、差异性与制约性

（一）差异性

各支系、各宗支之信仰差异较为明显，各地苗族的宗教祭祀多与当地的农业生产活动密切相关。不同支系的农业祭祀或者其他岁时祭祀日期的选择，其实主要取决于当地生产的发展情况。人们并不强求将某一祭祀日期强行固定在某一具体的日期，而是灵活地与当地的农业生产的具体开展节奏紧密联系。往往是在某一阶段的农事已经告一段落后，才聚众祭祀，这种方式，能够对劳动者的生活起着一定的调剂作用；同时也深刻地反映了苗族人民的求实精神。

此外，在相对先进的地区，传统的宗教祭祀性节日活动也呈现出淡化的趋势。由于这些地区与其他民族交往频繁，文化交融涵化明显，尤其是人员流动频繁，经济活络，价值观出现多元取向，所以，对于传统的宗教祭祀的热情似乎有所降低。但是，在生产比较落后的地区，岁时祭祀依然盛行，过节的时间也较长。这主要是因为，这些高寒山区交通不便，外界影响较小，加之农民的空闲时间相对较多，所以，传统文化保存也较为完整。

例如，苗族丧葬仪式的地区与宗支性差异就很突出，各地苗族在停尸期间，悼念的形式并不一致。单是云南苗族的遗体停放就有差异，分布在金平县的白苗与花苗都实行悬挂遗体，而黑苗或青苗便停放在凳上。白苗人死，在葬前停尸悼念期间，要将死者遗体置于一张竹编的床上，一端用麻绳系于房梁上，一端插入墙壁上所凿的两个洞内。在葬式上各地苗族也有差异，白苗人死横葬，花苗却直葬。金平县白苗、花苗和黑苗举行葬礼

① 王鹏皋：《苗民的迷信风俗》，《谈风》1936年第11期，第498页。

的时间也不一致，黑苗要在早上举行，而花苗、白苗却在午后或黄昏时举行仪式。①

（二）宗教的消极影响

凡事都进行宗教式解读与神性研判，让民众很容易形成依托神灵解释未知、祛病驱邪的思维习惯；导致屈服于自然的威压，而却步于探索新知；创新动力不足，不利于整个民族科学精神的形成。正如学者所言："苗民思想守旧，信鬼成俗，相沿至今。人们每因病痛或缺子嗣者，动辄祭鬼，绝少服药。即有服药者，仍要酬鬼禳解随之。"②

这就导致苗族民众一旦遇到疑惑与困难，首先，向鬼神、祖宗祭献朝拜，如果不行，就只有求能通鬼神的宗教师求祖宗和神灵通融，帮助禳解。如果这样还不行，才考虑其他解决办法，或者听天由命。这样既浪费钱财，又耽误事情。这种心理往往造成恶性循环，致使苗族民众不关心人的自我主观能动性的调动，因消极被动地面对问题而压制了创新精神的发挥。

其次，普遍迷信鬼神，尤其是神判法，有悖于法治精神，让一些人的行为偏离民主法治，且易导致严重的社会问题。有学者在调查中发现，贵州雷山县苗族聚居区时常发生民族风俗习惯抵触国家刑事司法活动的情况。一些刑事犯罪案件往往以风俗习惯私了，不做刑事责任追究处理。③宗教信仰力量极为强大，产生的消极影响也不易清除，宗教干预乡村社会管理的事情也多有发生。

再次，因忌讳太多而缺乏机变，容易形成民族性的自我封闭。例如，苗族在农业生产中的活路头习俗，要求在起活路和开秧门仪式之前，如果有谁提前浸种、插秧，就要被罚杀猪招待全寨，向祖宗致歉。如果活路头自身的农业生产技能不高，却始终固守祖宗陈规，排斥科学知识，就会让整个地区的农业生产因自我封闭而裹足不前。

---

① 国家民委《民族问题五种丛书》编辑委员会、《中国民族问题资料·档案集成》编辑委员会编：《中国民族问题资料·档案集成 第5辑 中国少数民族社会历史调查资料丛刊 第106卷〈民族问题五种丛书〉及其档案汇编》，北京：中央民族大学出版社2005年版，第284页。

② 石启贵：《湘西苗族实地调查报告》，长沙：湖南人民出版社1986年版，第462页。

③ 杨戴云：《贵州世居民族研究·雷山县少数民族风俗习惯与刑事司法冲突的思考》第2卷，贵阳：贵州民族出版社2006年版，第33页。

第一章　西南苗族传统宗教的自然与人文环境

第一节　自然与历史环境

一、自然环境

（一）山高箐深，生活困顿

每个民族都生活在一片特定的自然空间，西南苗族的自然生境最为典型的特征就是山高箐深，交通闭塞，与外界联系不便。贵州苗族居住区大多数海拔都在800－1200米，大小河流有两千多条，险峡深谷比比皆是。黔东南是西南苗族的最大聚居区，雷公山则是其最核心聚居地。贵州多山，雷公山地区的山更陡更多。[①] 以该地区的台江县为例，苗族占全县总人口的95%以上，为典型的苗族聚居区，但是，境内沟壑纵横，地形复杂，交通不便。导致许多土著居民一辈子都很难走出去，外界人士亦很少进入该地区，所以苗汉之间语言交流都十分困难。对此，清代徐家干曾感慨地说："苗疆地势险阻，冈峦错接，跬步皆山，谚云：地无三里平。"[②]

---

① 王尧：《中华文化通志·民族文化典·苗、瑶、畲、高山、佤、布朗、德昂族文化志》，上海：上海人民出版社1998年版，第4页。

② （清）徐家干：《苗疆闻见录》，贵阳：贵州人民出版社1997年版，第160页。

湘西苗族主要生活在武陵山区，那也是峰峦重叠，山高水险，田畴稀少，交通闭塞之区。以城步县为例，当地山地面积占总面积的91%，“且平均海拔为696米，境内1500米以上的高山达234座，大小溪河816条，把城步切割成若干往来极为艰难的条块小区”①。恶劣的自然环境曾让出征苗疆的马援震撼不已，其《武溪行》诗描述了所见所感：“滔滔武溪一何深，鸟飞不度，兽不敢临。嗟哉！武溪多毒淫。”② 三言两语，道出了武溪峡谷的深邃和毒淫的威胁。

云南文山州为苗族分布较多的地区，该地的山区和半山区占全州总面积的84.4%，屏边县的山地面积占总面积的99%。而这些山地的最高地带就是苗族的栖息地。③ 彝良县苗族居住区的最高海拔是1800米，最低海拔639米，落差较大，导致境内地形复杂，气候多变。④ 分布于川南、滇东北一带沿金沙江区域的白苗，地理区域纵横数百里；但也是地势高峻，山脉起伏较为突出。⑤

恶劣的自然生境，阻隔了苗疆与其他地区的联系，让生活在如此生境中的苗族因极度贫困而走向神灵世界去寻求解脱的途径。因为高山险阻，林深径幽，以及多发的山地自然灾害之来势汹汹，让苗族民众常常望天兴叹。由于在恶劣的自然生境面前倍感人的渺小，加之文化教育的缺失，科技的滞后，苗族民众不得不屈服于大自然的威压，并将之神化、异化，这就为苗族传统宗教的产生与传播提供了自然环境。

西南苗族居住区域大多在海拔1000-1500米的云贵高原及其周边，山峰阻隔，交通不便。特殊的自然生境形成的黄色土和褐色土，一般都夹有大量的沙石，虽松软便于耕作，但土质贫瘠，地力单薄，广种薄收成为农耕的普遍现象。贵州素有“天无三日晴，地无三里平，人无三分银”⑥ 的

① 袁定基、刘德昌：《苗学研究·试论苗族的生存空间》（三），贵阳：贵州人民出版社1994年版，第97页。

② 湖南少数民族古籍办公室：《苗族历代诗选》，长沙：岳麓书社1990年版，第194页。

③ 袁定基、刘德昌：《苗学研究·试论苗族的生存空间》（三），贵阳：贵州人民出版社1994年版，第97页。

④ 国家民委《民族问题五种丛书》编辑委员会，《中国民族问题资料·档案集成》编辑委员会编：《中国民族问题资料·档案集成 第5辑 中国少数民族社会历史调查资料丛刊 第103卷〈民族问题五种丛书〉及其档案汇编》，北京：中央民族大学出版社2005年版，第3页。

⑤ 林名均：《川苗概况》，《新亚细亚》1936年第12卷第4期，第50页。

⑥ （清）徐家干：《苗疆闻见录》，贵州人民出版社1997年版，第159页。

概要性总结，苗疆又普遍处于贵州更为偏远、贫穷的地区，人民生活普遍较为困苦，容易把解脱的希望托付于神秘莫测的信仰世界，希望找到生活的力量源泉，这就为苗族传统宗教的产生提供了较好的心理基础。

当苗族迁入文山地区时，当地早已是壮、汉等民族的世居地。于是，初到迁徙地的苗族只能选择当时无人居住的高寒山区。当地广为流传的民谣："汉族占街头，壮族占水头，瑶族占坝头，苗族占山头。"①反映了苗族与其他民族交错杂居地区，苗族所处的不利自然生境。

川滇边境的川苗多与汉族交错杂居，"惟汉人多住在平地，而他们则多处于高山之上"②。山居的艰苦不言而喻，民国学者估计当时川苗的人口状况："在四川约有五万余人，总共只有十万人左右。他们人口之所以不能十分发达的原因，恐怕是由于生活的压迫吧。"③ 缺衣少食的饥饿与半饥饿的生活现实，让许多知识水平低下的苗族人民将一切能让人产生恐惧与威压的事物继续神化、异化，于是，传统宗教的神灵体系逐渐形成。

苗族不仅居住在高山之上，而且分散居住的状况十分突出。春夏季节，不独烟瘴发作，还经常淫雨不止，导致山洪暴发。泥石流常常让住在山腰或山麓的苗民全村寨遭受没顶之灾。冬季，又因为地势高亢，常常雨雪漫天。④ 自然生境的恶劣，缺乏科学解说机制，加之封闭的社区人文空间，让苗族传统宗教的产生具有了广阔的社会与群众基础。

（二）土地贫瘠，产业不发达

由于历史原因，西南苗疆大多属于云贵高原山区，自然地理条件较差，高山深谷、千沟万壑、积石遍布，导致可耕地不足。例如，湘西地区处于武陵山脉地带，武陵山脉蜿蜒曲折，岗峦密布，峰岭重叠，山高雾大。除了少量的河谷地带土质肥沃，宜于耕作外，多数地区可耕地严重不足，且缺乏成片的耕作区域。黔东南地区多为岩溶、侵蚀剥削地貌，石漠

① 国家民委《民族问题五种丛书》编辑委员会，《中国民族问题资料·档案集成》编辑委员会编：《中国民族问题资料·档案集成 第5辑 中国少数民族社会历史调查资料丛刊 第101卷〈民族问题五种丛书〉及其档案汇编》，北京：中央民族大学出版社2005年版，第158页。

② 林名均：《川苗概况》，《新亚细亚》1936年第12卷第4期，第51页。

③ 林名均：《川苗概况》，《新亚细亚》1936年第12卷第4期，第51页。

④ 叔先：《从苗猺社会的现状说到举办苗猺教育》，《教育旬刊》1935年第1卷第14期，第12-28页。

化严重，山地较多，丘陵较少。土壤类型大部是黄壤和黄棕壤，其次是石灰土。当地民谣形象地将此种恶劣的生产条件概括为“地瘠人耕石，山高马踏云”。①

除此之外，广西苗族同样是多居住在岩溶地带，难以开发出可耕地。当地苗族的耕地资源面积小，地力差。同时，绝大多数苗族聚居地区都是山高水低，水资源缺乏，人畜饮水、农业灌溉都十分困难。民国学者在实地考察之后，曾详细地描述了广西苗族恶劣的生产条件：

> 五岭山脉下延的越城、海阳、萌渚诸岭，苗岭山脉下延的九万山，六诏山脉下延的天保山，勾漏山脉的十万大山，以及凤凰山脉、都阳山脉等的层峦叠嶂间，便是他们栖息之所。地狱式的生活，就在此中一幅幅展开。②

与此类似，川南、渝东以及云南文山、红河等苗族较为集中的地区，无不是群山万壑、山高水长之区，都是生产条件比较恶劣的区域。

在苗族传统宗教的祭祀活动中，岁时祭祀占有很大的比重，岁时祭祀中农业祭祀则又是较为突出的现象。以稻作生产为例，从撒秧播种、插秧、薅秧、抽穗到收获，几乎生产每推进一步，不失时机的祭祀仪式也就随之跟进。也就是说，在苗族民众的日常生活主题中，祈祷于上天神灵，求助于祖灵，希望获得年度性的农业丰收早已是根深蒂固的模式。究其原因，主要还是因为居处环境恶劣，生产条件太差，解决温饱问题始终是难以实现的梦想所致。

千百年以来，苗族地区的生产力水平始终处于较低的状态，民国时期，广西镇边县白苗的生产工具依然较为原始，生产方法也很简单，连使用牛马耕作也不多见。苗族民众缺乏较为科学的生产技术指导，他们在耕地上从不施基肥和追肥，所以任何垦殖的土地三五年之后，地力便陷于穷竭而不堪耕作。民众只得遗弃原耕土地，携带家畜用具，扶老携幼迁徙他

① 王尧：《中华文化通志·民族文化典·苗、瑶、畲、高山、佤、布朗、德昂族文化志》，上海：上海人民出版社 1998 年版，第 4 页。

② 魏鼎勋：《广西融罗苗疆谈丛（旅行杂笔）》，《新中华》1936 年第 4 卷第 16 期，第 69 页。

处另觅可以耕种的沃土，开始新的轮回。①

湘西地区的情况也是这样，虽然苗族民众经年累月地燔榛芜，垦荒山，殷勤坚韧地向土地讨生计；但是，特殊的地理环境，尤其是土壤贫瘠，地力较差，垦熟之地很快就变得硗瘠，三五年之后，民众不得不迁徙他处，再觅可垦之乐土。明代辰溪举人米元偶《罗峰草堂杂咏》：

> 高田薄收，忧食不给。苍岩励荒，思补残粒。地自倾斜，足常侧立。步随锄移，不可缓急。饥来思归，日犹未入。路狭草深，风露早湿。②

这首诗歌非常贴切地描述了湘西苗族地区低下的社会生产力水平，也提及因此而带给民众的严酷生活压力。

云南嵩明花苗多数居住在山麓荒芜不毛之地，以开垦荒山为农业生产的基础。他们先砍伐树木，用火焚之，然后锄开地面三四寸，掘泥成沟，泥土积成小堆，使灰烬透入地中成为天然肥料，再过一年，用牛深耕之，便可种植。③ 这依然是一种传统的刀耕火种的生产技术，也就必然导致农业生产产能的不足。

19 世纪末，贵州威宁苗族虽已使用牛耕和铁制农具，但许多地方还是刀耕火种、广种薄收。加之地处高寒山区，日照较短，气温较低，土地贫瘠，灌溉不便，所以产量很低。直至解放时，仍然处于“种的一大坡，收来一大锅”④的落后状况。生产力如此低下，封建剥削又那样沉重，苗族人民的生活是十分贫困的。衣食住行极其简单，房屋多为茅棚。也有住在山洞或岩下的，道路崎岖，交通不便，疾病多，医药少，死亡率高，近代的威宁苗族社会充满着贫困、灾荒、饥馑、疾病和死亡。⑤

在封闭的自然环境中，温饱问题始终让人头疼，加之思想观念的保守，导致苗族地区始终以山地农耕为主，社会生产的产业结构极为单一。

---

① 凌焕衡：《广西镇边县之白苗》，《新中华》1934 年第 2 卷第 3 期，第 81 页。

② 湖南少数民族古籍办公室：《苗族历代诗选》，长沙：岳麓书社 1990 年版，第 255 页。

③ 岑家梧：《云南嵩明县之花苗》，《西南边疆》1940 年第 8 期，第 12 页。

④ 《中华文史资料文库·民族宗教编》第十八卷，北京：中国文史出版社 1995 年版，第 863 页。

⑤ 《中华文史资料文库·民族宗教编》第十八卷，北京：中国文史出版社 1995 年版，第 863-864 页。

苗族地区不论男女老幼都勤苦劳作，妇女在参加农业生产的同时，还得绩麻纺织，而她们的纺织刺绣主要满足家庭的需要，以此为产业的情况几乎没有。苗族无论男女，都是操持农事，士工商三种职业，数千百中，难有一个。山地民族发展畜牧业具有产业基础和条件，也是苗族的特长，各地苗族家虽贫穷，也必畜牛数头，马几匹，猪鸡等畜也很多。但是，畜牧业的定位依然是家庭自用，尤其是宗教祭祀时需要宰杀太多的牲畜。可在苗族民众的潜意识中，很少有人将其定位为产业化经营，所以苗族地区的商业经济几乎处于停滞状态。黔东南地区的锦屏、天柱、剑河等县有河流直达湘、鄂；榕江、从江等县有河直达两粤，交通较为便利。但是，河流两岸的群众虽有驾小船往来常德、镇远、三脚、柳州之间，或专以弄舟为业，或做生意，但其中的苗族商贩却是凤毛麟角。①

产业结构单一，其直接影响就是苗族群众的生活非常容易受到水旱疾疫的冲击，一旦气候异常，农业歉收，由于家无积蓄，历史时期政府的赈灾救济又很少到位，民众的生活就无所依托，处于一种凄风苦雨的状态。现实的苦难必然引导苗族民众转向宗教，苗族传统宗教因此有了深厚的社会基础，并融入民族文化的血脉之中。

（三）交通闭塞，灾害频发

由于历史原因，各地苗族普遍都居住在高山纵横、溪谷密布的地区。有苗族民谚称："鱼长在水中，鸟飞在空中，苗住在山中。"这是对其居住环境的真实反映。地理单元的条块分割，加上当地经济的低水平状况与政府公共建设的缺失，必然出现交通闭塞的状况。刘锡蕃曾记录了他对广西苗族交通落后状况的深切感受：

> 苗地万山茀郁，峻极于天；羊肠鸟道，蜿蜒入云；上则登千仞之峰，下则入九幽之狱；千寻瀑布，溅玉飞硃，倒壁冲崖，声如万鬼嘲啸，银光闪目，冷气逼人。足底地层，跃跃欲动，严冬以后，冰雪载途，寒日萧森，群峰如玉。山径纠纷，村落稀少，饥食渴饮，无处祈求。荒江老屋，极人世之寂寥。断涧深壑，叹蹊途之险巇。

① 于曙峦：《贵州苗族杂谭（续）》，《东方杂志》1923年第20卷第14号，第57页。

黄云漠漠，闭目抹胸，落叶萧萧，飞蝶舞燕，蜀道之难，诚识如上青天也。①

云南威信县苗族村寨分散，各处山头，彼此距离近者10余里，远者达39余里。村寨之间交通不便，联系极为困难，道路崎岖，稍有小雨，泥泞路滑，行走十分困难。当地群众要买生活用品如盐巴、煤油、针线、火柴等，要翻山越岭走几十里的羊肠小道。② 云南嵩明梁王山麓花苗村落的情况同样如此，均处在山之半腰，村落间之距离，远者十余里，近者一二里。③

交通闭塞，导致苗族村寨与外界沟通不易，信息的封闭与不对称会直接影响苗族民众思考问题的角度，解决社会与家庭矛盾的手段单一，必然会让民众将求证的取向或者突破难题的希望寄托于传统宗教的神异力量。所以，在相对落后又很封闭的社会空间，宗教的流行也就成为必然的现象。

多山的环境，再加上伐薪烧炭，忽视生态修复，大山广袤的苗疆地区森林滥伐问题突出。高山坡地的垦种和水利工程的缺乏，往往导致各地水土流失严重，土质贫瘠，常常遭受干旱与洪涝灾害的袭击。以广西为例，苗山里生产不足，粮食仅够自给。1933年干旱、虫害相乘，造成大饥荒，贫穷者多到山上挖野生植物的根和野菜，烧成粥汤来养命；有许多人吃了这种粥汤，发生浮肿，全身无力，造成空前的惨剧，饿死了不少苗民。④

自然灾害给苗族人民带来经常性的困难，尤其是水旱失匀，农业必遭重创。光绪年间永绥厅城（今花垣县）刘贞会目睹淫雨给秋收带来的损失，正是这些自然灾害，加之封建剥削的残酷，使苗民们长期生活于水深火热之中，他对此深感痛惜。其诗作《涝苗行》就是对当时湘西苗区民众在自然灾害与社会压迫威压下困苦生活的真实写照。

---

① （民国）刘锡蕃：《苗荒小纪》，上海：商务印书馆1935年版，第18页。

② 国家民委《民族问题五种丛书》编辑委员会，《中国民族问题资料·档案集成》编辑委员会编：《中国民族问题资料·档案集成 第5辑 中国少数民族社会历史调查资料丛刊 第103卷〈民族问题五种丛书〉及其档案汇编》，北京：中央民族大学出版社2005年版，第20页。

③ 岑家梧：《云南嵩明县之花苗》，《西南边疆》1940年第8期，第11页。

④ 胡斌：《广西苗山农村生活小记》，《农村月刊》1947年第1卷第6期，第19页。

> 秋雨仍缠绵，农人伤束手。大熟犹未获，禾偃浸田亩。无策冒雨收，谷膨芽抽口。累积无地容，屋填前和后。灶火蒸且炙，践踏随儿妇。偶尔失摊翻，霉变恶起黝。无阳不适破，日日劳舂臼。墨饭供昕夕，味不计可否。余任狼藉废，耗折岂升斗？①

苗族大都居住在深山老林，地湿多雨，且毒蛇猛兽出没无常。为了应对具体的生存环境，苗族人民的住居多是上楼下厩的吊脚木楼。住木楼固然干燥舒适，方便生活。但这种人居楼上、楼下关牲畜的建筑，不够卫生，人畜混居很容易引发诸如痢疾、疟疾的发生和传染。更为严重的是，苗寨的吊脚木楼大多是鳞次栉比，紧密相连，极易遭受重大火灾，往往是一家失火，百家遭殃。

天灾人祸，几乎让苗族人民难于生存，在困顿之中，一蹶不振的现实，总要寻求突破，希望改善。在走投无路时，民众自然会将求助的目光投向那万能的神灵，于是，苗族传统宗教几乎成为每一个苗族人的生活组成因子。

二、社会历史环境

（一）民族歧视严重，政治地位低下

“每个民族都会与其他民族以各种不同方式共存，也还要与诸如国家之类的其他社会范畴以不同方式并存。这些围绕在一个民族周围的全部社会实体，构成了该民族的社会生境。”② 在新中国成立以前，苗族的社会生境并不好，历代政府的政治压迫与歧视始终是苗族面临的较为恶劣的因素之一，统治阶级对苗族的歧视性称呼“苗子”就是这种现象的反映。这导致一些散居的苗族支系外出时，不敢说苗话和穿民族服装，否则就会被骂

① 湖南少数民族古籍办公室：《苗族历代诗选》，长沙：岳麓书社1990年版，第60页。

② 杨庭硕、罗康隆、潘盛之：《民族、文化与生境》，贵阳：贵州人民出版社1992年版，第1页。

为“苗子来了”“苗里苗气”。[①] 部分汉族群众及统治者凡见丑陋之物件，动辄以“苗”为比拟。如粗碗粗筷，谓之“苗碗苗筷”；品貌不美，谓之“苗相苗形”；住所简陋，亦呼“苗房”；衣服臭汗，多称“苗气”。[②]

明清以来，苗族地区的反抗运动此起彼伏，官方为了打压苗族，多实行隔绝苗汉的封锁压制政策，向以汉人私入苗乡，悬为厉禁。清初以前，苗防疏略，自平定乾嘉苗民大起义以后，时任凤凰同知傅鼐熟察苗情，筹防严密，乃倡议凤乾绥古保泸麻七县实行均田屯兵制。修筑沿边及各要隘碉卡堡垒等约一千一百九十所，置屯苗弁兵及练勇一万三千人，设辰沅永靖道于凤凰以统制之，更于凤凰设一镇，永绥设一镇一协，乾城设一协二营，保靖古丈各设一营，又共有绿营马战守兵万余人。[③] 斗大地盘，文官少而武弁多，碉堡哨台栉比林立。苗族也被划分为生苗与熟苗，人为地制造民族对立，而均田屯兵制的初衷就是隔绝苗汉，严防所谓生苗的反抗斗争。这一政策导致苗族地区进一步封闭落后，民众的文化教育权利进一步受到侵害，民族之间的交流与联系几近中断。石启贵《傅鼐平苗设屯有感》曾对此愤愤不平：

> 苗屯暴政历久年，原为傅鼐倡当先。众官压迫临头上，百姓危亡在眼前。群起贪婪违道理，共同剥削肆横专。菜柴伕马轮流负，迟误苗人着捆鞭。[④]

屯政持续百余年之久，1936—1938 年湘西苗民掀起革屯抗日运动后方被废除，但此政策给苗族人民带来极为深重的灾难。

一些地方政府与苗族隔膜甚深，对苗族事物缺乏把握，政策缺乏针对性的情况时有出现。民国时期，云南省政府曾计划开展苗族教育、增进苗族福利，但一些县政府对县属苗族之分布、户籍、人口以及风俗习惯均鲜

---

① 国家民委《民族问题五种丛书》编辑委员会，《中国民族问题资料·档案集成》编辑委员会编：《中国民族问题资料·档案集成 第 5 辑 中国少数民族社会历史调查资料丛刊 第 103 卷〈民族问题五种丛书〉及其档案汇编》，北京：中央民族大学出版社 2005 年版，第 320-321 页。

② 石启贵：《湘西苗族实地调查报告》，长沙：湖南人民出版社 1986 年版，第 207 页。

③ 佘范传：《湘省乾凤古绥区苗民概况（下）》，《边疆半月刊》1936 第 1 卷第 3 期，第 25 页。

④ 湖南少数民族古籍办公室：《苗族历代诗选》，长沙：岳麓书社 1990 年版，第 44 页。

有所得。县政府中，关系苗族之参考资料，除县志外，如地图、照片、档案卷，概付阙如。即到达各区公所之后，亦不知达苗区之途径。区公所所知者，不过其方向或某山有苗，户籍人口，绝无统计。各区教育当局之于苗区教育，除执行委任事项外，学生多少、校务情况，鲜有所知。①

（二）巧取豪夺，公平正义缺失

在农耕时代，土地问题是所有农民最为关心的头等大事，但是，苗族人民拥有土地的数量却少之又少。民国时期，有学者调查发现，作为民族聚居的大本营之一的黔东之施秉、黄平等县，苗族人口虽占有各县总人口的三分之二，然而一入苗寨访问，竟无自耕自食之田地，所作之耕地，均为一股仗势横行之土豪所把持，或为奸猾之劣绅所操纵。炉山、平越、贵定等县苗民亦属不少，所有的耕地，悉属土豪或土司。贵阳附近的苗族，全部寄居于数个土豪与劣绅的土地边缘，缴纳的租粮特重，即每年收获，地主必收六成，佃农仅得其十分之四。郎岱、普定、织金、大定等县亦为苗的分布区域，耕地权皆归于土司，每一土司的领地，至少千亩，多则以万亩计，甚至全县耕地几为其所占有。② 土地向为农业民族的生存之根本，土地的丧失必然导致苗族生活境遇的每况愈下。

此外，地方官员巧取豪夺又进一步加深了苗族的生活痛苦。民国时期的湘西地方政府“派差捐款，每责重于苗，其为爪牙者，更多变本加厉，于捐派之外，复有需索，又常有同居一地之汉人，甚或可以贿免一切，概以移属苗人者。”③ 这就导致苗族普遍生活境遇的赤贫化，其生活之简陋出乎想象。

> 所有衣服，大多只有两套，一套稍新，非出门不穿；一套破旧，算为家常便服，一年四季，从不换洗，露体见肘，狼狈形象，令人见而酸鼻。食物以杂粮为主，吃白米饭者绝少见到，杂粮和以青菜薯芋，无油无盐，与汉人所喂猪料相差不多。鱼肉则非逢年过节不办。住屋以泥为墙，茅草为瓦，内分两隔，一隔人畜共用，关牲口是它，

① 罗维：《抗战中之云南苗族问题》，《战时知识》1939年第2卷第12期，第10页。

② 王建明：《西南苗民的社会形态》，《边声月刊》1940年第3期，第37页。

③ 余范传：《湘省乾凤古绥区苗民概况（下）》，《边疆半月刊》第1卷第3期，第28页。

厨房是它，客厅是它，人臭与牲口粪臭混合，味道十分难闻，窗户不开，光线黯淡，富贵人家的厕所还光亮得多。①

经济上的破产加上政治上的不公正，苗族人民实处于被矮化、受歧视的最糟糕状态。压迫严重时，苗族群众稍有抗议或申辩，便被统治阶层上纲上线，硬说苗人叛乱。

官厅亦常小题大做，动人动马，以弹压为名，索性将苗人无理稿索。一般苗人，逼得无路，本意只在申辩曲直是非，到此时却迫得不能不铤而走险，聚众抗拒。②

自明代以来，大多数苗族地区沿袭土司制度。晚清民国以来，苗族地区的土司、区公所与土匪成为苗家的三大痛苦，苗民在这三种势力压迫之下，完全喘不过气来。土司酋长逞其淫威，恣其剥削，苗族群众稍有反抗，则实行专制式的恐怖，残杀肆虐无所不至。③ 苗民的反抗斗争又被统治者诬蔑为“发苗疯”。

贵州威宁苗族处于彝族土目统治之下，彝族“诺”（大地主）自命为“五重天”以上的第一等人；“四重天”是大管事，属第二等人；“三重天”是大管家，属第三等人；“二重天”是陆包陆巴——管苗族的头人，属第四等人（上述皆彝族）；而处在最底层的，或叫地底下的人，即“苗子”。④ 彝族土司、地主对其治下的苗族人民具有生杀予夺之权，苗族始终处于没有政治人身权利的地位，始终受到残酷的压迫。

苗族政治地位的卑微，还表现为司法审判的极度不公正，在司法诉讼活动中，苗族人民丧失了公平正义的待遇。刘锡蕃发现，广西苗族一旦事涉诉讼，就会处于极为被动的地位之中。

---

① 向尚：《苗区见闻》，《国讯》1936年第132期，第530-531页。

② 向尚：《苗区见闻》，《国讯》1936年第132期，第530-531页。

③ 胡鸣龙：《中国苗族与西南国防》，《中国新论》1936年第2卷第9期，第63页。

④ 《中华文史资料文库·民族宗教编》第十八卷，北京：中国文史出版社1995年版，第863-864页。

苗头团总制不肖者，辄把持之，借以渔利。故此辈俨然操官府之权。地方官以形格势禁之故，无从查知。其中有桀黠者，不服听断，则鸣于官。第言语不通，情事不习，事必仰赖讼师。而讼师乃得以射利居奇，以售其欺骗之计，交结隶役，表里为奸，计诱威胁，无所不至。①

土地权的丧失、政治权利的缺失以及司法不公，加上官僚与恶绅的巧取豪夺，致使多数苗族群众生活状况极度恶劣，贫困达于极端。在抑郁苦闷中，在怨天尤人的同时，苗族社会必然走向寻求宗教解脱的途径，这就为苗族传统宗教的形成和传播提供了较好的社会条件。

（三）迁徙动荡，兵燹不断

历史时期，苗族社会始终处于不断地被压迫和被驱赶的状态之中，生活空间的不断转换，陌生的生态环境的不断出现，迫使苗族人民不得不不断地适应新的环境。据潘定智研究，历史上苗族的大迁徙有六次：第一次出现在五千年前的涿鹿之战以后，苗族被迫从黄河中下游向长江中下游地带迁徙，此即三苗部落的来源。第二次大迁徙出现在四千多年前舜征服三苗以后，一部分苗族西迁进入武陵地区。一部分则南迁进入湘赣南部丘陵地带，还有一部分则迁徙到甘青地区。前两部分后来又向洞庭湖扩展，迁入西北之苗族后来又继续南迁进入武陇山区北端，此即今天的西部苗族之来源。第三次大迁徙出现在春秋战国时期，苗族的一个较大的支系从洞庭湖畔进入黔东南地区。第四次苗族大迁徙是秦汉时期，东部苗族从洞庭湖畔迁入武陵山区。第五次大迁徙则出现在唐宋时代，西部苗族迁徙到黔西北地区、滇东北部以及其他地区。第六次大迁徙则出现在明清时代，西部及中部部分苗族迁徙到滇省及东南亚地区。②

考察苗族大迁徙的历史，就会发现迁徙之路充满心酸，大自然的威压，政治势力的追剿，背井离乡时的巨大心灵冲击，无不让每一个苗族支系饱尝骨肉分离的悲欢离合之苦。每到一个新的处所，人们又不得不在新

① （民国）刘锡蕃：《苗荒小纪》，上海：商务印书馆 1935 年版，第 22 页。

② 潘定智：《苗学研究·苗族文化生态研究》（三），贵阳：贵州人民出版社 1994 年版，第 138-141 页。

的社会人文环境与陌生的生态环境中经受变迁之苦。因此，在苗族传统宗教的祭祀仪式中，尤其是在最为重要的集体祭祖与丧葬仪式中，我们都会看到苗族宗教师会在其诵读的祭祀神辞中陈述祖先迁徙历史中的凄风苦雨，感人至深，这就是社会历史在苗族传统宗教中的深刻烙印。

苗疆社会政治向有“六十年一乱，百年一大乱”的评价，可见苗族人民在历史时期始终处于兵燹不断的巨大社会阵痛之中，战乱必然给苗族社会带来巨大的创伤，这就为传统宗教的盛行提供了机会。

中央王朝对武陵地区的用兵，始自东汉，及至明清则愈演愈烈。

> 查湘桂诸蛮自元朝至正六年入寇后，至明朝明太祖光复中原，于洪武五年始平定，后改设土司治理，其苗蛮之乱仍不息。[①]

清代苗族暴动情形，其一为雍乾时代，因征粮问题，激起苗变。事件平定后，清政府设立新疆六厅，即今贵州台拱、黄平、黎平各县。其二为咸同时代，苗族起义持续二十年之久。20 世纪的 20 年代中期，滇黔军阀混战，逐鹿于滇东北与黔西北，战争持续了两年左右。各族人民惨罹其害。战祸连连，苛捐杂税繁多，人民离乡背井，农村生产凋敝，苗族更不堪其苦。1923 年发生大饥荒，接着又遇农业歉收，更使苗族人民饥寒交迫，出现了大批逃亡的惨景。[②]

兵连祸结给苗族人民造成巨大的痛苦，清末苗族秀才张衎《绝句一首》对兵燹中的苗族人民的普遍心理有所反映：“先祖流隅岩头村（在今泸溪县境），吾辈已衍三百家，世代开拓有才人，不怕天灾只畏兵。”[③] 战争会带给苗族人民太多的不确定、不可预测的重大生活变故，战争所导致的流血死伤更会加重苗族民众对传统宗教的依赖，他们希望在宗教的宁静中寻找一方净土，更希望借助于宗教神灵的帮助，解脱苦难。所以，苗族传统宗教在诸如上述的社会现实中，始终受到广泛欢迎，苗族人民也就将其作为自己生活的重要组成部分。

---

① （民国）陈心传：《五溪苗族风土记》第二册，手稿本，1937 年，第 28-29 页。

② 《中华文史资料文库·民族宗教编》第十八卷，北京：中国文史出版社 1995 年版，第 866 页。

③ 湖南少数民族古籍办公室：《苗族历代诗选》，长沙：岳麓书社 1990 年版，第 4 页。

第二节　科教文卫与思维模式

一、文化教育

历史时期，苗族没有自己的文字，整个民族的文化素质均处于较低的水平，规范的教育根本无从谈起。《说蛮》对云南花苗的文化教育状况有所记载："花苗在新贵、广顺……其人有名无姓，有属无长，不知正朔，以十二辰属为期。"① 湘西苗族的情况亦是如此："苗民不知文字，父子递传，以鼠、牛、马记年月，暗与历书相合。有所控告，必请人代书，性善记，惧有忘，即结绳、刻木以为信，古之意犹存。"②

民国时期苗族的文化教育状况依然是进步不大，远远不能适应社会发展的需要。有学者曾对四川叙永县苗族的文化教育情况进行调查，在146户苗族人家的773人中，无论是受过系统教育还是自修得来的识字人数都很少。③ 究其原因，千百年的古老生活方式让当时的叙永苗族对于缺乏教育的严重性根本未能感受到切肤之痛。读书并没有成为大众的需要，自然也就大大减少了求学的兴趣。此外，当时苗族地区具有一定水平的师资也极度缺乏，有一定文化程度的读书人根本就不愿居此荒凉寂寞的环境。

自从基督教传入以后，才在各处设立小学，教导苗民子弟。可是，这些学校大半以传教为目的，规模小，设备简陋，甚至全校没有一张地图，好几个孩子共用一本教科书，政府因视彼等为化外之民，所以也从不过问。据1935年的调查报告，分布在云南的川苗聚居区（此支系居住区地

① 国家民委《民族问题五种丛书》编辑委员会，《中国民族问题资料·档案集成》编辑委员会编：《中国民族问题资料·档案集成 第5辑 中国少数民族社会历史调查资料丛刊 第106卷〈民族问题五种丛书〉及其档案汇编》，北京：中央民族大学出版社2005年版，第235页。

② 寿茹：《湘边苗猺杂记（二）》，《新人周刊》1935年第1卷第38期，第16页。

③ 胡庆钧：《川南叙永苗民人口调查》，《边政公论》1944年第3卷第12期，第37页。

跨川滇边区）共有初级小学9所，高级小学1所；在四川则只有珙县洛表镇王武寨初小1所；综计川苗全体，只初中学生3名，高小学生23名，初小学生236名，加上以前曾受过少许私塾教育的计算起来，受教育的人数，不过4‰而已。① 云南苗族仅有为教会主办之小学及其基督教普通知识研究所而已。教会举办教育之目的在于传教，其课程设置结构多为教人做礼拜——念圣经、唱圣歌，与科学教育相差甚远。此外，由于苗族民众普遍生活困苦异常，有能力送孩子进入以汉族学生为主体的小学校读书的家庭相当稀少；有能力送子女读中学的家庭仅武定、寻甸有三数人而已，能够送子女上大学的则根本就没有听说过。②

在湘西地区，虽有少数富人创办家庭教育，但是子女接受此种教育的比例依然不高。多数家庭认为读书就学并不能给生活带来多大的改善，意义不大；所以，只求稍识文断字就很满足了。石启贵概括此种情形说：

> 以故苗族之子弟，转变上古之愚民，观察社会，略识粗浅文字者，不过千分之三四；文理清顺通达国家政务者，万难选一也。至于女子识字尤少。③

苗族的文化教育状况，使之整体上知识浅陋，许多人连自己居地属哪个省、现时属哪个时代之类的基本常识都不清楚。多数苗族群众“不谙客话，以致政教及他项宣传，苗人诸多未解”④。正因为苗族人民普遍缺乏科学文化知识，对于太多的未知世界的认知与解读方式，当然只有走向神学之路，只得遵从传统宗教的既定理路答疑解惑了；因此，传统宗教总是一次次地成为苗族社会生活中必不可少的解释工具，其地位也就举足轻重了。

---

① 林名均：《川苗概况》，《新亚细亚》1936年第12卷第4期，第55页。

② 罗维：《抗战中之云南苗族问题》，《战时知识》1939年第2卷第12期，第10页。

③ 石启贵：《湘西苗族实地调查报告》，长沙：湖南人民出版社1986年版，第216页。

④ 记者：《湖南苗民风俗志》，《社会杂志（1931）》1932年第4卷第1期，第21页。

二、医疗卫生

（一）卫生状况恶劣

生活的贫困，备办日常生活用具缺少资金，加上普遍缺乏科学文化知识，所以苗族地区的民众曾经长期忽视个人卫生，没有科学的卫生习惯，极易引发多种疾病，尤其是流行病的泛滥。民国时期，有学者发现黔东南八寨、高坡的短裙苗，“家内有一只洗脸盆，从不倒掉污水，由年初一到年底才换一次水，并还要杀一鸭祭一祭”①。苗族地区流行病盛行，与其日常生活习惯与卫生认知的缺乏有着紧密的关系。许多苗族家庭习惯饮用凉水解渴，这就使霍乱的流行成为可能；根本不挂蚊帐，使疟疾传播也很严重；夏天烧草灰驱蚊，冬天烧火取暖，往往弄得满室皆烟，导致许多人眼睛被熏得很红，眼疾多发。

苗族的吊脚木楼，墙壁用牛粪和泥土建筑，分上下两层，楼上是卧室和招待室，楼下是猪牛栏、厕所和厨室等。一跨进门槛，便感觉到臭气熏天，难过已极。② 猪栏牛圈与住屋接，苍蝇最为繁殖；又因为苗人好养犬，跳蚤难灭；因地方寒冷，不勤沐浴更衣，致使虱子滋生。

加之苗族民众的衣服无季节之分，每着一件，亦有逾月不更换洗涤者，且以地方气候寒冷，水源缺乏，汲取不易，身上垢秽常不沐洗。苗人甚少烧水洗足之习惯，非有远客临门，鲜用温水濯足，盖彼等多为农户，薄暮，农毕途归，遇其溪河流水，即洗涤回家，懒惰者，甚至仅于入夜时，以草蒿揩刷足底，即上床就寝，故卧被极易污秽。③

（二）疾病流行

贵州苗疆瘴疠流行的情形，田雯《黔书》下卷有载：

> 瘴气自镇宁以上，凡地之近粤者即有。每于春夏之交，微雨初

① 吴泽霖：《贵州苗胞生活概况（续）》，《西南公路》1941 年第 136 期，第 306-307 页。
② 黄平安：《贵州的苗民生活》，《社会杂志》1931 年第 1 卷第 5 期，第 3 页。
③ 王建光：《西南苗人之生活习俗》，《中国边疆》1944 年第 3 卷第 1-2 期，第 27 页。

歇，斜口（日）砍（欲）睨，丹阳瀰漫，非虹非霞，气如蒸沫，则瘴起也。遭之急伏地，或嚼槟榔，或含土，庶几可免，否则立病如痎虐，久则黄疸胀腹，或逾季，或二三季，莫之救矣。①

广西苗族地区亦是如此：

苗山之瘴，四时皆有，而以黄梅瘴、青草瘴为最毒。其发也，荒山长谷，绿气氤氲，傍晚益剧，嗅之刺鼻。受其毒者，辄神眩汗流，颜色奸黷，俄而寒热交作，霍乱继之，非死则剧病矣。汉人旅行苗山，畏瘴如虎，触瘴死者屡屡也。②

瘴疠流行，最主要的是苗族地区多水热寒湿之地，民众的居处环境很差，卫生条件与医疗手段滞后，所以出现了让人不寒而栗的烟瘴之气。

苗族传统宗教中，生殖崇拜，踩花山、架桥求子嗣的信仰习俗均较突出。据相关研究资料，这一现象除了因苗族民众在农耕时代对于香火续接、更多劳动力的渴求外，与医疗卫生的不足而导致不孕不育现象突出也有极大的关系。1942 年四川叙永苗族的调查资料显示，妇女不孕率在 15—50 年龄组的 163 对夫妻中，结婚满 10 年而不孕的有 23 对，约占 1/5；年龄已满 50 的妇女中未生育者亦不在少数。③

（三）治疗手段落后，死亡率高

苗族地区卫生状况不理想，又严重地缺医少药；生病以后，首先想到的是寄希望于对传统宗教的信仰，延请宗教师祈禳祛除。除驱鬼外，更靠土医生采山上所生药草，拿来煎汤饮服，其余别无他法。所以苗族地区的死亡率很高。④

新中国成立前，在医疗技术水平较低的情况下，苗族地区的预防接种工作严重缺失，传染性疾病常常给苗疆带来非常严重的后果。例如，少儿

---

① （清）田雯：《黔书》，康熙庚午年（1690）刻本，第 47 页。

② 刘锡蕃：《苗荒小纪》，上海：商务印书馆 1935 年版，第 26 页。

③ 胡庆钧：《川南叙永苗民人口调查》，《边政公论》1944 第 3 卷第 12 期，第 39 页。

④ 胡斌：《广西苗山农村生活小记》，《农村月刊》1947 年第 1 卷第 6 期，第 18 页。

接种疫苗防范痘症问题就根本无从谈起，一旦村寨中出现痘症，知其有传染性，苗族民众对其极为恐惧害怕。除了将患儿隔离于村寨之偏远岩石洞中，使之与村寨隔绝之外，根本就无计可施；患儿的生死，则只能听其自然，生还者极少。①

1942 年，胡庆钧在四川叙永苗族地区调查发现，当地苗族当年的生育率为 33‰，死亡率为 50‰，死亡率超过生育率；四川珙县苗族之生育率为 44. 2‰，死亡率为 38. 8‰。当年汉族社会的生育率为 37. 07‰，死亡率为 29. 170‰。可见川南苗族的生育率与死亡率都是较高的。②

生死寿夭、水旱疾疫之类的问题，关乎人的基本生存。在苗族地区，上述问题均处于一种缺乏最基本的救助与救护手段的状态。既然科学的、合理的解决途径已经没有指望了，现实的严酷又常常让苗族社会痛心疾首，在奔走无途的情况下，千百年来已经习以为常的传统宗教解决模式当然就成为寻常人家首要的或者最后的选择。所以，苗疆地区医疗卫生水平的低下与重大疾疫的发生、非正常死亡多发，随时随地都在为苗族传统宗教的传播与信仰留下空间。历史时期，该民族在日常生活中走上宗教化色彩极重的道路，也就成了极为正常的现象。

三、思维的宗教化取向

（一）封闭隔绝下的内倾化思维取向

由于文化知识欠缺，环境相对封闭，导致一些地区的苗族社区缺乏对外界的了解，进而影响一些苗族民众的思维取向，表现出内倾化的特征。事事都照着老祖宗的成法惯例办理，加上宗教禁忌繁多，举手投足不无顾忌，制约了部分民众开拓创新能力的激发。

历史时期，在安土重迁的生活模式下，大多数苗族群众都是终生安居乡里，难得有走出大山、远行他乡异土的机会。那些白发苍苍的老者，没有走到村寨五十里外地方者大有人在；很多人几乎没有离家三五日的经

① 王建光：《西南苗人之生活习俗》，《中国边疆》1944 年第 3 卷第 1-2 期，第 27 页。

② 胡庆钧：《川南叙永苗民人口调查》，《边政公论》1944 年第 3 卷第 12 期，第 38 页。

历，寨与寨之间老死不相往来者不在少数。“外面有衣服言语稍异的人入他的村寨，他们非常恐惧，急急关门，以便躲避，同村的也闻风关门。关门后，此外人不去，他决不开。”①

当然，这种内倾化思维方式的形成，其实与中央王朝的民族隔绝政策有着紧密的联系。“闻贵省各处，原系苗民，自汉族侵入，驱苗民于山坡之间，多山石不毛之地，故苗民之畏客家，不啻虎狼也。”② 苗族没有自己的文字，智识有限，基本上过着远离现代世界的生活。又因历史上汉、苗之间的冲突摩擦，民族之间存有疑忌隔离的态度也属必然。封闭的生产生活环境会逐渐形成封闭的文化观念，长期被驱逐的历史极易诱发对汉文化的疑虑。然而，这种封闭与隔绝又会使苗族自身发展缓慢，让宗教信仰得到更大的发展。

内倾化的思维模式一方面因缺乏接触外界新鲜事物，缺乏对外界的了解而导致；另一方面，内倾化的思维模式又导致认知能力有限；在此种思维习惯左右下，则会出现固守本位文化的特征。既然没有太多的机会接受日新月异的科技文化知识，长期的封闭状态又导致无意识的内倾化思维模式的产生，那么，在现实的苦难面前，苗族民众解决问题的途径依然只有走上依托传统宗教、寻求神性解读与评判的思路了。于此，苗族传统宗教的广为流布与持久的信仰，就有了更为根本的思维基础。

（二）内倾化思维中的宗教性灵

历史时期，苗族整体上文化教育水平较低，持万物有灵的观念。所以疾病不事医药，遇有水旱灾荒，解决的途径就只能是祭祀祈禳，寄希望于鬼神了。

> 作法跳神之事，常不断的表现于乡间之间。县城市集，每年间总要举办一次清醮，避祸求福，无论男女老幼，都是极神怪的虔诚参加，跪拜不倦，如遇天旱，则多肩狗舆，手执香烛，沿街解禳。③

① 于曙峦：《贵州苗族杂谭（续）》，《东方杂志》1923 年第 20 卷第 14 期，第 55 页。

② ［英］成国荣：《苗民中布道之情形（贵州）》，《兴华》1919 年第 16 卷第 2 期，第 16–17 页。

③ 四川黔江地区民族事务委员会：《川东南少数民族史料辑》，成都：四川民族出版社 1995 年版，第 45 页。

苗族社会对其传统宗教虔诚信仰，社会生产生活悉取决于祭祀朝拜，乃至花费重金亦在所不惜；出现此种情况的根本原因，其实就在于内倾化思维模式下的宗教性灵。也就是说，在笃信其传统宗教的大背景下，整个苗族社会都会关注于宗教信仰，频繁地参与宗教活动，时时处处求证于宗教，传统宗教也就成为贯穿苗族社会的生活主线之一。

苗族社会巫鬼文化盛行，其整体状况在前人的文献中多有记载。

其俗信鬼尚巫，有病不用医药，辄延巫宰牛禳之，多费不惜也。①

清代田雯《黔书》上卷苗俗有载：

病不延医，禳除但求祈祷。②

清代严如煜《苗防备览》卷八风俗上记载：

苗中以做鬼事为重事，或一年、三年一次，费至百金或数十金，贫无力者，卖产质衣为之。此习为苗中最耗财之事，亦苗中致穷之一端也。③

在巫鬼文化大行其道的环境中，内倾化思维中的宗教性灵，似乎成为整个苗族社会风貌及其民族文化的一个十分醒目的标签。例如，广西苗族对于一切事物都奉之为由鬼神主宰，大至煮饭的铁三脚架、上楼的扶梯、舂米的杵臼以及牛羊鸡犬，小至蝼蚁蝦蛙等，都由鬼神主宰。甚至小儿夜哭和蚱蜢跳上床的事情，都认为是鬼神不安，非请师公来做照油碗、吊秤锤、禁屋、禁寨等等不可。④

在日常家居生活中，苗族对于家中大小事件，更不消说吉凶祸福之类的敏感问题，均请宗教师用草茎、米粒等占验推算，从而求得心理上的平

① （清）徐家干：《苗疆闻见录》，贵阳：贵州人民出版社，1997 年版，第 173 页。

② （清）田雯：《黔书》，康熙庚午年（1690）刻本。

③ （清）严如煜：《苗防备览》，嘉庆二十五年（1820）刻本。

④ 魏鼎勋：《广西融罗苗疆谈丛》（续完），《新中华》1936 年第 4 卷第 17 期，第 69 页。

衡。更为严重的是：

> 红苗每岁五月寅日，夫妇分寝，并不交谈，不外出，谓系避鬼防虎厄……楼居苗最为信鬼，对于鬼堂什物，均不敢犯，犯则以为不祥……长寨青苗、仲家最畏疾病，一人有病，则举寨避于山洞，想亦因病为鬼祟，故畏而避之。①

诸如此类现象非常清晰地表明，苗族民众习惯于以宗教的角度看待问题，解决生产生活困难以及人生际遇之类的问题的手段单一，可供选择的、较为科学合理的方法很少。在这样的思想水平下，传统宗教当然就能够大行其道，祭祀朝拜自然是风行整个苗疆了。

① 童振藻：《黔苗近况述要及调整纲领》，《民族（上海）》1936 年第 4 卷第 5 期，第 775-803 页。

第二章　西南苗族传统宗教的信仰体系

第一节　自然崇拜

一、天体与天象神灵

（一）日神、月神

苗族对于日神的崇拜，可以从一些具体的祭祀仪式中进行分析。在城步苗族的庆鼓坛祭祀活动中，有祭祀日神的仪式。黎明时，宗教师携全体社区成员到东方去举行“迎太阳”的仪式。待太阳东升时，齐向太阳礼拜，高唱《太阳歌》：“太阳出来是辰时，正是大王出门时，大王出门犁田去，来年丰收庆古坛。”中午时分，又得举行“望太阳”仪式，再唱《太阳歌》：“太阳当空放金光，南风吹起满天香，今日南风动得好，来年丰收庆古坛。”太阳落山时，还须举行“送太阳”的祭祀仪式，并唱道：“日头落岭黄又黄，恭送大王回殿堂，恭送大王回大殿，手担师刀安大王。”① 从祭祀神辞《太阳歌》分析，苗族认为太阳乃掌管年成好坏的尊神，似乎阳光雨露与风雹等都归其掌控。所以，尽管庆鼓坛活动主题是祭祀苗族的大

① 林河：《苗族文化论丛·城步苗族对太阳神的崇拜》，长沙：湖南大学出版社 1989 年版，第 114 页。

祖神，而太阳神必须同祀，可见日神地位之高。其主要原因，还是在于日神乃丰收保障神，对处于农业社会的苗族而言，意义当然十分重大。苗族对于日神的崇拜，还体现在宗教师的法器上，据称，师刀上的大圆环代表太阳，小圆环则代表天上的星辰。

在苗族传统宗教的信仰世界里，更多的时候是日神与月神同称共祀，难于截然分开。有学者研究认为，在苗族观念中，月亮具有女性祖先的神格，苗族崇拜日月，但相比之下对月的崇拜较其他民族更为突出。民间叙事诗《仰阿莎》的主题是扬月贬日，古歌《打杀蜈蚣》说始祖姜央被蜈蚣咬死之后，就埋葬在月亮上。正因为如此，人死之后要唱《焚巾曲》，引导亡灵回东方老家，再从东方老家送到月亮上，那儿不但有苗族祖先亮公、汪公，还有姜央、蝴蝶妈妈等。① 但是，在湘西苗族巴代古歌中，左右上下四面八方这“十方世界”形成之后，变化之神达便不得不去瑶池补泻央请一对十分恩爱的情侣，让女孩做太阳，小伙子做月亮，以解决世界没有日月星光的难题。②

瑶池小伙与姑娘，两位好人笑呵呵。姑娘光亮如星月，小伙光亮十分足。达便走到瑶池望，看见两个很和睦。便请他们照凡间，两个不愿两分开。达便紧来讲好话，好言好语都讲完。你们两人要听话，快做日月照人间。不用分开一年久，每月会合两三天。二人这才分开手，男当月亮女当日。③

贵州苗族歌谣《太阳姑娘和月亮郎》：

从苍天混沌到圆圆的时候，自太阳姑娘修路来居的时候；从大地混沌到象凹鼓的时候，自月亮郎理路来住的时候。太阳姑娘生得极美丽，月亮郎来就晓得；太阳姑娘就来和，就来和月亮郎呵成家居。太

① 罗义群：《苗族祀月习俗与东君》，《黔东南民族师专学报》1999 年第 1 期，第 35-39 页。

② 龙宁英、石寿贵、石寿山：《湘西苗族巴代古歌》，长沙：湖南人民出版社 2012 年版，第 1 页。

③ 龙宁英、石寿贵、石寿山：《湘西苗族巴代古歌》，长沙：湖南人民出版社 2012 年版，第 8-9 页。

阳姑娘和月亮郎呵，相爱相拐来就逃；太阳姑娘和月亮郎呵，相约就把前程奔。①

黔东南与湘西苗族有关日神、月神形象的错位，最好还是结合两地苗族神话予以解读。两地的神话内容都体现了女性居社会主导地位的特点，黔东南神话中，女性始终战胜男性，掌控局面；湘西神话则将通常认为威力更为强劲的太阳神解说成女性化身，可能这些神话的起源年代在母系社会时期，体现了女权的特点。至于两地日月之神化身的差异，其实与苗族各支系审美取向有关。生活常识让先民们明白，月亮温凉、冰洁，富于女性的性格特征，所以，尽管女性居于社会的主导地位，但是月亮却实在是最能代表其形象的。所以，在黔东南苗族的神话故事中，选取月亮代表女性的温柔贤淑。湘西苗族基于女性性格中的羞涩特点，结合太阳光芒四射，不敢直视的现象，于是在文学性的形象化表达中，取女性的羞涩契合太阳的刺眼，让神话故事的传播更具有生动性。所以，湘西苗族就以太阳比拟女性的羞涩与含蓄。

在湘西，日月之神又被统称为车神，苗语称为“不青”，取其呈圆形，类似于纺车的形状，故被称为车神。此外，月神又有太阴神之别称。就苗师通书提到的祭祀仪式与神辞来看，但凡家中出现怪异现象，或得了奇怪疾病且久治无效，或者多年无子而希望求子嗣者，就得祭祀日月之神。但是，祭祀白日车神太阳与祭祀夜里车神月亮在仪轨上有些差别，祭祀日神的时间多在清晨良旦，祭祀月神则在日落黄昏。许愿的规矩也不一样，祭祀日神，则“做成良愿九重，许愿九朵”；祭祀月神则“做成良愿七竹，许愿七重”②。此外，在祭品、牺牲、法器及用具使用上，祭祀白日车神与祭祀夜里车神也有差异，祭祀日神用数九，祭祀月神则用数七。祭祀日神用碗，“取得九个好碗，拿得七只银碗”；祭祀月神用碗，“取得七个好碗，拿得七只银碗”。在标识使用上，祭祀日神，“九呈之标，九块之愿”；祭祀月神，“七呈之标，七块之愿”。③ 在其他祭品的供奉上也是如此。尤其

① 贵州省民间文学工作组：《民间文学资料》第 29 集，1961 年内部印刷，第 55 页。

② 张子伟、石寿贵：《湘西苗族通书诠释》，长沙：湖南师范大学出版社 2012 年版，第 332-333 页。

③ 张子伟、石寿贵：《湘西苗族通书诠释》，长沙：湖南师范大学出版社 2012 年版，第 333 页。

特殊的是，如果杀牲祭祀，祭祀白日车神则杀羊，晚上祭祀夜里车神则杀牛。从上述内容看，湘西苗族认为日月之神除了掌管年成之外，还负责人间其他事关生老病死的问题。这一点在祭祀日月神的神辞内容中有所体现：

> 从土地堂借来日梳，借来月梳。借梳是替主人增添元气，是为主人延长生命。这梳不梳去主人的好运，不梳去主人的寿命。只为主人昔日来过土地堂，来过当坊土地。在土地庙前吃血，在土地堂前杀鸡诅咒……主人跨了日梳，你得长寿；主人跨了月梳，你得延年。大梳梳开光明大路，小梳梳开光明小路。①

贵州台江县苗族认为，早上升起的太阳之庸影乃三个男性精灵，它作弄人的眼睛在早上痛。为了解除痛苦，则须祭八奶打（即太阳在早上升起来的手），同时，傍晚太阳落坡时之庸影亦是三个男性精灵，也会作弄人的眼睛痛。要解除痛苦，须祭八奶留（即太阳在下晚落坡时的手）②，此处的太阳神之庸影又似乎有点小气，世人须谨慎应对，否则会被给予小的波折。其实这正好体现出苗族先民对干旱等气候异常、酷热难耐的炎暑的解释路径。

（三）雷

传说雷公和人的祖先戈耶、龙、虎等都是蝴蝶妈妈生出的十二个蛋孵化出来的同胞，雷是大哥。③ 黔东南西江苗族认为，在众神体系中，除了蝴蝶妈妈和姜央祖神外，雷神是最大的天神。在苗族神话里，太阳神和月亮神的神力有限，在它们遇到危难时，也不得不向雷神寻求救助。但是雷神虽然厉害，却不是姜央祖神的对手。④ 雷公统管天下，是掌管风雨云电

① 石启贵：《民国时期湘西苗族实地调查实录·祭祀神辞汉译卷》，北京：民族出版社 2009 年版，第 417 页。

② 全国人民代表大会民族委员会：《贵州省台江苗族的宗教迷信》，1958 年内部印刷，第 56–57页。

③ 黔东南州文艺研究室：《风俗的起源》，上海：上海文艺出版社 1988 年版，第 167–171 页。

④ 杨培德：《鼓魂》，北京：中国文联出版社 2002 年版，第 94 页。

的神。

在苗族的神话传说中，雷神又是由一组组居住在天上的苗族先民的灵魂组成的鬼神群体，共八组。其中三组分别由 7、9、12 个姑娘或少妇组成，负责管理日月神；赤猪雷神由 13 个姑娘和少妇组成；西雷神由 13 个姑娘和少妇组成；十五雷神由 15 个名叫仰宝扁、金宝锻的男女组成；黄牛雷神由 17 个名叫高勾良、宝省里的男性老人组成；水牛雷神由 19 个白发男性老人组成。这八组雷神几乎都会作祟于人类，导致人生病或其他不祥事件发生，所以人类得小心伺候，祈祷祭祀以求平安。[①] 贵州省台江县苗族则有另一套雷神体系的神话，故呵你（即用水牛祭祀的雷公）有 19 个儿子，由妹榜妹留生的大蛋变成；戈养你（即上游的雷）共 12 个，男性，由妹榜妹留生的大蛋变成；你呼龙（即下游的雷）共 12 个，男性，由妹榜妹留生的长蛋变成；往洛朗金播友（即劈树的雷），又称红雷，共 12 个，男性，由妹榜妹留生的红蛋变成；两呼你呼分收（即白雷），共 9 个，男性，由妹榜妹留生的一个一节白一节亮的蛋变成。[②] 两种有关雷神体系的神话的共同点是似乎雷神对人类并不十分友好，他们会时常作祟人间。两种传说的差异则在于雷神的化身不同，前者认为是由苗族祖先灵魂之居于天界者组成，后者则认为是由苗族始祖神妹榜妹留所生的十二个蛋孵化而成，所以地位当高于前者。

关于雷神的职掌，苗族首先奉雷神为掌管雨露的神灵，每年春天听到第一声春雷时，都会举行一些祭祀仪式，或遵守禁忌。湘西苗族：

> 闻有雷鸣，则为忌日。此种忌日，分头雷、二雷、三雷等别，头雷忌三天，二雷忌两天，三雷忌一天，四雷则不忌矣。每逢此日，大家休息，不做挖地犁田等农事。犯之，相传必起虫蝗天旱，年岁不丰也。[③]

---

① 李国章：《雷山苗族文化与旅游丛谈·苗族祭天祀雷巫词记载的古人类科学发现和发明》，中央民族大学出版社 2010 年版，第 355 页。

② 全国人民代表大会民族委员会：《贵州省台江苗族的宗教迷信》，1958 年内部印刷，第 27-134页。

③ 石启贵：《湘西苗族实地调查报告》，长沙：湖南人民出版社 1986 年版，第 553 页。

此时，贵州雷山县苗族的活路头就会通知村民们开始忌雷，不准干农活。忌雷要连忌三次，每年总共要忌三天。如有犯忌者，须拿一只鸭、一升米来向寨老们道歉。寨老们请鬼师来除灾封愿，就能避免犯忌者可能带来的灾害。之所以忌雷，为的是确保这一年生产劳动顺利。① 这些禁忌行为，其实应该与雷神被苗族认为掌管着与农业生产息息相关的雨露、控制干旱的宗教信仰有着紧密的联系。

同时，湘西苗族又认为，雷神乃苗家大祖神岭斗岭茄所居天堂的守护神，祭祖时得首先祭雷神。② 所以雷神也为苗家的祖神之一，椎牛祭祖时，在祭祀大祖神之前，得先祭奉雷神，让这位上天的守护神帮助开通上天的道路，以便畅通无阻，保证祭祀活动平安吉利。

此外，雷神被认为是为天界指派，执掌人间公平与孝顺的判官，若有人伤天害理，雷神就会先轰击其家的树木以为警告，仍不改悔就会击人。③ 在贵州西江苗族有关雷神的神话中，雷神亦不只是能呼风唤雨，而且还是一位公正的法官。苗族民间在按习惯法中的神判举行捞油锅时，理老用理词特意邀雷神来作为断案的主审法官。

二、无生物神灵

（一）山神

作为山地民族，高山给了苗族生存的空间，但同时巍峨雄峻的层峦叠嶂又时常带来诸如塌方、泥石流、地震性山崩之类的自然灾害。人们在山间坡地耕作，亦在丛林中狩猎讨生活；高山阻断交通，亦带来意想不到的一系列自然灾害。在万物有灵思想的支配下，苗族社会以山为神异对象，塑造出山神的形象，并假想其职掌，进而形成一整套祭祀仪式。

云南巍山县苗族每个村寨都有一个集体山神，有的是一块石头，有的

① 贵州省民族事务委员会，贵州省民族研究所：《贵州“六水六山”民族调查资料选编·苗族卷》，贵阳：贵州民族出版社 2008 年版，第 309 页。

② 石启贵：《民国时期湘西苗族实地调查实录·祭祀神辞汉译卷》，北京：民族出版社 2009 年版，第 115-116 页。

③ 石启贵：《民国时期湘西苗族实地调查实录·祭祀神辞汉译卷》，北京：民族出版社 2009 年版，第 250 页。

是一座小庙，有的则以一棵古树作为山神的化身。具体选用什么作为山神的代表，主要依苗族各支系所处的地理环境而定。当地苗族认为山神能保护村寨的人丁安康、五谷丰登、六畜兴旺，因此逢年过节都要杀鸡，并和猪头一起作为祭品，祭祀山神。[①] 云南安宁县花苗称山神为“斗米舍”，并选择一座山峰作为山神的驻足地点，全村共祭此山，而且此山的树木严禁砍伐。

就祭祀山神的仪式看，上述地区的苗族在每年春节期间，会杀猪宰羊，集体祭祀山神，此种祭祀仪式被称为“拉西祭”。[②] 此外，农历三月三日清明节时，一些地区的苗族群众除上山扫墓外，特重祭祀山神。其具体的祭祀仪式，则是“悉寨筹资同购豕一头，杀而烹熟，偕至山神所在地，敬酒肉及焚香烧烛以祭。祭毕，食罄，尽欢而两散，意谓在求山神庇护牲畜，并避狂风暴决摧毁屋宇云”[③]。

（二）土地神

作为农耕民族，土地的重要性直接牵涉整个民族的生存问题；农业生产中，时常须面对的土地农作物产出能力，也是苗族社会极为关心的重要问题。但是，在整个社会生产力水平较低的时代，苗族社会亦将上述问题归结为左右土地的神灵作为与否，所以崇拜土地神也就成了苗族传统宗教的信仰对象之一。

湘西苗族往往三五人家的小寨，就有土地祠一座，较大的田地，亦有以三块石头架成的土地堂。贵州台江县苗族的土地神崇拜，修有小的房子或用几块石板镶成一个四方形的匣子，置土地菩萨于其中，其目的是希望保佑寨子清吉，人丁繁衍和发财。有的土地祠是全寨共修一座，有的是寨子里各姓氏分姓修建。[④] 此外，也有独家修建的情况，也即在架桥求子嗣

---

① 国家民委《民族问题五种丛书》编辑委员会，《中国民族问题资料·档案集成》编辑委员会编：《中国民族问题资料·档案集成 第5辑 中国少数民族社会历史调查资料丛刊 第103卷〈民族问题五种丛书〉及其档案汇编》，北京：中央民族大学出版社2005年版，第63页。

② 国家民委《民族问题五种丛书》编辑委员会，《中国民族问题资料·档案集成》编辑委员会编：《中国民族问题资料·档案集成 第5辑 中国少数民族社会历史调查资料丛刊 第103卷〈民族问题五种丛书〉及其档案汇编》，北京：中央民族大学出版社2005年版，第80页。

③ 王建光：《西南苗人之生活习俗》，《中国边疆》1944年第3卷第1-2期，第28页。

④ 全国人民代表大会民族委员会：《贵州省台江苗族的宗教迷信》，1958年内部印刷，第7页。

时，自家在桥头建一土地祠，且祭桥时一并奉祀土地神。贵州清镇市的每个苗族村寨前都有一座土地庙，庙内安放木质的人物形象土地公、土地婆菩萨各一尊，或用石块作为菩萨安放。每年的三月初三、六月初六、九月初九，寨老们要相约每户捐资购买食物，制作佳肴向土地公、土地婆献酒献饭。祈祷土地公、土地婆保佑寨邻清吉平安、大地丰收。此外每年的正月初一至初三，寨中各户家长要派子女从家中送燃香一炷，插在庙中。[①]广西苗族亦笃敬社神：

> 凡村落区段，必立石为社。春秋二祭，由村区内各户输之。祭之日，男女集会唱歌，宰牲分胙，聚饮甚欢。关于村区内应兴应革事宜，亦于会时公议决定。岁必如此，罔敢或违。[②]

关于土地神之职掌，一些苗族认为土地神掌管山林间的野兽。湘西苗族客教相信："土地为管野兽之神，祀之可免野兽伤人。"[③] 贵州赫章大南山苗族每年农历三月初三、九月初九举办土地会两次，祭祀山王菩萨即土地神。山王菩萨设在村子附近的山坳上，希望它保护牲畜，不要被虎豹、豺狼危害。[④]

苗族普遍认为农业丰歉与土地神有紧密的联系，每年正月初二，都要用三根细小的竹枝和三棵茅草插在附近田地的东方，然后烧纸焚香、敬献酒肉，以祭地母，表示新年劳动的开始，以及祈求地母赐恩，保佑农业丰收。在播种、插秧时，也要到田里烧香烧纸，以求地母保佑稻作长势良好，获得丰收。[⑤] 云南屏边县苗族将祭祀土地神与祭祀上天合并，称为献天公地母。每年六月二十四日杀公鸡献天，杀母鸡献地，目的是为求神保

---

① 兰道宇：《红枫湖畔的苗家·清镇市苗族志文稿》（续集），贵阳：贵州民族出版社 2007 年版，第 575 页。

② （民国）刘锡蕃：《苗荒小纪》，北京：商务印书馆 1935 年版，第 13 页。

③ （民国）凌纯声、芮逸夫：《湘西苗族调查报告》，上海：上海书店 1989 年版，第 159 页。

④ 国家民委《民族问题五种丛书》编辑委员会，《中国民族问题资料·档案集成》编辑委员会编：《中国民族问题资料·档案集成 第 5 辑 中国少数民族社会历史调查资料丛刊 第 106 卷〈民族问题五种丛书〉及其档案汇编》，北京：中央民族大学出版社 2005 年版，第 51 页。

⑤ 杨正勇，李廷贵：《黔东南部分地区苗族原始宗教与原始文化调查述略》，《贵州民族学院学报》1989 年第 1 期，第 50-57 页。

佑雨水调匀，庄稼免受灾害。[①] 黔东南西江苗族每年都会在巫师的带领下，全寨人等举行请社公仪式，所唱《社公歌》："社公门前一丘田，一对牯牛双双犁，一对牯牛双双耙，来年丰收庆古坛。"[②] 大意是请社公帮助他们犁田下种、消灾除祸，求得五谷丰登。这些都体现出苗族普遍观念：认为土地神掌管着与农业生产紧密联系的土地、水资源等，祭祀土地就可以获得最大的丰收机会。

在各苗族支系的信仰世界里，土地神还具有村寨守护神的身份。湘西苗族认为，当坊土地神是一村之主宰，苗乡每寨有土地堂一所，用岩板或石块砌成。全寨人每逢年节或初一十五日均祭之。如地方人畜瘟疫流行及虫蝗灾患发生，集众公议，杀猪祭之，求保平安。[③] 贵州惠水各支系苗族村寨一般在路口都建有土地庙，认为土地庙可以保佑村寨平安。如果村里人畜生病或死亡得多，他们就要供奉土地庙。[④] 广西三江县苗族村寨，有的夫妇婚后不育，就去修桥，求得生儿育女。在这些修建的木桥边或大树边一般都设有土地菩萨。凡历正月初一、十五日，当地苗族群众就会以鸡、鸭、鱼三牲去敬拜土地神，祈求土地神庇护全村寨的平安清吉，使山中猛兽不危害人畜。[⑤]

一些地区的苗族民众将土地神之力量进一步神化，认为土地神可以包揽一切，带给虔诚信仰者万端福音。贵州台江县苗族不仅希望土地神保佑全寨人不生疾病，六畜兴旺，不发生火灾；此外，如果孩子比较调皮，常走陡坎、爬高树，父母担心出意外，便把他们拜寄给土地菩萨，请它管理孩子不要调皮。如果出门做生意，也可以请求土地菩萨保佑平安和赚钱。[⑥]

（三）水神

水与日常生活及农业生产息息相关，水在造福人类的同时，亦时常带

① 《屏边苗族自治县民族志》编写组：《屏边苗族自治县民族志》，昆明：云南大学出版社1990年版，第59页。

② 杨培德：《鼓魂》，北京：中国文联出版社2002年版，第101页。

③ 石启贵：《湘西苗族实地调查报告》，长沙：湖南人民出版社1986年版，第485页。

④ 贵州省苗学研究会惠水县分会：《惠水苗族》，贵阳：贵州民族出版社1996年版，第119页。

⑤ 三江县民委：《三江侗族自治县民族志》，南宁：广西人民出版社1989版，第117页。

⑥ 全国人民代表大会民族委员会：《贵州省台江苗族的宗教迷信》，1958年内部印刷，第128页。

给人类社会重大的灾难。所以，水的力量让传统时代的苗族社会对之膜拜有加，奉之为水神、泉神、河神、井神等等。也即但凡有水的地方，就有水神存在，必须认真应对。

黔东南苗族认为山泉由一位有灵性的女神掌管，苗语叫乌蔓（wuk ment)。喝了乌蔓的泉水就必须付钱，而这钱则用草标来代替。如果不付钱，女神乌蔓就要找上门来算账，人就会生病拉肚子。[①] 所以，苗族民众在山泉边喝完水后，都会在路边扯下一叶芭茅草，打一个草标放在山泉边，然后离去。

湘西苗族神话传说认为泉鬼有两位，即井公和井婆。在任何地方喝了井水或河水，如果因而生病，就会认为是失魂于水中了，就得请巫师赎魂。赎魂时，巫师所念咒语如下：

> 日前主人在井边喝水，恐怕是井公井婆将他的魂魄捉去，生起病来手痛脚痛，上下走动很难，看见阶，就要心跳。现在拿酒肉来赎魂，用金银来赎魂，请你们快把主人魂魄放回来，使他早早复原。[②]

从这段巫词可以明白，苗族民众认为水神掌管人世间一切水源，也会影响人类生活的各方面。

由于崇拜水神，苗族社会亦产生了依托水神，求得幸福吉祥的多种仪式与信仰。一些苗族在春节大年初一早晨，会去井中挑水回家，呼之为挑银水等。每当人们去井边挑水时，总是先焚香、烧纸、点烛敬祭水神或井神后，才挑水回家。此外，如果婴幼儿常常夜哭，或体质较差、多病，即可把这个婴幼儿拜寄给井神，祈求井神或水神护佑。此小儿则取名为“水保”或“龙保”，若为女婴，则取名为“水妹”或“龙妹”。[③]

还有一些苗族支系每年阴历七月逢亥日亥时举行朝水节，百数十里内之男女老少集中向被称为灵异的仙水洞进发，人们在仙水洞旁焚香燃烛，三揖跪拜。据说朝水节祭祀意在避灾祈福及防除病害，凡身染重病者，就

① 杨培德：《鼓魂》，北京：中国文联出版社 2002 年版，第 21 页。

② （民国）凌纯声、芮逸夫：《湘西苗族调查报告》，上海：上海书店 1989 年版，第 143 页。

③ 贵州省民族事务委员会、贵州省民族研究所：《贵州“六水六山”民族调查资料选编·苗族卷》，贵阳：贵州民族出版社 2008 年版，第 362 页。

会带上鸡一只或小猪一头，在仙水处恭请巫师祝祷，并由巫师亲手曲掌盛水授与病者饮用，然后屠杀鸡或猪，取血与毛作为祭品，黏附于泉壁。①

（四）石神

秉持万物有灵观念的苗族，亦常常赋予山野间的巨石与怪石以神异地位，称之为石神，并对其膜拜，但崇拜的岩石的最大特征，必须是极为雄奇险怪者，而非泛泛之普通岩石。例如，贵州紫云县界排村苗族所崇拜的石神就是一块柱形巨石，高六尺余，柱中有一颗圆形光滑的石头，人们可以伸手到柱内将石挪动，但却不能取出，使这里的苗族群众不可思议。逢年过节不少群众特别是那些缺儿少女之家，即前往焚香烧纸，乞望恩赐。②当地的这种石神崇拜，似乎带有生殖信仰的因素，已经不是单纯的石神崇拜了。

在苗族地区，那些矗立着的独个的较大岩石，通常也是小孩拜寄的对象。小孩如果常常生病，经巫师占卜问卦后，如果说需要将此小孩拜寄给石神，巫师推算好吉日良辰后，家长就会带着孩子去寻找奇岩怪石祭祀，并将小孩拜寄给岩石。

此外，苗族地区的石神崇拜还表现为另一种形态，即崇拜议榔埋岩仪式后所埋下的石头。由于此类石头已经经过庄重的宗教仪式点染，其神秘性或者说其被赋予的神性力量让苗族民众对之敬若神明，不敢冒犯。所以，这样的石头已经被认为是神石，不得任意移动，不得脚踏或坐在上面，能够被长期保存。

（五）火神

在人类社会早期，熊熊燃烧的大火给人以神奇的印象，大火毁灭一切的生活经验又让苗族民众深感火的可怕。山居民族取水不易，苗族又偏偏居住在木结构的吊脚楼上，屋顶以覆盖茅草为主，往往一家失火，殃及整个村寨。所以现实的经验让苗族地区对于火的防范，无不是高度紧张。因害怕而产生敬畏，进而将其神话为火神，并予以崇拜。各地苗族祭祀火神

---

① 王建光：《西南苗人之生活习俗》，《中国边疆》1944 年第 3 卷第 1-2 期，第 29 页。

② 岑秀文：《中国苗族风情录·苗族的原始宗教信仰》，贵阳：贵州民族出版社 2002 年版，第 246 页。

的仪式，更多地表现在村寨出现火灾迹象，或者已经发生火灾以后的补救措施上。各地较为重要的火神祭祀体现在被称为“退火殃”的仪式之中。苗族地区祭祀火神，其目的是为了防止火灾的发生。

黔东南台江苗族称火神为“西独”，西，是妖精之意；独，意思是火；西独，就是放火烧毁人家的妖精。据说，西独是12个女性精灵，她们不给人类带来疾病，但是，一旦她们进寨，就要烧房子，导致火灾发生。晚上看见火星飞过落在村里，或村里失火了，就要祭祀西独，因而祭期不定。发现火星落入村寨后的祭祀费用由全村负责，带有事先祈祷防范的意图。一旦火灾发生后，失火人家须负责祭祀费用的1/4，全村则共同负责3/4。这种祭祀火神的活动，当地又叫作洗寨。①

云南文山一些苗族于每年农历正月或二三月间祭祀火神，即举行洗寨仪式。村寨全体人员都到山坡上围拢起来，由宗教师魔公牵着一只羊或者一只狗念经，众人以石击此羊（或狗），最后用刀宰割，就在山坡上煮而食之。②

贵州剑河县苗族的洗寨节，也是防止火灾的一种祭祀活动。村寨发生火灾后，就必须举行这一祭祀活动。其活动经费由失火人家负担1/2或1/3，其余由村寨其他人家均摊。未发生过火灾的村寨，相隔数年或十数年也必须洗寨一次，费用则由各户均摊。洗寨须由男性进行。是日，女性要么上山干活，要么待在家里而不许串门；并派人在村寨周围把守进出口，以防外村人入寨。早饭后，全寨各户的灶膛、火坑的火种全部扑灭，然后选派数人将洗寨猪牵到河边或溪边，用稻草编扎一只长约一米左右的船，由两人抬回村去串寨，祭师一路念送火神词。经过谁家的门口，谁家就用木铲撮一点柴火灰撒进稻草船里，串完全寨，把稻草船抬回河边。祭师再念送火星词。念毕杀猪，让猪血流入河（溪）水中，稻草船亦放入水中，让其随水漂去。洗寨之牺牲——猪，在均分给各户以后，必须在寨外煮食，吃不完的倒入河中；洗漱后，方可回家。③

---

① 全国人民代表大会民族委员会：《贵州省台江苗族的宗教迷信》，1958年内部印刷，第63页。

② 国家民委《民族问题五种丛书》编辑委员会，《中国民族问题资料·档案集成》编辑委员会编：《中国民族问题资料·档案集成 第5辑 中国少数民族社会历史调查资料丛刊 第101卷〈民族问题五种丛书〉及其档案汇编》，北京：中央民族大学出版社2005年版，第163-164页。

③ 贵州省剑河县志编纂委员会：《剑河县志》，贵阳：贵州人民出版社，1994年版，第241-242页。

第二节　图腾崇拜

一、盘瓠图腾

学界普遍认为，以湘鄂渝黔边为代表的西南苗族先民多以盘瓠即神犬为图腾。古籍中有关盘瓠传说的记载，当以《搜神记》《后汉书》的记载较早且较为具体。《搜神记》卷十四：

高辛氏有老妇人居于王宫，得耳疾历时。医为挑治，出顶虫，大如茧。妇人去后，置以瓠蓠，覆之以盘。俄尔顶虫乃化为犬，其文五色，因名"盘瓠"，遂畜之。时戎吴强盛，数侵边境。遣将征讨，不能擒胜。乃募天下有能得戎吴将军首者，购金千斤，封邑万户，又赐以少女。后盘瓠衔得一头，将造王阙。王诊视之，即是戎吴。为之奈何？群臣皆曰："盘瓠是畜，不可官秩，又不可妻，虽有功，无施也。"少女闻之，启王曰："大王既以我许天下矣，盘瓠衔首而来，为国除害，此天命使然，岂狗之智力哉！王者重言，伯者重信。不可以女子微躯，而负明约于天下，国之祸也。"王惧而从之，令少女从盘瓠。盘瓠将女上南山，草木茂盛，无人行迹。于是女解去衣裳，为仆竖之结，着独力之衣，随盘瓠升山入谷，止于石室之中。王悲思之，遣往视觅，天辄风雨，岭震云晦，往者莫至。盖经三年，产六男六女。盘瓠死后，自相配偶，因为夫妇。①

《后汉书》南蛮西南夷列传：

昔高辛氏有犬戎之寇，帝患其侵暴，而征伐不克，乃访募天下，

① （晋）干宝：《搜神记》，贵阳：贵州人民出版社1991年版，第382页。

有能得犬戎之将吴将军头者，购黄金千镒，邑万家，又妻以少女。时帝有畜狗，其毛五采，名曰槃瓠，下令之后，槃瓠遂衔人头造阙下。群臣怪而诊之，乃吴将军首也。帝大喜，而谓槃瓠不可妻之以女，又无封爵之道，议欲有报而未知所宜。女闻之，以为皇帝下令，不可违信，因请行。帝不得已，乃以女配槃瓠。槃瓠得女，负而走入南山，止石室中。所处险绝，人迹不至。于是女解去衣裳，为仆鉴之结，著独力之衣。帝悲思之，遣使寻求，辄遇风雨震晦，使者不得进。经三年，生子一十二人，六男六女。槃瓠死后，因自相夫妻。①

分析上述两则神话，探究苗族与神犬的关系，可以认定苗族先民以神犬为其民族之图腾是准确无误的。在神话中，可以确定的是，其一，苗族先民认为神犬与苗族有血缘关系；其二，既然神犬帮助苗族先民解决了重大的社会难题，让其度过了危机，可以说神犬充当了苗族保护神的角色。这一点在苗族地区的口传神话中，也体现得比较充分。除去与《搜神记》《后汉书》所载传说之情节相类似以外，还有一些传说则明显与苗族作为农耕民族，对农作物起源的猜想有关。黔东南苗族神话传说认为，洪水泛滥之后，龙犬曾经跋涉江海，为人类再次找回水稻种子，让人类社会再次遍种水稻，解决吃饭问题，才有了苗族社会人丁兴旺的美好景象。在这些口传文学中，神犬依然是充当苗族保护神的角色，让其在最为艰难的时刻，提供农作物种子，使苗族得以延续。

此外，苗族地区的盘瓠崇拜亦体现在以盘瓠形象为民族徽记的诸多遗存中。黔东南苗族椎牛祭祖时，人们穿的衣服上除了绣有牛纹、龙纹外，也有盘瓠纹，以示对祖先的怀念。据学者调查，贵州的松桃、铜仁、务川、道真等地，都有盘瓠辛女的神话、史歌或寺庙。② 湘西地区亦存在诸多以盘瓠为徽记的历史遗存：

泸溪县之西百八十里有武山焉，其崇千仞。遥望山半，石洞罅启，一石貌狗，人立乎其旁，是所谓盘瓠者。今县之西南三十里，有

① （刘宋）范晔：《后汉书》，北京：中华书局1965年版，第2892页。

② 卢鹏：《贵州世居民族研究·贵州苗族盘瓠崇拜探微》第1卷，贵阳：贵州民族出版社2004年版，第312-313页。

盘瓠祠，栋宇宏壮，信知天下奇迹也。[①]

据田野资料，时至今日，湘西苗族地区依然可见大量的名之为盘瓠庙、辛女宫的文化遗迹存留。例如，在湖南麻阳县境内，就有盘瓠庙遗存十八处，其中有一座盘瓠庙内仍然供奉着石刻“本祭盘瓠大王”神位。岁末年初，当地的苗族群众都要举行盛大的盘瓠祭祀仪式。祭祀仪式中，民众所唱诵的祭祀神辞亦完全体现出盘瓠祭祀的主题：“五月初一开神门，椎牛杀猪祭祖神。盘瓠大王苗族源，代代相传记心间。祖先恩德大如天，子孙后代永继承。”[②]

盛襄子在《湖南苗猺问题考述》中认为，苗、瑶二族皆以盘瓠为始祖，苗人以十月朔为大节岁首，祭盘瓠，“揉鱼肉于木槽，扣槽群号以为礼”[③]。

余季枢《槃瓠庙》描述了湘西苗族在每年的端午节祭祀盘瓠的盛况。

泸溪西南三十里，苍藤古木有遗祠。年年五月逢端午，处处群蛮集一时。击豕椎牛欢不已，踏歌檛鼓醉方辞。孰知槃瓠非人类，庙食千秋却罔隳。[④]

如今，许多苗族地区还保持着以盘瓠作为个人起名字的依据的传统，在贵州松桃县，石姓苗族不论男女名字必以“狗”字为后缀，湖南麻阳的苗族也保存着在名字后面附加一个“狗”字的习俗。[⑤] 此种现象，以图腾崇拜的原理解释最为合理，也印证了苗族以神犬为图腾的事实。

二、枫木图腾

黔东南苗族古歌《枫木歌》记录了有关人类创生的神话，其中牵涉枫

① （民国）陈心传：《五溪苗族风土记》第二册，手稿本，1937 年，第 59 页。
② 转引自伍新福、龙伯亚：《苗族史》，成都：四川民族出版社 1992 年版，第 58 页。
③ 盛襄子：《湖南苗猺问题考述》，《新亚细亚》1935 年第 10 卷第 5 期，第 22-34 页。
④ （民国）陈心传：《五溪苗族风土记》第二册，手稿本，1937 年，第 19 页。
⑤ 王岚：《论苗族盘瓠崇拜属于图腾崇拜》，《西南民族学院学报》1990 年第 4 期，第 15-21 页。

木图腾崇拜出现的根源。

世间万物多，来源是一个。要晓得清楚，来唱枫木歌。枫木生榜留，才有你和我。要晓得典故，来唱枫木歌。回头看太初，悠悠最远古。砍倒枫木树，树心生妹留，树梢生鹡鸰，树蔸变成鼓，树叶变燕子，树根变泥鳅。妹榜妹留呵，生十二个宝，下十二个蛋。会生不会抱，会下不会孵。鹡鸰替她抱，鹡鸰帮她孵。孵多了就生，抱久了就出。一个蹬一个醒，一拉一个起。①

人是从蝴蝶妈妈生的12个蛋中孵化出来的，蝴蝶妈妈又是从枫树心里钻出来的，所以枫树受到苗族人民的敬仰。

枫香树倒啦！百种东西从枫香树生来，千种东西从枫香树生来。我们看枫香树生什么东西？树根变成鼓，树干生妹留，树尖变成金鸡。树心变成博桑博啥（二者均为传说中聪明的人），树皮变成青蛙，木片变成蜜蜂。树包包变成猫头鹰，大树根变成龙，小树根变成鱼鳅。②

由于枫木与人类有着血缘关系，所以苗族以枫木为图腾。这一图腾崇拜心理在苗族的生活中多有表现，苗族无论迁徙到哪里，都得先栽枫木树，树子成活了才能居住；否则，必须继续迁徙，直到寻找到适宜的新居为止。

苗寨旁广植枫香树，住宅之堂屋中柱必须用枫木，表示祖先常在。③苗族认为没有枫香神树林的寨子，是没有根的寨子，早晚是要倒霉的。《苗族古歌》：

---

① 中国民间文学集成全国编委会、中国歌谣集成贵州卷编委会：《中国歌谣集成·贵州卷》，北京：中国ISBN中心2005年版，第128页。

② 中国作家协会贵阳分会筹委会：《民间文学资料》第4集，1958年内部印刷，第173页。

③ 贵州省岑巩县志编纂委员会：《岑巩县志·民族篇》，贵阳：贵州人民出版社1993年版，第139页。

> 枫树倒是真好汉，枫树又有话来说，我长大来遮村寨，我的枝桠六百度，我的树干七百度，遮荫江河与山坡，遮护千树和万寨。①

黔东南西江苗族确信枫香神树林不能随意惊动，即便是某一棵枫香树枯死了，他们宁愿让它腐烂也不会砍来做柴烧。唯有巫师祭祀时，才将一些巫袋和巫卦等巫物紧系在枫香树枝上，祈求祖宗圣灵庇佑。②

贵州岑巩县苗族，每年腊月杀年猪后及除夕夜，男主人都会在堂屋中柱旁祭祖后，裸体、涂脸，头戴铁三脚，身披倒蓑衣，手拿长杆子，绕屋跑三转，每跑一圈喊一声“杀!”口中念道：“头戴三叉帽，身穿倒毛衣，手拿红杆子，杀得满屋血漓漓。”相传其所扮之神为枫神，是苗族始祖。③此种习俗在湖南省城步苗族中也同样存在，当地苗族有祭枫神、驱除疫鬼的习俗。祭祀时要装扮枫神、蚩尤的模样。

除此之外，苗族民众在日常生活中也将枫木作为图腾崇拜。他们常常在桥头种植枫木以护送人们顺利过桥，在田地旁种植枫木以保障五谷丰登；一旦久病不愈，便会敬祭枫树，请求枫神驱走病魔。湖南绥宁苗族除夕之夜，要采摘枫木子当作驱邪物，同时将之和以雄黄、苍术，于堂屋正中与纸钱一起焚烧，以敬奉天地、祖宗，祈求新年吉利。④

三、竹图腾

竹王崇拜，或者说竹图腾崇拜，在苗族社会中较为普遍。有关竹图腾崇拜起源的神话传说，在相关史籍中亦有记载。《后汉书》南蛮西南夷列传：

> 夜郎者，初有女子浣于遯水，有三节大竹流入足间，闻其中有号

① 杨培德：《鼓魂》，北京：中国文联出版社2002年版，第25页。

② 杨培德：《鼓魂》，北京：中国文联出版社2002年版，第27页。

③ 贵州省岑巩县志编纂委员会：《岑巩县志·民族篇》，贵阳：贵州人民出版社1993年版，第143页。

④ 莫子刚：《贵州世居民族研究·苗族树木崇拜问题浅说》第3卷，贵阳：贵州民族出版社2007年版，第282页。

声，剖竹视之，得一男婴，归而养之。及长，有才武，自立为夜郎侯，以竹为姓。①

《华阳国志》南中志：

有竹王者，兴于遯水。有一女子浣于水滨，有三节大竹流入女子足间，推之不肯去，闻有儿声，取持归，破之得一男儿，养长有才武，遂雄夷狄，氏以竹为姓，捐所破竹于野，成竹林，今竹王祠竹林是也。王与从人尝止大石上，命作赞，从者曰："无水"，王以剑击石，水出，今王水是也，破石存焉。后渐骄恣……武帝转拜唐蒙为都尉，开牂牁，以重币喻告诸种侯王，侯王服从。因斩竹王，置牂牁郡，以吴霸为太守；及置越嶲、朱提、益州四郡。后夷濮阻城，咸怨诉竹王非血气所生，求立后用。城表封其三子列侯；死，配食父嗣，今竹王三郎神是也。②

汉以后如郦道元的《水经注》和任昉的《述异记》，皆沿用《华阳国志》之说。在神话故事中，苗族崇拜竹王，视竹王为自己的民族重要祖先，而竹王生于随波漂流的三节大竹之中。所以，这样的图腾崇拜首先是基于对民族产生中的血缘关系的关注。

民国《续修安顺府志》卷十八土民志：

苗人不祀神，而于祖先极为尊重。各家均以刺竹作数十双，（其中一双略大）束成一把，专用以祀祖。初作箸之竹须择三根连根者，以后补充则可不论。至于用麻或用青藤束之，则系由各族创始时规定。若用青藤，必择长数丈之无丫者。束后保管者或为男子，或为妇女。亦有因男子有故暂由女子代管，祀后复由男子管者。由男子管者将箸置楼上椽角中，表示尊敬祖先，勿敢下渎。③

① （刘宋）范晔：《后汉书》，北京：中华书局1965年版，第2844页。

② （晋）常璩：《华阳国志》，济南：齐鲁书社2000年版，第44-45页。

③ （民国）黄元操、任可澄：《续修安顺府志》，1931年稿本（未刊），贵州安顺市志编纂委员会1983年整理排印，第538页。

从上述材料中，可以看到竹图腾的第二个基本要素，即竹为苗族的守护神。苗族人家奉祀的箐即竹王，苗语呼之为“尤最”。竹崇拜在苗族社会的个人与社会生活中多有体现，贵州省安顺市蒙正苗笃信夜郎竹王就是自己的祖先。蒙正苗的成员活着时，需要得到竹王的保护；死去后，须得到竹王的承认。因此，男性的成年礼都要举行供竹王仪式，死后，即用所供奉的竹片陪葬，并以此竹片作为祖灵承认其身份的信物。

蒙正苗的竹王崇拜主要表现为五个方面：各户人家必须杀母猪奉祀竹王神位于家中；男性的成年礼仪中必须供奉用刺竹束成的竹王神像；亡人在盖棺前须从供奉一生的竹王神像中抽出一竹片陪葬，用竹筛把供的竹王偶像取下供人吊唁祭奠；人死之后，须设置“竹王宫”，让亡者坐竹马；下葬时，男性死者须从供奉的竹王偶像里抽取两块竹片带在身边，作为认祖归宗的凭证。①

此外，据田野调查资料，贵州镇宁县革利、马厂苗族还有供奉竹王于村寨路口的习俗。即在村寨的路口，建立小祠，供奉三个石头所代表的竹王。据说，竹王奉祀在自己家里，就能够保护阖家安全；将竹王供奉于村寨进出路口，则能够护佑阖寨平安。所以，当地苗族在逢年过节时，都要以酒肉祭祀竹王，之后，才能自食。

此外，竹图腾崇拜还表现在各种宗教祭祀仪式中，在椎牛集体祭祖、敬祀天神以及祭祀门神时，均须使用与竹有关的物品。同时，一些苗族地区还有建桥后栽竹，栽竹求福寿的信仰习俗。②

四、牛图腾

牛成为苗族的图腾，主要基于牛曾经在传说中为苗族祖先提供了重大帮助，成为苗族先民的保护神。据《述异记》记载，牛角曾是蚩尤部落作战的重要武器，“蚩尤氏耳鬓如剑戟，头有角，与轩辕斗，以角抵人，人不能向”③。民间故事《斗牛》认为，苗族祖先曾集中各户的水牯牛，在其

① 杨文金：《贵州蒙正苗族的“竹王崇拜”》，《文史春秋》2011 年第 3 期，第 59-62 页。

② 杨文金：《苗族的竹崇拜与竹王传说渊源》，《贵州文史丛刊》1992 年第 4 期，第 85-91 页。

③ （南朝梁）任昉：《述异记》卷上，《丛书集成初编》2704 册，中华书局 1991 年版，第 1 页。

角上装上尖刀，为苗族祖先冲锋陷阵，战胜强敌，保护了苗族先民们的安全。此种情节也成了流传至今的蚩尤戏的形成根据。再者，牛曾经在苗族先民的历次大迁徙中鼎力相助，让苗族祖先度过重重难关。综上所述，苗族崇拜牛，以之为民族图腾，根本原因就在于它是苗族的守护神。

此外，我们可以从《苗族古歌》有关人类形成的神话中找到苗族始祖与牛本身有血缘关系的内容。按照古歌的故事情节，蝴蝶妈妈与水泡游方后，生下的十二只蛋孵化出了包括苗族始祖姜央、雷公、水牛等在内的世界万物，所以，苗族始祖姜央与水牛有血缘关系。苗族以牛为图腾也就理所当然了。当然，苗族对牛的崇拜随着历史的演进也逐渐转化为崇拜牛角，此种情况在苗族社会里极为普遍，随处可见牛角的符号，它已深入人心，成为苗族的徽号之一。

一些苗族群众将长相独特或叫声怪异的牛称为保家牛，不得屠宰，不准买卖，让其自然老病死后葬于人迹罕至之处。在黔东南苗族地区，婚礼仪式中都要在大门的两边插上两根带叶的竹竿，上面拴着两只水牛角，用牛角装酒敬客，俗称“牛角酒”。牛图腾文化最明显的表达方式，莫过于苗族银饰中的银角。此外，苗族丧葬仪式中也有牛图腾的痕迹。在黔东南，苗族老人死后，丧葬仪式中一般都会椎牛祭祀。

五、龙图腾

从苗族神话传说中可知，龙与人类有血缘关系，这可以从苗族创世神话中找到端倪：蝴蝶生下的十二个蛋，其中之一就是孵化成了龙神。苗族古歌《十二个蛋》：“十二公的名，大公叫雷公，二公叫水龙……九公叫水牛，十二公寡蛋。”由此观知，龙是第二个蛋所孵化。[①] 苗族以龙为自己的民族图腾之一，但不同地区的苗族支系崇拜龙图腾的形态却有差异。黔东南苗族支系经常举行招龙仪式，湘西苗族的龙图腾则表现为接龙祭祀，云南部分苗族地区则以祭龙的仪式展示龙图腾崇拜，广西融水苗族以安龙祭祀表现。尽管祭祀形态有异，但各地苗族以龙为图腾，均是希望求得年成

① 万昌盛：《奇特的苗族禳桥习俗》，《理论与当代》2010 年第 7 期，第 51 页。

丰收，家庭幸福，人员安康。所以，龙图腾多是以苗族保护神的形象出现在祭祀场合中。

至于龙神之职掌，苗族民间故事《玩龙》认为，龙掌管雨水，故事所讲述的中心内容是苗民在龙王为其孙子办满月酒的当天，后在鬼谷子的诱导下将龙王居所深潭边巡逻的一百二十条鱼虾打捞捕捉，由此而得罪龙王。龙王决定要发一场大水冲毁坝子里的田地，狠狠地报复一下。后因鬼谷子猜中其“寨子里要下三股雨，坝子里要下七股雨”的计划，而临时改变计划，让寨子里下七股雨，坝子里下三股雨。第二天大雨哗哗，洪水暴发，冲坏很多房子，淹死很多人。鬼魂纷纷跑到天神那里去告状，天神砍了龙王的头。龙王被砍头后，人们找来竹竿，把龙头龙身高高挑起，边跳边舞，嘲笑龙王罪有应得，同时庆贺寨子平安。从此，这种玩龙的风俗就代代相传下来。① 这一民间故事，一方面反映出苗族民间将龙王视为掌管雨水的神灵，另一方面又体现出苗族人民希望通过法术来控制、驯服龙王，为我所用，造福于人间的思想。

龙神又是农业守护神灵，在田中突然发生陷阱时，人们就认为是龙走了，龙走了就要倒霉，所以需要把龙叫回来。② 卖田不卖龙，如果把龙卖掉了，龙到哪家，哪家就兴旺；而卖龙的人家就要倒霉，乃至绝嗣。所谓卖龙，就是另要一笔龙价，并在收取价金时，声明把龙卖给买主。老田忽然发生塌陷的情况，人们认为是龙走了的征兆，必须请鬼师用猪把龙请回来，并将陷阱填平。③

同时，龙神还是村寨守护神，一个寨子或附近几个寨子庄稼长得不好，六畜不发达，人经常生病，孩子发育不健康，人们便认为这里风水不好，没有龙脉。所以，全寨要举行招龙仪式。④ 苗民最崇拜龙，接龙祭典之规模仅次于椎牛和椎猪。龙在湘西苗族人的传统观念里，是衣禄、财

---

① 黔东南州文艺研究室主编：《风俗的起源》，上海：上海文艺出版社 1988 年版，第 45-48 页。

② 全国人民代表大会民族委员会编：《贵州省台江苗族的宗教信仰》，1958 年内部印刷，第 95-96 页。

③ 全国人民代表大会民族委员会编：《贵州省台江苗族的宗教信仰》，1958 年内部印刷，第 121 页。

④ 贵州省民族事务委员会，贵州省民族研究所：《贵州“六水六山”民族调查资料选编·苗族卷》，贵阳：贵州民族出版社 2008 年版，第 268 页。

富、职权、高贵、人丁、福寿、喜庆、发达兴旺、吉祥如意的化身。① 祭龙，每年二月初二至初四连祭三天，每户去一个当家的男人参加。祭龙头天要杀猪、杀鸡敬献龙树。祭龙期间不准动土，不准动木，不准出山动刀。祭龙时，号召大家共同维持村规民约，祈求五谷丰登、六畜兴旺。祭后，祭品大家分享，费用按户分摊。②

此外，湘西苗族及贵州毕节地区的苗族有祭祀寨头的习俗，他们在寨坊的左侧青龙山或寨坊的左上方设寨头龙神住所，称之为“寨头”。寨头形制是用石块砌成一面积约一分左右圆形的围墙，正中用大石板式搭建一类似土地祠的小屋，屋内放五个桃木牌位分别代表五方龙神。石屋门口罩一口铁锅，象征着将十万雄兵、八万猛将锁在里面，无事不许出来。此锅除执事头首或师公能去打开外，其他人不能去动它，否则，将大祸临头。围墙外面周围培育树木，以保护寨头，树木不能砍，谁砍谁将大祸临头。苗民设寨头的目的是用龙神来保护寨坊的人口清泰平安，六畜兴旺，五谷丰登。③

关于寨头龙神的职责和地位，可以从湖南城步祭祀地龙神的苗款《请词》中解读。

> 打开上洞金鼓大殿，中洞铁鼓大殿，下洞银鼓大殿，打开十万雄兵，八万猛将（求卦），阴卦起车，阳卦起马，请起上洞金鼓大殿，中洞铁鼓大殿，下殿银鼓大殿，十万雄兵，八万猛将，寨头龙神，寨尾土主，请起前代老人，后代老人，前代把卦，后代把卦，东方青帝龙神，南方赤帝龙神，西方白帝龙神，北方黑帝龙神，五方中央黄帝龙神。请起东方老人土地，南方老人土地，西方老人土地，北方老人土地……今日欢天喜地，保佑××寨三百余人，四百余口，男增百福，女纳千祥。春耕种田，穗穗开花，粒粒结子，十管全收。五谷丰登，鸡不乱啼，狗不乱□（叫），风大不乱起，火大不乱燃。保佑寨

① 石启贵：《民国时期湘西苗族调查实录·祭祀神辞汉译卷》，北京：民族出版社 2009 年版，第 348 页。

② 《屏边苗族自治县民族志》编写组：《屏边苗族自治县民族志》，昆明：云南大学出版社 1990 年版，第 59 页。

③ 银龙：《城步苗款》，长沙：岳麓书社 2004 年版，第 199 页。

坊东方白虎口嘴，南方白虎口嘴，西方白虎口嘴，北方白虎口嘴，五方中央白虎口嘴，大事化为无事。男人做事，牛马养生，早晨不放自去，夜间不看自归。寨头龙神，寨尾土主，你们坐东做主，坐马为安。保佑寨坊肃静，境土和平。①

寨头祭祀，一旦各种瘟疫灾鬼闹事，危害寨子的人、畜、禽等的安全，就请寨头龙神和其统帅的雄兵猛将出来歼灭之。② 贵州台江县有祭董翁（龙神）传统，董，意为齐；翁，意为龙；董翁，就是“招齐龙来保佑地方”的意思。当地汉语通称为招龙。据说董翁共有十二个，男女都有。每个村子都有许多龙保佑，人们才清吉兴旺。龙若走了，大家就感到软气乏力。遇有这种情况，经巫师看过，认为必须招龙时，就要举行全村都要参加的招龙活动。③

黔东南西江苗族招龙仪式中，全寨民众都要参与植树。他们深信：“山林光，地龙走，人绝后。”④ 贵州剑河县招龙节，每隔十三年举行一次为期三天的招龙祭祀仪式，第三天亦是全寨出动植树。当地的祭龙古歌说：“山岭树木多，龙才安心住，山岭树木少，龙不安心住，没有龙来住，种田不长谷，种棉不开化，母猪不生崽，母鸡不下蛋。”⑤贵州苗寨后的树林被称为“后龙”，每年春季祭祀后龙一次，“祭毕亦有斫木偶一对，安置在进村门旁，以为可使之把持村口”⑥。祭祀后龙后，每年都要雕刻一对木偶置于寨旁特定祭祀场所，这一场所其实相当于汉族所建的土地庙。云南红河苗族村边寨脚大而老、枝叶茂密的高大常青树，常常被当作“龙树”或“神树”加以崇拜。祭龙树实则是祭村寨保护神，祈求风调雨顺，五谷丰登。祭龙要先看鸡卦，鸡卦好，祭一天；鸡卦不好，就要祭三天。祭龙期间不准动土，不准动木，不准进山劳动，违反规定，就要罚酒罚肉，并另行开祭。祭龙日杀猪宰鸡，也有杀狗的，献祭后大家分食，费用按户平

① 银龙：《城步苗款》，长沙：岳麓书社 2004 年版，第 198-199 页。

② 银龙：《城步苗款》，长沙：岳麓书社 2004 年版，第 307 页。

③ 全国人民代表大会民族委员会：《贵州省台江苗族的宗教迷信》，1958 年内部印刷，第 72 页。

④ 杨培德：《鼓魂》，北京：中国文联出版社 2002 年版，第 103-104 页。

⑤ 贵州省剑河县志编纂委员会：《剑河县志》，贵阳：贵州人民出版社 1994 年版，第 240-241 页。

⑥ 陈国钧：《到苗区去》，《东方杂志》1940 年第 37 卷第 16 期，第 30 页。

均分担，每户一个男子参加。①

广西融县苗族，于每年农历二月及八月时，家家户户皆派出一人参加集体祭祀龙神的活动。届时，于神前陈列酒肉米饭，焚香祷告，又遍插龙旗于龙神周围，这谓之安龙，以求龙神庇护，使风调雨顺，普泽万民。②

六、蝴蝶图腾

黔东南台江县苗族古歌《妹榜妹留》，讲述的是有关人类起源的神话，妹榜妹留即蝴蝶妈妈，是世界万物及神灵世界的始祖。蝴蝶妈妈从枫香树心生出来以后，逐渐长大。谈婚论嫁时，先后与云霞、流水谈情说爱，但二者均不合适。“榜和云霞玩耍，云霞移往西方，不晓得如何与云霞玩耍……榜和水浪玩耍，水浪只顾往东流，不晓得如何与水浪玩耍。”③ 最后，蝴蝶妈妈开始与水泡交往。

> 榜和水泡沫玩耍，在龙潭边玩耍……用什么围水泡沫？用竹叶围水泡沫。围水泡沫到岸边，榜才和水泡沫玩耍。将就了三个年头，整整的三个夏天。怀下十二颗印，十二个古时候的蛋。④

妹榜妹留与水泡交往后，孕育的十二个蛋即是世间物类与鬼神的前身。

> 妹榜跑到修狃的窝窝里去，妹留跑到修狃的窝窝里去，生了十二个印，生了十二个宝，生了十二个蛋。我们看十二个宝，我们看十二个印，我们看十二个蛋，长的是什么蛋？圆的是什么蛋？花的是什么蛋？白的是什么蛋？黑的是什么蛋？黄的是什么蛋？红的是什么蛋？

① 红河哈尼族彝族自治州民族志编写办公室：《云南省红河哈尼族彝族自治州民族志》，昆明：云南大学出版社 1989 年版，第 135-136 页。

② 阮镜清：《广西融县苗人的文化》，《民俗》1943 年第 2 卷第 3-4 期，第 25 页。

③ 中国作家协会贵阳分会筹委会：《民间文学资料·妹榜妹留》第 4 集，1958 年内部印刷，第 177 页。

④ 中国作家协会贵阳分会筹委会：《民间文学资料·妹榜妹留》第 4 集，1958 年内部印刷，第 177 页。

长的是龙蛋，圆的是青蛙蛋，花的是老虎蛋，白的是雷公蛋，黑的是牛蛋，黄的是央蛋，红的是蜈蚣蛋。①

古歌歌词中，印、宝均是蛋的不同称呼，央则是人类的代称，蝴蝶妈妈生下的十二个蛋最终孵化成包括人类在内的世间万物。之后，万物各得其位，演化成如今的宇宙众生相。

图腾崇拜最显著的特点，就是以某种动物或植物为某一民族的祖先，或者认为该民族与这种动物或植物具有血缘关系。既然苗族古歌认为蝴蝶生育的十二个蛋孵化出了包括人类在内的世界万物，那么，蝴蝶与人类就有了直接的血缘关系，蝴蝶妈妈也就成为苗族的祖先神。所以，将蝴蝶视为苗族的图腾之一，在苗族千百年来传唱的口传文学中有着深刻的记忆与广泛的认可度。

据学者研究，在黔东南地区，蝴蝶图腾信仰深入人心，苗族为了求得村寨清吉平安，每年将举行扫寨仪式。在仪式中念诵的神辞中，就明显地将蝴蝶妈妈与祖神同列，而且扫寨祭祀本身就是祈求蝴蝶妈妈庇护村寨。“杀猪扫村寨，祭祖先老人，祭祖祭蝶妈。”② 在这极为隆重的宗教仪式中，将蝴蝶与列祖列宗同列，无疑是视蝴蝶为当然的民族祖先的内心认同的表征化。此外，作为祭祖神辞之一的苗族古歌《妹榜妹留》，除了举行祭祀仪式时由主持祭仪的巫师或歌师演唱外，平常时间里，严禁任何人唱诵，否则即被认为是亵渎祖灵，必须杀牲向祖神赔罪。据说不如此，违禁者将受到祖灵的惩罚。③

蝴蝶被视作苗族的图腾的情况，亦可从蝴蝶被苗族社会当作其民族保护神的传说中得到证实。在苗族地区关于鼓藏节的起源神话中，雷山苗族传说，人类产生以后，最初是风调雨顺，人寿年丰，没有任何灾难。可是，后来突发疾疫，人畜大量死亡。翌年，又旱灾降临，庄稼颗粒无收。人类始祖姜央请巫师禳解，被告知是因姜央的长子未能看管好水牯牛，让其数次践踏蝴蝶妈妈的坟茔。姜央在椎牛祭祀蝴蝶妈妈后，人世间再次恢

① 中国作家协会贵阳分会筹委会：《民间文学资料·十二个蛋》第4集，1958年内部印刷，第183页。

② 海力波：《苗族图腾信仰管窥》，《民族论坛》1996年第1期，第81-85页。

③ 杨正伟：《试论苗族始祖神话与图腾》，《贵州民族研究》1985年第1期，第51-59页。

复康泰活络的美好景象。[①] 蝴蝶妈妈能够护佑苗族众生，自然也就被视为其保护神了，而这一点正是民族图腾的鉴定标准之一。

蝴蝶图腾崇拜还表现在苗族社会的日常生活之中，在苗族刺绣、剪纸、蜡染、银饰中，其亦成为极为常见的图案。据研究，黔东南苗族日常用品、服饰以及造型艺术中，有数十种不同造型的蝴蝶纹。[②]

第三节　祖先崇拜

一、始祖姜央

据苗族古歌《枫木歌》描述，人类创生首先是枫木生蝴蝶妈妈（即妹榜妹留），再由蝴蝶妈妈生的十二个蛋孵化出人类始祖姜央（姜炎）兄妹和雷、龙、虎、象，蛇、水牛等物类与神异世界的鬼神系列。所以，姜央即为苗族崇拜的始祖。

姜央之后，人类的产生问题在苗族古歌《兄妹开亲》中多有记述，据说，姜央游方三年，但是始终都未能如愿地找到妻子，最后，竹子建议姜央："洪水朝天后，世上姑娘只有你的妹妹，你要找妻子。只有娶你的妹妹。"[③] 但兄妹结婚后生育的子女却是严重的畸形儿，"有头没有脸。有鼻没有嘴，有脚没有手，短头短脑的"[④]。在雷公的建议下，姜央把畸形儿砍成了肉沫，撒在山坡上，结果，颗颗肉沫变成人。人类产生以后，姜央继续"造山生野草，造水长浮萍；他来造昆虫，来生养我们；来造狗打猎，

① 潘定发：《雷山苗族文化与旅游丛谈·浅议雷山苗族鼓藏节的文化内涵》，北京：中央民族大学出版社2010年版，第268页。

② 李晖：《黔东南苗族服饰中传统动、植物图案的应用研究》，中南民族大学硕士学位论文，2010年，第9-10页。

③ 中国作家协会贵阳分会筹委会：《民间文学资料》第4集，1958年内部印刷，第214页。

④ 中国作家协会贵阳分会筹委会：《民间文学资料》第4集，1958年内部印刷，第216-217页。

造牛把田耕，种植有收成”①。

苗族崇拜姜央，还体现在人类创生初期，他充分发挥自己的聪明智慧，与龙、蛇、蜈蚣、雷公、牛、老虎等战斗，最终将动物兄弟赶进了森林，让雷公上了天，从此人类就成为地球的主宰。在炉山、麻江、丹江、八寨等县交界处的短裙黑苗的传说故事中，妹榜妹留所生的十二个蛋被孵化以后，在对父母产业的争夺中，姜央依靠自己的聪明才智，用酒灌醉了其他的哥哥，并最终让哥哥们有的变成雷公升上天去，有的变成龙钻入水中，有的变成蛇钻入洞内，有的变成虎藏在森林中，有的变成黄鼠狼跑上山去。其余几个也都变成动物，散到各处求食。②

苗族古歌《开田开土》述及姜央开创了苗族社会的农业生产活动，“姜央用脚当锄头，用手当钉耙，用衣袖当撮箕，在山上开田”③；进而“用石头当锄头，折树枝当钉耙，划竹篾编撮箕”，进行开田拓土的工作，并请人取法于社会生活的事物的造型，创制了锄头、钉耙等农业生产工具。“用牛角做样子，打成了锄头。用手指做样子，打成了钉耙。用肋骨做样子，造成了撮箕。”④

基于上述苗族古歌内容，可见苗族奉姜央为民族始祖神，其实是在肯定姜央所表现出的能够战胜自然威压的能力。所以，姜央也就成为苗族精神世界中英雄和智慧的象征。

二、民族祖先蚩尤

湘西苗族所祭奉的祖神中，包括其民族祖先剖力剖尤（即蚩尤），苗族巴代古歌在叙述民族大迁徙时提到了蚩尤的主导性作用。

① 中国民间文学集成全国编辑委员会、中国民间文学集成贵州卷编辑委员会：《中国歌谣集成·贵州卷》，北京：中国 ISBN 中心 2005 年出版，第 125 页。

② 吴泽霖：《贵州苗夷社会研究·苗族中祖先来历的传说》，北京：民族出版社版 2004 年版，第 103 页。

③ 中国作家协会贵阳分会筹委会、贵州省民族语文指导委员会、贵州大学苗族文学史编写组：《民间文学资料》第 5 集，1959 年印刷，第 215 页。

④ 中国作家协会贵阳分会筹委会、贵州省民族语文指导委员会、贵州大学苗族文学史编写组：《民间文学资料》第 5 集，1959 年印刷，第 217 页。

剖力剖尤把计摆，兄弟商量找家园。喊得大芈和大满，九兄九弟走前边。七十一兄全都到，八十二弟来齐全。①

七十一兄、八十二弟，即苗族早期的七八十个部落，这一段苗族历史传说中的蚩尤其实就是民族首领的形象。民国时期的学者在苗族地区考察时发现，当地苗族：

人若有疾，则必延巫课卜，若卜着顾鲁养（即蚩尤）时，则须以牛致祭，因为他们对于蚩尤非常尊敬，把他当着“神圣不可侵犯”先祖。②

作为苗族民族祖先的蚩尤，在苗族古歌、传说与各种宗教祭祀中都被奉为尊神。在苗族的精神世界里，蚩尤被认为创制了农业，发明冶金术，创立了古苗文、苗族历法、法律，乃至于苗族的巫鬼文化也被认为是蚩尤创制而成。有关蚩尤的创制发明在汉文献中亦多有记载。管仲的《管子》中即有数篇载：

葛卢之山发而出水，金从之，蚩尤受而制之，以为剑、铠、矛、戟……雍狐之山发而出水，金从之，蚩尤受而制之，以为雍狐之戟、芮、戈。③

此外，尸佼的《尸子》、王漠辑的《世本·作篇》、秦嘉漠辑的《世本·作篇》都对蚩尤发明冶金术的情况有所记载。基于诸多历史事实，章太炎《排满评论》认为，“蚩尤是苗族酋豪，则历史言苗族始此”。所以，将蚩尤作为苗族民族祖先已是苗汉诸族公认的事实。

时至今日，在苗族各地的一些重大祭祀仪式中，依然清晰可见祭祀该民族人文初祖蚩尤的仪式环节。滇东北次方言覆盖区域的苗族支系，在十

① 龙宁英、石寿贵、石寿山：《湘西苗族巴代古歌》，长沙：湖南人民出版社2012年版，第61页。

② 许仕仁：《苗族生活及风习》，《新贵师》1948年第3卷，第16页。

③ 黎翔凤撰，梁运华整理：《管子校注》，北京：中华书局204年版，第1355页。

三年一次的大型祭祖活动中，就有祭祀其民族祖先蚩尤的众多仪式。届时，须请姑妈和已出嫁的女儿回来参与祭祀。在川黔滇次方言第二土语覆盖区域的苗族支系的丧葬仪式中，苗族宗教师在指路仪式中为亡灵指路时，导引其回归祖居地的名称即博尤鲁地，就是苗族历史传说中的蚩尤故地。许多地区依然保存着祭祀蚩尤的宗教场所，有学者称，贵州三穗县寨头村的黑神庙其实就是为专门祭祀蚩尤所建立的。如今庙里除供奉蚩尤像、祖传木鼓、三对水牛角外，还同祀土地菩萨、观音像，已经展现出典型的宗教融合、多神共处的文化涵化特色。① 此外，在川黔滇地区，至今仍有部分苗族保留着供奉蚩尤像的习俗。②

蚩尤戏是苗族先民创造的一种仪式性很强的原始戏剧，是原始时代祭祀蚩尤的一种仪式舞蹈。苗族祭祀蚩尤的仪式有三种不同的形态：椎猪祭祖时，巫师扮演成蚩尤形象；模拟蚩尤戴头角面具，与黄帝斗，以角抵人的战斗故事，史籍谓之蚩尤戏，最初见于秦代；苗族民间巫师扮蚩尤追赶猖鬼的戏剧。至今，在苗族地区的许多祭祀仪式中，依然可见蚩尤戏的表演，这正是苗族社会为了纪念苗族祖先蚩尤的通俗化表现形式，并希望依托于这位民族保护神，装扮其模样，以实现驱邪禳灾的目的。③ 此外，在苗族的民间故事、神话传说与歌谣谚语中对蚩尤亦多有体现。

部分苗族的服饰中也表现出对于蚩尤的崇拜。滇东北次方言苗族花衣服饰图案中有吊旗，吊旗分吊白、吊须、军旗三部分，统称为蚩尤旗。此外，这一支系苗族妇女还会用细篾片编扎成锥形物，并用发绳将其缚戴于头顶。此锥形物即被通俗称为蚩尤冠。④

三、家庭祖先

在苗族的宗教信仰中，祖先崇拜占据着很重要的地位，苗族认为祖先

① 雷秀武：《试论黔东南苗族图腾问题》，《贵州民族研究》1996 年第 2 期，第 122-131 页。

② 杨昌文：《福泉苗族》，贵阳：贵州民族出版社 1993 年版，第 152 页。

③ 熊晓辉：《全国蚩尤文化研讨会（湖南·花垣）论文资料汇编·苗族蚩尤戏与非物质文化遗产保护》，北京：民族出版社 2010 年版，第 309 页。

④ 王正义：《赫章苗族文集·黔西北苗族与蚩尤》，贵阳：贵州民族出版社 2009 年版，第 7-8 页。

的灵魂与自己同在，听得见生者言谈，因而敬祖要虔诚，任何时候都把祭奠祖先当成一件严肃而神圣的事情。云南苗族认为祖先虽死犹生，其灵魂仍具有强大的力量，能给生活的人们带来幸福或危害。

四川苗族认为，每个家庭中不仅有活着的人，而且还有至少三代祖先的亡灵。祖灵需要人世间的一切物品，需要其后代以祭祀仪式的方式送达。这样，就能赢得祖灵的护佑，子孙后代可以繁衍兴旺。苗族对家庭祖先的崇拜不仅表现在婚丧嫁娶的各种仪式中，亦体现于岁时祭祀的相关活动中。他们认为，既然祖灵生活的阴界与人世间一样，有喜怒哀乐，也分贫富贵贱；那么，活着的人们可以通过走阴的方式，派遣使者前往阴界探视祖灵，以期沟通祖先和子孙的联系，为生者寻求一些疑难问题的神助。父母去世数年后，为了避免其在阴界的居住条件越来越差，子女就必须实施二次葬或整修坟墓，并超荐之，以期父母能住好睡安。[①]

湖南苗族凡新立门户的人家都要设祖先牌位，择日后，请熟悉本宗族掌故的巫师作法事，告诉祖宗自己已立新门户，现在设立祖先牌位，请祖先进牌位护佑全家平安。逢年过节时，饭菜做好以后，长辈装五碗饭，有的地方装七碗，夹一些菜放在饭上面，各插上一双筷子敬奉祖先，“我家列祖列宗，今天做饭给你们吃，打酒给你们喝。你们快快降临，护佑我们全家大小”[②]。

就西南苗族家祭之坛场、牌位、祭品、法器看，多数将火塘作为祖灵凭依的场所，也有仿照汉族习俗，设立神龛供奉祖先的。川南苗族设神龛供奉祖先，其神位主要安放于火塘边，也有设在堂屋正壁的情况。重庆秀山县苗族均有堂屋，亦有神龛供奉其祖先，上书“天地君亲师之位”，不时烧敬香火。但这仅是苗族怕汉族笑话他连祖宗也不敬而设的，苗族认为自己的祖先是经常与自己在一起的，他们均在火坑旁设有一张小方凳，平时不准家人移动。外人不知在凳上坐了，主人就异常不安，认为侮辱了自己的祖先，口虽不言，而心实不悦。兴隆乡苗族在家先凳上倒放两个碗

① 《四川苗族志》编委会：《四川苗族志》，成都：四川出版集团巴蜀书社 2009 年版，第 185 页。

② 李显福、杨先学：《湖南苗族风情》，长沙：岳麓书社 2012 年版，第 220 页。

（或杯子），每隔三年要打棒棒猪。①

贵州松桃苗族的祭祀地点，一定要设在住房右侧的火坑边上，因为这个地方是苗族祖先向来安置灵位之地，同时忌讳外来的客人、妇女和小孩在此踩、坐。② 榕江县苗族，每家的火塘上面不能烘烤衣服和鞋袜，否则祖宗会发怒。③ 逢年过节在火塘边供祭老祖公时，不能让小孩或狗去吃供物，否则老祖公会放老蛇来咬人。从江县加勉乡苗族的火坑边都有一个酸汤坛，吃鼓藏时，鼓藏师以芭蕉叶盖住此坛，供献酒肉，请祖宗来享用。平时任何人均不能以芭蕉叶、草标、布、麻放在酸汤坛的上面。否则必须宰鸭一只敬祖宗，至亲好友亦无例外。④

广西融县苗族家的灶内有铁制三脚架一副，用以放置瓦锅，如有客到，不明规则，寒冬围坐取暖时，误将双脚踏上铁架烤火，则主人必不高兴，以为客人侮辱其祖宗。由此可证明苗人实以灶上三角铁架为其祖宗的代表物了。⑤ 苗年新年清晨，各家各户在火塘边祭祖，祭品有酸鱼、酸鸭、鸡肉、猪肉、糯米饭和酒。⑥ 湘西苗人火床上之三脚架，尤被尊敬。苗族中堂无神龛，小祭皆在火炉，以火为尊也。⑦民国《马关县志》有关该地苗族支系和习俗的记载："苗人之家庭不设神堂，亦无内室，屋内设一火塘，热以大木，未烬则复添以木，自谓人可死火不可死。"⑧

贵州罗甸县苗族，堂屋设有神龛供奉祖先。认为老人死，其灵魂不

① 四川省编辑组：《四川省苗族傈僳族傣族白族满族社会历史调查》，成都：四川省社会科学院出版社1986年版，第143页。

② 贵州省民族事务委员会、贵州省民族研究所：《贵州"六水六山"民族调查资料选编·苗族卷》，贵阳：贵州民族出版社2008年版，第350页。

③ 贵州省民族事务委员会、贵州省民族研究所：《贵州"六水六山"民族调查资料选编·苗族卷》，贵阳：贵州民族出版社2008年版，第46页。

④ 国家民委《民族问题五种丛书》编辑委员会：《中国民族问题资料·档案集成》编辑委员会编：《中国民族问题资料·档案集成 第5辑 中国少数民族社会历史调查资料丛刊 第105卷〈民族问题五种丛书〉及其档案汇编》，北京：中央民族大学出版社2005年版，第554页。

⑤ 阮镜清：《广西融县苗人的文化》，《民俗》1943年第2卷第3-4期，第24-25页。

⑥ 朱慧珍、贺明珍：《广西苗族》，南宁：广西民族出版社2004年版，第81页。

⑦ 湖南省少数民族古籍办公室：《湖南地方志少数民族史料》（上），长沙：岳麓书社192年版，第429页。

⑧ 国家民委《民族问题五种丛书》编辑委员会，《中国民族问题资料·档案集成》编辑委员会编：《中国民族问题资料·档案集成 第5辑 中国少数民族社会历史调查资料丛刊 第106卷〈民族问题五种丛书〉及其档案汇编》，北京：中央民族大学出版社2005年版，第226页。

死，可以保佑子孙发达，幸福平安，获得丰收年成。逢年过节都要烧香烧纸，以丰盛酒肉祭之。每个姓氏都有几个长辈能背诵自己家族祖人的名字，以便供奉祖先用。家里不顺心，人死马遭殃，须要请魔公祭祀，有的是杀猪一头。过去杀牛留下的牛头，把牛头放在堂屋中，由家族中能背诵祖宗名字的人把已故之人的名字念一遍，请他们“来家吃饭”，这种祭祀称为保家。席间，有人说：“这酒好香，老祖公多喝一杯”，大家随声附和“真的好香，老祖公多喝一杯”等语，只有这样，祖人才会保佑家里顺当，子孙像麻那样发。① 民国《八寨县志稿》卷廿一风俗载，八寨县苗族“每寨公建祖祠，名曰‘鬼堂’，刻男像，裸体，不令女人入见。遇病，延鬼师于堂持咒”②。

云南苗族，有的在堂屋正中的墙壁处立神龛，但较为简单，神龛上不写字，不置香钵，只在墙壁上粘贴几张纸钱，表示是祖先神灵所在之处。③

四川苗族几乎每户都要供奉祖先，视老人死后灵魂不死，设神龛供奉，可以造福家人。祖先神位安放于火塘边，也有设在堂屋正壁的。神龛设于堂屋正壁，则用木条制作两副相似木架，平行钉于堂屋正壁 1.6 米左右高的正中位置，分上下层，各搭上两块木板即成。上层板顶面正中放香炉，逢年过节沿上层板边沿垂贴纸钱，视为供奉家神和祖先的神位。④

湘西苗族房屋一般分为三间，其中扎地楼的那一间是祖先居住的地方，叫夯果（Zongx deib），又译为宗岱。湘西苗族认为祖先居住在称为夯果那一间房的靠墙处，其墙壁上凿有一个小洞，叫巴戎（beax rongd），意即祖先之地、祖先之坛，是祭祀祖先的地方。洞里有一块木板，板上放有两个碗，作祭祀之用。⑤ 凡逢年过节或祭祀活动，必在“夯果”处焚香烧纸，祭奠宗族已故老人。苗族信仰中，祖先神灵是最可靠的宗族、家庭保护神，凡遇家宅不安、子嗣稀缺、身体多病、纷争不息等不幸与灾难，首

① 贵州省民族事务委员会，贵州省民族研究所：《贵州“六水六山”民族调查资料选编·苗族卷》，贵阳：贵州民族出版社 2008 年版，第 292-293 页。

② （民国）郭辅相修、王世鑫等纂：《八寨县志稿》，1932 年铅印本。

③ 颜恩全：《云南苗族传统的文化变迁》，昆明：云南人民出版社 1993 年版，第 101 页。

④ 《四川苗族志》编委会：《四川苗族志》，成都：四川出版集团巴蜀书社 2009 年版，第 185 页。

⑤ 吴晓东：《苗族祭仪“送猪”神辞》，北京：民族出版社 2007 年版，第 7 页。

先想到的便是向祖先神灵求助。①

苗族设立神龛供奉祖先者，几乎都是受汉文化的影响的结果。“家不祀神，只取所宰牛角悬诸厅壁，其有天、地、君、亲、师神位者，则皆汉民变苗之属。”② 这也充分体现了苗族传统宗教信仰中，逐渐吸纳其他民族宗教信仰的特点。

此外，还有个别苗族家庭在中柱下祭祀祖先的情况，“其家中堂无神龛者，即以火床上之中柱下，为其祖先所在地，若有人坐此则大忌”③。在碗柜附近祭祀祖先的现象也存在于部分苗族支系中，重庆黔江部分苗族即“无祖龛，以碗柜为上”④。

就苗族的家祭形式看，几乎是食必先祭。在日常生活中，凡桌上备有酒肉，主人总是自觉地拈少许饭菜掷于地上祭祖，然后方能心安理得地进食。如果是宴饮宾客，不仅主人如此祭祀祖先，就连客人也会相循而行。否则，就认为可能会遭受祖先予以灾病之惩罚。此外，苗族还坚持岁时祭祀祖先的惯例，正月初一、四月清明、五月端午、七月半都是祭祖的节日。首先向祖先献酒、献饭，献拜时，先将酒肉摆设齐全，献祭者将前三代所有的亲房兄弟一一点名献酒献饭。同时，在农业祭祀中也会附祭祖先，让祖灵参与、分享农事生产的快乐，承担护佑生产顺利的责任，并眷顾子孙兴旺发达。在婚姻礼仪中也会出现祭祖的仪节，因为任何喜庆都要祭祖宗，而祭的方式就是将牺牲品掐一点于地下，所以把敬酒给新娘并获取猪头的仪式称为“掐猪头”。家庭椎牛、椎猪祭祖，祈请祖先驱邪治病还是一种盛行的巫师治疗手段。在黔东北、湘西苗族中普遍流行，被称为“颇果”（亦称打棒棒猪）。举行颇果主要是家里有人生病，它的祀典规模虽不及吃牛、吃鼓藏和接龙那么盛大，但需遵循的清规戒律，却要严肃得多。因病家庭椎牛祭祖的情况亦存在。

---

① 俞潦：《松桃苗族》，贵阳：贵州民族出版社 2006 年版，第 52 页。

② （清）徐家干：《苗疆闻见录》，贵阳：贵州人民出版社 1997 年版，第 175-176 页。

③ 余范传：《湘省乾凤古绥区苗民概况（上）》，《边疆半月刊》1936 年第 1 卷第 2 期，第 8 页。

④ 四川黔江地区民族事务委员会：《川东南少数民族史料辑》，成都：四川民族出版社 1995 年版，第 244 页。

四、历史人物

（一）白帝天王

在湘黔两省交界的苗族地区盛行天王崇拜，天王庙随处可见，但以湖南鸦溪天王庙最为宏大，所以又称为鸦溪庙、鸦溪菩萨。天王庙也有被称为三王庙的，其奉祀的神灵之来源，可谓众说纷纭。有谓为竹王三个儿子的；有谓为汉代马援曾乘白马征苗，土人敬而祀之者；有谓为北宋杨令公者，因其常穿白袍白甲，骑白马；有谓为靖州土人平苗有功者；又有谓系南宋时乾城鸦溪杨姓兄弟者。

《苗防备览》卷二十二杂识载有白帝天王来源说法四种：《辰州志》认为白帝天王是汉代“田疆之三子，分居中城、上城、下城，自保以拒王莽者”。该书也提到马援为真身的说法，但是作者并不认可，“伏波则未可据也”。至于白帝天王是竹王的观点，严如熤同样不认可：“但夜郎地在楚蜀之间，为今施南一带，去五溪尚远，又蛮民所虔者竹王，亦不宜舍竹王不祀。”他认为竹王传说流行于夜郎故地，与五溪地区较远，其竹王传说不可能在五溪地区盛行；而且苗族崇拜的是竹王，而绝非其三个儿子。“惟永、绥、沅州志中言有辰州人杨名濑者，兄弟三人皆为宋骁将，当苗出没为害，领众击之……出其不意大破之。”但杨氏三兄弟后来又被中央王朝所忌惮而设计毒死。比较上述各书的记载，严如熤得出结论：

> 且如《辰志》所言，则忠在拒莽而于蛮无功；如《史记》所传，则特蛮中祖先盘瓠、廪君之属亦不必为蛮畏如此；独所传杨氏兄弟者能捍大患而以死勤事，生为蛮所慴（慑）服，宜其没而蛮犹惧之也。①

在上述分析中，《苗防备览》认为鸦溪白帝天王当是以杨氏三兄弟为真身。

凌纯声、芮逸夫认为，白帝天王为竹王三子的说法较为可信。据清光

① （清）严如熤：《苗防备览》，嘉庆二十五年（1820）刻本。

绪《乾州厅志》卷之四红苗风土志所载："相传圣母于鸭溪龙井坝遇龙神有孕，因生三侯，勇略过人，为名将。"此一传说与竹王传说相似，并批评严如煜以"夜郎在今施南一带，去五溪尚远"的观点，"殊不知三厅之苗多自贵州迁来，竹王对于苗有悠久的历史，故能使其虔诚敬畏"①。

苗族祭祀白帝天王，"每岁于小暑节前，以辰时起，巳日止，禁屠沽，忌钓猎，不衣赤，不作乐，献牲后方驰禁，稍有不谨，则有疾疫瘴疠为灾，故其虔如此"②。此日，附近各苗寨乃至川黔滇桂诸地之苗族群众都不畏艰辛，前往此地奉祀天王神。同时，汉人的善男信女也有不少前往祭祀的，但限于附近，远去者极不多见。

此外，广受尊奉的白帝天王神，还是苗疆地区的道德与司法领域的最终裁判者。

> 遇有冤忿，必告庙誓神，刺猫血滴酒中饮以盟心，谓之吃血。吃血后三日，必宰牲酬愿，谓之悔罪作鬼。其入庙则膝行股栗，莫敢仰视。抱歉者，则逡巡不敢饮。其誓必曰："你若冤我，我大发大旺，我若冤你，我九死九绝。"犹云祸及子孙也。远不能赴庙者，建拜亭于路，于亭前盟誓。舆骑过亭必下，尊之也。事无大小，"吃血方无反悔，否则，虽官断亦不能治。盖苗人畏鬼甚于畏法也。③"

苗族地区崇拜天王神非常普遍，天王庙亦多，但是公认乾城鸦溪天王庙为最大，苗族社会将其视为圣地。其他没有天王庙之苗寨，有时可迎请天王至本寨断讼折狱；亦可请天王出巡，至他寨断讼折狱。④

（二）孟获

在贵州的部分苗族地区，发现有崇拜三国时期的历史人物孟获的记

---

① （民国）凌纯声、芮逸夫：《湘西苗族调查报告》，上海：上海书店1989年版，第161页。

② （清）王玮纂修：[乾隆]《乾州志》，清乾隆四年（1739）刻本。

③ 湖南省少数民族古籍办公室：《湖南地方志少数民族史料》（上），长沙：岳麓书社192年版，第395页。

④ 吕养正：《湘鄂西苗族崇拜白帝天王考辨》，《中央民族大学学报》2002年第1期，第88-91页。

载，“苗人崇祀孟获，台属黄茅岭有孟获庙，向日香火极盛”①。但是，徐家干对于苗族为何祭祀孟获的问题，自认为说不清楚。据民国《续修安顺府志》十八卷土民志载：

> 苗族向无所谓宗教，惟所居村后必护林木，称曰后龙。每年春季，合村共祭。祭毕，砍木偶一对安置近村路旁，以为镇压。苗语名之曰“有抄”。年增一对，如汉族之土地祠，各村皆有。此外并不崇拜何神。②

苗族学者杨文金认为，供在寨边的“有抄”准确音应为“尤抄”，就是历史人物孟获。③ 1936年，苗族学者杨汉先在实地调查中，发现黔西各苗皆有关于孟获的传说，而且黔西地区的彝族和苗族均以孟获为其首领，“苗族既认孟获为其祖，则其人或有早于三国时移居黔西也”④。杨汉先的调查资料非常清楚地说明，黔西地区的蒙正苗视孟获为其祖先并崇拜有加。

贵州安顺境内的镇宁、紫云、西秀三县区交界的蒙正苗族尊崇孟获为祖先，据杨文金的调查，每年农历二月十二的夜郎竹王节上，向祖先夜郎竹王祭拜行礼的同时，也祭祀孟获并行大礼。当地传说孟获是夜郎竹王的第14代后裔，是苗族的首领，是个武将，称苗王。孟获在世时勤政爱民，很得民心，在苗族中很有名望，逝后大家都很怀念他。因此，蒙正苗族每逢年过节都要祭奠他，请他来与子孙们过节；同时每个苗寨都去找个奇石来象征孟获偶像供在寨边路口上端，妖魔鬼怪来到路口见孟获偶像害怕不敢进寨，让他的神威保护全寨平安。

现在蒙正苗族祭供孟获的形式有三种：一是各家各户祭祖，不管哪个家族，祭祖必祭尤抄即孟获。逢年过节、逢大小事每家每户祀祖必须念到

---

① （清）徐家干：《苗疆闻见录》，贵阳：贵州人民出版社1997年版，第182页。

② （民国）黄元操、任可澄：《续修安顺府志》，1931年稿本（未刊），贵州安顺市志编纂委员会1983年整理排印，第537页。

③ 杨文金：《蒙正苗族尊“孟获”为祖先》，金黔在线—苗疆风情网：http：//www. mjfqw. com/bencandy. php? fid=34&id=6393；2014-02-21 17：51：31。

④ 王晓莉、贾仲益：《中国边疆社会调查报告集成·黔西苗族调查报告》第一辑第2册，桂林：广西师范大学出版社2010年版，第71页。

孟获的名字（苗语“尤抄”）。二是蒙正苗寨每个寨子边均供奉着孟获的偶像，视为全寨的守护神。三是合村共祭，时间是每年的二月、六月、十月各举行一次。寨上所有的人户都要参加，根据活动实用的多少，每户交钱给主持人办理。苗语叫嘎梭兑即扫火星，用一只狗、一只白公鸡扫走火星，由祭司到各家把火星扫除后，到寨边用一只红公鸡祭给孟获，祈求祖先孟获保护全寨平安。祭完后就在孟获神像处把狗和鸡杀来集体聚餐，后由主持人组织大家商议下一年的主持人和村规民约，在孟获神像处议定的规约，谁也不敢违背，全寨都能自觉遵守。主持人是轮流坐庄，每年一换，完成任务后就往下交，下年又由新的主持人来组织收钱办理。[①]

（三）祭祀马援

在今天湘渝两省市交界处的苗族，极为盛行祭祀汉代名将马援，清代湖广按察司佥事韩阳《伏波庙》诗就是对当时他所见到的苗族地区的马援崇拜的详细记载。

> 东京禾黍已离离，窃喜将军尚有祠。威振南荒前史载，名扬中国后人思。作书诫侄言犹在，造谤妨贤世所知。企仰亭前朝谒处，俨然如睹旧威仪。[②]

湘渝两地苗族的马援崇拜，同样是家喻户晓，深入人心。

> 野夫女子犹知道公之威名，在在有庙以祀公……我皇明大秩神公庙之在辰者，独登祀典，有司以时行事，无敢怠弛。人有水旱疫疠，则祷焉。[③]

除了民间祭祀，明代官方已将祭祀马援纳入国家正祀，无论是官方还是民间，除了岁时祭祀外，在大灾大难时，在寻常人家遇到棘手问题时，

---

① 杨文金：《蒙正苗族尊“孟获”为祖先》，金黔在线-苗疆风情网：http：//www. mjfqw. com/bencandy. php？ fid=34&id=6393；2014-02-21 17：51：31。

② （民国）陈心传：《五溪苗族风土记》第二册，手稿本，1937年，第21页。

③ （民国）陈心传：《五溪苗族风土记》第二册，手稿本，1937年，第54页。

都会祭祀祈祷于伏波庙。

民国时期，甘明蜀在由彭水到黔江的公务旅行途中，记下了沿途所见苗族崇奉马援的实况。

> 距两会坝约十里之遥的武陵山，上有汉伏波将军马援庙，每值岁时伏腊，野人老叟，多携筐提酒，前去致祭。①

第四节　生殖与健康神崇拜

一、架桥求子嗣

苗族地区的生殖崇拜中，盛行架桥求子嗣的习俗，并且对所架设之桥刻意保护，严禁破坏。

> 苗俗或因艰于子嗣，辄于溪沟山路搭木柱三根为地桥，每年于阴历二月初二日备鸡酒祭之，谓之暖桥。如被人损坏或侵占者，必力争涉讼。②

关于苗族架桥求子嗣的生殖信仰来历，苗族民间传说认为，孩子是山里的小精灵，连接到人户家的沟沟坎坎会阻碍这些小精灵的到达。因此，未生育的夫妻要想孕育胎儿，就须将这些沟坎修好填平，以方便小精灵的到来，而架桥沟通沟壑则是最好的选择。所以，每年农历二月二被确定为苗族的祭桥节，在遂愿后，求得子嗣的家庭须烧香、敬供米饭和红色鸡蛋，并宰杀鸡鸭滴血祭桥，以示报恩。③

---

① 四川黔江地区民族事务委员会：《川东南少数民族史料辑》，成都：四川民族出版社 1995 年版，第 453 页。

② （民国）丁尚固修，刘增礼纂：《台拱县文献纪要·风俗》，1919 年石印本。

③ 张锦华：《试述苗族的祖神崇拜和物神崇拜》，《贵州民族学院学报》2008 年第 4 期，第 32-35 页。

黔东南苗族古歌《开天辟地歌》中说，女神婺露生仙人，仙人在东海上架桥，然后才生出剖帕、勇兴、妞亮、养优四位巨神。这是有关架桥求子嗣的神话传说之一。

苗族神话叙事长诗《仰阿莎》在流传中，基于同一母题而形成了多种版本。其中之一说，流水的务波妈妈得到许多神鸟、神兽、神人熊公、务妞、香故劳等的帮助，架桥后才生下美丽的清水女神仰阿莎。长诗中有这样的几句：

> 架一座最古老的桥，桥是最古的那天架成，仰阿莎就生在那一夜，仰阿莎真美丽。①

《仰阿莎》在黔东南一带传唱的第二个版本，也涉及神话人物古达、妞良夫妇婚后无子嗣，架桥祭祀后则遂了心愿。

> 是哪个老人没有孩子？他夜夜垂泪到天明。是古达老公公，娶了妞良老婆婆。娶了一千年，三千年没有生孩子。没有儿子去打柴，没有姑娘去讨菜，没有儿女太伤心，夜夜垂泪到天明。古达老公公，妞良老婆婆，他们去架桥，架桥才生孩子。②

在《仰阿莎》长诗的第三个传唱版本中，当螃蟹询问，何时才能见到女神仰阿莎出生时，地神的回答更明确地说明苗族崇奉架桥求子嗣的信仰习俗已经融入其民族文化基因之中。

> 地神笑哈哈："有根才有树，有山才有水，架桥才生儿女。这个老道理，难道你忘记了？"……地神最聪明，地神把话讲："地下要出仰阿莎女，螃蟹挖了井，只差没架桥。你们快去找地势，找地势架桥。有根才有树，有山才有水，架桥才生仰阿莎。"③

---

① 杨培德：《鼓魂》，北京：中国文联出版社 2002 年版，第 39 页。

② 贵州省文联：《民间文学资料·阿仰莎》第 1 集，1957 年内部印刷，第 19 页。

③ 贵州省文联：《民间文学资料·阿仰莎》第 1 集，1957 年内部印刷，第 4 页。

既然苗族地区的神话故事、叙事长诗均无一例外地述说有关架桥求子嗣的神话传说，尤其是《仰阿莎》所有版本几乎都谈到架桥求子嗣的信仰习俗，那么，可以肯定地说，架桥求子嗣是苗族生殖崇拜中一种极为重要的形式。

湘西苗族有女无儿的家庭，生育多个子女均夭折的家庭，以及婚后多年没有生育的家庭，就一定会架桥求子嗣。所架之桥分为天桥、地桥、石桥、木桥数种。具体的执行人员，有自架桥者，有由舅辈代架桥者。但无论由谁负责架桥，均须请宗教师举行架桥仪式，在仪式完成之后，方可行动。①

黔东南台江交下乡苗族架桥有四种情况，其中三种为求子嗣而架设：第一种是木桥，通常由没有男孩的人家修建。此种类型的木桥一般建在跨溪沟的路上，以利交通。在农历二月初二日，选用桥木三根、五根或七根架设此种桥。须注意的是桥木脚应当放在走向家中的方向，梢端向外；也即有根的那端向家中，象征有根有种。② 第二种是石板桥，用长约三四尺的石板横跨小沟就成桥了，架桥时须杀猪祭祀。第三种为家桥，用两棵杉树夹一棵香椿树（没有香椿树就全用杉树）做成。长约 25 厘米，每株粗如茶杯。桥铺设在自家大门内地下，桥面与地面一样平，树梢向外。③

此外，还有一种祭桥求子嗣的变体：架板凳。贵州台江县城郊乡、南省乡崇拜木凳，其实应当理解为祭桥的变体。木凳有装设在家里的，有装设在路边的和装设在山坳路边的三种。一旦巫师认为某户人家的孩子可能会夭亡时，该户人家就会急切地在家里架设凳子护佑孩子。须用长一尺二寸的杉木做成凳子，但此凳只有两只凳腿，高一尺四寸。将此凳栽在堂屋神龛下的右边地上。同时将连根挖来且留有枝叶的高约五尺小竹一棵竖在木凳旁。装设在路边的木凳亦可供行人休息之用，此凳用杉木做成，装设凳子时要请鬼师举行仪式。装设在山坳中的木凳则是没有儿子的老年夫妇制作，专供行人休息之用，架设目的是希望自己长寿。④

① 石启贵：《湘西苗族实地调查报告》，长沙：湖南人民出版 1986 年版，第 485 页。

② 全国人民代表大会民族委员会：《贵州省台江苗族的宗教迷信》，1958 年内部印刷，第 7 页。

③ 全国人民代表大会民族委员会：《贵州省台江苗族的宗教迷信》，1958 年内部印刷，第 10 页。

④ 全国人民代表大会民族委员会：《贵州省台江苗族的宗教迷信》，1958 年内部印刷，第 127–128 页。

在苗族农村，每户人家都有一座自家架设的小石板桥。农历二月二敬桥节时，各家各户或架新桥，或修补旧桥，从不间断。届时，须蒸五色糯米饭及煮一大锅染色的鸡蛋，到沟边或三岔路口敬桥。[①] 焚香烧纸毕，阖家叩拜桥神，并祈求桥神保佑儿女健康成长。此外，每个房族还有一座公共的大桥，祭桥时，须阖族出动，宰牲献祭，规模大而隆重。但此种阖族祭祀仪式，只是数年或数十年才举行一次。[②]阖族祭桥时，巫师唱诵的神辞之内容多为叙述祖先架桥情形，并祈请祖先保佑阖族吉祥平安、六畜兴旺、五谷丰登，最后祝阖族架桥人“生男孩俊如往奶（太阳的儿子），生女孩美如仰欧色（传说中的女英雄）”[③]。可以看出，此种祭祀，依然没有脱离求子嗣的基本信仰诉求。

二、崇奉鱼类喻多子

苗族各地都有稻田养鱼的生产习俗，在日常的节日会餐中，常可以看到烹饪鱼类招待客人；在各种宗教祭祀仪式中，也离不开以鱼为祭品。此种现象除了因苗族曾经在历史时期生活于“左彭蠡之波，右洞庭之水”的环境中，形成了养鱼的生产习惯外，还应该注意是由于鱼的繁殖能力极强，历来被视为多产多子的象征，从而满足了苗族社会渴求子息繁庶的社会心理。赵国华认为，原始先民们崇拜鱼，以鱼象征女阴，主要是“对鱼生殖能力旺盛的崇拜”。[④]

黔东南苗族古歌《妹榜妹留》中，人类始祖蝴蝶妈妈出生后，急切寻找的食品中就有鱼。

> 妹榜生出来了，妹榜不吃奶。妹榜要吃东西，要吃哪样东西？妹榜要吃鱼……得个倒鳞甲的鱼，拿来送妹榜出门，妹榜才发达。[⑤]

---

① 安顺市苗学会：《安顺苗族》，贵阳：贵州民族出版社 2011 年版，第 84 页。

② 燕宝：《中国苗族风情录・苗族酒俗》，贵阳：贵州民族出版社 2002 年版，第 222 页。

③ 贵州省剑河县志编纂委员会：《剑河县志》，贵阳：贵州人民出版社 1994 版，第 242 页。

④ 赵国华《中国生殖崇拜文化论》，北京：中国社会科学出版社 1990 年版，第 169 页。

⑤ 中国作家协会贵阳分会筹委会：《民间文学资料》第 4 集，1958 年内部印刷，第 179–180 页。

苗族习俗，孩子出生三天后，须抱出去望天。作为人类始祖母的妹榜妹留，在望天之前，必须先吃鱼，其实已经体现出鱼与苗族的生殖文化有着密切的联系。作为女性始祖，蝴蝶妈妈要吃鱼以后才能发达，这似乎亦在暗示，女性与象征旺盛生育能力的鱼存在着交感巫术式的对应关系。苗族情歌：

姐家门口有条沟，有对金鸡在里头，哥打金钩来下钓，好对鲤鱼莫吃钩。

其中的金鸡、鲤鱼，就曾被闻一多先生视为隐喻匹偶与情侣。杨昌国则认为，此中的鲤鱼暗指女阴，这正是苗族生殖崇拜的对象。①

以鱼为生殖崇拜的象征，在苗族的艺术表现形式中亦多有体现。在苗族刺绣中就有双鱼合抱图案，其中一条鱼的鱼头正好插入另一条鱼身体的凹陷处。雌雄二鱼和合交融，无疑是形象地表达阴阳结合，派生万物的生殖崇拜寓意。②

在黔东南西江苗族的婚礼仪式中，新娘须喝干放有一枚银圆的一碗米酒。喝酒之前，新郎家的人要说吉祥隐语："喝下这碗米酒好捉鱼。"新娘一口气喝下米酒后，将银圆留下悉心收藏。让新娘喝干米酒，并取出碗中的银圆，而且称之为"捉鱼"；用银圆代表鱼，在重大的人生礼仪中，捉鱼即拾取银圆，其实是语带双关。寓意新婚夫妻将来会发财，新娘婚后将像鱼一样给新郎家生育众多子孙。这正体现出鱼是苗族社会极为重要的生殖崇拜的象征。因而，婚礼仪式中的上述举动，是生殖崇拜的一种仪式。③

此外，在贵州丹寨苗族的婚礼仪式中，还有新娘掐鱼祭祖的仪式。当新娘在堂屋中掐鱼祭祖时，旁边的妇女则歌唱：

---

① 杨昌国：《鱼·盘瓠·枫木-蝴蝶——苗族生殖崇拜文化研究三题》，《贵州社会科学》1993年第3期，第74-79页。

② 李晖：《黔东南苗族服饰中传统动、植物图案的应用研究》，中南民族大学硕士学位论文，2010年，第11-12页。

③ 杨培德：《鼓魂》，北京：中国文联出版社2002年版，第71页。

> 姑娘啊，请伸手去掐鱼，掐鱼脊梁背。掐祭老祖神，祖宗好保佑……身体如鲤鱼，养育儿女俏。[①]

这些歌词内容非常直接地表达出苗族社会不仅以鱼为生殖崇拜的对象，而且在青年男女结婚的婚礼仪式中干脆直白地陈述整个社会的渴求，希望新婚夫妇能够多子多福，在实现自己的家庭梦想的同时，亦让整个民族人丁兴旺，力量强大。

三、绕花树盼孕育

苗族地区每年都会按照传统习俗举办跳花、跳月、跳厂等活动，这些活动既有宗教信仰的因素，亦有助于男女青年在歌舞聚会中增进了解，具有促进婚聘的社会功能。贵州花苗：

> 每岁孟春，合男妇于野，谓之跳月。择地平处为月场，以大冬青树一株植于平地，缀以野花，名曰花树。男女各艳妆美服，子与子左，女与女右，吹笙跳舞，名曰跳花。跳毕，苗妇各以饮食其所欢之男，解锦带以为质，数日之后，男家遣媒至女家议聘。[②]

在活动中植花树，青年男女绕花树而放歌欢舞；加之竖立花树者几乎都是那些急切期盼生儿育女，或者虽已生育女儿，但依然渴求生子的中年夫妇，这些信息无疑均与苗族传统的生殖崇拜有着紧密的联系。也可以说，这是苗族与众不同的生殖崇拜的表达方式，是将本属私密的生育愿望以如此开放的、广泛参与的大联欢仪式活动展示于世人面前。从另一个角度看，这也体现出苗族社会对于代际生息繁衍问题的极度重视，乃至于成为族群的共同心声。

通过公开的聚会与仪式寻求生育祝福，在苗族各地具体的活动中可以

① 杨昌国：《鱼·盘瓠·枫木-蝴蝶——苗族生殖崇拜文化研究三题》，《贵州社会科学》1993年第3期，第74-79页。

② （清）黄培杰：［道光］《永宁州志》卷十，清道光十七年（1837）刊本。

得到更为清晰的说明。例如，贵州安顺关岭县关索镇各民族每年正月初三至初八，都要举行隆重的绕坡活动（苗族称之为绕花树）。除此之外，该镇的小坝苗寨还会在农历三月三、六月六举行更为隆重的绕花树活动，此种信仰习俗，尤其是其祭祀舞蹈明显具有生殖崇拜意蕴。活动开始前，择山上一平坦地方栽树一棵，名之为花树，并在树上挂上束束花枝。活动中，苗族男女青年将围绕花树吹笙跳舞。民国《贵州通志》土民志引《安顺府志》对上述青苗生殖崇拜习俗亦有描述：

> 每年于正月十一、十二、十三日，男女装束一新，觅高埠敞地，植冬青其上，曰“花树”。女子持布一端，互相牵引。两少年吹笙其前，作凤鸾和鸣之声，左右足舞跳为节。女则随其节而缓步作半圆绕之，曰“跳花”。十三日跳完，鸣爆竹，倒花树。女子各择所爱者，亦名老表，尾其后而牵其绅，小者前，长者后，吹芦笙前引，绕场三匝而散。状极雍穆。说者曰，所以祝年谷之丰稔也。①

其实，花树是男性生殖器的象征，挂于树上的花束则象征着女阴；男女青年围绕着花树吹笙跳舞，则是于宗教仪式与歌舞际会中传递求偶信息与两性交合技巧。活动开始时，巫师焚香祷祝后，手持芦笙向民众唱诵有关伏羲兄妹乘坐葫芦躲过洪灾造人烟的古歌。之后，巫师吹响芦笙，小伙子们排队吹笙，沿着顺时针方向转圈进场并绕花树转三圈，向花树敬礼。巫师与男青年使用的芦笙亦是男根的象征，向花树敬礼，则是崇拜女阴的历史遗存。芦笙舞则是活动的高潮，小伙子们吹笙跳舞，姑娘们则手持花棍旋舞于周围。芦笙舞和花棍舞相互配合，正是两性交合的象征。此时，巫师还会适时地向舞蹈中的姑娘喷洒酒水，似乎在进一步道出生命孕育的秘密。绕花树活动结束后，被巫师喷洒过酒水的花树，则由小伙子们送给先前竖立花树的艰于子嗣人家，象征着送子到家，以示祝福其早生贵子。②

---

① 刘显世、谷正伦修，任可澄、杨恩元纂：《贵州通志》第六册，民国三十七年贵阳书局铅印本，第304页。

② 黄椿：《苗族信仰民俗中的性教育——以小坝寨为个案》，《贵州民族学院学报》2007年第3期，第110-112页。

在云南屏边苗族每年都有几个花山场，而每个花山场的人数少则数千，多则数万。关于花山节来历的传说亦众说纷纭，其中流传较广的是一对老年夫妻，为了寻找曾经救助其独生女儿免于被贪淫残暴的恶鸟非礼的小伙子而举办花山节。活动方式是在村外的坪地上竖立一棵削去枝丫的松树，于农历正月初二聚集姑娘小伙于此场中歌舞聚会。松树杆被称为花杆，通常由无子嗣的人家竖立。此种活动，在帮助青年人娱乐、寻求伴侣的同时，亦带给自己生息后代的祝福。[①] 云南屏边苗族如果人到中年还未生育，或者没有儿子，就要为花山节竖立花杆，主持花山节活动，或在山间交叉路口立指路牌，祈神赐子。[②]

上述各地苗族的绕花树活动，或相类似的活动，均以求子嗣为根本目的。与此根本诉求一并完成的，则是满足了苗族社会青年男女扩大交往、增进了解、寻找人生伴侣的需求。在艰于子嗣者祈祷祝福生儿育女的追求中，又促进了青年男女的结合，让更多的苗族民众走上生儿育女的历程，这其实是在更大的范围内诠释绕花树的生殖崇拜意蕴。

四、个性化的生殖与健康信仰

（一）男根女阴崇拜

尼采认为：“性的象征本身是可敬的象征，是全部古代虔敬所包含的真正的深刻意义。生殖、怀孕和生育行为中的每个细节都唤起最崇高最庄严的情感。”[③] 在苗族社会的生殖崇拜中，同样存在性的象征，也即男根、女阴的崇拜现象。

此种崇拜，应当是源于远古时期，苗族民众基于对生殖现象和人的生理结构与特征的认知而产生的生殖信仰文化。男根与女阴崇拜，一般都是结合当地独特的地物地貌，取其形似，并附会以神异的功效，以及当事人

① 罗有亮：《中国苗族风情录·花山节来历的传说》，贵阳：贵州民族出版社 2002 年版，第 170-171 页。

② 屏边苗族自治县民族志编写组：《红河州屏边苗族自治县民族志》，昆明：云南大学出版社 1990 年版，第 57 页。

③ ［德］尼采：《偶像的黄昏》，长沙：湖南人民出版社 1987 年版，第 124-125 页。

所谓灵应事件的示范性效应而日渐形成一种崇拜活动。所以，在不同的苗族族群生活区域，因地理环境的差异，而选择不同的男根、女阴象征物作为崇拜象物。

例如，在黔东南西江苗族地区，每年吃新节仪式中，就会体现出生殖崇拜的因素。也即一些家庭要去祭祀岩爹、岩妈，当地人称其崇拜的岩爹、岩妈为石祖。其岩爹在南贵寨脚白水河小瀑布上的沙滩边，岩妈在白水河上游河口下的岸边。被称为岩爹的巨石之形状像男根，而被称为岩妈的巨石则有一凹陷的洞，形似女阴。如此的信仰内涵，当然属于通常所谓男根、女阴崇拜了，也即属于生殖崇拜的范畴。当地人认为，祭祀岩爹、岩妈后，就能够生儿育女，并保佑儿女健康。①

（二）拜寄

苗族地区亦流行以拜寄的方式求得孩子的健康平安。小孩如身体状况较差，常生病、哭闹，经宗教师占验，认为需要拜寄他物时，则根据小孩的生辰确定拜寄对象。此种信仰，其目的是保佑孩子能够健康成长，或者为孩子解除厄运。

在贵州台江县苗族地区，拜寄的孩子在年龄上有一些特殊的要求，也即必须是八个月以上、十五岁以下的小孩。当地人认为，十五岁以上的孩子已经晓事理，不会轻易哭闹，也就没有拜寄的必要；八个月以下的婴儿由于其身上经常有粪便，不干净，担心亵渎神灵，所以还不能拜寄。

该地苗族社会为孩子选择拜寄对象的思路颇有代表性，可以此考察黔东南苗族的生育信仰民俗与天文历法之间的关系，当然也能够探究苗族社会关于人与社会、人与自然环境之关系的哲学思维。

他们认为子时属鼠，子时出生的孩子只有此时仍未入睡的老鼠、树和猪能看见；所以，就只能拜寄给曾被老鼠偷吃过米的米桶，或常绿树木，抑或拜寄给自家的猪圈。寅时属虎，但寅时老虎离窝寻找食物去了，在寅时生下的孩子，身体就容易像虎窝那样忽冷忽热。所以只能拜寄给水井，使身体凉爽。卯时属兔，卯时出生的孩子，就像被朝露打湿的兔子一样，长得瘦弱，经常哭闹，所以要带他去拜寄兔圈。辰时属龙，但下半年天气

① 杨培德：《鼓魂》，北京：中国文联出版社 2002 年版，第 39 页。

变冷，龙因怕冷而爬不起来，不能行动。所以，在下半年辰时生下的孩子就须制一根由三铁质环和银质六环构成的链子戴在颈上，以便能够把龙拉起来，也就是能够把小孩拉起来而不致体弱多病。巳属蛇，由于蛇喜欢栖息在石洞里，巳时出生的孩子则须拜寄给从河流交汇处拣回的三颗碗大的、放在家中饮水缸脚的石头，意即给蛇一个凉爽的地方栖息，小孩也就不再生病哭闹了。午时属马，夏秋交替之时天气热，蚊子多，中午时分马匹坐卧不安。需要用马槽装饲料喂马，以便其有精神驱蚊。所以，午时出生的小孩要拜寄马槽。未时属羊，未时出生的孩子须拜寄给羊；但考虑到羊成天被关在圈里，脚蹄易溃烂，所以此时出生的孩子须拜寄给有声望的夫妇为干儿子。申时属猴，但猴子喜欢采摘果子，所以，凡农历五月至九月出生的小孩，就像成熟的果子一样容易被猴子摘掉。小孩只能拜寄给多子女的夫妻为干儿子，或者制一根链子给他戴，表示把他拴住而不被猴子像摘果子那样摘掉。酉时属鸡，酉时正是黄昏的时候，鸡正进棚子里睡觉，也正是苗家吃晚饭的时候。在这个时辰出生的孩子，如果他在人们吃饭的时候，便哭哭吵吵的话，就带他去拜寄鸡棚。戌时属狗，狗走路时总是蹦蹦跳跳，又好抢小孩的饭吃。生在戌时的孩子，如果一受惊吓就要哭，而生病时就像抽筋一样的话，就要扎一个草窝给狗睡觉，并拿一点饭给狗吃，表示拿饭给狗吃了，它不再抢小孩的饭吃，小孩就不哭；同时，他就很乖地像狗那样舒服地睡在狗窝里，不病不吵了。亥时属猪，但是，农历五至七月太热，九至十二月太冷，都让猪很不舒服，常常撬翻猪圈。所以在这两个时段亥时出生的孩子八字硬，要克父母，像猪撬翻猪圈一样。因此，这些孩子须拜寄给有威望的人家，如担心同样被其克制而没人愿意接受拜寄，则只好将孩子拜寄给三户人家的猪圈。①

上述苗族地区将小孩拜寄的对象与生辰联系起来，将人类生活与动物及自然环境结合，体现出苗族社会天人合一、物类相通的哲学思维取向。此外，从同则相和、异则相互抵牾的思维路径，似乎可以探知苗族对于矛盾这一哲学命题的思考。

---

① 全国人民代表大会民族委员会：《贵州省台江苗族的宗教迷信》，1958 年内部印刷，第 124-126 页。

（三）汉文化影响下的生殖与健康信仰

苗族地区的生殖与健康信仰亦体现出逐渐受到汉文化影响的特征，例如，在湘西苗族中就出现了痘娘神信仰的内容。据石启贵调查资料，湘西苗族在孩子满周岁以后，就须请痘娘种痘苗。最佳时间是春二三月，据说此时春意发生，百草萌发，种痘才茂盛。苗区种痘娘，有种手臂，有种于鼻子者。一经种后，永不复发。经过痘期，小儿易长成人也。[①]

在黔东南台江县苗族地区，亦有竖立指路牌以求保佑小孩的信仰习俗。具体方法是在岔路口竖立一块长约二尺二寸，宽约一尺二寸的石碑或木碑，形制较小者则为长约一尺二寸，宽约六寸。此物亦被称为挡箭碑，碑上刊刻铭文："弓开弦断，箭到碑挡，长命富贵，易养成人。"除了信仰因素外，此种物件还具有指示道路方向的功能，所以也被称为指路碑。这是受汉文化的影响而产生的一种生育与健康信仰行为。

如果小孩夜哭厉害，经择日者推算，认为需要建立指路牌时，即照此办理。树碑后，须焚香烧纸，供祭酒食，并让孩子跪拜，大人则祈祷祝福。之后三年内，每年正月初一或十五日，二月初一或初二日要去祭祀此碑。[②]

第五节　地方土俗神崇拜

一、社区监护神

（一）寨神

苗族的当坊土地神，被称为寨尾土地，又称寨祖神，神主通常是来此居住并建立村寨的祖先。在苗族的信仰世界里，寨祖神负责管理村寨所属

① 石启贵：《湘西苗族实地调查报告》，长沙：湖南人民出版社1986年版，第144页。

② 全国人民代表大会民族委员会：《贵州省台江苗族的宗教迷信》，1958年内部印刷，第128页。

的一方山水，身兼土地神与寨祖双重身份，故又被称为当坊祖神。①

湘西苗族每寨均有土地堂一所，用岩板或石块砌成，全寨人每年逢年过节均祭之。如地方人畜瘟疫流行，及虫蝗灾害发生，集众议之，杀猪祭之，求保平安。湘西苗寨土地神为苗寨第一个定居者，为本村本寨之始祖，又叫寨祖，为一村寨之主宰。②

苗寨的寨尾土地其实就是苗寨所敬奉的寨神，是寨子的保护神，他能保佑人们平安，保佑五谷丰登、六畜兴旺。设置寨神的目的就是利用他来阻挡企图进入寨子的厉鬼猛兽，防止其进寨危害寨民。苗族谚语称："寨神不放口，老虎是不敢进入寨子逮狗叼猪的。"③ 正是对寨神在苗族传统宗教中的重要地位的形象化说明。

正因为寨神是苗寨的守护神，所以，苗族青年结婚时，作为他寨外姓的新娘，进入新郎所在村寨以后，"即由小姑陪同，先拜祖宗，再拜土地及灶神，然后夫妻行交拜礼"④。将祭拜土地神安排在祭祀祖先之后，可见苗族社会对于寨神的祭祀高度重视。

（二）飞山神

飞山神信仰在湘黔鄂渝交界地区比较盛行，民国学者在湘西的实地调查有对其盛况的记载。

> 苗中每寨又有飞山庙一所，庙式与土地庙大致相同。每年逢二、八两月的初二日，合寨人在祭过土地之后，必祭此神，以求保佑本寨之人。据云：此神甚凶暴，能作祟使人生病，来势很凶猛，祭之病愈亦速。⑤

① 石启贵：《民国时期湘西苗族调查实录·祭祀神辞汉译卷》，北京：民族出版社 2009 年版，第 267 页。

② 石启贵：《民国时期湘西苗族调查实录·祭祀神辞汉译卷》，北京：民族出版社 2009 年版，第 486 页。

③ 麻勇恒：《苗学研究·湘西苗族 Jiol denb（寨神）信仰的文化逻辑》（五），贵阳：贵州民族出版社 2009 年版，第 157 页。

④ 孙诞先：《贵州惠水（定番）苗胞习俗略述》，《生活思潮》1943 年第 3 卷第 1 期，第 11 页。

⑤ （民国）凌纯声、芮逸夫：《湘西苗族调查报告》，北京：民族出版社 2003 年版，第 160 页。

考诸地方史志，立祠庙祭祀飞山神的情况比比皆是。在贵州黎平、玉屏等地历史上均奉祀飞山神：

杨英惠侯祠，即飞山祠。在城东北玉皇阁右……又王寨、洪州所均有飞山庙。[1]

飞山庙，在北门外，明建，乾隆十八年增修，并建前殿。[2]

湘西苗族地区更为普遍：

威远侯庙，一在西门外飞山之麓，亦名飞山庙；一在东门外渠河之上，亦名渠阳庙。[3]

威远侯祠，城东一名飞山庙，祀宋威远侯杨再思，尝有功于靖者，通邑自建祠后旱涝疫疠祈祷必应，故八景之一曰“飞山应雨”。[4]

飞山庙在城北　建庙年代不可考。[5]

在渝东苗族地区亦多有记载，清光绪《秀山县志》卷二地志载：

亦祀再思，以常平飞山蛮，驻军其上，故题其庙，曰飞山。云亦土官时旧祠，一在北门外，平荼祭祀尤盛。[6]

从上述资料中亦可发现，飞山神庙亦据神主之封号而被称为威远侯祠、杨英惠侯祠。

各地飞山神信仰均源于湖南靖州飞山，明嘉靖《黎平府志》即有此说明。

---

① （清）俞渭：［光绪］《黎平府志》卷二下，清光绪八年（1882）黎平府志局刻本。

② （清）赵沁：［乾隆］《玉屏县志》卷之三，清乾隆二十二年（1857）刻本。

③ （清）吴起凤：［光绪］《靖州直隶州志》卷三，清光绪五年（1879）刻本。

④ （清）蔡象衡：《通道县志》营建志，据嘉庆刻本民国二十年石印本。

⑤ （清）张官五：［同治］《沅州府志》卷之十八，清同治十二年（1874）增刻乾隆本。

⑥ （清）王寿松修，李稽勋等纂：［光绪］《秀山县志》，光绪十八年（1892）刻本。

（飞山庙）旧在靖州飞山，洪武十年迁建于此。[①]

清道光《松桃厅志》亦持此说：

神系宋诚州刺史杨通宝之祖讳再思，有功于郡，楚之靖属通祀之。厅与绥毗连，奉祀维谨。[②]

关于靖州飞山的情形，在《读史方舆纪要》中有明确的记载：

（靖）州西北十五里，俗呼胜山。比诸山特高，突出双峰，四面绝壁十有余仞，其上平广。蛮人保险于此，曰飞山蛮。[③]

按照中国儒家传统礼仪要求，能够列入国家祀典，奉祀为神主者，或以维教，或以维养，或以御灾捍患者方有资格。明国子倪镇《重修飞山神祠碑记》谈及飞山神庙立庙之渊源，唐末五代时期，诚州（即靖州）刺史杨再思：

生以威德服溪峒苗夷，而民受其福；终则精爽不昧，民立祠以祀。凡水旱灾厉，有祷克应，虽深山穷谷中，莫不有庙。[④]

杨再思镇守苗疆的具体史实，弘治《贵州图经新志》有一概要记载：

杨再思为刺史时，尝驻兵飞山寨，盖夺险使失所恃也。[⑤]

被尊为飞山神的杨再思，其死后历代封建政府追封封号不少，飞山庙的名称亦随之不断变化。飞山庙之始，源于杨再思死后，于其立下战功的

① （明）谢东山：《贵州通志》卷之七，明嘉靖刻本。
② （清）萧管：［道光］《松桃厅志》卷之九，清道光十六（1836）松高书院刻本。
③ （清）顾祖禹：《读史方舆纪要》卷八十二，北京：中华书局2005年版，第3849页。
④ （清）吴起凤：［光绪］《靖州直隶州志》卷十一，清光绪五年（1879）刻本。
⑤ （明）沈庠：《贵州图经新志》卷之七，明弘治年间刻本。

飞山建庙祭祀，所以就有了飞山庙的称谓，其神主亦被称为飞山神。清光绪《秀山县志》卷二地志载："再思尝驻兵飞山寨，夺群蛮之险，庙号飞山，盖由此也。"① 清代靖州录事谢繇《飞山神祠碑记》对飞山神信仰称谓变迁考证较详：

> 飞山之神自有靖州以来已著灵迹，元丰六年赐庙显灵，三十年封威远侯。按《志》：宋淳祐间已加为英惠公。此祀作于前，故只称侯。特为表之，血食此土，福庇一方。②

清光绪《秀山县志》卷二地志引《明一统志》更明确地解释了飞山神祠庙别称问题："其曰威远侯庙者，据封爵为言；曰飞山庙者，原所驻兵之地而名之也。"进而引《明一统志》注说明元政府所敕封名号，以及杨再思后嗣情形。"元代又赠封为广惠王，子姓蕃息，多为边部豪长，祠祀遂遍溪峒，但名未革正，故沿称靡改。"③

飞山神被认为极为灵应，"岁时水旱，祈求验如影响"④。在政治动荡，军事冲突频繁的时期，当地民众甚而将地方一时保全免于兵燹亦归功于飞山神的护佑。清代《会同县志》即有这样的灵应事件记载，"同治丁卯，黔苗扰境，四乡皆被蹂躏，而地湖完全。土人逃匿山谷者，咸见有骑骏马大人往来护卫，贼退。是夜，近祠居民闻庙前后若有数百众汹汹者。"当地人在报赛酬神时所撰对联，更明白地表达了对于飞山神的诚笃信仰，并称之为土主。"威远封侯王，想当年，天柱高擎摄群蛮而蚁伏；飞山称土主，至今日，地湖独保贻众姓以鸠安。"⑤

至于飞山神祭祀仪注，《黎平府志》提及较为规范的祭祀时间问题，"郡人以六月初六日为侯生辰，十月二十六日为忌辰，祀之"⑥。清代《增修酉阳直隶州总志》卷九祠庙志引邑梅《杨氏家谱》记载了杨氏宗族祭祀飞山神的仪式细节。

---

① （清）王寿松修，李稽勋等纂：［光绪］《秀山县志》，光绪十八年（1892）刻本。
② （清）吴起凤：［光绪］《靖州直隶州志》卷十一，清光绪五年（1879）刻本。
③ （清）王寿松修，李稽勋等纂：［光绪］《秀山县志》，光绪十八年（1892）刻本。
④ （清）吴起凤：［光绪］《靖州直隶州志》卷十一，清光绪五年（1879）刻本。
⑤ （清）孙炳煜：［光绪］《会同县志》卷十三，清光绪二年（1876）刊本。
⑥ （清）俞渭：［光绪］《黎平府志》卷二下，清光绪八年（1882）黎平府志局刻本。

每岁春秋，郡邑皆入庙举祭，其有酎祭者，先期一月必预请子姓一人有齿德者，虔办涤酌香萁，毫不敢假佣人婢子。致祭之日，敦请子姓祝史通诚，执膰鬯灌亦必子孙或父老两人，始近几筵。祭毕则饮，曰陪神，与祭者同行，列坐于下，共妥佑享神胙，而奏假之诚，无分尸宾，寂若衔枚焉。大祭则用太牢，间有用腯猪柔毛，名曰衷礼。其每年每户有脡祭于本家者，名曰进马，雩祟禶禡，匪王不灵云云。①

民国学者则记录了湘西飞山庙祭祀的具体仪节：

用酒五杯、钱纸四叠，放在庙前地下。庙内香炉中插香三枝、蜡烛一对，巫师背后地上亦插香一枝，又用细竹一根、倒挂银钱四串，横挂于庙内。巫师穿便衣，手执师刀与筶子，先念咒卜筶，再斟酒说原因，并请神收领祭品，休息。此时，用一小簸箕，内放牛肉或猪肉四堆，盐辣汤一碗，放在酒杯前。巫师念咒请神来飨。念毕，巫师及旁人稍食酒肉。再上饭四碗，每碗插筷一双，再念咒卜筶，合寨人家，每家卜一次。卜毕，乃烧纸送神，共食酒肉。②

（三）公安神（五智神）

据同治《增修酉阳直隶州总志》卷九《祠庙志》载，当地公安神庙奉祀神灵有四位：

一曰公案大圣娄智德如来，二曰圣洞庭公主降龙如来，三曰三圣灵山会上伏虎如来，四曰公安之保四圣如来。③

① （清）王鳞飞等修，冯世瀛、冉崇文纂：［同治］《增修酉阳直隶州总志》，同治二年（1864）刻本。

② （民国）凌纯声、芮逸夫：《湘西苗族调查报告》，北京：民族出版社2003年版，第160页。

③ （清）王鳞飞等修，冯世瀛、冉崇文纂：［同治］《增修酉阳直隶州总志》，同治二年（1864）刻本。

但是，上述神灵的来历似乎该书也未曾弄清楚，只知道是当地土司制度时期就存在的一种地方性神灵祭祀活动，而且民间通常称呼此神为斋神。

据文献记载，渝东地区的苗族供奉公安神极为虔诚，且此种信仰非常普遍。

> 凡插秧之先，植竿标纸于田中，既插秧则以竿纸归藏之，收获后延师巫，具蔬供，杵糯米为馒首以祀，谓之早斋会。十月朔日，其会尤多。庙在秀山平茶里之汉溪，其小庙如土地祠者尤多。酉、黔、彭无。①

据上述文献分析，当地的公安神信仰似乎与稻作生产有着极为紧密的联系，插秧时，以植竿标纸于田中的方式表示奉请公安神亲临插秧现场，插秧结束即认真收藏标志物。秋收后即酬神，且在苗族人口较多的秀山县遍地皆是祭祀公安神的小祠。因此，公安神当是与农业生产有关的地方土俗神。

在湘西地区，公安神又名五智神。据田野资料，公安神在湘西地区保佑之事最多，如生疱生疮、水荒火灾、六畜不旺、五谷不丰等事，都可祭此神。祭祀五智神的仪式也极为独特：

> 惟此神有一品、三品、五品、七品、九品、十二品的祭法，须一次轮流而做。例如，一家第一次祭时，只祭一品；隔三五年又祭，即须三品；再隔数年后要祭，则为五品；祭至十二品后，再祭则又为一品。祭几品则用几桌，例如一品则一桌，三品则三桌。桌子不够时，可用椅凳代替。惟至十二品时，须请巫师三人祭之。②

---

① 四川黔江地区民族事务委员会：《川东南少数民族史料辑》，成都：四川民族出版社1995年版，第182页。

② （民国）凌纯声、芮逸夫：《湘西苗族调查报告》，北京：民族出版社2003年版，第164页。

二、庭院守护神

（一）门神

在日常生活中，住房之门户成为人们依托的重要的安全屏障，在持有万物有灵思想的苗族社会，自然也就将门户神视为看家护院的神灵，认为门户为人家“白天挡人，夜间挡鬼”。所以“苗人祀奉门神甚笃，故门槛上禁人践踏”①。

关于门神的传说，贵州台江县有祭考敌董（拜优老莽）仪式，考敌董（考，意义不详；敌，意为挡住；董，意为门），即门神。据说共有三个，都是男性。它是动怕（五倍子树）和动荣两种树木变成的，据说从前告播、告当二人砍这两棵树去擎天，后来二人以银子打成擎天柱，就把原来那两棵树弃在河边，那两棵树就成为“考”，人们用它来挡住门就能避灾祸。现在人们每年都要祭它，请求它挡灾避祸。在每年农历二三月的寅日、卯日或申日、酉日的更深夜静时在家举行。② 据民国学者搜集的传说资料，据说一苗族姑娘因拒绝虎王求婚而被虎王追杀，兄妹俩乃急入路边房屋，紧闭大门，于是避免了虎王的伤害。事后，众皆释为门有神佑护所致，从此以后，苗族民众对门神敬拜之。③

一旦家里出现不顺利的事情，就认为是门神不管事，即请巫师禳解，并杀敬门猪祭祀门神，以求得保佑。如果杀猪且杀鸡，或单独杀鸡祭祀的，将鸡的血毛黏附于门壁，由家长三揖跪拜，“仪式仅限于年逾花甲之老人及家长行之，门槛上亦禁忌人坐踏，犯之，必遭家破人亡之祸云”④。至于祭祀门神的仪式，可分为规范的岁时祭祀与遇事而临时祭祀两种。云南苗族每逢盖房屋、换门、新担任家长或发生灾害都要祭祀门神。祭祀门神要杀猪一头。屏边县苗族祭祀门神时杀敬门猪，杀猪时间都选在每年正

---

① 王建光：《西南苗人之生活习俗》，《中国边疆》1944 年第 3 卷第 1-2 期，第 29 页。

② 全国人民代表大会民族委员会：《贵州省台江苗族的宗教迷信》，1958 年内部印刷，第 91 页。

③ 王建光：《西南苗人之生活习俗》，《中国边疆》1944 年第 3 卷第 1-2 期，第 26 页。

④ 王建光：《西南苗人之生活习俗》，《中国边疆》1944 年第 3 卷第 1-2 期，第 26 页。

月初一日至五日，于夜深人静时举行，猪要双月的小猪，杀过之后供献财神，以求保佑全家人财兴旺，鬼不进门。按照风俗，杀猪要秘密进行，不让人知道。“敬门猪”必须一顿吃完，不能有剩余，更不能留待后用，祭门神要由巫师主持。①

文山州白苗、花苗不一定每年都祭门神，往往是遇到不祥之事的次年年初举行，时间是正月初二、初四、初六三天。家门外挂一个斗笠，在这三天之内，外人特别是妇女不能进家门。祭门主要杀一头猪。祭时要关上大门，不让外人知道，吃完祭品且洗手后，才能开大门。当地苗族认为，家庭祭祀门神后，就可以保佑牲畜兴旺，人财旺盛。②

大多数苗族杀敬门猪祭祀门神时，都是在晚上进行，一般不请宗教师主持仪式，全家须闭门杜客，悄然进行。仪式中，尤其忌讳讲汉话，忌讳外人闯入。杀猪敬献门神，是希望门神能够守住大门，不让不吉利的东西进家，保护一家大小清吉平安，六畜兴旺，万事如意。祭门神的猪大小不拘，但一定要在当晚全部吃掉，如果吃不完也不能留下，要在当晚抬到外面倒掉。③ 更有甚者，薄暮时分，大门关闭，直到次晨破晓，谁都不能进出。近门放着一头小雌猪，喉头已被割断，鲜血流到侧柱下的洞穴里，而门户就紧附在那侧柱上面。猪的毛、血以及洗涤猪身和内脏的水都埋在这洞穴里。每件污秽的东西都藏在里面，没有抛出门外的。④

（二）镇宅之龙神

龙是苗族的图腾崇拜对象，其民族保护神的角色被进一步衍生，成为庭院守护神之一。在龙崇拜中，除了集体招龙以求保护整个村寨的清吉平安之外，湘西地区还存在家庭接龙，将龙神迎请到自己的家中，镇守庭院

① 国家民委《民族问题五种丛书》编辑委员会，《中国民族问题资料·档案集成》编辑委员会编：《中国民族问题资料·档案集成 第5辑 中国少数民族社会历史调查资料丛刊 第106卷〈民族问题五种丛书〉及其档案汇编》，北京：中央民族大学出版社2005年版，第283页。

② 国家民委《民族问题五种丛书》编辑委员会，《中国民族问题资料·档案集成》编辑委员会编：《中国民族问题资料·档案集成 第5辑 中国少数民族社会历史调查资料丛刊 第101卷〈民族问题五种丛书〉及其档案汇编》，北京：中央民族大学出版社2005年版，第164页。

③ 国家民委《民族问题五种丛书》编辑委员会：《中国民族问题资料·档案集成》编辑委员会编：《中国民族问题资料·档案集成 第5辑 中国少数民族社会历史调查资料丛刊 第103卷〈民族问题五种丛书〉及其档案汇编》，北京：中央民族大学出版社2005年版，第15页。

④ 《云南边境之苗民生活》，《青年知识画报》1939年第4卷第1期，第21页。

的信仰仪式。

据田野资料，家庭招龙须请舅舅及寨中亲族协助，仪式由苗巫二人共同主持。接龙回家以后，主家“在正屋的地上挖一小坎，内放朱砂水一碗，用一岩板盖上，岩板上放一大石卵，谓之龙室。巫师摇铃念咒，主人家中男女绕小坎走三次，又放炮作乐，然后用土掩上，龙室的上端露在土外，以作标记”①。

湘西苗族认为，举行招龙仪式以后，迎请龙神驻足于家室内的龙室中，则家道兴旺。但是，在房屋买卖与迁居的过程中，这一信仰习俗又成了必须认真应对的棘手问题。在入住他人的旧宅之前，就必须举行特定的仪式，将异姓之宅中的旧龙神驱逐出去，以便让护佑新入住家庭的龙神入宅镇守。否则，对新入住者极为不利，非死亡损人，必退财见灾。因旧龙神不出走，新龙神进不来。

驱赶旧宅之旧龙神的方法之原则是必须动土，扰动旧龙神，逐其出宅，再迎请自家的龙神入宅镇守。其具体仪式如下：

> 未迁入前，往往先用水牯牛犁该屋中堂之地面，翻土一层。但犁土亦有一定之方式。要择请家境丰裕、儿女满堂之人掌犁，且须四肢齐整、体骼完美、毛皮光亮可观之牛，再择相当之吉日犁之。动犁之前，例有仪式，犁有方式，只犁进而不犁出，上下三转，左右三次，便完成矣。毕后，犁者并以好言奉承主人，如云，“喜庆火来，家发人兴，人财兴旺”等语庆祝之。而主人领首称谢矣。嗣后，主人还须请觋师安龙谢土，拜请新龙神来掌家保财也。②

基于对镇宅龙神的信仰，湘西苗族社会唯恐自己家中的镇宅龙神遭受惊扰，对自家产生不利影响。苗族民众认为，普通平民不会对镇宅龙神构成威胁，所以这样的人员往来自己家中，毫不忌讳；但是，他们认为政府官员因其手握权力，乃至具有生杀予夺的权威，这样的人员一定会惊扰自家的镇宅龙神，所以普遍排斥其进入自家的庭院内。

① （民国）凌纯声、芮逸夫：《湘西苗族调查报告》，北京：民族出版社 2003 年版，第 156–157 页。

② 石启贵：《湘西苗族实地调查报告》，长沙：湖南人民出版社 1986 年版，第 164–165 页。

文职县长以上，武职团长以上，有执法斩杀之权者，特忌之。其入民家，大为恨怨，私怀于心，敢怒而不敢言者也。民中相传，官大有杀气，能管阴阳，手掌铜印，地管三尺。一经入堂，压倒全家地脉龙神，必主不利。远在一年，近在一月，必起灾殃。①

所以湘西地区的苗族民众，在遇到政府官员进入自家房内的情况以后，通常都会延请宗教师重新安龙谢土，或锄屋或犁屋，再请龙神来家镇守，虔诚供奉以求其保家护院。

① 石启贵：《湘西苗族实地调查报告》，长沙：湖南人民出版社1986年版，第165页。

第三章　西南苗族传统宗教的宗教师与经书

第一节　苗族宗教师

一、始祖传说及宗教组织

（一）始祖传说

据黔东南台江县苗族地区的传说，苗族宗教师的始祖是人类的第六世祖相告。时至今日，当地的苗族巫师在举行祭祀仪式时，念诵的神辞中依然会提到相告的名字，以示其遗教之教义与仪轨仍被遵循。①

湘西非物质文化遗产巴代文化传承人石寿贵认为，蚩尤是苗族宗教师巴代雄的始祖。苗巴代的这种师承关系，目前依然可以在苗巴代的神辞、祭仪及法器中寻到证据。例如，巴代雄在宗教仪式中使用的铜铃之铃把顶端有一头像，即是蚩尤头像，意在以巴代宗师蚩尤的威力震慑鬼怪妖魔、凶神恶煞；并借助蚩尤的智慧与号召力、凝聚力将其所封赐的智慧神力，传播给苗族的后裔。此外，苗巴代在宗教祭祀中的很多法事行为、演唱的神辞、坛场设置以及法服装扮均与蚩尤有关。可以说苗巴代从内坛到外

① 全国人民代表大会民族委员会：《贵州省台江苗族的宗教迷信》，1958 年内部印刷，第 20 页。

坛，从法事仪轨到宗教神辞，从坛场设置到仪式装束，均与蚩尤有着千丝万缕的渊源关系。①

在苗族传说故事《鬼谷子》中，传说一位苗族妇女偶然吃了鬼骨头上的谷粒后，即因此而怀孕，并生下了苗族始祖。在成长的过程中，苗族始祖又曾经得到过神虎的养育和帮助，并从神虎那儿得到了《无字天书》。需要卜问吉凶祸福时，只要苗族始祖翻开那本《无字天书》，该书就会显现字迹，为苗族始祖答疑解惑。因此，苗族始祖遂成为能够观天时地理、论阴阳五行的巫师，从而创立了苗族传统宗教。②

分析这个传说故事，首先需要注意的是，其内容认定苗族传统宗教之创始人就是苗族的始祖，也就是说苗族始祖之身份当是人神兼有，融通天人两界的神异人物。既然苗族始祖创设传统宗教，那么，苗族宗教师的始祖就是民族始祖无疑了。此种思维方式，其实是几乎世界所有民族在探究其民族之创始历史时，均走过的相同路径，也即，将所有的创制发明、神异力量与超凡脱俗的能力均附丽于神话传说中的民族祖先。而这一神话传说的认定，与台江苗族传说认为人类六世祖相告为宗教师始祖的理路完全一致，与湘西苗巴代以苗族人文初祖蚩尤为创教人亦是殊途同归，差异仅在于究竟是第几世民族祖先创教的细节上。

此外，还须注意的是，《鬼谷子》故事存在明显的汉文化影响的特征。首先，故事的标题之使用，似乎已在有意无意地将汉族传说中精通鬼神世界的神异人物鬼谷子暗合于苗族宗教文化的发展。其次，从述及苗族始祖创设苗族传统宗教的具体内容看，天时地理、论阴阳五行等内容更具有明显的汉文化色彩。同时，《无字天书》之类的神异故事情节，在汉文化圈中同样是早已被津津乐道的雅俗共赏话题。由此可见，苗汉之间的文化交流对话，包括民族间的宗教文化交融，早已是深入人心了。

另外，故事中涉及神虎抚育苗族始祖，即宗教创始人的情节，似乎又传递出苗族的传统宗教，抑或在后来的发展中融入了相邻的土家族宗教信仰的因子。毕竟，白虎崇拜在土家族的信仰世界里，一直是一个比较突出的文化符号。或者可以这样认为，有关苗族传统宗教创制传说的《鬼谷

① 石寿贵、麻荣富：《魂牵蚩尤：全国蚩尤文化研讨会（湖南·花垣）论文资料汇编·蚩尤与“巴代”》，北京：民族出版社2010年版，第149–154页。

② 王亚新：《原始记录：高坡苗族生活》，石家庄：河北教育出版社2003年版，第88页。

子》，主要的流行区域当在操东部方言的苗区，也即湘西与黔东南地区，而此即所谓苗疆的腹心地带，这里的苗族与土家族一直就在进行文化交融，彼此之间自然在宗教文化中亦存在或多或少的相互影响。

（二）坛班组织

苗族传统宗教与制度化宗教不同，它并没有体系完整的宗教组织，更没有层级严明的组织体系。但是，宗教师内部基于宗教仪式活动中相互配合的需要以及传承职业的需要，在不同的苗族支系中，一些宗教师已经形成职业内部的基本联络关系。而这样的联络关系，既不存在制度化的条文规定，也没有约束性的惩戒机制，充其量是一种约定俗成的或习惯趋势使然的规则。

湘西苗巴代的坛场，属于一种基于职业内部协作与传承的组织。每个坛班均有掌坛师一人，又称为坛头，居统领地位，坛班中大小事宜由其定夺。坛班人员一般在三四人左右，且多为师徒，可应付小型祭祀活动。但凡大型祭祀，则由坛头中推举一名掌坛师掌坛，掌坛师在祭祀时行使调集人员、法事安排等权力，祭祀结束后权力消失。各坛班辖属区域没有明显的界线划分，也没有技艺高低的嫉妒和斗争。①“十二个巴代（老司），十二个头。”各坛头间并不存在上下级关系，各坛班之间也没有隶属关系，各坛班相互独立，在宗教仪式中使用自己坛班祖师传习下来的《苗师通书》。苗巴代之坛班对自己在宗教仪式中的宗教仪轨有着严格的要求，其依据即源于坛班祖传的《苗师通书》。②

同属东部方言的贵州松桃苗族的宗教师，其组织构架与湘西苗族的坛班组织基本一致。在主持重大祭祀活动时，除掌坛师外，还有五至八个助手。这些助手有的是掌坛师的徒弟，有的是掌坛师请来的其他坛班的宗教师，还有的是主人从家族中挑选出来帮忙的人。这些助手须根据此堂法事的掌坛师的安排，配合工作。③

黔东南苗族的宗教师分为五种类型，虽然各有专长，但宗教师之间并无隶属关系。他们没有共同的教义和祖师，也没有教主和一定的组织形

① 张子伟、张子元：《湘西苗族椎牛祭》，长沙：湖南师范大学出版社2012年版，第10页。
② 石寿贵：《巴代文化及其功用》，《湖南省社会主义学院学报》2011年第1期，第35页。
③ 俞潦：《松桃苗族》，贵阳：贵州民族出版社2006年版，第59页。

式。所有的宗教师均是从来就没有脱离生产的农民。在具体的宗教活动中，宗教师或各自进行自己擅长的宗教活动，或互相配合，主持某种重大的宗教祭祀仪式；彼此之间没有门户之见，不存在互相歧视、蔑视或彼此诋毁、中伤的情况。五种类型的宗教师有一种约定俗成的习惯，四十岁以上的宗教师才能够担任鬼师，主持重大的宗教活动；其余四种宗教师则多数只会从事一些以鸡、鸭为祭品的低层次的祭鬼活动。①

（三）从业者地位划分

苗族传统宗教的从业者男女都有，总体上看，宗教师以男性为主体，女性人数较少。例如，黔东南台江县交下乡的宗教民族志资料中，列举的十二名宗教从业者，全是男性而没有女性。② 凯里舟溪苗族的鬼师基本上都是男性，女性从事宗教职业者极少。③ 云南马关锣锅塘花苗从事宗教师工作的虽然男女都有，但男性占多数。④

女性从事宗教工作的人数不仅很少，即使成为宗教师，她们也基本上从事一些相对简单的巫事活动。民间普遍认为女性宗教师法力不高，仅能探查恶鬼，抑或从事看米卦、看蛋卦之类占卜性质的低层次宗教活动。例如贵州安顺苗族女巫迷喇就被当地居民认为“技术不若鬼师之广大，故仅医治小病，若遇严重病症，或丧葬等大事，则须请鬼师主持”⑤。湘西苗族的女巫仙娘也被认为仅能从事所谓降仙活动，每逢农村集市日期，她们往往设案焚香以待信众求问。平常日子里，则在家坐待求问者登门，“如所答不对，其惑者则多有欲取回其钱米而去者，于是仙娘即除其所蒙之巾而与争论之，便成笑话”⑥。

---

① 全国人民代表大会民族委员会：《贵州省台江苗族的宗教迷信》，1958年内部印刷，第20页。

② 全国人民代表大会民族委员会：《贵州省台江苗族的宗教迷信》，1958年内部印刷，第22页。

③ 国家民委《民族问题五种丛书》编辑委员会、《中国民族问题资料·档案集成》编辑委员会编：《中国民族问题资料·档案集成 第5辑 中国少数民族社会历史调查资料丛刊 第105卷〈民族问题五种丛书〉及其档案汇编》，北京：中央民族大学出版社2005年版，第693页。

④ 国家民委《民族问题五种丛书》编辑委员会、《中国民族问题资料·档案集成》编辑委员会编：《中国民族问题资料·档案集成 第5辑 中国少数民族社会历史调查资料丛刊 第106卷〈民族问题五种丛书〉及其档案汇编》，北京：中央民族大学出版社2005年版，第279页。

⑤ 陈国钧：《贵州苗夷社会研究·贵州安顺苗夷族的宗教信仰》，北京：民族出版社2004年版，第199-200页。

⑥ （民国）陈心传：《五溪苗族风土记》第二册，手稿本，1937年，第35页。

就执业方向来看，湘西及黔东南台江县的苗族巫师，分为故相商（鬼师）、相戛孬（巫师）、朗（通司）、胜乃莽（择日者）四类。鬼师地位最高，主持宗教活动也最多。鬼师还分为大鬼师、小鬼师两种。小鬼师只会主持一些简单的以鸡鸭为牺牲的祭鬼活动；大鬼师则懂得绝大多数宗教师祭祀仪式，能力全面，极为受人尊重。①

苗族社会对于宗教师的划分，更多的是以能力大小为标准，在民间的舆论氛围中确定其地位的高低。例如，云南一些苗族支系将其祭司分为两种，村社祭司是德高望重的寨老，能力全面，参与村寨的所有重大祭祀活动，深得民众信任，社会地位极高。氏族或家族祭司称为牙牟，只负责本氏族成员死后的指路和烧灵等一系列祭祀活动，脱离自己的宗支家族以后，不太被社会认可，一般不能主持全村寨的大型祭祀仪式，地位相对较低。②

一些苗族地区将只精通为数不多的祭祀仪式，仅能够沟通一两种神灵的宗教师称为小巫师；这类宗教师一般只会主持祭祀猪牛圈、祭祀门神、祭祀桥神及祭祀岩妈岩爹之类的宗教活动，也即只能“打口嘴”。能够主持较多的宗教仪式，可以沟通多种神灵，但所用牺牲仅限于鸡、鸭、鱼、狗或小猪等祭祀较大规模的宗教仪式的宗教师被称为中级巫师。既能主持多种仪式，又能过阴的宗教师才被称为大巫师。据说，大巫师神通广大，门下弟子（阴崽）众多，善断案、会侦察、能讲理、能降妖、能托师傅飞翔，上可通天庭，下可通阴曹地府，人们可以通过他举行走阴仪式，与已故的祖先对话。大巫师的这些阴崽精通汉语和其他民族的语言，过阴时对答如流。③ 所以大巫师的社会地位非常高，受到苗族社会的广泛尊重。

综上所述，苗族传统宗教的男性宗教师，亦因能力大小而有高下之别。他们的社会地位差异亦十分明显，例如，在贵州安顺，参与举办同一堂法事的各色宗教师，起辅助作用的灵感较浅而不能独自与鬼神周旋的通

---

① 全国人民代表大会民族委员会：《贵州省台江苗族的宗教迷信》，1958 年内部印刷，第 22 页。

② 国家民委《民族问题五种丛书》编辑委员会、《中国民族问题资料·档案集成》编辑委员会编：《中国民族问题资料·档案集成 第 5 辑 中国少数民族社会历史调查资料丛刊 第 106 卷〈民族问题五种丛书〉及其档案汇编》，北京：中央民族大学出版社 2005 年版，第 285 页。

③ 杨应光：《山情水韵苗寨风·保命手镯》，北京：中央民族大学出版社 2010 年版，第 21 页。

师，主家仅仅提供饭食，不必另给报酬。[①]

（四）污名化的诡异人物：蛊婆、酿鬼与猖王

蛊毒，苗语称为 jab，或 qeb；或连称为 jab qeb（直译为药或毒）。传说是一种只为妇女所掌握的毒药，有蛇蛊、毛虫蛊、蛤蟆蛊、蚂蟥蛊等。但蛊毒只传女儿，不传儿子和儿媳。据说，中蛊的人初期神志昏迷，身如火焚，咽喉作痛，说话声音带哑；至第七天时，则手足指甲俱黑，最后将一命呜呼。[②] 苗族社会还常常认定某些男性体内有鬼存在，苗语称之为 dliangb gel，汉译即酿鬼，或老虎鬼。故有谣谚曰："妈妈得了蛊药，妈妈一死就完了；爹爹得了酿鬼，千年百代绝不了。"蛊在本质上被认为与巫同源异流，酿鬼与蛊相类似，具有独立意志，使人畜生病，一旦与其附身的主人意见分歧时，同样会危害被附身者。

由于蛊毒与酿鬼既害人也害己，所以，社会的普遍心理是对之实行隔离。被确认为有蛊毒，或有酿鬼的家庭，据说，不仅会世代传承，但凡与之亲近的人都会在无形中染上鬼蛊，进而传染给存在血缘或亲密关系的人。在这种观念的支配下，整个社会对所谓鬼蛊人家都会态度坚决地实施隔离。大家不敢与其通婚，其女儿也很难出嫁，儿子亦找不到对象。如果有谁胆敢冒天下之大不韪，迎娶蛊婆或其女儿，则被看成引鬼进寨，寨邻一定会断绝与其家庭的任何交往，甚至寨人偶尔有病，也要找上门来大骂。[③] 广西三江苗族社会认为，这种婚姻简直就是"引鬼进寨，惹祸上身，家破人亡，村寨不宁，吓跑祖宗，贻害子孙"。因此，当事家庭要被革除族籍，驱逐他乡。[④]

所以被疑为有蛊毒之女子，必终生无人娶之为妻；被疑为有酿鬼之男子，必遭众人酷刑吊打，及驱逐出境。[⑤]

此外，在湘西苗族地区的村寨中，还有被称为无常（猖王）的男子，据说这种与鬼蛊类似的诡异人物，能够在夜间出入阴间，替阎王捉拿生

① 吴泽霖：《贵州苗夷社会研究·贵州短裙黑苗的概况》，北京：民族出版社 2004 年版，第 25 页。

② 王鹏皋：《苗民的迷信风俗》，《谈风》1936 年第 11 期，第 499 页。

③ 贵州省志民族志编委会：《民族志资料汇编》第 2 集，1986 年铅印本，第 124 页。

④ 三江县民委：《三江侗族自治县民族志》，南宁：广西人民出版社 1989 年版，第 118 页。

⑤ 陈国钧：《贵州安顺苗夷的宗教信仰》，《边政公论》1942 年第 1 卷第 7-8 期，第 92 页。

魂，充当地狱的差人。田野调查发现，凡是被称为无常者，差不多都是那些老年的光棍，或者丧偶多年的鳏夫；他们性格古怪，行为怪异，而且神情恍惚，与正常人大不相类。民众对于这类诡异人物既恨又怕，采取敬而远之的态度，且极力贱待之。且这类诡异者死后掩埋时，必须掀开棺材盖送往墓地。[①]

二、称谓考辨

（一）云南苗族

云南文山苗族的宗教师被称为孜能（zid nenb）或能（nenb），多为男性，女性极少。他们不脱离生产，平时在家劳动，只有被人请时才以巫师的身份出现，为别人驱鬼祛邪。[②]

云南元阳县采山坪苗族称男巫师为“耶多能”，女巫师为“布多能”。其法器包括铜锣、木升、陶制油灯、竹卦。在多能家的堂屋里，置有三层木板放置上述法器。[③] 在云南元阳五区大山乡苗族中，主持丧葬仪式的宗教师被称为“斗给”，负责举行开路仪式。[④] 云南马关县锣锅塘花苗称其宗教师为宛能，男女均可从业，但男宛能占多数。[⑤]

《滇疆苗蛮纪略》载：一些云南苗族“一遇不安，便请觋爸前来念经拜咒，驱灾祈福，宰牛杀羊，诚心供祭，谓之‘做鬼’”[⑥]。所以，称宗教

---

① 陆群：《民间思想的村落——苗族巫文化的宗教透视》，贵阳：贵州民族出版社 2000 年版，第 177 页。

② 文山壮族苗族自治州苗学发展研究会：《文山苗族》，昆明：云南民族出版社 2008 年版，第 246 页。

③ 国家民委《民族问题五种丛书》编辑委员会、《中国民族问题资料·档案集成》编辑委员会编：《中国民族问题资料·档案集成 第 5 辑 中国少数民族社会历史调查资料丛刊 第 106 卷〈民族问题五种丛书〉及其档案汇编》，北京：中央民族大学出版社 2005 年版，第 274 页。

④ 国家民委《民族问题五种丛书》编辑委员会、《中国民族问题资料·档案集成》编辑委员会编：《中国民族问题资料·档案集成 第 5 辑 中国少数民族社会历史调查资料丛刊 第 106 卷〈民族问题五种丛书〉及其档案汇编》，北京：中央民族大学出版社 2005 年版，第 275 页。

⑤ 屏边苗族自治县民族志编写组：《红河州屏边苗族自治县民族志》，昆明：云南大学出版社 1990 年版，第 57 页。

⑥ 诸宝楚：《西南民俗文献·滇疆苗蛮纪略》第十七卷，兰州：兰州大学出版社 2003 年版，第 49 页。

师为“觋爸”，在云南苗族地区是一种较为通行的称呼。

云南金平县苗族，各寨一般都称呼其宗教师为“魔公”，凡是能施行巫术、为人治病者便可取得魔公职位，且男女均可。但魔公又分为魔公、魔公师两类，巫术修养较深、威信较高的宗教师常被称为魔公师，能力一般者则直呼为魔公。当地魔公在其家中设置有用色纸剪贴成的神堂，每年农历十二月二十九日封闭神堂，停止宗教活动；正月初五，由魔公师主持开启神堂的仪式，意味着新的一年的宗教活动已经启动。魔公在各种宗教仪式中，广泛施行法术，其法术则由魔公师传授。① 红河州的魔公在主持宗教仪式时，须先祭祖先，祈求祖神庇护其祭祀活动顺利进行。②

云南省元阳县苗族称其宗教师为“猫公”，他们以巫术驱鬼除邪，兼用草药治病。猫公亦为人看卦，祭献鬼神。③ 云南红河州苗族既称其宗教师为魔公，也称其为“背马”。魔公在主持祭祀活动时，也要先祭祖先，祈求庇护其祭祀活动顺利进行。④“魔公”“猫公”只是汉语音译用词的差异而已，但是在苗语中则是一致的表述无疑。下文中的“贝马”“白马”的汉语音译差异也是同样的道理。

云南屏边苗族称宗教师为“贝马”，由他们负责卜鸡卦，杀鸡送鬼，扫寨祭祀田公地母，祭龙、祭天等宗教信仰仪式。⑤ 苗族凡是有病，都要请白马来献神献鬼，称之为“跳白马”。白马懂得一点草医草药知识，半神半药，神药两解。⑥ 河口县苗族亦称其巫师为“贝马”，亦有称之为“师公”的情况，估计是受到当地瑶族宗教文化影响，或者二者宗教信仰交融

① 国家民委《民族问题五种丛书》编辑委员会、《中国民族问题资料·档案集成》编辑委员会编：《中国民族问题资料·档案集成 第5辑 中国少数民族社会历史调查资料丛刊 第106卷〈民族问题五种丛书〉及其档案汇编》，北京：中央民族大学出版社2005年版，第257页。

② 红河哈尼族彝族自治州民族志编写办公室：《云南省红河哈尼族彝族自治州民族志》，昆明：云南大学出版社1989年版，第135页。

③ 云南省元阳县志编纂委员会：《红河州元阳县》，贵阳：贵州民族出版社1990年版，第652页。

④ 红河哈尼族彝族自治州民族志编写办公室：《云南省红河哈尼族彝族自治州民族志》，昆明：云南大学出版社1989年版，第136页。

⑤ 屏边苗族自治县民族志编写组：《红河州屏边苗族自治县民族志》，昆明：云南大学出版社1990年版，第57页。

⑥ 国家民委《民族问题五种丛书》编委会、《中国民族问题资料·档案集成》编委会：《中国民族问题资料·档案集成》第106卷，中央民族大学出版社2005年版，第279页。

的结果。[①]

云南各地苗族对宗教师称呼的差异巨大，可谓形形色色。究其原因，其一，语言学上的差异，不同苗族支系因使用方言不同，对宗教师这一词汇的发音当然会存在差异。其二，亦须考虑各支系周围的民族成分的复杂情形，也就是必须分析是否存在借用其他民族对宗教从业者的称谓，尤其是本属于同一支系，使用相同的方言，却以不同的方式称呼其宗教师的情况更应该从这一角度诠释。其三，由于云南苗族在历史上多由黔省迁徙而来，来自不同迁徙地的苗族支系，入滇后，同一支系因种种原因分居不同地域，或者再次迁往他处，在千百年的文化习染中，境遇变迁，也会导致上述差异的出现。

（二）湘西苗族

湘西苗族宗教师在苗语中被称为“巴代”（亦作巴岱）（bax deib），分为苗巴代（bax deib xongb）、汉巴代（bax deib zhal）两种。其汉语音译全称是“喂斗代寿、剖弄告代”；简称为“巴代、巴寿”或“代寿、告代”。[②] 苗师巴代雄属于苗族传统宗教从业者，汉师巴代扎则是深受道教影响，为汉苗宗教文化交融的类型，可看成是道教系统在湘西苗族地区的流派。汉巴代还有被称为“阴纱帽”的记载：

> 其业巫者概称“老司”、一曰“阴纱帽”，谓其为老子之教也。[③]
> 此外，苗巴代还自称“果岱”（ghot deib）。[④]

巴代在湘西当地的汉译有多种：巫师、祭司、法师、鬼师、老司等，有苗族学者认为，这些名称并不完全贴切，最恰当的莫过于直接采用巴代（巴岱）这一苗语称谓。[⑤]

苗巴代（巴岱）与汉巴代（巴岱）的区别，据吴晓东《苗族祭仪

---

① 云南省河口瑶族自治县志编纂委员会：《河口县志》，北京：生活·读书·新知三联书店1994年版，第114页。

② 石寿贵：《巴代文化及其功用》，《湖南省社会主义学院学报》2011年第1期，第35页。

③ （民国）陈心传：《五溪苗族风土记》第二册，手稿本，1937年，第34页。

④ 吴晓东：《湘西苗语称谓“巴岱”译考》，《民族翻译》2009年第1期，第42-43页。

⑤ 吴晓东：《苗族祭仪“送猪”神辞·前言》，北京：民族出版社2007年版，第4页。

"送猪"神辞》介绍，主要存在六大区别：二者的服装不同，苗巴岱举行法事时为平时着装，无特殊的服装。汉巴岱则穿专用的红色服装，戴专用的凤冠。二者仪式语言不同，苗巴岱用苗语，汉巴岱用汉语。二者使用法器不同，苗巴岱使用金铃、竹筒、卦、烧腊器四种。汉巴岱则使用马鞭、绺巾、卦、鬼刀、令牌、牛角六种。二者仪式风格不同，苗巴岱在主持仪式时，动作较少。汉巴岱在仪式中则伴有很多动作。因此，苗巴岱被称为文教，汉巴岱被称为武教。二者主持仪式的种类不同。最后，苗巴岱所主持的仪式为苗族所独有，而汉巴岱所主持的仪式既为苗族信奉，亦为当地的汉族、土家族所信奉。①

苗巴代与汉巴代各自主持的宗教仪式也有很大的差异，张子伟、张子元在《湖南省花垣县排碧乡黄岩村苗族的椎牛祭》中述及，通常，苗巴代主持16种仪式；汉巴代则主持20种仪式。吴晓东则认为苗巴岱主持的仪式有15种，汉巴岱主持的仪式有13种。但是，苗巴岱、汉巴岱所主持的仪式系统并非截然分开，也有一些交叉，一些仪式是二者均可主持，只是仪式本身会有很多差异。②

湘西地区从事降仙活动的宗教师皆为女性，此即通常所称的仙娘。

> 其业也，谓无需人传，系由明神自择其人而授之者。人获此业，必先得"明神降之"，使登车，吐露人隐情，皆言之有验，谓方可证之为获得此业者。③
>
> 仙姑走阴，尽人皆知。倘行驳杂厄运，不论有无知识者，心为之惑，皆深信也。室有病者，命在垂危，全家眷属急如星火，于是仙姑决疑，特问津焉。④

湘西苗族在处理较为重要的事情时，首先想到的是请求择日者推算，择定良辰吉日之后，再行举动。"如问事之休咎，有卜卦先生推算得病的

① 吴晓东：《苗族祭仪"送猪"神辞·前言》，北京：民族出版社2007年版，第5-10页。
② 吴晓东：《苗族祭仪"送猪"神辞·前言》，北京：民族出版社2007年版，第5-10页。
③ （民国）陈心传：《五溪苗族风土记》第二册，手稿本，1937年，第35页。
④ 石启贵：《湘西苗族实地调查报告》，长沙：湖南人民出版社1986年版，第564页。

日子与拣选祭鬼的日期，有推算日子先生。”① 这是受汉文化习染熏陶的结果，如果仔细分析择日者在择日推算中所运用的基本方法与哲学原理，可以发现有明显的汉文化踪迹。

（三）贵州苗族

黔东南苗族对其宗教师的称呼，通常情况下，多以鬼师概称。史载：“病不服药，惟祷于鬼。谓其巫曰‘鬼师’。”② “遇病延鬼师于堂持咒。”③ 在宗教祭祀活动中，鬼师多使用鸡、鸭、狗等作为牺牲，大型祭祀则用牛。关于祭祖丧葬等事，尤须由鬼师到场主持。几乎每个苗族村寨都有鬼师一二人。

受汉文化的影响，苗族亦有称其宗教师为端公者。

> 苗俗病疾不服药，而跳端公。端公者，巫也。今绅民亦有染此俗者矣。④
>
> 端公所奉之神制二鬼头，一赤面长须，曰鬼爷；一女面，曰师娘，谓是伏羲女娲。临事各以一竹承其颈，竹上下两篾圈，衣以衣，倚于案左右。下承以大椀，其右设一小案供神，曰五猖。亦有小像，巫党捶锣击鼓于此。巫或男装或女装，男者衣红裙，戴观音七佛冠，以次登坛，左执神带，右执牛角，或吹、或歌、或舞，抑扬跪拜以娱神。曼声徐引，若恋、若慕，电旋风转。至夜深，大巫舞袖挥诀，小巫戴鬼面随之，扮土地，受令而入，受令而出，曰放五猖。事毕，移其神像于案前，令虚位椀中，歌以送之，仆则谓神去矣。⑤

据上述文献，当地苗族受汉文化影响，不仅表现在对其宗教师的称谓上，还表现在男女宗教师所尊奉的祖师，无论是伏羲，还是女娲，均为典型的汉文化内容。在具体的宗教祭祀活动中，更显现出苗族传统宗教已经

---

① （民国）凌纯声、芮逸夫：《湘西苗族调查报告》，北京：民族出版社 2003 年版，第 129 页。

② （清）田雯：《黔书》上卷，康熙庚午年（1690）刻本。

③ （清）余泽春修，余嵩庆等纂：［光绪］《古州厅志》卷之一，光绪十四年（1888）刻本。

④ 《中国地方志民俗资料汇编》（西南卷下），北京：北京图书馆出版社 1996 年，第 424 页。

⑤ （清）余泽春修，余嵩庆等纂：［光绪］《古州厅志》卷之一，光绪十四年（1888）刻本。

吸收许多儒释道文化的因子，如所戴七佛冠，扮演土地神，放五猖等内容均属于苗族传统宗教非本己的成分。

在贵州安顺地区，一些苗族支系的宗教师之称谓，与当地汉族使用的称呼没有差异。

> 男子称“鬼师”，又称端公，女子称“迷喇”，又称“迷婆”，皆司祈神祀鬼之事，担负神与人间之沟通工作，人咸敬之。①

赫章县大南山苗族亦称其宗教师为“迷拉”。迷拉祭鬼之前，先要占卜是什么鬼作祟。占卜的方法有两种：一种用蛋卜，一种用米卜。用蛋卜的，把蛋煮熟后，剥去蛋壳，拿到太阳光下去照，如果蛋黄有缝见光，便认为是有鬼作祟。用米占卜时，把米放在碗中，用黑帕子盖着。经过作法，然后把帕子揭开，看米走动的路线而确定是某种鬼作祟。迷拉多是祛除非正常死亡者的灵魂转化而成的凶恶鬼怪。②

在苗族、彝族杂居的区域，苗族宗教师的称谓深受彝族之影响，亦称其为“溪婆”。“语任溪婆（鬼师名）。亦降殃而白降祥，卜凭鸡骨。”③其主要原因，可能需要考虑到在土司体制时代，当地的彝族居于社会上层，彝族文化当然也就具有主导性和主体地位，苗族传统宗教深受其影响也就在所难免了。

在黔东南台江县交下乡的苗族社会中，宗教师主要有故相商（鬼师）、相戛孬（巫师）、朗（通师）、胜奶莽（择日者）等，此外，还有被称为告相勾、勾（灵姑）者。其中，鬼师主持宗教活动的类型最多也最全面；所以，与苗族群众的关系也最密切。当然，具有鬼师身份的人也最多，每个苗族村寨至少有一名鬼师，乃至数名鬼师。巫师和通师主持的宗教活动相对较少，但是这种宗教师并不缺乏。至于从汉族学来的择日者，当地业此者很少，找他们的人也不普遍。从事择日的均为男性，此种宗教活动的

---

① 陈国钧：《贵州苗夷社会研究·贵州安顺苗夷族的宗教信仰》，北京：民族出版社2004年版，第199-200页。

② 国家民委《民族问题五种丛书》编辑委员会、《中国民族问题资料·档案集成》编辑委员会编：《中国民族问题资料·档案集成 第5辑 中国少数民族社会历史调查资料丛刊 第106卷〈民族问题五种丛书〉及其档案汇编》，北京：中央民族大学出版社2005年版，第73-74页。

③ （清）田雯：《黔书·苗蛮种类》上卷，康熙庚午年（1690）刻本。

从业者，必须学习并掌握一套专门的口诀。业此者并无什么特殊要求，也无什么苛刻的从业限制；执业之初，也不要求举行什么专门的宗教仪式。① 当巫师的条件相对简单，只要会过阴就行。巫师之唯一法器就是遮脸帕，但这张帕子也不是专用来过阴的，而是利用包头帕的一段，把脸蒙住就可以了。当然，需要过阴的病人则要出一碗米，并临时找一碗冷水。有了这三样东西，并配上一个通司，巫师就可以过阴了。② 通师是巫师在过阴时的助手，只要口齿清楚，比较灵活，就可以担任通师。通师主要的工作就是在巫师过阴上天庭下地府时，做好巫师和人间凡人的联络人。巫师过阴时，并不自带通师去当助手，而是由当事人临时找人负责。通师是不受酬的宗教从业者，他与巫师一样，只接受一点饮食招待而已。③

灵姑，台江汉语称为灵哥，④ 还被称为告相勾、勾。当灵姑的人男女都有，据说人死后，鬼魂附在谁的身上，谁就成灵姑了。男魂魄附在男身为勾，女魂魄附在女身为勾，性别间不能混杂。一个灵姑可能会有两三个勾，有的则只有一个勾。勾的职责主要是望鬼，病者家人以米一碗及“细江”去请灵姑望鬼，灵姑拣几粒米放在口中嚼，不用帕子遮脸，等一会儿，勾就来了，这时就请勾随米到病人家里去望鬼，返回后借灵姑之口，禀报求望鬼者，如认为没有看清楚，则可请勾再去看，这样往返数次，直到认为看清楚了即算结束。⑤

松桃苗族有被称为勾娘（Goud niangx）者，专门从事占卜、问仙求神活动。通常为中老年妇女，有的为世袭，有的则成就于偶然因素。勾娘充当沟通阴阳两界的媒介，代表凡人与鬼神进行有关福祸凶吉的对话，同时代理阴间祖辈亡灵对子孙辈有关福祸凶吉与怪异现象做出解释和预测，并帮助子孙求福避祸，驱邪纳吉。⑥

黔南一带苗族有被称为苗奶奶的宗教师，当地人生病后即请苗老奶打煞。据说这样便可驱邪治病。⑦

① 全国人民代表大会民族委员会：《贵州省台江苗族的宗教迷信》，1958 年内部印刷，第 20 页。
② 全国人民代表大会民族委员会：《贵州省台江苗族的宗教迷信》，1958 年内部印刷，第 21 页。
③ 全国人民代表大会民族委员会：《贵州省台江苗族的宗教迷信》，1958 年内部印刷，第 21 页。
④ 全国人民代表大会民族委员会：《贵州省台江苗族的宗教迷信》，1958 年内部印刷，第 21 页。
⑤ 全国人民代表大会民族委员会：《贵州省台江苗族的宗教迷信》，1958 年内部印刷，第 25 页。
⑥ 俞潦：《松桃苗族》，贵阳：贵州民族出版社 2006 年版，第 59 页。
⑦ 叶厥孙：《建设西南声中的贵州苗人》，《中学生》1939 年复刊号，第 30 页。

（四）川南、渝东南苗族

重庆秀山苗族多称主持打牛还牛菩萨愿的宗教师为“巴得送”，其实等同于湘西苗族“巴代雄”的发音，差异仅仅在于使用了不同的汉语音译词而已，这显然是该地区的苗族群众对苗巴代的称呼。①

川南苗族称男性宗教师为端公，女性宗教师为仙娘。这些宗教师被认为能为生者招魂，为事主家庭驱鬼逐魔，从而达到治病的目的；并认为巫师能走阴，入阴曹地府为病人驱鬼。男性宗教师可以走阴，这一点似乎与湘西苗族有差异。川南苗族地区的仙娘多从事算米卦、看蛋等巫术活动，为患者禳解占卜。②

川南苗族称主持大型祭祀仪式的宗教师为“祭司”，诸如丧葬指路仪式、烧灵均须其主持。祭司只能由德高望重且年岁较大的男性充任，多数世袭，但不脱离生产劳动。③

（五）广西苗族

苗族多称其宗教师为“师公”，亦有被称为“鬼师”的情况。这种变异性称呼非常明显地受到了壮族对其大巫师“公篩”（意即“师公”）的影响，同时还不同程度地受到了道教的影响。④

广西苗族与当地其他少数民族的宗教师还有被称为“梅山道法师”“武教法师”的情况。其信奉的神祇、经书、仪轨及法器与壮族和瑶族大同小异，只是另外增加了本民族的始祖神和地方神，如苗族的张郎兄妹。这更是直接体现了多民族地区宗教交融涵化的情况。⑤

三江县苗族还有称宗教师为道公或鬼师的情况。⑥

广西隆林县苗族称其宗教师为“巫公”，从业资格不受限制，一旦久

---

① 四川省编辑组编：《四川省苗族傈僳族傣族白族满族社会历史调查》，北京：民族出版社 2009 年版，第 153 页。

② 郎维伟：《四川苗族社会与文化》，成都：四川民族出版社 1997 年版，第 167 页。

③ 郎维伟：《四川苗族社会与文化》，成都：四川民族出版社 1997 年版，第 167 页。

④ 广西壮族自治区地方志编纂委员会：《广西通志 · 民俗志》，南宁：广西人民出版社 1992 年版，第 376 页。

⑤ 广西壮族自治区地方志编纂委员会：《广西通志 · 民俗志》，南宁：广西人民出版社 1992 年版，第 377 页。

⑥ 三江县民委：《三江侗族自治县民族志》，南宁：广西人民出版社 1989 年版，第 116 页。

病数月者，抑或乱说梦话者均可能被当地民众认作巫公。从业前，焚香纸，病人以布盖脸，请巫公点化传教即可。①

三、职业习得与传承

（一）任职资格要求

在湘西苗族地区的坛班组织中，宗教师具有明确的师承关系，在拜师加入坛班之初，首先得接受资格审查；出师独立从业之时，亦须按照坛班要求，按程序检核其能力资质，以决定是否已具备独立从事宗教祭祀活动的能力。

拟加入坛班，拜师学习者，均具有较强的悟性，心性不凡，有些还念过书，具有一定的文化基础。投师者欲拜师时，掌坛巫师还会考察其人格品行，如认为此人忠诚善良、笃信宗教、尊师敬长，能够潜心于学习且言谈得宜、记忆力较强者，就可以被初步确定为拟接收的徒弟，让其记诵巫词，揣摩祭仪与法术。在投师者已经熟记祭祀神辞以后，掌坛师才对其进行加入坛班组织的第二项测试，即验身。通常是在除夕之夜至正月初五期间举行。主要测试欲拜师入坛者的基本身体素质，灵敏度，考察其是否能够胜任在各种宗教仪式中必须使用的，需要以良好身体素质为基础的巫舞、弹跳与打斗动作。在经受反复三十六次跳跃、打斗等法事基本动作测试后，受验者才正式被接收为徒弟。经过三五年的坛班学习后，坛班弟子可以出师而独立主持法事。师傅即为弟子举行度身仪式，考核弟子的从业能力。②

黔东南苗族宗教师从业资质与湘西地区的坛班组织不同，他们对于初入者的能力与知识均没有明确的要求，但是对于从事四种类型的宗教师工作的人年龄则有一些约定俗成的大体规定。这主要是为了保护宗教师个人的健康与安全，而非职业能力需求上的排除。但是，还是有自三十八九岁

① 国家民委《民族问题五种丛书》编辑委员会，《中国民族问题资料·档案集成》编辑委员会编：《中国民族问题资料·档案集成 第5辑 中国少数民族社会历史调查资料丛刊 第106卷〈民族问题五种丛书〉及其档案汇编》，北京：中央民族大学出版社2005年版，第571页。

② 《中国各民族宗教与神话大词典》，学苑出版社1990年版，第469–470页。

即从事鬼师职业的人员，由于其年龄未届四十岁，只能主持以鸡鸭为祭品的较为低端的宗教仪式。如有人确实希望在年轻时就当鬼师，就必须从十二三岁时即开始从业。据说在如此低龄即从业，鬼就会以其太能干而不敢招惹，鬼师也就得以寿终，不会夭折。①

（二）神授

因久病而宣布神灵附体，并由此开始从事巫事活动者，当属于神授类型的从业者，湘西苗族地区的仙娘即属于这样的从业者。仙娘职业习得的方式，据沈从文先生对凤凰县地区的考察，差不多都是出于迫不得已的无奈选择。仙娘在执业之前，多数为人老实内向，寡言少语。但身体却常无端地突然发病，似乎有神附体。在生病期间，这些人常常会反常地说唱笑闹，且哭笑无常；乃至于不吃不喝，且不睡眠。在折腾三两天后，又因极度疲乏而长睡不醒。但是，醒后对病中的诸多行为举止却毫无所知。此种情形一旦反复发作，欲罢不能时，按照当地的习俗，认为只有从事行巫活动才能解脱。所以，此类行巫的仙娘，"不必学习，无从传授，只设一神坛，放一平斗，斗内装满谷子，插上一把剪刀，就可正式从业了。仙娘执行巫术的方式是在神前设一座位，行巫者坐定，用青丝绸巾覆盖脸上。重在关亡，托亡魂说话，用半哼半唱方式，谈别人家事长短，儿女疾病，远行人情形"②。

文山苗族的宗教师，一般认为只有神授者才能担任。也即当某人突患重病，且在较长时间内处于昏迷不醒状态，就被认为是在与神灵沟通对话，接受其教诲，一旦痊愈，即会成为神灵的代言人。所以，苗巫大多能说会道，善于歌唱，虽然没有什么专门的经典为诵本，但对于本民族的历史文化则十分熟悉。苗巫中还有一种不是神授的，是本人假装病或是向懂巫的人学来的。这种苗巫在苗族中不受欢迎，大家都认为他是假巫。一些苗巫还懂得用草药治病，在苗族社会中很受欢迎，享有一定威望。③

① 全国人民代表大会民族委员会：《贵州省台江苗族的宗教迷信》，1958年内部印刷，第20页。

② 沈从文：《沈从文文集·凤凰》第九卷，广州：花城出版社1984年版，第412-413页。

③ 文山壮族苗族自治州苗学发展研究会：《文山苗族》，昆明：云南民族出版社2008年版，第246页。

重病且时间过长，经巫师点化即从业，这也是属于神授之一种。广西隆林县苗族的巫公不论什么阶级的人都可以做。一人病三四个月后，乱说梦话，就认为这人要成巫公。用三张纸，三支香，点放在桌上。请巫公来传教，病人用布盖脸。一两个月后就成为巫公。①

贵州短裙黑苗巫师并不是一种世袭的或尊荣的职位，在政治上或社会上并不拥有特殊的威权。任何人只要感到鬼神附身不去，他就是受了神感，自己就可宣称为鬼师了。自此以后，就有人来请教他。据说每个宗教师身上至少会被二三十种神灵附身，他如不从事宗教祭祀之类的工作，附着于其身上的鬼神就会反复折磨他，乃至使其疯癫失常。所以，一旦某人被认为有鬼神附身时，就意味着他只能从事宗教师的工作了。此时，须将红纸剪成的纸人贴在祖宗神位之前，并在墙上钉一横板，设立牌位并以二三只茶杯奉祀鬼神。从业后，宗教仪式中之牺牲，须将其头颅在祭祀中用毕后，携归供祭鬼神。②

（三）自学或拜师学习获得资格

贵州台江苗族宗教师故相商（鬼师），一般要求由年龄在40岁以上的男人担任。其业巫技能的习得，来自于在宗教祭祀中的观察习染与模仿记诵。如果因突发情况，本村寨的鬼师病重或突然死亡，而又急需宗教师主持祭祀仪式时，经过群众的建议，加之其本人亦有意向从业，就可以担任鬼师从事宗教祭祀了。但很多人虽经群众推荐，而自己并不乐意，因为当鬼师报酬极低，尤其是非常耽搁农活；所以，家里劳动力不足者，就会推辞，不接受群众的推荐。

台江苗族的鬼师从业之前，必须先在家里祭祀被称为“董戛吓”（董，即门；戛吓，意义不详）的神灵。杀鸡备办祭品时，首先得根据鸡眼之形状卜测从业的吉凶祸福，从而最后决定是否担任鬼师。鸡被煮熟后，如果鸡眼形状一样（或睁或闭或凸或凹），就是吉利的征兆；否则，就认为不吉利，因而必须放弃从业机会。

---

① 国家民委《民族问题五种丛书》编辑委员会，《中国民族问题资料·档案集成》编辑委员会编：《中国民族问题资料·档案集成 第5辑 中国少数民族社会历史调查资料丛刊 第106卷〈民族问题五种丛书〉及其档案汇编》，北京：中央民族大学出版社2005年版，第571页。

② 吴泽霖：《贵州短裙黑苗的概况》，《东方杂志》1939年第36卷第16期，第44页。

担任台江苗族宗教师相戛孬（巫师）者，只要会“化戛孬”（过阴）就行，没有师承，年龄也不受限制，也没有什么祭祀仪式。充任巫师的助手朗（通司）的条件极为简单，只要长于言谈，思维灵活，反应较快，在巫师过阴时能够顺畅地同巫师沟通，传达神意，妥善地解读巫师言词者，即可以担任通司。学习胜奶莽（择日者）不受什么条件限制，学成并初行职业时，也不举行特殊的宗教仪式以标识。①

（四）宗教师世代祖传

湘西苗族坛班的延续主要是父传子的传承制，但父子相传时，子接父坛必须举行严格的“牵街”仪式（即今所谓“入口传度”），其接坛仪式（亦称度职仪式）颇为规范，仪式一般在坛师的堂屋举行，坛场布置肃穆而简洁。牵街之掌坛师，不由其父亲担任，而是由其他坛班的坛师掌坛，对其进行考核认可。这是极为严格的一项坛规，否则即为对神坛不忠，将被引为笑话。② 上刀梯为湘西苗族宗教师向弟子传法与考核其技能的重要方法，所有坛班巫师都必须经过师傅正式传法后，方能单独立坛，替人酬神还愿。

所谓上刀梯，即在场中竖起木杆一根，高约十米，由下至上安插三十六把钢刀作梯，苗巫赤足履刀而上。上刀梯时，须请巫师数十人，身着法服，携带法器，演乐行法。首先从室内出发，到达刀场，牛角齐吹，绕场一周，分兵两股，左右齐行，俗谓穿街。此时，邻寨人众，近由数里起，远至数十里止，闻信踊跃前来，观众云集，人山人海，为数不下数千人。穿街毕，巫师集合于先前已经搭建的老君殿下，打起柳旗，全场庆贺。庆贺毕，始传法。传法毕，即上刀梯。先由引兵师上去，次由新坛弟子继之，再次则不论次序，一面上去，一面下来，手不伤肤，足无伤痕。巫师上登梯顶时，即吹牛角，面向正殿，口诵咒语，鞠躬磕头。吹角后，于刀梯上表演各种技艺与特异能力。刀梯上完，接着是踩烧红的犁口，最后巫师集合穿三街后，散会撤台。③

---

① 全国人民代表大会民族委员会：《贵州省台江苗族的宗教迷信》，1958 年内部印刷，第 20-21 页。

② 张子伟、张子元：《湘西苗族椎牛祭》，长沙：湖南师范大学出版社 2012 年版，第 10 页。

③ 石启贵：《湘西苗族实地调查报告》，长沙：湖南人民出版社 1986 年版，第 158-160 页。

清代苗族诗人田祖洪《上刀梯》对上述传法度身仪式亦有描述：“三十六刀梯俨然，道道雪光映兰（蓝）天。赤脚登上如蛛行，口吹碧犀震群山。”①

贵州威信天池苗族的宗教师一般是世袭，也外传。在正式成为巫师之前，要先学跳鬼二三年。正式做巫师要认师，举行立神的仪式。在晚上举行立神仪式，由巫师本人到竹林摸选两根并排生长的竹子，作为神台（昂能）的三根竹竿。两个竹根，劈成四半，作为卜卦的法具。两根竹竿吊在巫师家堂屋的神台前，在竹竿上贴上纸，巫师将作牺牲的鸡之羽毛粘在纸上，巫师死后，要将两根竹竿送往崖壁，或者在崖壁处焚烧。

云南金平县黑苗巫师最多，每个氏族或家族都有自己的宛能，宛能实行世袭制，父子相传。②

四、法器与法术

（一）法器

1. 卦

文山苗族宗教师使用的卦一般是用牛角或羊角制成，占卜时落地有声，“哒哒”作响。③《苗族指路经·文山卷》在“制造竹卦”部分对巫师在丧葬仪式中所使用的竹卦制作情况予以说明：“剩下这一小棵，拿它来制竹卦，竹根砍一刀，竹梢砍一刀。竹根弃不要，竹梢也不用，只取中间一小节，破开作两半。远古时人鬼混杂处，鬼人杂着宿，人讲鬼知道，鬼话人能懂，现在人鬼不杂处，鬼人不杂宿，人讲鬼不知，鬼话人懂。取来竹子这一节，劈成两半制竹卦，拿它来作个人鬼交流的工具。”④

---

① 湖南少数民族古籍办公室：《苗族历代诗选》，长沙：岳麓书社 1990 年版，第 181 页。

② 国家民委《民族问题五种丛书》编辑委员会，《中国民族问题资料·档案集成》编辑委员会编：《中国民族问题资料·档案集成 第 5 辑 中国少数民族社会历史调查资料丛刊 第 106 卷〈民族问题五种丛书〉及其档案汇编》，北京：中央民族大学出版社 2005 年版，第 285-286 页。

③ 文山壮族苗族自治州苗学发展研究会：《文山苗族》，昆明：云南民族出版社 2008 年版，第 247 页。

④ 项保昌、金洪、杨明富：《苗族指路经·文山卷》，昆明：云南民族出版社 2005 年版，第 524 页。

木卦，“苗中其水旱疾疫亦知卜筮。曰抛木卦，剖木为二，掷之于地，视其仰覆向背”。①

骨筶，湘西文坛老司使用的骨筶由两片长条形兽骨片或牛角片制成，以棉系之。只丢在桌上或盘中，不打在地上。其占卜作用不大，亦少有卜辞配合。② 湘西苗族武教汉巴代的竹筶用楠竹制成，筶身长 14.3 厘米，粗端直径 5.8 厘米，厚 0.3 厘米。③ 尽管湘西苗巴代、汉巴代二者都使用卦，但是亦有差异，苗巴岱的卦要用绳子连起来，而汉巴岱的卦则不连。据传说，苗巴岱被特许在行法事时不用弯腰，在拾卦的时候将绳子拉起来即可。此外，苗巴岱的卦一般用竹根制作，劈成两半，一半是平的，一半是凸的。平的代表阳，凸的代表阴。打卦时，一阴一阳为顺卦。当然，苗巴岱的卦也可用其他材料制作，例如牛角。④ 卦用两片弯曲如牛角的竹根做成，一面是平的，另一面是凹的。打卦时将两竹片抛到地下，如果一面是平一面是凹，则表示一阴一阳，为顺卦，表示吉或可以通过。否则都不是顺卦，表示凶或不能通过。卦是巴岱与鬼神交流的一种方式，这里是巴岱要求鬼神给顺卦，只有得顺卦，才表示鬼神答应不再降灾病到主人家，法事也才能进行下去。⑤

2. 铜铃

苗族祭师使用的八宝铜铃，圆形，口略大，底略小，底系捶棒。用手上下摇摆，口内捶棒上下打击铜铃边，发出“嘟叮嘟叮”的响声。尾后有铜把，系一束由红、白、黑、青、花五种布条组成的布缕。据说摇响了八宝铜铃，祭师的阴兵阴将就会出动。⑥ 在湘西，铜铃专为文坛老司使用的降神法器，武法师绝不用它，其铃身长约 7 厘米，形如钟，喇叭口，直径为 9.3 厘米，木柄长 9.5 厘米，绺巾打成结，系于柄端。其布色以蓝黑为主，兼有花红布，忌白布。

金铃（nkind med），准确翻译应该是马铃铛，柄的一端系有许多布条，

① （清）严如煜：《苗防备览》卷八风俗上，嘉庆二十五年（1820）刻本。

② 张子伟、张子元：《湘西苗族椎牛祭》，长沙：湖南师范大学出版社 2012 年版，第 107 页。

③ 张子伟、张子元：《湘西苗族椎牛祭》，长沙：湖南师范大学出版社 2012 年版，第 108 页。

④ 吴晓东：《苗族祭仪“送猪”神辞·前言》，北京：民族出版社 2007 年版，第 7 页。

⑤ 吴晓东：《苗族祭仪“送猪”神辞》，北京：民族出版社 2007 年版，第 171 页。

⑥ 刘亚虎：《荒野上的祭坛——中国少数民族祭祀文化》，北京：北京出版社 2000 年版，第 180 页。

不用的时候可以搭在肩上，起平衡作用。拿金铃的方式是虎口朝铃的方向。①

3. 刀、剑

师刀为铁制，由刀把、刀圈合成。刀把部分呈扁菱形，长7寸，最宽处约1寸，两面铸刻八卦图。刀圈为小指粗的菱形铁棍扭成麻花状弯曲成直径约7寸的圆圈，圈内串有内圆外方铜片12个。师刀是祭司用来驱邪镇鬼的法器，也是神职人员表演娱神戏的伴奏乐器。表演者手持刀把上下左右摇动，圈内铜片碰撞出声，增强舞蹈的节奏感。②

湘西苗族武教汉巴代的司刀为铜质，刀柄、末端挽成一圈。圈的直径为14.5厘米，穿以九个铜环，六大三小，环宽1厘米，外径约4.5厘米，内径约2.8厘米。圈之分岔与铜柄相连处固定一个小型的铜铃，其直径约为2.7厘米。刀柄分两段，靠圈之一端为扁平的把柄，供巫师握住，长7厘米，宽1.5厘米，红布缠绕。其下端为长方形，两头略呈弧形，正面钻符文“奉敕令□斩煞”，它用于造水、封禁、收邪等法事。③

4. 竹柝（信咚、信冬、信筒）

湘西苗巴代使用的竹柝是用来敲打节奏、歌以降神的法器。取两节相连、两端有节的粗大楠竹，长约50厘米、直径约15厘米。顺势凿出两条长槽，两槽中间留下宽约2厘米的竹条，将其内削去部分黄篾，做成簧。以两根粗5厘米的圆竹长3厘米许，垫在竹簧两端将其绷紧，以实心竹竿敲击时，便发出“嘭嘭”悠扬而洪亮的声响，这是古代苗巫用以降神的打击乐。一旦吟唱，必用竹柝。④ 苗巴岱的信筒，亦称竹柝，用有四节的竹子做成。两头的部分均只用半节，中间两节间的竹节骨被剜取掉，形成连为一体的共鸣器；在共鸣器的一边平行镂空两条缝隙，并将缝隙之间的细竹条挑起，用两小竹片垫住这一被挑起的细竹条，不让其弹回。行法事时，敲击这一相当于乐器之弦的细竹条，即可发出“咚咚”的声音。⑤

① 吴晓东：《苗族祭仪“送猪”神辞》，北京：民族出版社2007年版，第10页。
② 俞潦：《松桃苗族》，贵阳：贵州民族出版社2006年版，第65-66页。
③ 张子伟、张子元：《湘西苗族椎牛祭》，长沙：湖南师范大学出版社2012年版，第108页。
④ 吴晓东：《苗族祭仪“送猪”神辞》，北京：民族出版社2007年版，第10页。
⑤ 吴晓东：《苗族祭仪“送猪”神辞·前言》，北京：民族出版社2007年版，第7页。

在贵州松桃等地则称之为信咚，由竹节修长、匀称的三节桂竹制成。长二尺余，碗口大小。刻两条跨过中间两个竹节的传音缝，传音缝中间留下的竹体被削成薄片，作为发音弦，弦的两端与信咚两头的竹节相连，再以备好的水牛前脚腕环状皮圈箍牢，四只附缀在皮圈上的牛爪就成了信咚的脚。以长约4厘米的桃木片作卡子，塞插在弦与传音缝两边的竹体上使弦绷紧，信咚两端系上花带作为背带，再以棕叶秆作敲击杆。信咚发出的声音清脆、悠扬，极富穿透力。①

5. 绺巾

由轴和若干巾条组成。轴长1.2尺，宽、厚均为1.2寸。以一种当地叫“雷公稿”的木料制作。祭司制作绺巾时，先在轴的一方中部凿一长方形小孔，内装朱砂及本坛师承关系细目表，用木片盖牢，再缠以红布并用针缝好。巾条亦称巾片，长7寸或9寸，宽约1寸，每条巾片出自一位少女之手。祭司为了制作绺巾，就乡邻四处散发请帖，叩讨巾条。巾条越多，说明人缘越好，坛门兴旺。姑娘们以被索要巾条为荣，自费挑选上等布料（有的是绸缎），精心绣上花草、鸟兽、吉祥字或祝贺字句。然后按规格剪成条状，背面糊上衬布，再用丝线扣边，完成制作。祭司收到各方送来的巾条后，用针线将巾条顶端联结在轴的外包布上。巾条下垂，舞动起来，翻飞飘洒，美不可言。绺巾主要用于祭祀仪式中的迎神、劝神、送神等环节。②

湘西文坛苗巴代使用的绺巾只有三条，苗语称为“三条提绺”，为红、蓝、黑三色。苗巫祖师的神位常安置在上坛中与家先并列。行吃牛法事时，苗老司取三条绺巾置于供桌上，在请祖师、藏身躲影、送供品上天等法事中，祭师捧在手中，配合巫词作表演。一般巫师将它说成是“包酒包肉送上天的布”。每作一堂法事，户主便赠送给他一条，绺巾越多，表示所行法事越多，其法师的资格便越老。③

湘西苗族武教汉巴代的绺巾一般有三十六条长条色布，分六排排列在黑色布筒一侧固定，筒内穿以木条，两端刚好与布筒齐头。长41厘米，宽4.5厘米，厚2厘米。传说这三十六条布代表三十六道法，三十六道令，

① 俞潦：《松桃苗族》，贵阳：贵州民族出版社2006年版，第63-64页。

② 俞潦：《松桃苗族》，贵阳：贵州民族出版社2006年版，第64页。

③ 吴晓东：《苗族祭仪“送猪”神辞·前言》，北京：民族出版社2007年版，第7页。

它本身也是一种制敌的武器。挥动绺巾则有万钧之力，每条布长 35.5 厘米，下端宽 7 厘米，头尖，有排须。其正面以彩丝刺绣，其背面衬以各种色布，上绣户主姓名。由三十六条绺巾组成的法器过于笨重，不便操作，因此将它减至二十六条或二十四条，再少，舞起来就不好看了。①

6. 面具

武教专用神器，主要用于朝傩中的折子戏。有先锋、开山、秦童、八郎、土地、判官、和尚、算匠等面具。以质轻、细腻、不炸裂的柳、槐木料制作。②

7. 马鞭

用细如筷子的金竹根制作，共 36 节，较粗一头悬挂一条菱形布条，布条由红白两色布料构成正反两面，红布上绣有花草或字符讳号，白布上绣有字符。布条间存放记录巫师法号、迁界（正式登坛）时间等内容的经油质浸泡过的纸片。主要用于迎神、送神、调神兵、赶路等法事情节。③

湘西苗族武教汉巴代的鞭：走通阴阳两界赶马的法器。马鞭长约 36 厘米，末端粗直径约为 1 厘米。顶端系一条绺巾，长约 37.5 厘米，宽 7 厘米。红底绣花。④

8. 牛角

湘西苗族武教汉巴代，牛角：吹管，用于请神、请师、指挥兵将进退的号角。牛角长约 36 厘米，角口上窄下宽，口长 10.2 厘米，下端宽 6 厘米。牛角尖端装的木管，直径 2.5 厘米，长 17 厘米。号口一般铜皮包装，管直径为 1.6 厘米，孔宽约 0.3 厘米。⑤

9. 令牌

湘西苗族武教汉巴代，令牌：封禁、画符、驱邪用，一般以桃木制作。高 17 厘米，下端宽 5.4 厘米，上端最窄处宽 4.4 厘米，下端厚 3.2 厘米，上端厚 2.7 厘米。正面刻字："奉五雷罡煞□"；背面刻字□□□□□；左侧面刻字"北斗六星"；右侧面刻字"南斗七星"。湘西苗

① 张子伟、张子元：《湘西苗族椎牛祭》，长沙：湖南师范大学出版社 2012 年版，第 108 页。
② 俞潦：《松桃苗族》，贵阳：贵州民族出版社 2006 年版，第 66 页。
③ 俞潦：《松桃苗族》，贵阳：贵州民族出版社 2006 年版，第 66 页。
④ 张子伟、张子元：《湘西苗族椎牛祭》，长沙：湖南师范大学出版社 2012 年版，第 108 页。
⑤ 张子伟、张子元：《湘西苗族椎牛祭》，长沙：湖南师范大学出版社 2012 年版，第 108 页。

族武教汉巴代，手牌：发令、驱邪用，桃木制成，红漆漆面。长 33 厘米，下端宽 3.5 厘米，上端最窄处宽 2.3 厘米，下端厚 1.6 厘米，上端厚 1 厘米。湘西苗族武教汉巴代，告牌：请神、落神、送神用的法器。桃木制成，长条略弯，下宽上窄。长约 41.5 厘米，下端宽 4 厘米，上端最窄处约 3.5 厘米。①

令牌：用“雷公稿”木料制作，长 12 厘米，厚 2 厘米左右，下部宽 6 厘米，上部呈弧形。正面阴刻“救令伏魔镇邪斩鬼呈煞”或“吾奉太上老君急急如律令”字样，两侧刻有“千千猛将听令”“万万神兵前行”联句及各种字符讳号，背面正中挖有小孔，内置朱砂，用木片封闭严实。祭司用作差兵遣将，或驱邪斩魔，所谓“令牌四两拨千斤，案上一拍惊鬼神”。②

10. 老君印

湘西苗族武教汉巴代，老君印：申发、上疏时盖上的方印。以桃木制作为最好。其长宽均约为 54 厘米，厚 2.2 厘米，印把为方形，高约 2.5 厘米，印鉴刻字“奉太上老君閇”，“閇”即为“门”“下”之合体字。③

（二）通神媒介

1. 蜂蜡

蜂蜡：蜂蜡是将米糠与蜂蜡混合，蜂蜡被捏成小丸子状。如没有蜂蜡时，就用蜂巢代替。烧蜂蜡有的在瓦片上烧，有的用小香炉烧，在容器里先盛一点火儿，然后将蜂蜡置入。

举行送猪祭祀仪式前，要先烧蜡，以求烟雾缭绕，巴岱可借此罩化神坛，藏身躲体。“烟雾缭绕，不断引领神灵奔来站满主家的门庭，率领兵卒进门挤满祭家的门户。袅袅蜡烟，弥漫在山村野寨，缭绕于竹尖树梢。遮气掩身，藏身躲体。遮掩我这位祭司，罩化我的阴兵滚仙滚代，鬼卒滚莫滚嘉。在床单被盖里藏身，于单被棉被中躲体。”④

据说，藏身躲体的目的是不让凶神恶鬼看见，起蒙蔽的作用。“巴代

① 张子伟、张子元：《湘西苗族椎牛祭》，长沙：湖南师范大学出版社 2012 年版，第 108 页。

② 俞潦：《松桃苗族》，贵阳：贵州民族出版社 2006 年版，第 66 页。

③ 张子伟、张子元：《湘西苗族椎牛祭》，长沙：湖南师范大学出版社 2012 年版，第 109 页。

④ 吴晓东：《苗族祭仪“送猪”神辞》，北京：民族出版社 2007 年版，第 1-3 页。

蜂蜡烧烟快，巴寿敲响竹柝声。这样恶魔才惊骇，恶魔松口才隐形。吃人吃众多悲惨，九坪十坝晕沉沉。”① “巴代我手烧蜡烟三碗，手焚蜡烟二堆。蜡烟升腾到山峰，蜡烟飞腾到山顶……升起大雾弥漫大山，泛起云团覆盖峻岭。烟雾遮盖我巴代，云团覆盖我祖师。巴代我去到神的住地，我来到神的住所。恶鬼看不见我巴代，恶人认不得我祭司。恶鬼们都害怕，恶人们都胆怯。烧了二次，烧只堆蜡烟。护送我上到神界，才来邀请我的祖师……巴代跟随蜡烟而上，跟随蜡烟而行。上到渔神住地，上到猎神住所……巴代我跟蜡烟而上，回转也从蜡烟而下。”② 可以看出，蜂蜡燃烧升腾起的烟雾，既称为巴代循此而上大天界与神灵住所的凭借，又是遮蔽巫师，迷惑恶鬼邪神，让巴代从容行事的护法媒介与利器。

2. 纸屋

纸屋是行法事时请神来住的小房子。把一段竹子剖成三片，再用这三片竹片架成一个金字塔形状的小屋子。其中两面先用纸糊了，再用布蒙住。但纸与布不能用白色的，布一般用缎子，没有蒙住的一面留作小屋的门。纸屋的里面要放两块木板，叫杯帕杯协。祭祀时要在上面放两碗酒与肉，供柳帕与柳尼饮用与吃食。③

3. 神坛

巴岱的阴兵鬼卒平时住的地方，湘西苗语叫 zongx，分为上坛（bleid zongx）、中坛（nzhongb zongx）、下坛（blab zongx 或 ghoub zongx）。巴岱给别人做法事时，就要把这些阴兵鬼卒从神坛招引出来一起走。但神坛与祭坛、法坛不一样，神坛在法师家里，祭坛或法坛设在作法事或仪式的人家里。④

4. 七层神布、七重七叠旌旗、九层神布

这些都是挂在巴岱神坛上的纸片和布片。平时巴岱的兵将都在神坛里，在巴岱要行法事时，他们才被呼唤，从神坛里出来。所以他们是顺着这些彩色的纸串下来的，这些纸串也被看作旌旗。“回头召唤我的千

---

① 龙宁英、石寿贵、石寿山：《湘西苗族巴代古歌》，长沙：湖南人民出版社 2012 年版，第 110 页。

② 石启贵：《民国时期湘西苗族调查实录·祭祀神辞汉译卷》，北京：民族出版社 2009 年版，第 457-459 页。

③ 吴晓东：《苗族祭仪“送猪”神辞》，北京：民族出版社 2007 年版，第 29 页。

④ 吴晓东：《苗族祭仪“送猪”神辞》，北京：民族出版社 2007 年版，第 57 页。

只阴兵，百们鬼卒。闻见我的召唤之声你们要聚拢起身，听见我的招引之音你们要聚齐下界。从我神坛的七层神布起身，自我鬼坛的七重七叠旌旗下界。从神布下来你们要借给我力气，从鬼旗起身你们要借给我力量。”①

（三）法术

1. 手诀

手诀：dab kob 指掐诀作法，在行法事时要做一些特殊的手势，这些手势有特定的含义，据说也能产生一定的威力。掰手掐诀：是巴岱施展法力的一种方式。用手指相互缠绕环扣，做成各种具有象征意义的形状，每一种形状都有不同的功用。掐诀的作用是施展法力，驱逐凶神恶鬼，为主家消灾。在掐诀时，巴岱要念一些咒语，念时声小，不让人听见，因为这是很保密的一种本领，非师徒关系不会传授。②

巴代手诀分苗巴代手诀和汉巴代手诀两种，在宗教祭祀中，手诀多与神辞相结合，综合运用。石启贵所著《民国时期湘西苗族调查实录·还傩愿卷》中，对苗族巴代手诀有过如下记录：“巴代的手诀多达六百多种，但至今最多只能扳六十多种。”湖南花垣当代巴代石寿贵对苗巴代、汉巴代的手诀予以整理，认为苗巴代祭祀所用之手诀有 41 种，汉巴代在祭祀活动中使用的手诀则多达 671 种。③

2. 走阴

苗族认为，人生病常常是因为生魂已被拘押到阴界，只有巫师才能下到阴间，与地府交涉，沟通游走的生魂，并设法将其带回人世间。在四川苗族地区，宗教师走阴之情形，首先是宗教师进入昏迷状态，在法器的伴奏下，出入地府，沟通被拘押的生魂，并实行法术为其禳解。宗教师之助手则在跳跃巫舞中诵念咒语，用斧头等砍杀地上的昆虫及小动物。最后找回病者之生魂，此即所谓走阴巫术。④

---

① 吴晓东：《苗族祭仪“送猪”神辞》，北京：民族出版社 2007 年版，第 57 页。

② 吴晓东：《苗族祭仪“送猪”神辞》，北京：民族出版社 2007 年版，第 62 页。

③ 陆群、石寿贵：《跃动在手指间的无声叙事——苗族“巴岱”手诀解读》，《文史博览》（理论版）2013 年第 5 期，第 22 页。

④ 郎维伟：《四川苗族社会与文化》，成都：四川民族出版社 1997 年版，第 167-168 页。

贵州台江县苗族，被认为落魂时，即请鬼师走阴赎魂，称之为“祭戛朽赏松”。戛朽，即魂；赏，即拦住；松，即山坳。戛朽赏松，即生人的魂顺着死人走的那条路去了，即落魂。鬼师认为找到了落魂者之后，把小蜘蛛或刚柯（有翅的小壳虫）放进酒碗内，巫师叫拿去“响荣”（滚岩）。就是交与落魄的人连酒带蜘蛛（或刚柯）一起吃掉。落魂者如果是女性，由于女性不能到场，就把酒碗送到家里给她吃。①

3. 占卦

历史时期，苗族社会一般人遇有重大事件莫知适从时，就得请巫师以占卜的方式来决定。大而选择职业，小而穿着衣服的布料，都须请巫师占卜判断后，心里才觉得安定。②

清乾隆《镇远府志》所载之占卜，“病不服药，惟听巫卜，或卜草、卜蛋、卜梳子、卜草鞋、卜鸡骨，所卜之鬼，与祭鬼之物甚多夥”③。《黄平县志》卷三风俗：“苗病不服药，惟听巫卜，或以草，或以鸡子，或以木梳、草鞋、鸡骨等物卜之。”④ 苗族宗教师常以多种俯拾皆是的材质作为占卜用具，亦可见苗族社会对于占卜的广泛需求，占卜活动明显地浸淫于社会生活的方方面面。

仙娘则以算米卦或看蛋之术为患者禳解。⑤ 鸡卦：杀鸡后，两腿都刮掉皮，若每条腿骨两眼都流血，则为大吉。若每条腿骨有一眼流血，也可，为小吉。若一条腿骨有两眼流血，另一条有一眼流血，即不对称，则为凶。⑥ 至于用鸡骨占卜的原因，祭词中有一段文字似乎可以解释。“你是雌的母的，你会生会发；你是公的雄的，你会鸣会唱。朝阳升起之时你会迎唱，暮日降落之刻你会鸣送。白日招回三千稻谷，夜晚唤归三百稻米。

① 全国人民代表大会民族委员会：《贵州省台江苗族的宗教迷信》，1958 年内部印刷，第 52–53 页。

② 吴泽霖：《贵州苗夷社会研究·贵州短裙黑苗的概况》，北京：民族出版社 2004 年版，第 24–25 页。

③ （清）蔡忠建修，龚传坤等纂：《镇远府志》卷九，乾隆刻本，贵州省图书馆 1965 年据南京图书复制油印本。

④ （民国）陈绍令等修，李承栋纂：《黄平县志》，1921 年稿本，1965 年贵州省图书馆复制油印本。

⑤ 郎维伟：《四川苗族社会与文化》，成都：四川民族出版社 1997 年版，第 168–169 页。

⑥ 吴晓东：《苗族祭仪“送猪”神辞》，北京：民族出版社 2007 年版，第 147 页。

吉凶你知，祸福你晓。”①

克拉克据其亲身经历，详细地描述了西南苗疆普遍存在的占卜行为。他发现，宗教师在收取一定费用之后，“占卜者就进行一些仪式，象口技表演者那样，不动嘴皮地喃喃呓语，所念之词晦涩难懂，回答问题似是而非、模棱两可，苗民说这不是人在讲话，而是鬼神的语言”②。

五、社会地位

（一）民间精神领袖

刘锡藩曾说：“苗人崇信神巫，尤甚于古。婚丧建造，悉以巫言决之。甚至疾病损伤，不以药治，而卜之于巫，以决休咎。”③ 苗族宗教师并非以业巫为职业，其主要身份依然是农民或工匠，从事宗教活动充其量算是一种副业。几乎所有宗教师在替他人处理宗教祭仪与禳解仪式后，都报酬甚微，仅仅是一些利市的物品而已。例如，贵州凯里舟溪苗族的鬼师，被人请去执行职务时，并没有收取较多的报酬，更不会讨价还价；只是将过阴和供祭所用的米按习惯归鬼师所有而已，其数量多则一升，少则一碗。④

但是，宗教师们却是据有特殊地位的人物，他们掌控着苗族社区的鬼神道权威，沟通鬼神，驱邪纳吉，占据苗族社会的民间精神领袖地位。“他是苗人信仰的守护者、受托人和保管者，他是苗族祖先的代表和继承者。”⑤ 在湘西苗族的传说中，宗教师多被说成是天神下凡，要么是成神成仙的禽兽转世，要么是感天地日月灵光而化生。所以，在民间的信仰空间，通常将宗教师描述成超凡脱俗、能差遣鬼神、兴云播雨、起死回生、

① 吴晓东：《苗族祭仪“送猪”神辞》，北京：民族出版社 2007 年版，第 149 页。

② ［英］塞缪尔·克拉克：《民族研究参考资料·在中国的西南部落中》第 25 集，贵州省民族研究所 1985 年印刷，第 16 页。

③ 刘锡藩：《苗荒小纪》，上海：上海商务印书馆 1935 年版，第 13 页。

④ 国家民委《民族问题五种丛书》编辑委员会，《中国民族问题资料·档案集成》编辑委员会编：《中国民族问题资料·档案集成 第 5 辑 中国少数民族社会历史调查资料丛刊 第 105 卷〈民族问题五种丛书〉及其档案汇编》，北京：中央民族大学出版社 2005 年版，第 693 页。

⑤ 萨维那：《苗族史》，贵阳：贵州大学出版社 2009 年版，第 292 页。

倒转乾坤的超异之士。[①] 四川苗族对宗教师异常敬重，认为他们是仙人、仙姑，能占卜或预测人的吉凶祸福，且能够帮助事主家庭驱邪逐恶，逢凶化吉；所以，人们对巫师之指示与告诫，从来都是言听计从，不敢懈怠。[②] 黔东苗族最崇拜巫师，最害怕的是鬼神，人若有疾，则必找巫师占卜，只要巫师说一句“病者已落魂□被其鬼□弄”，小则以鸡鸭叫魂，大则以猪羊敬鬼拜神，乞求回生。[③]

正是由于宗教师身份特殊，其死后的葬仪也就有特殊程序。湘西苗族巫师弥留之际，须另请两位巫师到场，人死之后，家人不得哭泣。须一名巫师上到屋顶，揭开数片瓦，称为“开天门”。另一位巫师则坐在死者后面，见上面天门一开，随即大叫一声，在上者回答一声，上下二人即举行法事。此所谓在上者“开天门”，在下者“闭地府”；根本目的则是让亡故的巫师升入天堂而远离地府。此外，出殡时，还得请巫师数人或数十人办理丧事。[④] 据说，已故巫师升天时，路上要经过五营四哨，沿途须请巫师打先锋，故巫师的人数愈多，势力愈雄厚。贵州龙里的苗族鬼师死后，椎牛祭祀时，必须比常人多敲一头牛。这些人的丧事尤为隆重，且有特殊标识，即用竹子两根，以斜十字架的式样拦在大门外；所椎之牛须系花腰带，并放两坛酒于其尸体之侧。[⑤]

由于苗族宗教师主持神判，充当了民间纠纷的调解者与中间人，所以，他们参与了基层社会管理；有的地方的巫师还兼任寨老，自然掌握着神俗两界的话语权。

（二）巫医兼任，神药两解

苗医始于巫，且苗医不离于巫，不止于巫，这种巫医一家、神药两解的历史现象一直延续至今。苗医从起源开始就与巫合为一体，寓于巫术之

---

① 陆群：《民间思想的村落——苗族巫文化的宗教透视》，贵阳：贵州民族出版社 2000 年版，第 171 页。

② 四川省编辑组编：《四川省苗族傈僳族傣族白族满族社会历史调查》，北京：民族出版社 2009 年版，第 153 页。

③ 许仕仁：《苗族生活及风习》，《新贵师》1948 年第 3 卷，第 16 页。

④ （民国）凌纯声、芮逸夫：《湘西苗族调查报告》，上海：上海书店 1989 年版，第 103 页。

⑤ 贵州省民族事务委员会、贵州省民族研究所：《贵州“六水六山”民族调查资料选编·苗族卷》，贵阳：贵州民族出版社 2008 年版，第 135 页。

中，以祈祷禁咒为主，后渐与酒、草药物结合。[①] 不少巫师又精通苗医苗药，在给苗民治病时，经常使用神药两解之方法，治病救人，深得苗民敬重。[②] 由于苗族宗教师巫医兼任，所以，苗族传统医学之药物知识积累和治疗手段的发扬光大，主要就是依靠巫师的传承。例如，云南屏边县苗族凡是有病，都要请白马（即巫师）来举行仪式祭祀鬼神。由于当地的白马懂得一点草医草药，半神半药，既献神祭鬼，又指导病者煎服草药，使用的是神药两解的治疗手段。[③]

湘西苗族亦是如此，凡有人生病，多请巫师施用巫术，并将药物与巫术结合予以治疗。司药治病前还会举行简单仪式：烧香蜡，焚纸钱，巫师喃喃念咒，祈祷天师，然后以所用之药碗盛药，用手端于香烟之上薰绕几下，才使患者口服或外敷。[④] 由于苗族宗教师还掌握一定程度的民间医学知识，尤其是精通一些民间验方与中草药，在为人驱邪逐鬼的同时，辅之以具有一定科学性的民间传统医疗手段，让其在苗族地区的乡村，具有较高的社会地位。同时我们也当看到，在相对落后的苗疆，巫医兼行的治疗手段其实更多具有心理安慰的功能，虔诚的宗教信仰者对巫师巫术笃信不疑，自然会倾心服从其导引，说不定还真的实现了治疗目的，解除了疾患。

（三）传承苗族文化

苗族宗教师除了熟悉祭祀方法外，还能讲述本支系的谱系、苗族的重大历史事件和祖先迁徙的历史；同时他们还比较熟悉苗族文化中的神话传说、古歌古根和民间故事；更有甚者，许多宗教师本身就是歌师与舞师；所以，苗族宗教师是其民族文化的重要传承人，是苗族社会中不折不扣的知识分子。清代田雯在《黔书》上卷苗俗中曾说："今兹离城十里之区便

---

① 唐海华：《贵州省松桃苗族自治县苗学会论文集·论苗族巫医关系》，贵阳：贵州民族出版社 2005 年，第 343 页。

② 龙秀海：《苗学研究文集·古代苗族人文精神》（一），贵阳市花溪印刷厂 2005 年印刷，第 65-66 页。

③ 国家民委《民族问题五种丛书》编辑委员会，《中国民族问题资料·档案集成》编辑委员会编：《中国民族问题资料·档案集成 第 5 辑 中国少数民族社会历史调查资料丛刊 第 106 卷〈民族问题五种丛书〉及其档案汇编》，北京：中央民族大学出版社 2005 年版，第 269 页。

④ 石启贵：《湘西苗族实地调查报告》，长沙：湖南人民出版社 1986 年版，第 237 页。

是三苗之种，既无姓氏之谱系，孰察其详？赖有父老之流传。”① 其所谓父老者，非苗族宗教师莫属。萨维那曾经评价说：“如我们所知，鬼师同时也是教士、医生、魔法师、预言者和占卜者。但这些人只在遇上丧葬或是战争的时候，他们才是教士。”② 此言极是。

苗族宗教师首先传承该民族的传统宗教文化，苗族没有自己的文字，但在其宗教信仰中，诵唱巫辞又有严格的时空规定，不能随便吟唱。对这种类型民族文化的传习，完全依靠宗教师的口耳相传。所以，苗族巫师以记忆的方式大量保留了巫歌，为这一独具特色的民族文化生命的延续做出了贡献。而传统宗教文化的神辞有一大特点，就是其文本无固定形态，历代宗教师可以随时因时因地，视具体情况而取舍；因此，苗族鬼巫文化的创新与传播亦当充分考虑其宗教师的作用。

此外，苗族宗教师还在无意识之间，担当了民族歌舞文化的传承人角色。在苗族传统宗教祭祀仪式中，宗教师既是神辞或古歌的演唱者，又是巫舞的表演者或导演者，所以，他们是苗族歌舞文化的传承者与创新者。而宗教仪式中，常常由宗教师主讲有关社区的规章制度、伦理道德以及民族传统文化，所以，宗教师又充当着苗族民间教育的导师。

第二节　经书分类、思想内涵及其价值

一、经书分类

（一）祭祀仪式中的古歌

苗族古歌，亦称古老话，是苗族传统宗教的经典之一，体现了苗族关于宇宙、苗族历史、人类世界的看法的理论经典。所以，苗族古歌就是苗族的精神支柱，是形成苗族民族心理和民族精神的核心文化因素。椎牛祭

① （清）田雯：《黔书》，康熙庚午年（1690）刻板。

② ［法］萨维那：《苗族史》，贵阳：贵州大学出版社 2009 年版，第 293 页。

祖时，宗教师会诵读有关世界起源以及苗族迁徙历史的古老话；祭祀雷神时，则讲诵有关创世与创生的古老话；婚礼仪式上则会述说婚嫁起源古老话；主持神判仪式时，陈述誓盟古老话；丧仪中，讲述火把古老话；主持习惯法裁判时，讲述理词古老话；主持议榔或埋岩仪式时，则演唱规款古老话。演唱苗族古歌极为神圣，要在举行严格的仪式后才能唱诵。例如黔东南西江苗族唱到“洪水滔天”这一节之前，必须先杀鸭，祭祀祖宗圣灵后，才能到室外传唱。①

椎牛祭祖仪式中的古歌，以湘西苗族椎牛祭祀中所演唱的《巴代古歌》较有代表性。巴代古歌的中心内容述及苗族的古代历史，是苗族先民对天地形成、人类诞生、文明起源及社会发展的猜测与理性思考结合的产物。同时，内容还涉及对苗族历史、民族迁徙的追忆，表达了该民族希望借助宗教仪式驱邪避害、祈祷人畜平安、五谷丰登的良好愿望。可以说，湘西苗族椎牛祭祀所演唱的巴代古歌即为苗族创世史诗。石寿贵等人出版的《湘西苗族巴代古歌》共分 15 章 308 篇，涉及苗族传统宗教对天地形成、人类产生、十二个太阳、十二个月亮、做布做帛、谷祖粟神、苗族七次大迁徙、椎牛合鼓、吃猪祭祀等方面问题的探讨与认知。②

雷神祭祀仪式中的古歌，以黔东南雷公山地区流传的《开天辟地》巫词较为典型。该巫词分为六个部分，内容涉及天地开辟与日月形成、动植物化生、自然地貌形成、洪水与人类创生、各民族形成与苗族社会发展、生物习性与生活环境之神性安排。目前，文远荣编著的《雷公山苗族巫词贾理嘎百福》中，收录有《开天辟地》一篇。③ 雷公山祭祀用古老话《人类繁衍和鬼的来源》与《开天辟地》为同一个母体，讲述的是创世、创生及世界万物的形成，但是，更多地突出了鬼神的出现。二者可能是因为使用的场合不同，有不同的侧重点而出现异文。《人类繁衍和鬼的来源》就其内容可以大体上划分为六个部分，首先讲述天地开辟之前，季节婆试图找到铸造日月的方法。其次，通过回溯人类祖先噶修公、噶亮婆婚恋中寻

---

① 杨培德：《鼓魂》，北京：中国文联出版社 2002 年版，第 97 页。

② 龙宁英、石寿贵、石寿山：《湘西苗族巴代古歌·序》，长沙：湖南人民出版社 2012 年版，第 1 页。

③ 文远荣：《雷公山苗族巫词贾理嘎百福·开天辟地》，北京：中央民族大学出版社 2010 年版，第 54-55 页。

求吉凶的方法，解说苗族社会婚姻占卜仪式的起源；一些动植物的形态之成因，古老话认为是因为它们嘲笑起哄噶亮婆所致；世界上昆虫、动物及山川鬼神的形成，则被解说为是因噶修公贪心而被牛角弓、鱼鳞箭射死，其身体变幻而成。最后，还演唱在噶修公死后，噶亮婆“你在五月十五，变成水蜻蜓，沿水波下流，和水波谈情；到六月十六，你变成水蚤，顺河到源头，和泡沫恋爱”①。最终，噶亮婆生下十二个蛋，孵化成万物与鬼神，形成人类社会、自然界运行机理与规律。

丧葬仪式《说火把》古歌，以湘西苗族所演唱的较为典型。在湘西苗族的丧葬仪式中，早晨出丧时，需由舅亲手执火把在灵柩前引路，这一丧仪的内涵便成了《说火把》的中心话题。开吊当晚，丧家在庭院里或楼门边燃起一堆旺火，舅方与丧家及各自请来的礼郎（俗称“牙郎”）围坐于火旁。双方礼郎以一问一答的形式讲述火把的根源。在《火把的根源》一章中，丧家礼郎问：“我们认你们是根蔸，我们认你们是舅亲。你们要唱火把的根蒂，它如何起源？你们要说清‘点火把’，它怎么产生？”舅方礼郎答道：“火把有源，火把有根。阿濮裹头断气被中，阿濮裹棍落气席枕（阿濮裹头、阿濮裹棍：传说中的一对苗族远祖）。天黑沉沉，地暗昏昏，停丧三载，搁尸三春，新魂找不到公婆住所，新魂走不到仡大（苗族祖先名）家门……这才要舅亲点起火把引路，这才要后辈点起火把前行。”此时，舅辈要索回一些衣物，以作留念。甥方竭力安慰舅辈，说是“父亡有子，子在亲存，今后吃牛仍请舅辈来椎，有事仍请舅辈来断”。述毕，甥方孝子向舅行下跪礼，请舅辈进屋。此外，还需给舅亲开路白布一丈二尺，每人白帕一条长五尺，猪肉、牛肉各若干斤，舅方才乐意在送殡之时点火把引路。②

（二）神灵祭祀类巫词

苗族传统宗教中的神灵祭祀类巫词，主要包括宗教师在祭祀祖先、山神、雷神、岩神、树神、龙神宗教仪式中所唱诵的神辞。祭祖巫词在苗族各支系均自成特色，比较典型的包括椎牛祭祖神辞，椎猪祭祖神辞以及送

① 文远荣：《雷公山苗族巫词贾理嘎百福·人类繁衍和鬼的来源》，北京：中央民族大学出版社 2010 年版，第 88-89 页。

② 李显福、梁先学：《湖南苗族风情》，长沙：岳麓书社 2012 年版，第 208 页。

猪神辞等几种主要表现形态。

在黔东南雷公山地区，盛大的椎牛祭祖是一种集体祭祖行为，祭祖巫词《杀牛祭鼓》的重点首先在于向祖宗陈述作为祭品的牛的品相优良，“角箍如梳齿，角尖似鸟嘴。四肢四旋印，眼角好穴涡”①。其次，宗教师将祭祀仪式的隆重氛围亦向祖先神灵作近乎夸张式的描述。在椎牛之前，向祖灵郑重介绍最重要的牺牲，这体现了当地苗族的一种宗教心理：在表达诚挚敬意之时，亦在体现媚神的现实目的。

湘西苗族因重病而久不痊愈，或因年长无子，若经仙娘占卜推测，认为需要椎牛祭祖，求得祖神的帮助，方能病愈或得子遂愿，则会许下宏愿，并倾力筹备椎牛祭祖事宜。椎牛所祭之祖神，苗名称“岭斗岭茄”。据历代巴代祭司们相传：岭斗岭茄不是历史上的某人或某地名，而是苗族的一种理念神，即苗民心目中至高无上的大祖神。② 椎牛祭祖乃一种综合性仪式大典，包括二十三堂法事，其中每堂所含的小法事共有一百余节。所以其神辞内容亦随法事仪节的演进而变化，内容涉及敬奉怕囊巴门竹岭、吝襄巴都竹公（五位最古女祖神，五位最老男祖神），祭祀身兼大祖神与天堂守护神身份的雷神，祭祀谷祖粟神，祭祀日月神，祭祀家祖神，表达祭主祈福诉求，讲述椎牛古根、赎谷魂等主要仪节。

据学者研究，椎猪祭祖，俗称吃猪，系湘西苗族施、时姓氏的祭祖盛典。③ 椎猪祭祖神辞被名为《椎猪全套》，共 14 篇，包括 13 篇 78 节法事科仪。椎猪所祭祀的祖神即元祖神。神辞内容涉及敬雷神，请其护法、扶正压邪；敬拦门酒，即主家迎接后辈舅爷亲时所唱诵的神辞；接驾饭，即祖神随着舅爷亲们进到屋里之后所唱诵的祭祀神辞；敬早酒，即交牲酒；敬家先，家祖作为东道主神帮忙招待椎猪所祭的元祖神；讲述椎猪根源，内容包括天地产生，山川形成，人类繁衍，苗汉同根，苗族迁徙，椎猪缘由以及对到湘西定居等等的追忆；敬谷神，门外交牲，敬夜酒，取福水进

① 文远荣：《雷公山苗族巫词贾理嘎百福·杀牛祭鼓》，北京：中央民族大学出版社 2010 年版，第 159 页。

② 石启贵：《民国时期湘西苗族调查实录·祭祀神辞汉译卷》，北京：民族出版社 2009 年版，第 4 页。

③ 石启贵：《湘西苗族实地调查报告》，长沙：湖南人民出版社 1986 年版，第 472 页。

屋，交死猪，交猪头等诸方面的内容。

此外，“送猪”是湘西及黔东南苗族支系的一种祭祀仪式，主持人为巴代。送猪缘由，一说是：“家中有人久病不愈，或因诉讼无法了结，为请祖灵‘庇佑’，才举行‘打猪’法事。”① 二说是：“祭始祖猪的原因，是每染疾病，未加思索，就认为是尤公神作祟。主人便在屋内火坑的西边烧香化纸，跪拜、许愿。即以花�猪雄鸡各一只，预许献给始祖神灵。病愈后，即择吉日敬献。”② 第三种说法，据吴晓东调查：如果有人失踪，家人要请管辖一方山林的巴岱尼（bax deib nieax；尼（nieax）即兽；巴岱尼即掌管野兽的巴岱）来看是否为老虎将人引走，如果是，也要举行送猪祭祀活动。《苗族祭仪“送猪”神辞》共分十一部分。抓猪，逮凶神恶鬼，招神，敲信筒、作课、摇铜铃，敬干酒，讨气，送猪，卜鸡卦，敬酒肉，敬灌气肉和收煞。关于祭祀的原因，在《苗族祭仪“送猪”神辞》第四部分之“一家老小”中如是解释：

> 一家老小，生来安宁，活着安稳。昔日没病，往日无疾。烧蜡来询问今日灾病的原因，不是千鬼来讨喝；烧米来询探近来不适的缘由，也不是百神来找吃。原来是这穴居的祖先，洞居的祖人。回来要吃，回家讨喝。你们捆了人家一家老幼，致使他们疾病缠身，疼痛绕体。③

此一段祭词，述说祭主家里因被疾病缠身，才许下送猪大愿，要来祭祀帕布者斗、乌尼者乃，并请祭司招阴兵阴将，准备祭祀事宜。祭词在“招神”部分极为详尽地描述了送猪祭祀的目的，其中提到的帕布者斗、尼乌者乃即是送猪祭祀的最主要的神灵，也即祖先神。在祭祀时，扮演这种神灵的是一男一女，叫柳帕柳尼。《苗族祭仪“送猪”神辞》涉及苗族巫师的法器、祭祀媒介、护法神灵体系的内容较多，也涉及巫师的护法鬼神体系。

关于祭祀山神的巫词，贵州雷公山地区的祭祀神辞比较具有代表性。

---

① 凤凰县民族志编写组：《凤凰县民族志》，北京：中国城市出版社 1997 年版，第 99 页。

② 龙正学：《苗族历史讨论会论文集・苗族的祭司初探》，1983 年内部印刷，第 146 页。

③ 吴晓东：《苗族祭仪“送猪”神辞》，北京：民族出版社 2007 年版，第 51-52 页。

雷公山地区的苗族群众一旦感到自己时运不济、财富不兴、做事不顺、疾病缠身时，就要举行祭祀山神的仪式。祭祀时，祭师口念祭词祷祝。就祭词内容看，巫师首先陈述，主家的不顺已查明是因为山神作梗，“见你们来纠缠，你们来调唆，主家发愁，师傅来断”。[①] 由此，可以明白巫师在整个祭仪中的身份是以裁判与调解人的方式出现，调处不和谐的人神关系。在巫词中，巫师邀请四个山神、四个地祇从其住所香炉山下来，抵达祭主家堂屋，并明示沿途路线。让山神地祇审牲、检视祭品，亦毫不客气地提出主家祭祀山神的诉求：“给你肉吃，你给我添财；给你佳肴，你给我添寿。”[②] 此外，巫词还体现出苗族群众借助于祭祀山神的活动以期实现广泛的信仰诉求的愿望。首先是保佑主家人等的健康长寿，子孙繁庶，似乎希冀信仰的虔诚能够泽被后世，幸福绵长。还得护佑主家的儿女成才，男孩道德高尚，素质高雅，社会地位高，干练多才。女孩亦须工于女工、婚姻幸福美满。祭词内容还体现出希望主家生产顺利，六畜兴旺的意愿。家庭富裕，少是非，屋宇清吉亦是祭祀山神的祈求目标。山神祭祀祭词的独特之处还在于，祭祀活动在满足祭主家的信仰诉求的同时，还不忘记房族与寨邻，祭祀活动还祈求护佑房族寨邻幸福健康，体现出平等、友爱，关心邻里的特点，这也透视出雷公山苗族人际和谐的宗教性心理品质。

> 还有房族兄弟，村民寨老们。财两份分，富两股平。将福来铸造，将寿来加添。回到屋门庭，退回家里头。养鸡也自然长，喂猪也自然肥。水牛来满屋，黄牛来满圈。人人长寿，个个富有。[③]

龙神祭祀神辞，是苗族招龙或称接龙仪式中宗教师演唱的巫词。湘西地区较为典型的接龙辞包括堂中接龙辞、水边接龙辞和安龙辞三个组成部分。堂中接龙辞是指在户主家中堂屋内举行接龙仪式时演唱的巫词，含开

---

① 文远荣：《雷公山苗族巫词贾理嘎百福·祭山神词》，北京：中央民族大学出版社2010年版，第103页。

② 文远荣：《雷公山苗族巫词贾理嘎百福·祭山神词》，北京：中央民族大学出版社2010年版，第108页。

③ 文远荣：《雷公山苗族巫词贾理嘎百福·祭山神词》，北京：中央民族大学出版社2010年版，第123-124页。

场、铺坛、驱鬼、藏身、请龙神、开锁解绳、打答问神、敬酒、交牲、上熟、请神下凡、嘱咐神等仪节所唱巫词。水边接龙辞是去户主家村寨的东方水井或江河湖泊水边把龙神迎接到户主家里时所演唱的巫词，含开场、打筶定阴阳、献酒献肉、献供品等仪节所唱巫词。安龙辞是为了使龙神长期保佑户主大发大旺，必须将其安顿在户主家堂屋的龙堂龙殿（龙穴龙碗）之中，在仪式中所演唱的神辞。①

湖南花垣苗族的《接龙辞》亦被称为《接庯接筰歌》，大庯即龙，苗族尊称其为仡庯；大筰即夔，苗族尊称其为大夔；在汉文献《尚书》中夔龙通称。当地苗族认为大庯大筰是他们的祖先，也即汉文献所称的共工（谐仡庯音记载而成），他们把共工称为庯濮庯娘（龙公龙婆）、庯奶庯妈（龙父龙母）。苗族认为，从舜以后该民族遭到的一切不幸，都是祖先共工离开他们造成的。为了再取得幸福，只有接共工回来，这就是当地传说的接龙仪式的起源。②《接庯接筰歌》首先陈述龙离开家庭的严重危害：

> 东方的大庯，西方的大筰，五方的大庯，六角的大筰。离家上路走了，动脚启程跑了。从此挣钱无路，从此找钱无门，从此立不成家，从此创不了业，喂鸡长不大，养猪长不肥，撒谷种不生秧，播小米不长芽。③

再要求巴代协同诸方神灵，努力去江河湖海、山塘水洼找寻走失的龙。并认为，接回龙以后，将会保佑农事顺利、五谷丰登，春和景明。

> 正月雨水来发青草育虫，二月春雨来生麻根育崽；二月三月花开放，二月三月菜生长，平地撒谷生，高坡播种长；谷秧遍地生，禾苗满地长；五月苞米绿茵茵，六月稻谷绿油油；七月谷子黄橙橙（澄澄），七月玉米白霜霜；八月谷子收进屋，八月小米收进门；收来五

① 石启贵：《民国时期湘西苗族调查实录·祭祀神辞汉译卷》，北京：民族出版社 2009 年版，第 349 页。

② 贵州省民族事务委员会、中国民间文艺研究会贵州分会：《民间文学资料》第 60 集，中中印刷厂 1983 年印刷，第 85-86 页。

③ 贵州省民族事务委员会、中国民间文艺研究会贵州分会：《民间文学资料》第 60 集，中中印刷厂 1983 年印刷，第 87 页。

谷塞满屋，收来米粮装满篓；九库储备，十仓储存。①

作为稻作民族，苗族认为水稻及其他农作物的丰收与否与谷祖粟神关系很大，为了获得丰收，就必须祭祀谷祖粟神。祭祀时，巫师一边敲竹柝，一边念神辞，其大意是祈求谷神做主，请它将酒肉吃完，纸钱收回去，并求其保佑主人年年五谷丰登，六畜兴旺。②

（三）驱鬼祛邪类巫词

据各地的田野调查资料显示，苗族传统宗教所提及的恶鬼有数十乃至数百种，在禳解驱除仪式中，宗教师诵唱使用的巫词亦因禳解主题的变化而各有差异。比较具有代表性的驱鬼祛邪巫词大体上可分为祛邪保平安、驱鬼治病、逐鬼魅求清吉与洗寨等几种大的类型。

祛邪保平安类巫词，以湘西苗族"洗猫儿"仪式中的巫词较典型。当地苗族如果出现猫死屋中的情况，就须请宗教师洗屋以驱邪保平安。苗民以猫儿死在家里为不祥之兆，故非请巴代祭神洗屋不可。时间在白天，地点在正屋内。不论在何处，都须面对门外。巴代右手执筶，念神辞，大意为猫儿死在家里，主人不敢在此屋吃饭，吃了恐怕要生病；不敢进住此屋，住了恐怕不得兴旺。故请祖师把猫魂送走。念完卜筶，卜得阴筶或胜筶，为鬼已去，烧纸送神。③

部分湘西苗族认为，异姓人士来到家中居住后，必带来邪气与污秽，所以，待其离开后必须请巴代举行洗屋仪式，否则主人住了不得兴旺。巴代面对门外，布置供桌一张，上摆祭品，青布六尺，摊在桌下地上，布上放铜圆一二串；又用公鸡一只，结两翅系在桌子脚下。巴代执筶摇铃，立在桌子面前，所念神辞的大意是：现备好酒、肉、雄鸡、粑粑、豆腐、青布、清水、利市等供品，请我帮来洗屋。我带了许多宗师而来，把屋内屋外洗了三次。作怪之鬼现已驱出门外。主人进驻了，财源茂盛，五谷丰

① 贵州省民族事务委员会、中国民间文艺研究会贵州分会：《民间文学资料》第60集，中中印刷厂1983年印刷，第91-92页。

② 石启贵：《民国时期湘西苗族调查实录·祭祀神辞汉译卷》，北京：民族出版社2009年版，第446页。

③ 石启贵：《民国时期湘西苗族调查实录·祭祀神辞汉译卷》，北京：民族出版社2009年版，第457页。

登，六畜兴旺。神辞诵毕卜筶，得阳筶或胜筶为主吉。①

各地苗族均认为，恶鬼能够致人生病，所以延请巫师驱鬼治病的仪式很多，这样的仪式中又形成驱鬼治病类型的巫词。例如，在湘西苗族地区，一旦人的手部或腿部生疮毒，日久未愈时，民众就以为是疱鬼作怪。就须请巴代以酒肉、纸钱、线香于深夜在正屋中堂驱疱鬼。巫师所念神辞的主要思想就是请求疱鬼不要再继续折磨病人，让其快点痊愈。神辞念诵完毕，即卜筶，直至得胜筶为止，之后，烧纸送鬼。②

贵州台江县苗族有祭戈养你（即上游的雷鬼）习俗，据说此种鬼是妹榜妹留生的大蛋变成，共 12 个。此种鬼是作弄人生病的鬼，病人全身疼痛，比较严重。此种祭祀仪式有三个环节，而祭祀巫词则有十四段。第一个环节是在门外念咒语，共十一段，巫师陈述祭祀缘由，向雷鬼提出要求："请你解开套在他（病人）上身的金链子，除去捆住他下身的银链子，卸下罩住他头上的金箍，取掉套住他双脚的银脚镣。"③ 进而要求保证祭主家清吉平安、六畜兴旺、农事顺利，还必须放还病人的生魂。同时，向雷鬼列举祭品的丰厚，并反复重申让病人康复的重要性。"收起你们套在他（病人）颈上的金链子，收起锁在脚下的银链子，他家房屋三间清吉，房间三间平安，使他水牛生得多，黄牛也生得好，不准老蛇来爬他的衣服，毛虫不爬他的布。不准老虎来踩他的田，豹子不踏他的土。"④ 仪式的第二个环节将诵读三段巫词，鬼师把全部祭物搬到祭鬼场（在村外小溪边，无特别建筑物或设施）去。陈设完毕，鬼师即念咒，把牛交给鬼。鬼师在念咒时，即吩咐杀牛，并供祭。熟肉陈设妥当后，鬼师念的咒语是重复前面的第 2-10 段咒语，然后接下面的咒语。仪式的第三个环节在次日举行，但不再涉及巫词，整个仪式结束。

台江地区还有专门祭祀凶死者所变恶鬼之巫词，这些恶鬼作弄人时，亦会有人生病。祭祀时所念诵的巫词共三段，首先约请恶鬼前来歆享祭品，并提出祭祀要求，"交祭品给你，他家就清吉，拿祭物给你他家就平

---

① 石启贵：《民国时期湘西苗族调查实录·祭祀神辞汉译卷》，北京：民族出版社 2009 年版，第 461 页。

② 石启贵：《民国时期湘西苗族调查实录·祭祀神辞汉译卷》，北京：民族出版社 2009 年版，第 476 页。

③ 全国人民代表大会民族委员会：《贵州省台江苗族的宗教迷信》，1958 年内部印刷，第 29 页。

④ 全国人民代表大会民族委员会：《贵州省台江苗族的宗教迷信》，1958 年内部印刷，第 32 页。

安。”“他的腰不再痛，肋骨不再疼，下面小肚不响，上面的肚不叫。嘴不苦，口不臭，手不烂，脚不朽。祭了就平安，祭了就清吉。”① 最后，要求恶鬼回到阴间住所，不得逗留于凡世作祟。

湘西苗族还有逐鬼魅求清吉类型的巫词，例如，如果在自家屋中忽闻怪声，心惊胆战，开门外看不见何物，未见何影，即以为是住房的前后或山旁寨边的古树古竹作怪。此时，即须请巫师举行仪式，退古树怪。祭祀时，巫师敲竹柝，摇铃铛，口念退古树怪神辞。巫词大意是以酒肉请古树怪饱吃一餐之后，赶快离去，不要再行滋扰主人，快去等。祭毕卜筶，得胜筶或阴筶，即意味着古树怪已经离去，即烧纸送神。②

逐鬼魅求清吉的祭祀还包括湘西苗族“布冲他力”仪式，民众在家时如果遇到鼠尿落在身上，雌鸡忽啼，或生软壳蛋；出外时上坡见有两条蛇在一起；走路时鸟尿落在头上，这些都被视为凶兆。倘卜卦者推算出来的与你所见的相同，就要请巫师举行“布冲他力”仪式。此种仪式在民国时期曾被凌纯声、芮逸夫称为“打乾锣”，但苗族学者石启贵以为不准确，但又苦于无恰当汉语对译，于是直接使用苗族语“布冲他力”（bul qod tead lis）指称这种仪式。今有学者根据田野调查，结合当地巫师的意见，将布冲他力汉译为“祭日月神”。③ 祭祀仪式共分四节，第一节请鬼，苗巫立于阶上，右手执筶，左手摇铃，口中念念有词，即开始请鬼。首先讲述巫师借助黄蜡燃烧升腾的烟雾：“蜡烟变成了云雾，遮蔽了山坡，遮蔽了巫师，蜡烟升至天上，合了云雾，一齐保护世界，鬼不认识巫师。”④ 鬼师亦能飘到天界祖师的坛前，“引祖师下降请千百位祖师，来到此地”⑤。接着介绍祭主家近日出现的种种怪异现象，表明巫师引领其兵马祖师前来处置此种情况。第二节敲竹筒，要求乾锣鬼“保佑主人平安长寿，保佑他的儿孙，保佑牲畜，保佑财喜，各种都保佑完了！”⑥ 第三节悔罪，请求乾锣

① 全国人民代表大会民族委员会：《贵州省台江苗族的宗教迷信》，1958年内部印刷，第50页。

② 石启贵：《民国时期湘西苗族调查实录·祭祀神辞汉译卷》，北京：民族出版社2009年版，第479页。

③ 石启贵：《民国时期湘西苗族调查实录·祭祀神辞汉译卷》，北京：民族出版社2009年版，第408页。

④ （民国）凌纯声、芮逸夫：《湘西苗族调查报告》，北京：民族出版社2003年版，第144页。

⑤ （民国）凌纯声、芮逸夫：《湘西苗族调查报告》，北京：民族出版社2003年版，第145页。

⑥ （民国）凌纯声、芮逸夫：《湘西苗族调查报告》，北京：民族出版社2003年版，第148页。

鬼在吃饱喝足的同时，须“主人平素发誓吃血，今请他释罪，各种祸事随刀砍去”①。第四节送鬼，巫师在祭词中数次表达要求，保护祭主一家及巫师本人的平安康健，生产顺利，家道兴隆。

苗族较大的集体性巫事活动洗寨也属于逐鬼魅求清吉类型的仪式，此种仪式又被称为扫寨。一旦村寨中疾病流行，不太顺利时，就要请巫师举行此项仪式。一些云南的苗族在仪式中，由宗教师将一根草绳串着若干沾染狗血的木片，横放在村前或村后的路上，并杀羊、鸡、狗献鬼，以示将村中的恶鬼赶出村寨。他们认为经过狗血涂染的木刀可以起阻拦邪鬼入寨的作用。此外多病的家庭亦可找巫师用桃树枝扫鬼。这种用桃树枝扫鬼的巫术非常简单，由巫师用两枝桃树枝沿屋四周扫鬼，最后扫到大门外便结束。②

贵州台江县苗族洗寨祭西独（即放火烧毁人家的妖精），据说西独共有 12 个，都是女性。西独不给人带来疫病，但是它会带来火灾。晚上看见流星飞过，落在村里；或村里失火了就要祭西独了。流星落在村子里，由全村负责，事先祈祷防范。人户失火后，则祈请戈养你（雷名）保护，祭费由失火人家承担四分之一，全村共同负担四分之三。此种祭鬼活动即洗寨。祭祀西独洗寨仪式共有四场，第一场逐户灭火和收米，第二场祭戛吓（意义不详，均为男性，共有三个。它保佑地方清吉，全寨平安，人家发财，新房不倒，坟不垮，不烧房子），有三段祭祀巫词。鬼师站着念咒，首先交代戛吓前来祭祀场所的路线，并要求戛吓保佑祭主家老小都清吉，“保护他家的堂房，招抚他的灶房（即不要失火）”。最后还得保佑家人平安健康，五谷丰登。第三场祭西独，鬼师面对师米和卦，蹲着念咒，请西独来验收祭物。开头念的咒语是：“天上相争，天上相吵，天上放火；烧了南挤的楼房，烧了南义的人家。”接着念来交下的路线。鬼师把西独请到后，就把祭物交给他。第四场：祭戛吓，鬼师站着念咒，对戛吓提出请求。③

① （民国）凌纯声、芮逸夫：《湘西苗族调查报告》，北京：民族出版社 2003 年版，第 148 页。

② 国家民委《民族问题五种丛书》编辑委员会，《中国民族问题资料·档案集成》编辑委员会编：《中国民族问题资料·档案集成 第 5 辑 中国少数民族社会历史调查资料丛刊 第 106 卷〈民族问题五种丛书〉及其档案汇编》，北京：中央民族大学出版社 2005 年版，第 283 页。

③ 全国人民代表大会民族委员会：《贵州省台江苗族的宗教迷信》，1958 年内部印刷，第 63-65 页。

（四）丧葬神辞

苗族的丧葬仪式歌由一系列仪式歌曲组成，包括亲友前往吊祭时，主人门外迎客时演唱的迎客仪式歌；亲友到达时，在灵前唱的祭奠仪式歌；守灵时主客所唱的孝歌、打嘎唱词、丧葬歌、奠别歌、劝慰歌及亡人开鼓送神歌等；舅亲祭祀仪式歌《说姑妈话》等。但是，上述仪节中所演唱的丧葬歌曲主要内容是主客之间吊唁慰问，以及舅亲叔伯督办丧事之类的话题，与宗教信仰牵涉不是很深。苗族丧葬仪式中，具有宗教信仰色彩的神辞最主要的是巫师在仪式中所演唱的巫词，其主体就是开路仪式中唱诵的《指路经》或《开路词》，以及安魂祈福仪式中演唱的招魂词、安魂歌，墓地埋葬死者时的巫词或咒语。

安魂祈福仪式中，云南彝良县苗族所演唱的《安魂歌》较为典型。似乎在丧葬仪式中，触景生情，悲物悲己，出于对死亡的恐惧，尤其是命运多舛，生活凄苦的感慨，在这首《安魂曲》中，关注的完全是祈求支系祖神卯阿直君，护佑生者。

> 请我们的卯阿直君，派七十七个男天使，指挥天地阴阳各方的来客（指祭师所支配的人物），到人世间去调匀。调匀得此姓人家的魂，调匀得此户人家的魄。请我们的卯阿直君，派七十七家指挥和他们的随从。拿七把铜勺来烧炼，把人世间的灾祸炼焦，让人间都憎恨灾难，让此姓此户繁衍荣昌。七十七家指挥和随从，用七张旧围裙，把炼焦的灾祸包裹。让它沉入黑沉沉的深谷，让人间得到繁荣昌盛。①

流行于湘黔渝鄂四省交界区域的《招魂词》，共三部分，第一部分为“呼亡人”，当老人去世后，巫师呼唤亡人，并给亡人沐浴、换装、上停尸台、入棺与祭祀。第二部分为“钩门”，即将装亡人的棺椁搬出门外准备上山安葬时的祭祀词。第三部分为“祭祖”，亡人安葬后的第三天下午或晚上进行，意在将亡人的魂魄送到祖先神灵共同聚居的仙地。就《招魂词》的思想内容来看，首先在于抚慰亡灵，护佑生者。巫师首先对死者的

① 中国民间文学集成全国编辑委员会、中国歌谣集成云南卷编辑委员会：《中国歌谣集成·云南卷》（下卷），北京：中国 ISBN 中心 2003 年版，第 1066 页。

离世一咏三叹，查找失去生命的原因：

这次，却是由于您早出唉，没有遇上好的日子；晚出哦！也没有碰上好的（阿德）时光。才来与柳斗第三进的地门神相遇；才来与柳青第三进的天门神（阿德）相碰。坏的却是柳斗第三进敲打的地门神，是柳青的第三进的厮杀（阿德）天门神。在庭院前端没有标记的大狗，在庭院尾部没有记号的（阿德）肥猪。在左边唉，他们才抓住了您的灵魂，在右边哦，他们才抓住了您的（阿德）魂魄。[①]

在整个祭词中反复表现试图将亡灵寻找救赎回到人世间的努力，巫师称其动用各种神鬼的力量，到田中地尾、村头寨尾、河流山川等一切亡人曾经生活生产、交易娱乐、走亲访友的地方去寻找亡灵踪影，最后又不得不宣布，一切均无济于事了！既然已经死去，则必须为亡灵能够顺利前往祖灵聚居地，能够被祖灵接纳做准备。

死了要将其腿伸直，翻身要让腹部（阿德）着地。只有这样，成神您才能成得了好的神灵，成仙您也才能成得了好的（阿德）仙家。是妇女去了才能被伯母婶婶们容纳，是男子去了才能为哥哥弟弟们（阿德）所接受。[②]

所以，人死之后，就必须为其沐浴、换装；但是，又不得不告诉亡灵，必须接受现实。

但是，再怎么做模样您还是亡人的样子，再打扮您还是死人的（阿德）容颜。您肚内要高兴哦，心里要（阿德）喜欢。千万不要心神不定哦，更不要见异（阿德）思迁。[③]

---

① 石如金：《湘西苗族传统丧葬文化〈招魂词〉》，北京：民族出版社 2007 年版，第 358-359 页。

② 石如金：《湘西苗族传统丧葬文化〈招魂词〉》，北京：民族出版社 2007 年版，第 360 页。

③ 石如金：《湘西苗族传统丧葬文化〈招魂词〉》，北京：民族出版社 2007 年版，第 366 页。

《招魂词》还详细勾画了亡灵即将前往的祖灵聚居地的情况，这是考查苗族对彼岸世界的观念的较好的素材。为死者焚化纸钱时，巫师告知其：

好让您拿去购买龙王的道路，好让您拿去交换神仙的（阿德）途程。上面去购买力量，下面去采购（阿德）气势。前面去购行走的路，后面去买居住的（阿德）地方。购四面的山，买八方（阿德）的岭。去龙乡购园子，去仙境买（阿德）庄园。①

巫师还特别交代亡灵在彼岸世界应该如何管理享用的牺牲。

高兴了，您左手握住牵牲畜绳子；右手拿住赶牲畜的（阿德）竹鞭。赶去神仙的福地，赶往仙家的（阿德）故乡。下午时让它在仙乡的草坪吃草，傍晚时让它沿着仙地的河边（阿德）饮水。太阳下山了要它回头向关住它的棚子走去，黄昏时要让它返至自己居住的（阿德）牛栏。②

对于传统时代的苗族社会而言，死亡事件一定是一桩极其重大的社区危机，所以，在安葬死者的同时，《招魂词》亦时时处处均在关注不要因为个体成员的死亡危害其他族群成员的安危与生者利益。例如，在浴尸时，巫师就会要求：

既不擦洗您孝子的好气息，也不擦洗您贤孙的（阿德）好魂魄。既不擦洗您牛马牲畜的好气息，也不擦洗您鸡鸭家禽的（阿德）好魂魄。既不擦洗您稻谷小米的好气息，也不擦洗您杂粮蔬菜的（阿德）好魂魄。③

在“放死神”部分，巫师会告诫亡灵：“成了龙唉，您却不能哄骗孩

① 石如金：《湘西苗族传统丧葬文化〈招魂词〉》，北京：民族出版社2007年版，第387页。
② 石如金：《湘西苗族传统丧葬文化〈招魂词〉》，北京：民族出版社2007年版，第367页。
③ 石如金：《湘西苗族传统丧葬文化〈招魂词〉》，北京：民族出版社2007年版，第362页。

子相随；成了仙哦，您也不能勾引孙孙（阿德）相伴。”① 苗族民众亦希望亡灵带走世间的一切疾疫灾厄，护佑生者：

> 您要把疾病的绳子卷起，您要把瘟疫的带子（阿德）收藏。要把××一家大小，子子孙孙男女（阿德）老幼，要把他们的疾病收完，要将六载的瘟疫（阿德）收尽。三年的地不平，六载的天（阿德）无雨，三年的口角讼事，六载的人命（阿德）官司。全部将其要走，统统把它（阿德）收尽。要把这些灾难和瘟疫，统统推给山岭的肉神；全部推给峡谷中的（阿德）鱼神。②

《招魂词》还蕴含着湘黔渝鄂边区苗族传统宗教对其他民族宗教因子的吸收，体现出多民族文化交融的取向。这一点首先表现在道教对苗族的影响，最明显的是玉皇系列神灵的渗入。祭词中的柳斗（Hioub doul）、柳青（Hioub nqet，在人世时称达镰（Dab liant）），据著者译称，前者即传说中玉帝的女儿，下凡时遇到憨厚勤劳的达镰，而倾心相爱，返回天庭后即与之结成夫妻，成为专管人间五谷和灾难的神灵。③ 同时，道教特有的天界、地府观念亦在《招魂词》中有所体现。例如，在述及人的死亡原因时，就最终追溯到阎王、老天爷所致。“因为，坏就坏在此事是由阎王来料理，是由天老爷亲自来（阿德）过问。”④ 祭词中更是不乏体现各民族之间神灵杂糅共存的奇异现象，巫师数次标榜其护法神灵体系中的百神千仙，其实包括了苗汉神灵，是一个极具包容性的神灵系统。“我来了才请出百个神人，我到达才请出千位（阿德）仙家。苗族的神灵，汉族的（阿德）神灵。”⑤ “请我我有千位法神，邀我我有百个（阿德）神灵。苗法神、汉法神，还有其他民族的（阿德）法神。与我的左手同在，伴我的右手（阿德）同行。站立时随着我的脚边，行走时伴我的手（阿德）而行。”⑥ “要来敬请汉族的祖先神灵，客神灵和（阿德）客仙家。敬请玉帝

---

① 石如金：《湘西苗族传统丧葬文化〈招魂词〉》，北京：民族出版社 2007 年版，第 389 页。
② 石如金：《湘西苗族传统丧葬文化〈招魂词〉》，北京：民族出版社 2007 年版，第 393 页。
③ 石如金：《湘西苗族传统丧葬文化〈招魂词〉》，北京：民族出版社 2007 年版，第 499 页。
④ 石如金：《湘西苗族传统丧葬文化〈招魂词〉》，北京：民族出版社 2007 年版，第 359 页。
⑤ 石如金：《湘西苗族传统丧葬文化〈招魂词〉》，北京：民族出版社 2007 年版，第 360 页。
⑥ 石如金：《湘西苗族传统丧葬文化〈招魂词〉》，北京：民族出版社 2007 年版，第 371 页。

白帝天王，敬请时人们有好的法师；祭祀时人们有好的法人和好的（阿德）师傅。”①

在苗族的丧葬神辞中，最为重要的当属开路仪式中巫师唱诵的《指路经》，一些地方称为开路经、开路词或开路歌、超度经。黔东南苗族则将此类唱经称为焚巾曲、焚绳曲，或赞娘歌、带路歌；贵州赫章苗族则称此类丧葬仪式歌为醒悟歌。

此类丧葬仪式歌的内容有其共性，中心主题都是在巫师的导引下，将亡灵带往苗族的祖居地与祖灵团聚，不要让死者灵魂在归途中迷失方向，踌躇不前，流亡于山间河谷，成为无家可归的亡魂。指路的内容，包括对人类社会进行追根溯源，描述死者因病而死亡的情形，死者生前劳作与治家的状况，亡灵需要经过的地方，面临的险阻，以及如何才能战胜妖魔鬼怪，最后顺利到达祖先居住地等。

上述开路仪式中巫师唱诵的开路神辞，亦有很多地域性差异，体现出苗族不同支系在丧葬问题上的观念差异。有些开路辞会涉及有关人类为何会出现死亡现象的追问，有些会讲到有关人类创生的猜想；还有一些开路辞根本就不会涉及上述两个话题。

此外，对于亡灵究竟被引导到什么地方作为其最后归属地的问题，各地苗族亦有差异。贵州雷山县苗族的《开路歌》引导亡灵从居住地出发，抵达台江县地界，进入榕江县境内，穿丹寨县，过三都，进入从江，达广西，抵江西，进入江苏境内，最后回到世代祖宗亡灵聚居的“嘎舍家”、“故扭屋”。巫师还会要求亡灵在祖灵聚居地安心生活，保佑生者。“去挨着戛舍，去靠着故扭，去要安心，去要乐意。去坐千年，去住万载。千年你莫想，万载你莫念，家里才清吉，屋里才平安。”② 贵州炉山县苗族《开路歌》对于亡灵回归祖灵聚居地的路线亦详细地予以列举，其终点则名为“嘎两央村寨”。巫师最后告知亡灵，阴阳两隔，两界应当互不干涉，但又应相安无事，和谐共处。

过了嘎以布地方，走到嘎两央村寨，百样东西都在嘎两央村寨，

① 石如金：《湘西苗族传统丧葬文化〈招魂词〉》，北京：民族出版社 2007 年版，第 377 页。

② 中国作家协会贵阳分会筹委会、贵州省民族语文指导委员会、贵州大学苗族文学史编写组：《民间文学资料》第 23 集，中国作家协会贵阳分会筹委会 1959 年印刷，第 106-107 页。

嘎豆地方分配下来给人类，一份一份的分清楚，每人得到一个行业。你到了嘎两央村寨，不要看人类将要分到的行业，你找你的祖辈去吧！将你带回来的东西，拿给你的祖辈看，和你的妈妈住在一块去吧！①

四川盐边县苗族的超度死者经文，在将亡灵引向祖灵居所的路线中，出现了奈何桥、龙骨车、望乡楼等概念，说明此地苗族传统宗教受道教以及汉族民间信仰的影响极为明显。② 最为独特的是黔东南苗族的《焚巾曲》，开始唱民族的来源、民族的战争、迁徙，最后则是引导亡灵先回到苗族祖居地东方海滨的家，与故土告别，最后上天与始祖蝴蝶妈妈相会，与祖灵同在。

山岭永存在，人生是过客，生命极短暂，创业给后代，绣花姑娘穿，等到寿终日，迈步去月宫，去同祖先住，永远不回还。③

妈妈寿命短，妈走央公路，妈到天空去，妈向天家行。④

大家都掏钱，买歌我们唱，带老人上路。走天上蝴蝶妈妈家。去招金银粮，去招金银来，去招金银来保哥有饭吃，保妹有衣穿，你富我也富，主人和客人，人人都发财。⑤

在送亡灵上月亮的仪式中，亦包含着对生者祈福的意图于其中。

（五）招魂、赎魂巫词

湘西苗族在外出做事而感染疾病时，往往被认为是孤魂野鬼捉去了人的生魂，此时就要延请巫师赎魂。为病人赎魂时，巴代口中念咒，约请法

---

① 中国作家协会贵阳分会筹委会、贵州省民族语文指导委员会、贵州大学苗族文学史编写组：《民间文学资料》第 23 集，中国作家协会贵阳分会筹委会 1959 年印刷，第 118 页。

② 国家民委《民族问题五种丛书》编辑委员会，《中国民族问题资料・档案集成》编辑委员会编：《中国民族问题资料・档案集成 第 5 辑 中国少数民族社会历史调查资料丛刊 第 90 卷〈民族问题五种丛书〉及其档案汇编》，北京：北京：中央民族大学出版社 2005 年版，第 358。

③ 中国民研会贵州分会、贵州民族学院：《民间文学资料》第 48 集，1982 年印刷，第 121-122 页。

④ 中国民研会贵州分会、贵州民族学院：《民间文学资料》第 48 集，1982 年印刷，第 149 页。

⑤ 中国民研会贵州分会、贵州民族学院：《民间文学资料》第 48 集，1982 年印刷，第 2 页。

坛祖师前来协助捉魂。接着陈述病者失魂的原因、症状：

日前主人去过寨头水井，到过村头井泉。怕是井里的孤魂，井内的鬼魅，捉到他的魂，擒到他的魄。主人才染上瘟疫，才得疾病。站起膝痛，立起手疼。上山走不到顶，下谷行不到底。累得见石阶就坐，见岩板就歇。①

进而要求致病的孤魂鬼魅，领受酒肉、纸钱等祭品后，放还生魂。

今拿五碗好酒来祭，五碗好肉来赎。拿送井里孤魂，交送井内鬼魅。请你们来领喜爱的酒肉，请你们来取喜欢的肉酒。主人的魂魄失落在你们手中，失落到你们手里。今日才拿银赎回，拿金赎转。赎回的魂交还失魂人，交送失魂者。魂魄赎回不再以白银对换，不再以黄金对斢。不让失落山谷，不准流居田坝。病人身体渐好如以往健康，好似往日健壮。以后疾病不再复发，病魔不再出现。②

念毕，即烧纸送山鬼。

贵州雷山县苗族认为，通常灵魂附在活人的躯体上，但是有时灵魂亦到阴间去游荡。如果游离中的灵魂被恶鬼引诱或招呼，随它们而去，或者厌恶世间生活，想返回祖先居住的东方去寻求自己的乐土，就会出现灵魂不附身、面黄肌瘦、软弱无力、发烧发热、时常生病的现象。灵魂被鬼召去或灵魂出逃，苗族称为落魂，就需要请巫师施行巫术招魂。巫师在招魂仪式中使用的巫词分为五段，第一段为呼唤单亨（即阴崽）前来协助招魂仪式。第二段为巫师率众单亨来到主人家，阐明事由，“主人大竹笋（大儿子），魂落阴间去，麻烦众单亨，去把灵魂背回来”③。第三段为巫师率单亨赴阴间招魂。“我们阴间去招魂，叫那山甲马，它来添把力，跟着我

① 石启贵：《民国时期湘西苗族调查实录·祭祀神辞汉译卷》，北京：民族出版社2009年版，第474页。

② 石启贵：《民国时期湘西苗族调查实录·祭祀神辞汉译卷》，北京：民族出版社2009年版，第475页。

③ 石朝江：《中国苗学》，贵阳：贵州人民出版社1999年版，第429页。

右手，呼龙起沼泽，唤雷出乌云，附在我左手，龙从水中出，蟒蛇照护我，添我手足力，个个跟我行。"[①] 巫师率众单亨，边走边唱，翻过山山岭岭，越过沟沟壑壑，一路追踪灵魂的足印，最后终于找到灵魂被鬼诱去的房屋。这时巫师使出浑身解数同鬼周旋，开始以利诱之，继而以武力威胁，逼鬼放魂。[②] 第四段为巫师、通师及众单亨把灵魂护送到家，将其归附于病人身上，并告诫灵魂今后要安心和父母兄弟生活在一起，不要轻信他人的哄骗。"学会孝敬父母亲，联兄合弟相保护，不要听信别人言，不要再上鬼的当，不能再到鬼地方，要不没人再救你，无人再把你招回。跟着父母，吃不尽喝不完，进银入庭，进富入家，五谷盈仓，富贵盖世。"[③] 第五段为巫师感谢众单亨的帮助，最后打发它们各自回到原来居守的地方。

此外，在新丧吊祭期间，一些苗族也会举行替新亡人招魂的仪式。湘西苗族认为人的死亡是因为亡灵被鬼引去，所以需要巴代通过一定仪式，请来法坛的祖师宗师，寻亡招魂返家。在神辞中，其主要思想即是请新亡灵及其祖灵酒足饭饱，收领烧化的纸钱后，请祖灵带着新亡魂一同转回天庭处所。[④]

（六）神判与埋岩巫词

苗族地区的神判制度，通常由理老作为主持人，但是很多时候，巫师就是理老，乃至还兼任寨老的身份；同时，神判法本身就是借助神灵的力量裁决疑难纠纷，这就体现了苗族传统宗教对习惯法的影响，所以，研究苗族传统宗教经书，很有必要将神判巫词纳入考察的范围。就笔者接触的资料看，神判巫词一般由三部分组成，《捞油锅序词》是开场白，就其内容看，应该由理老或巫师朗诵。贵州雷公山的资料中，在陈述序词时，理老预设一段有如神话传说般的极具故事性的情节：两位名叫阿仰、阿尼的女子在村脚田中被滚石不明不白地砸死了，究竟是谁导致石头下落而酿成

① 石朝江：《中国苗学》，贵阳：贵州人民出版社 1999 年版，第 429 页。

② 石朝江：《中国苗学》，贵阳：贵州人民出版社 1999 年版，第 429 页。

③ 石朝江：《中国苗学》，贵阳：贵州人民出版社 1999 年版，第 430 页。

④ 石启贵：《民国时期湘西苗族调查实录・祭祀神辞汉译卷》，北京：民族出版社 2009 年版，第 445 页。

事故，野鸡与黄鼠狼作为当事人，互相指责，力图推脱责任，撇清自己与伤亡事故的关系。不得已，只得请龙王主持神判，让榜婆和璞婆作为帮手与见证人，捞油锅的结果：

> 野鸡捞一次，野鸡烫一身，全身结疙瘩，脊背斑驳红。野鸡满脸羞，野鸡逃进冲，漫山遍野逃，万年不返回，死就这样失，案就这样结。①

这段《捞油锅序词》其实是用拟人化的手法，用故事性极强的子虚乌有判例，向当事双方陈述神判已是不得已的选择；并用最后的结局证明神判的真实有效；同时，又在故事情节的叙述中，向当事双方说明神判的操作规范。

序词诵读完毕，当事双方即举行捞油锅仪式，二者均会先朗诵一段《油锅词》，再伸手入锅中捞物。两份《捞油锅词》的主要内容是二者均为自己辩解，并指责对方；同时基于信仰主义的原则，二者均约请神灵助己方一臂之力，保护自己不被伤害，而重伤对方。

> 我烧你一定伤，我捞你一定烫。你输在油锅汤，皮脱在油锅里。这体现了你水蛭心，这显示了你蜈蚣意。你心尖如剑，你意利赛刀。你捏造为由，你歪曲为理。天黑东方起，意恶心胸作。你心恶人间不见，天公明察。你手长人间抓不住，天公抓住。你输在油锅里，烫在油锅头。输在油锅大家看，烫在油锅众人见。才教育地方，才警惕群众。才不公开相抢，才不暗地相夺。②

双方祈请来护佑自身的神灵主要是龙王与雷神：

> 九条南翔龙，来护我手掌，来撑我手臂。我手进空锅，捞来干斧

① 文远荣：《雷公山苗族巫词贾理嘎百福·野鸡：捞油锅序词》，北京：中央民族大学出版社 2010 年版，第 150 页。

② 文远荣：《雷公山苗族巫词贾理嘎百福·油锅词》，北京：中央民族大学出版社 2010 年版，第 153-155 页。

子。龙和我喝酒，雷和我吃肉。来保心正的我，来护情真的我。推火烧那捏造者，让神油烫那狡辩人。烫手当众见，脱皮大家瞧。才教育地方，才警告民众。①

此外，湘西苗族遇到纠纷，或者蒙受不白之冤时，在调解无效的情况下，则选择吃血或称为誓血的神判方式，在神灵面前誓血赌咒予以裁决。其法是用大雄鸡一只、酒一碗及线香纸钱，地点在当坊土地堂前或天王庙神前，或村头寨尾空闲田地中进行。法事中，巫师念咒语如下：

巴代站到九条路口，十条路岔。往日不轻易叫土地婆名字，不随便喊土地公姓名。今为他俩家地界纠纷，地盘相争。今日才做成血酒一碗，做成血酒一钵。杀鸡赌咒，宰鸡誓血。巴代我讲完就要见效，说了就要兑现。因为：说他家的人，横蛮争占别人地界，无理抢占别人地盘。今在土地神前，站在土地神边。喝了这碗血酒，饮了这碗酒血。受冤者喝了大发大旺，冤枉人者喝了断子绝孙。我拿千张纸钱送你们，百张纸钱给各位。不烧是纸，烧了是钱。得多你们分多，得少你们分少。②

苗族地区的鼓社组织在召开议榔会议、制定习惯法或其他约束性规定时，通常会举行埋岩仪式，以便让议榔会议的要求深入人心，并且接受神灵的监督，震慑可能出现的违规者。举行埋岩仪式时，巫师唱诵巫词，据雷公山的埋岩祭词看，总体上分为三部分，第一部分讲述历史，内容包括开天辟地创世、人类创生、苗族迁徙历史。第二部分则托古言意，借陈述苗族西迁时在鼓场坳讲古规古理的名义，陈述苗族古规古理的形成。第三部分则是阐述议榔会议确定的道德标准、行为规范及恪守民族宗教信仰的原则。

该祭词的第二部分述及在苗族西迁时，在鼓场坳，被称为相公的首领：

---

① 文远荣：《雷公山苗族巫词贾理嘎百福·油锅词》，北京：中央民族大学出版社 2010 年版，第 156-157 页。

② 石启贵：《民国时期湘西苗族调查实录·祭祀神辞汉译卷》，北京：民族出版社 2009 年版，第 485-486 页。

怕年轻人传承不了古规，掌握不准古理，今天大家齐齐到场，一起来到山坳，我们将古规来论，拿古理来议，把地方管得稳稳，将村寨治得严严，不许火魔来烧，不准瘟疫来传，谁脚践踏古规，谁手搓揉古理，脚踏脚就负责，手弄手就担当。①

在这次集会中，相公陈述了苗族古规古理源于民族祖先，并列举了苗族祖先杨公、腊婆因违反古规古理，兄妹成婚，导致子女畸形的传说。

央公造人，腊婆制丁。男孩同父养，女孩共母生，同一血管养，共一娘生育。不许哥娶妹，不准妹嫁哥。不听古规说，不信古理申，生崽成肉团，养儿成肉块。②

这含有通过民族神话，告诫当下民众必须严守古规古理重要性的作用。

同时，祭词还讲述了格婆、戛利奶奶不只育人类，还配生马驴，生育大牲畜，并为禽畜立下规矩：

不许水牛配黄牛，不许马配驴，不许鸭犯鸡……这约大家定，谁的耳朵背，谁的眼睛昏，把它拉到鼓堂，用它命警地方。全身一锅煮，整个一锅炖，吃不完倒掉，喝不了泼掉，鸡生蛋育崽，猪生崽接代，不许鸡吃蛋，不许猪吃崽，黄牛不吸崽血，水牛不吃牛犊，猪不进人的家，狗不爬屋顶。谁视而不见，谁醒耳作聋，也身一锅煮，全身一锅炖。③

其实，祖先给禽畜行为立下的规矩，尤其是惩戒措施，完全是借物言心，警示民众必须遵循古规古理，否则，将受到严厉的惩罚，意在强调必

① 文远荣：《雷公山苗族巫词贾理嘎百福·议榔》，北京：中央民族大学出版社2010年版，第167-168页。

② 文远荣：《雷公山苗族巫词贾理嘎百福·议榔》，北京：中央民族大学出版社2010年版，第169页。

③ 文远荣：《雷公山苗族巫词贾理嘎百福·议榔》，北京：中央民族大学出版社2010年版，第170-173页。

须严格遵守议榔所定榔规，因为这也是祖先定下的规矩。

在议榔祭词的最后，则重点述说了榔规所要求的道德准则：不贪心、心正、勤劳，与人为善，不搬弄是非。

> 不准人贪心，不让谁阴险，伸手挖人田，贪心砍人柴。狠心不发财，阴险不谐老，贪图虽育人，就没粮养崽。勤劳久久长，馋嘴只半辈。老猫不开柜，勤人不伸手，人需暖话慰，鱼靠清水养。要当灭火水，不作火毁寨。别懵懂挑拨，别糊涂冲撞。多一句不算在理，少一句不算理亏。不推脱错误，不夸大正确。①

同时告诫族众，必须遵循传统优良习惯，注重亲情，将尊祖的意识贯穿于日常的一餐一饭，待人接物、衣着言行均须合于古规。

> 苗乡都亲戚……穿衣要顺袖，为人承古规。祭祖了再吃，谢主然后喝。穿衣要纽扣，吃饭必须盐，客来要放歌。这是古遗风，苗族的习惯。②

最后，祭词专门提及恪守规矩崇拜与爱护神树枫树的问题。“不许剔枫枝，不准砍枫木。要保风景林，要维护寨树，树荫护人丁旺，祖保佑才发财。”并强调遵守古规古理意义重大：“老话这样定，古言这样议，正直才长寿，承规才发富，谷满十二仓，寿高一百二。”③

此外，在苗族传统宗教中，宗教师还使用巫术类神辞，包括占卜、择日类巫词、咒语类巫词等形态，其中心主题是采用法术，操控神异力量，以便侦测事件的前景，或者借助法术，驱邪纳福，安辑地方。

① 文远荣：《雷公山苗族巫词贾理嘎百福·议榔》，北京：中央民族大学出版社 2010 年版，第 174-175 页。

② 文远荣：《雷公山苗族巫词贾理嘎百福·议榔》，北京：中央民族大学出版社 2010 年版，第 175-176 页。

③ 文远荣：《雷公山苗族巫词贾理嘎百福·议榔》，北京：中央民族大学出版社 2010 年版，第 178 页。

二、经书的思想内涵

（一）灵魂观

至于灵魂问题，在苗族的传统宗教中秉持两魂说、三魂说两种基本观点。广西苗族认为，人世间的万物活体均具有生魂，万物的生魂生存于人世间，并且可以脱离万物之躯体而在人世间四处游荡。万物死亡以后，其灵魂即进入鬼神世界而成为鬼魂。[①] 既然生魂与鬼魂、人与鬼神分属于两个不同的领域，苗族传统宗教的宗教师就担当起连接阴阳两界的责任，他们通过各种仪式沟通这两个领域，祈福禳灾，让人世间清吉太平。黔东南部分苗族亦持两魂说，他们与广西苗族的细微差异在于主要关注的是有关人的灵魂的问题。他们认为，人的灵魂分为生灵和死灵，灵魂在，人则生存；灵魂暂时离开肉体，即为失魂，人便得病，但可请巫师帮助招回魂魄；死亡则是灵魂完全脱离肉体而造成的。死灵或栖附于他物，或往来于阴阳世界，或游荡于村寨与住处附近。[②]

湘西苗族亦持有两魂观念，认为人有一魂一形，做梦为魂之出游，而形则仍在睡处；生病吃药不愈，便以为魂为鬼摄去；人死，其魂魄升天，须闻雷鸣或苗巫作法来寻找时方知自己已死。但是，死于非命者，死后其灵魂只能成为恶鬼，不得上天或立即投胎转生；或在人间为患于人。[③] 既然人死亡后其灵魂将返回故里，所以，广西苗族亦相信，人死之后，“既葬于山，越三日，死者复破塚而出，返于其家，貌狞瘦柴立，目光愈锐，不能言语，时惟嬉笑，见儿女，或亦垂泣”[④]。

基于上述认识，苗族丧葬仪式的祭祀巫词认为，人的死亡即是灵魂被神异力量挟持而不能归复躯体而已。丧葬仪式歌《波朗爷赞》中有一段文字就是专门陈述死亡之因的：

---

① 周继勇：《苗族宗教试析》，《贵州民族研究》1990 年第 2 期，第 61–64 页。

② 杨正勇、李廷贵：《黔东南部分地区苗族原始宗教与原始文化调查述略》，《贵州民族学院学报》1989 年 第 1 期，第 50–57 页。

③ （民国）凌纯声、芮逸夫：《湘西苗族调查报告》，北京：民族出版社 2003 年版，第 128 页。

④ （民国）刘锡蕃：《苗荒小纪》，上海：商务印书馆 1935 年，第 27 页。

今年会晓得，晓得自格鸟呵把铜套绳安，自格鸟呵把铜套绳套，世间上人的灵魂呵游的宽。波科力当的灵魂呵游的宽，自格鸟的铜套绳呵，安着波科力当的手腕了，安着波科力当灵魂的手腕了……今年呵今年，死年辰拦住波科力当了，波科力当呵不脱，波科力当呵跑不了……爷科力当呵如同花凋谢，如象花儿落，爷科力当的前程呵塞堵了。①

在贵州纳雍苗族丧葬仪式中，叔父在丧事结束时的唱词也体现出上述看法。

我这位兄长，当家在世上，立业在世间；终日怕挨饿，终年生怕渴，庄稼种满山。是他运气差，衣服的尾边，山上染病魔，受不起折磨，经不住痛伤，才离开人世；是他运气丑，衣服的角边，坡顶染死魔，受不住摧残，难移动身躯，才别了世间。②

三魂说在黔东南苗族地区亦有充分的体现。贵州台江县交下乡苗族认为，人活着时只有一个魂魄（苗语称为“戛杇”），人死后则有三个魂魄；尸体埋葬后，一个灵魂留在家中守家并随护其子女；一个守坟；一个则被送回到祖先发祥地欧有孔，并在此逗留十年左右，考察过关后再转生他物。据说守家的魂魄并不是整天在家待着，它常随其子孙而行止。守坟的魂不回家才好，如回家来就是家里要死人。③

这种三魂说的思想在黔东南苗族的丧葬祭祀神辞《焚巾曲》中表达得非常清楚：“我送你到家，你不得回来，你变成宝浓（即死灵魂）。一个来家里，受香火敬供；一个守坟地，看你的骸骨；一个去野外，在路边找吃。”④ 正因为如此，贵州凯里舟溪地区苗族的丧葬仪式中，大殓既毕，棺

① 贵州省民间文学工作组：《民间文学资料》第29集，1961年，第43-44页。

② 纳雍县民族宗教事务局：《纳雍苗族丧祭词》，北京：民族出版社2003年版，第218页。

③ 全国人民代表大会民族委员会：《贵州省台江苗族的宗教迷信》，1958年内部印刷，第11-16页。

④ 中国民研会贵州分会、贵州民族学院：《民间文学资料》第48集，1982年印刷，第270页。

盖不密封，略开一缝，表示让亡人的魂魄可以自由出入。[①]

从苗族祭祀神辞中也可以看到，人们模糊地相信灵魂可以轮回，他们以为幽魂世界是和现实世界一般的真实。

东部方言苗族的《苗族祭仪“送猪”神辞》，在“讨气”部分体现出的苗族生命观中，认为气乃生命之本源。人的生死由气来决定，气是生命中的第一要素。有病有灾均是气数不足所致。所以在送猪仪式中苗巴代要为祭家到各处讨气，以为这样就可以为主家祛病消灾。

> 法师降临人间，祭司下至尘世。我这降临人间的法师，我这下至尘世的祭司。右手拿纸串纸束，左手举法器铜铃。遍山要去讨气，遍野要去乞息。去高山峻岭讨气，往低丘矮陵乞息。中空之山讨气，实心之岭乞息。阴森之九渊，我讨最阴森之一渊；清凉之九潭，我乞最清凉之一潭。向光明之日讨气，向光亮之月乞息。讨气得于大城，乞息获于大市。得四方白发者之长气，获六面啊日月白头者之佳息。今日我得白发者之长气，白头者啊之佳息，引领好人家一家大小，使得长气；带领好人家一家老幼，使获佳息。[②]

（二）乐生重死的人生观

每一个民族均高度关注生与死的问题，如何看待这个问题，既可分析一个民族的思辨倾向，也可以明白其生命观、价值观。在贵州紫云县苗族的丧葬仪式中，开路仪式首先就是演唱《死者生平歌》，歌谣的结尾部分则明显地表现出其如何看待死者与生者的关系问题。

> 人生短暂，万事渺茫。你白天离开人间，耽误几寨人生产；你夜间离开人世，耽误几寨人睡眠。你到阴间另做人，要保几寨人畜兴。[③]

---

① 国家民委《民族问题五种丛书》编辑委员会，《中国民族问题资料·档案集成》编辑委员会编：《中国民族问题资料·档案集成 第5辑 中国少数民族社会历史调查资料丛刊 第105卷〈民族问题五种丛书〉及其档案汇编》，北京：中央民族大学出版社2005年版，第702页。

② 吴晓东：《苗族祭仪“送猪”神辞》，北京：民族出版社2007年版，第131-133页。

③ 贵州省民族事务委员会古籍办、紫云苗族布依族自治县民委：《紫云县民族古籍资料》（第一辑），贵州地质彩印厂1995年印刷，第39-40页。

人死之后，几个寨子的人都会被调动起来，为死者操办丧事，人们为此不辞辛劳，乃至暂停农事活动而全力以赴地安葬死者，这体现了当地苗族对于死者的尊重。但同时又要求死者之灵魂在另一个世界里为生者谋福祉，无疑也是对生命的珍重，对人世间的保护。

基于苗族持有的两魂说、三魂说思想基础，苗族的灵魂观之显著特征就是灵魂是动态而非静止的，与灵魂紧密相连的生命当然会因为灵魂的转生而重现生机。雷山县苗族丧葬仪式中演唱的《老人歌》就阐释了因为轮回，生命不会戛然终止的观念。

> 人类的身长，只能有一次，等到下一辈子转来，谁知变牛或变马，谁知是苗或是汉。一要是能变蜻蜓的幼虫，能变脱皮时老蛇，那真是太好啊！一辈做人类，万辈做山坡，变成放牛的山谷，来我们相走吧！愉快欢度好时光。①

珍惜今生，但亦坦然面对死亡大限，且表露出死后亦当有益于世界的积极乐观精神。

对于死亡的坦然而非恐惧，其实根源于苗族社会持有正确的生命观。雷山县苗族《老人歌》认为，人类由青壮年到衰老以及生死更替乃万物之自然规律，不可违背。

> 冷天高山冷在前，老了额头老在先，额皮越来越缩，皱纹越起越粗。脑子不清醒，心头不聪明，哪样也不晓得做，温水还要人帮烧。盼望年轻们，年轻一代安抚着我们，我们把歌唱起来吧！生长在山上的树木，秋天来到了，风啊！吹打着树叶，枯叶纷纷落下来。挂在天空的月亮，坐的时间长了，月末还会被磨细，弯弯象镰刀，象砍柴的柴刀，象鹞子的爪爪，我们怎么不老啊！五六十岁就老了，哪有活到一百八十岁。②

---

① 中国作家协会贵阳分会筹委会、贵州省民族语文指导委员会、贵州大学苗族文学史编写组：《民间文学资料》第 23 集，中国作家协会贵阳分会筹委会，1959 年印刷，第 120 页。

② 中国作家协会贵阳分会筹委会、贵州省民族语文指导委员会、贵州大学苗族文学史编写组：《民间文学资料》第 23 集，中国作家协会贵阳分会筹委会 1959 年印刷，第 121 页。

所以需要乐观应对。

雷山县丧葬歌曲《老人歌》还对生死转换进行了哲学式理性思辨，认为由生而衰而死亡，再回归自然，乃宇宙之必然规律，不必恐惧，当欣然面对。

> 镰刀和柴刀，钉耙用铁打，老了铁匠打，坏了铁匠修。人类只有一次生长，日月只有一次铸造，老了没有师傅铸，坏了没有师傅修。田地祖先开，房屋山坡起，山坡算稳固了，山坡还会倒，山岭算牢实了，山岭还会崩。人类象树木，人类象花朵，一个只能活一个时期，熟手的就敲鼓吧！灵巧的就踩鼓吧！等到下一辈是否转来，那就不一定了。①

由于排除了对死亡持有的恐惧心理，也就能够更着眼于现实生活，关注现实社会。

> 上了年岁人就老，老人心伟得很啊！打铁趁热的时候打，走亲戚趁年纪轻的时候走，等到我们上了七十岁，钻进了地层，和地神踩鼓，在地层里跳芦笙。灰冷心就在那里，灰心就在那里，心乱得象疯子，象荒乱的年成。②

这当然是一种积极乐观的生活态度。

（三）山地农耕民族的幸福社会观

苗族传统宗教的经书表现出明显的重农思想，这也符合山地农耕民族的社会认知，体现出苗族以农业为中心，构筑自己的世界观的特点。五谷神被苗家视为尊神，生怕自己的农业生产得不到五谷神的护佑，得到之后又非常担心五谷神离家而去。他们认为如果得到五谷神的保佑，就能够实

---

① 中国作家协会贵阳分会筹委会、贵州省民族语文指导委员会、贵州大学苗族文学史编写组：《民间文学资料》第23集，中国作家协会贵阳分会筹委会1959年印刷，第120页。

② 中国作家协会贵阳分会筹委会、贵州省民族语文指导委员会、贵州大学苗族文学史编写组：《民间文学资料》第23集，中国作家协会贵阳分会筹委会1959年印刷，第120页。

现粮食富足的梦想。但传说五谷神极易因受惊吓而离家出走，所以在家中举行诸如椎牛祭祖之类的大型祭祀活动时，为了防止五谷神因人客多、场面大而被惊走，在还没敬大祖之前，先来安抚五谷神。此种仪式的巫词就非常清楚地表明了苗族的重农思想：

> 太阳还没出山，月亮还没出岭。找来一张桌子祭稻神，得了一张桌子祭粟神。凉水洗净，雨水擦亮。桌子洗得干干净净，刷得光光亮亮。抬一张祭稻神的桌子，扛一张祭粟神的桌案。放在堂屋边，搁在中柱旁。拿盘来摆，取碗来放。拿得八个银碗，取得八个金碗。洗得干干净净，刷得亮亮光光。拿来覆在祭稻神桌四面，拿来覆在祭粟神桌四方。又做成八碗肉，做成八碗饭。敬送女稻神，敬给男粟神。①

在传统的农业社会里，由于生产效率较低，劳动力成为农业生产中至关重要的因素，要保证农业生产的正常运行，就必须人口生息繁庶；在中原文化的浸淫下，一个家庭要想繁荣昌盛，子孙发达，又必须走耕读结合，亦农亦商、亦官亦农的耕读传家的路子。此种思想情节在汉化程度较深的湘西苗族的祭祀神辞中多有体现。湘西苗族椎牛祭祖之神辞称：

> 我们赎长命子女，赎聪明子孙。要赎能当官儿女，要找能干子孙。蠢孩子排除一边，傻孩子搁在一旁。②

农耕民族的幸福观最为显著的特色就是希望农业生产能够丰收连年，让每个家庭都过上丰衣足食的生活。湘西苗族椎猪祭祖的神辞内容就反映了这样的诉求：

> 要送五宗搬福气去，要让六族搬元气走。活继承公婆的名声，坐继承父母的声誉。活得长寿，坐得延年。活及国列（神多势大的神

① 石启贵：《民国时期湘西苗族调查实录·祭祀神辞汉译卷》，北京：民族出版社2009年版，第118页。

② 石启贵：《民国时期湘西苗族调查实录·祭祀神辞汉译卷》，北京：民族出版社2009年版，第175页。

名)，坐及国卡（富贵高寿的神名）。一井人得元气，同井后代都长寿；一井人得元气，同井后代都延年。活及土地堂旁的岩石，坐及土地堂旁的古树。活如钢韧，坐如森林。求了再求：水牯黄牛，成帮成群。狗群猪群，鸡群鸭群。如牛背耙，缰绳围卡。吃草不滚高坎，喝水不掉深潭。水牛繁殖，黄牛兴盛。喂来值钱，养来值价。吃不完剩钱，喝不完余米。去买宽广的地，去购宽阔的田。①

祭师请求元祖神保佑户主增福加寿，丁财两旺，五谷丰登，平安吉利。湘西吉首市苗族《丧葬歌》，在“送神”部分亦体现出非常明白的祈福意图。

唱歌交代众神听：来有三杯下马酒，去有上马酒三巡；家神立饮三杯酒，金纸银钱奉诸神。多是银钱少是礼，各神领受莫嫌轻。来时从你扬州起，去时要转柳州城。来时降下千年福，去时留下万年恩；孝家长者添福寿，中年添子又发孙；田地五谷多兴旺，猪羊牛马养成群。财如春水朝朝涨，富比鲜花岁岁春。去时莫带猪羊去，要留过年祭祖恩；去时莫带牛马去，牛要耕田马背人。②

长期的迁徙不定，加上天灾人祸连连，苗族追求幸福生活、祈求家人平安康乐始终是传统宗教的根本目标之一。这些思想在祭祀神辞中同样有所体现。在接龙祭祀中，神辞唱到：

将噩梦赶回竹斗住所，赶它关入康内房间（竹牛、康内，意同天涯海角）。赶了永远清静，赶了主东安然。赶了凶神，睡得安稳；驱了恶煞，好梦连连。床头好梦好兆头，床头美梦不断。梦刨水井，梦掏山泉。梦阳光普照大地，梦温暖永驻人间。噩梦已被驱尽，永不再来纠缠。驱逐再驱逐，驱赶再驱赶。除去三年稻秧蔫缩，驱走三载粟

① 石启贵：《民国时期湘西苗族调查实录·祭祀神辞汉译卷》，北京：民族出版社 2009 年版，第 279 页。

② 吉首市民间文学集成办公室：《中国歌谣集成湖南卷：吉首市资料本》，1988 年印刷，第 108 页。

秧枯干。稻秧插下青葱葱，粟苗成长绿茵茵。为避稻秧烧根，为防粟秧枯尖。赶邪魔回竹斗住所，将他关入康内房间。驱逐再驰逐，驱赶再驱赶。①

在祭日月神、祭祀祖先时亦是希望祖神在享用祭品之后能够保佑子孙后代幸福平安。

领受了请保佑主人一家大小，男女老幼，子子孙孙。不催疾病，不患疟疾。没有灾难，没有祸患。不损钱米，不失钱财。不吃官司，不被坏人打抢。主人黄牛不染瘟疫，主人水牛不催疾患。吃草不落陡坎，吃水不掉高坝。种阳春能上高山，干农活能登高岭。②

（四）伦理道德观

苗族是一个热情好客、待人真诚的民族，忠诚贤惠的处世之道在传统宗教的祭祀神辞中亦有所体现。贵州水城县苗族丧葬仪式歌《打嘎唱词》以回顾亡者生前曾烤出巴嘴香的酒为引子，颂扬亡灵生前能干勤劳，死后亦能成仙成佛。

他烤的酒巴嘴的香，喝了一口叫人永世不忘。别人家的都不如他烤的香醇，这中间到底有啥子名堂？原来是祖师给他百药百草，放酒药下去酒才满坛香。③

为人在世要贤惠忠厚，就是死后也能成仙成佛。成仙成佛就如同太阳，天天时时和大家一路。不成佛的不会发出光亮，还要把它背到

① 石启贵：《民国时期湘西苗族调查实录·祭祀神辞汉译卷》，北京：民族出版社2009年版，第359页。

② 石启贵：《民国时期湘西苗族调查实录·祭祀神辞汉译卷》，北京：民族出版社2009年版，第419页。

③ 水城县民间文学三套集成办公室：《中国民间歌谣谚语集成·贵州六盘水市水城县卷》，《六盘水日报》印刷厂1990年印刷，第114页。

米箩坡上去受苦。[①]

通过宗教仪式的巫词告诫后人，当秉承贤惠忠厚的处世之道，这样的教育效果当然极为良好，因为在宗教的氛围中，在神灵的见证下，民众也就极为自然地将这样的伦理道德标准内化为人生信条，使之展现于生活的时时处处。

不畏艰险，与不公正进行抗争，敢于与邪恶斗争，这样的传统道德在苗族传统宗教的祭祀巫词中依然存在，只是其表现方式是通过驱除恶鬼、赢得幸福平安较为曲折的方式反映出来。在湘西苗族的宗教信仰世界里，恶鬼始终是低贱卑劣、阴暗丑恶与灾害的化身，所以，民众对于鬼魅抱着斗争与驱赶的态度。在椎牛祭祀中，试图借助于巴代及其法坛三千祖师、三百宗师的帮助与威力，与邪恶做斗争。

你们来要带镇魔火石，你们要带烧蜡火子藏身。不赶驱主人的元气，不赶主人的魂魄。只是驱赶那些得妈坏心眼，驱逐那度妈黑心肠（得妈、度妈：此指用邪术来破坏捣乱祭祀活动的邪师邪教、邪神邪鬼或施邪诀邪法的人员）。驱赶：游摊打卦，讨米告化。过路先生，剃头和尚。八角龙船，八角龙舟。挑脚弄手，挑手弄脚。红衣老师，黑衣道师。驱赶外族水路邪术，驱逐外族陆路邪法。让他们举目不见我巴代，让他们抬头不见我祭司。不驱赶主人的元气，不驱逐主人的魂魄。只驱赶黄蚁成群进门，驱逐蛇蚁结队进屋。蚂蚁先兆病人呻吟，蚂蚁预兆病人叫嚷。水学！（为苗族古代祭祀隔离专用名词，意为将鬼怪隔断，不许再回来捣乱）赶它随着蜡烟飘走，赶它随着蜡烟飘散去。把他们赶去他处，把他们赶往他方。钢叉把他们叉去它处，铁叉把他们叉往他方。驱赶不到之处烧蜡香再驱赶，驱逐不到之处烧蜡烟再驱逐。[②]

---

① 水城县民间文学三套集成办公室：《中国民间歌谣谚语集成·贵州六盘水市水城县卷》，《六盘水日报》印刷厂 1990 年印刷，第 115 页。

② 石启贵：《民国时期湘西苗族调查实录·祭祀神辞汉译卷》，北京：民族出版社 2009 年版，第 21-22 页。

在人际交往中，必须谦虚待人，以包容的心态构建和谐社会，在互助中求得共赢，也是苗族的传统道德之一，这样的伦理道德标准在宗教祭祀神辞中同样有所体现。湘西吉首市苗族《丧葬歌》在请客部分亦体现出明显的和谐互助的精神，以及丧家谦虚的待客之道。

孝家今夜客来多，要我愚呆来请宾。亡者一旦归天府，家家亲眷献三牲。四方朋友齐来到，孝门怠慢众六亲。一来缺少茶和酒，二来缺少素和荤；三来缺少言和语，四来缺少孝头巾。五来缺少床和帐，六来没得把烟分，七来缺少桌和凳，八来缺少洗脚盆。①

湘西吉首市苗族《丧葬歌》，在请男亲部分亦有体现互助精神的内容。

儿孙满堂留不住，哭断肝肠变泪人，晴天霹雳得音信，家家都送礼三牲。酒米挑多来上祭，样样帮忙添大恩。蜡烛点在灵堂内，照透棺椁一老人。人要长行心莫冷，水望长流永不浑。②

对于父母长辈必须恭敬孝顺，让长辈得到应有的尊重，也是苗族社会的传统道德要求。雷山县苗族《老人歌》注重民族文化与生活经验、生产知识的代际传袭与继承。

做一个村寨的老人，当一个地方的木桩。五六月间天冷了，五六月间人老了，想念年轻们就走吧！把话告诉了年轻们，年轻们就不会遗忘。天空的太阳对老人说过：水淹树木就要连根拔，水淹木桩鱼棚要崩垮，月亮西沉下山坡，老人沉没进黄土，任你们如何想念，再也找不到老人。③

---

① 吉首市民间文学集成办公室：《中国歌谣集成湖南卷：吉首市资料本》，1988 年印刷，第 100 页。

② 吉首市民间文学集成办公室：《中国歌谣集成湖南卷：吉首市资料本》，1988 年印刷，第 101 页。

③ 中国作家协会贵阳分会筹委会、贵州省民族语文指导委员会、贵州大学苗族文学史编写组：《民间文学资料》第 23 集，中国作家协会贵阳分会筹委会 1959 年印刷，第 127 页。

三、经书的社会教化功能

（一）承载着伦理道德教育思想

苗族传统宗教的祭祀神辞承载着该民族的伦理道德观，通过宗教师在仪式活动中的宣讲唱诵，能够让民众接受洗礼，纯化社会风气。例如，黔东南苗族丧葬仪式歌《焚巾曲》就有反对懒惰、机巧与奸猾的约束性告诫。

> 年代久远啦！年久人多住分散，分成千百寨，千百个鼓场，千百个村寨，住在水浑边，住在绿水旁。鱼多闹水塘，鱼多杂黄鳝，人多出懒汉，出个笨后生，懒象条黄蛇，懒如捕鱼鸟，笨如夹火钳，巧嘴会骗人，到处去骗吃，逆河沿岸走，迈步到汉乡，同汉人交友，嘴巴真是甜，心肠确实坏。去了一年半，去了两年半，他迈步转来，来欺骗大家。①

对于人类社会代际更替时，两代人应该持有什么样的正常心态，如何看待与应对上代人与新生代之间关系，通常会引发一系列社会矛盾。苗族传统宗教的祭祀神辞也没有回避这样的问题，并给予明确的答复。雷山县苗族《老人歌》就要求老一代人以现实主义的生活态度，面对回避不了的代际更替。

> 秋天到来了，催促着冰雪快些凝，催促着老人快些老。老人就这样老了，把这些放在心肝里，有活没劲再去做，有棉无力再去纺。稻谷好几仓，白银好几柜，水田好几坝，家畜好几只，都交给年轻一代，到了孩子们的手里，都属于他们的啦！一切属于孩子们占有，回想到那些，地方离开我们远了，不再象以前那样亲密了，有心事就来

① 中国民研会贵州分会、贵州民族学院：《民间文学资料》第 48 集，1982 年印刷，第 254-255 页。

访吧！有亲戚就来访吧！来我们相聚一堂，说不定来年会离开人间，那就没有见面的机会了。①

交出权力，腾出位子，让开大道，年轻一代自然就会得到充分的锻炼与实践，整个人类社会也就实现平稳过渡，繁荣兴盛了。而老者在人生暮年，闲暇时间多了，亲情因相互走动往来而升华，人生变得更加快乐。

雷山县苗族《老人歌》进一步以第一人称的方式，表达年轻人对于老一代的尊重，这样的巫词在传播的过程中自然也就会强化尊祖孝亲、善待老人的普世价值。

枫木生在山谷里，山谷凉悠悠，老人活在村寨上，象大树一样，遮住晒到门前的太阳，象塞寨的围墙，客人来到了村寨，老人去陪客，多好的老人啊！欢声闹哄哄，好比半个村寨的人集中在一块。愿老人坐到老，象香炉山一样，象高山挡山风，象岩峰挡山风，老得象香构洛，象巴构养一样长寿（香构洛、巴构养：传说最长寿、最幸福的老人），稳固象岩山，愿老人多活一个时期。我们享够了温暖，老人再离开。②

有话不对公公说，怎样把老人待到老。善良的岩鹰，住在岩山上，走遍了地方；衣裳挂在树丫上，拿话来对年轻讲，教育年轻轻们：想念你们的公公啊！老人的话告诉了年轻；记住一辈子，千年也不会遗忘。③

（二）传承民族文化

关于宇宙及人类社会形成问题，每一个民族都有自己的猜想，这些猜想体现了民族自身的社会历史特征。这些猜想无一不体现在与民族宗教紧

① 中国作家协会贵阳分会筹委会、贵州省民族语文指导委员会、贵州大学苗族文学史编写组：《民间文学资料》第23集，中国作家协会贵阳分会筹委会1959年印刷，第125页。

② 中国作家协会贵阳分会筹委会、贵州省民族语文指导委员会、贵州大学苗族文学史编写组：《民间文学资料》第23集，中国作家协会贵阳分会筹委会1959年印刷，第126页。

③ 中国作家协会贵阳分会筹委会、贵州省民族语文指导委员会、贵州大学苗族文学史编写组：《民间文学资料》第23集，中国作家协会贵阳分会筹委会1959年印刷，第126页。

密相关的神话与传说中。云南文山苗族的《指路经》在“远古的人类”部分首先对人类社会的出现进行追根溯源，认为人烟、人种源自东夷。东夷起大风，“人烟纷纷掉地上，人种纷纷落坝区，人烟不会出，人种也不会长。雷声隆隆天上响，霏霏烟雨，下三阵，人烟才长出。雷声隆隆天上响，霏霏烟雨，下三阵，人种才出生。”① 人类的出现则是云姑娘和霓小伙子结合，生儿又育女，“长子手指粗，没有适合的名字给长子，取个名字叫姬夺。次子的手指更粗壮，没有恰当的词给次子取名字，把次子的名字叫作夺里波了”②。

湘西苗族椎牛祭祀讲述椎牛古根时，除了向一代一代讲述创世内容之外，还记叙了该民族的迁徙、祭祀和婚丧习俗等。椎牛古根是融神话、传说、故事于一体的较为完整的创世史辞。它由两部分组成，第一部分是创世神话，记叙天地形成、万物起源等，以神话为基本内容，充满奇妙的想象，神话色彩很浓。第二部分是创世传说，这部分以写实记事为主，包括苗族鼓社根源，即椎牛和鼓舞的根源。③ 它无异于苗族的历史教科书，正是借助传统宗教的仪式平台，以祭祀神辞演唱的方式，非常独特地向下一代进行集中的民族史教育，让民族的历史世代口耳相传，这就解决了在没有自己的民族文字的背景下，如何行之有效地保存、传承本民族历史文化的难题。

此外，苗族还借助传统宗教的祭祀神辞，对本民族认定的人类创生、产业形成、婚姻关系及社会管理机制的形成予以记载，进一步体现了苗族宗教经书在社会教化方面具有不可替代的重要地位。例如，黔东南苗族丧葬仪式歌《焚巾曲》就是从人类及万物起源谈到稻作产生的过程，以及勤劳思想及与龙王斗争，消减洪水、人类社会生产创制的传说。这些内容既体现了苗族对于历史的认知，也是依托宗教祭祀开展全民式的社会教化的有效手段。

此外，《焚巾曲》还对苗族迁徙的苦难历史多有回顾，“唱完了这段，

① 项保昌：《苗族指路经·文山卷》，昆明：云南民族出版社2005年版，第489页。

② 项保昌：《苗族指路经·文山卷》，昆明：云南民族出版社2005年版，第494页。

③ 石启贵：《民国时期湘西苗族调查实录·祭祀神辞汉译卷》，北京：民族出版社2009年版，第182页

来唱段苦歌，请客坐起听，妈妈的苦处”①。就《焚巾曲》内容看，苗族村寨与汉族村庄同被洗劫，在弄清楚肇事者是中央王朝的地方劣绅与官僚之后，苗族祖先与反动势力进行了坚决的斗争。苗族迁徙之起因，全在于苗族受到当时官府的欺凌与无尽的掠夺，在进行反抗斗争失败后，不得已开始向西迁徙。苗汉冲突最后的结果是：“汉人带弓箭，铁箭上战场。射倒犷首领，耶公受重伤，耶公已阵亡。耶公已阵亡，地方没首领，人心大惊慌，众人纷纷逃，像蜜蜂分散”。②

湘西苗族的一些祭祀神辞，对于民族迁徙及各支系的分化与定居等历史问题都有所涉及。

> 七个支族相聚，七个宗支相商。十二支相聚，十二支相议。换条河流去打鱼，换块地方去发展。从大江上来，从黄水河上来……上到泸溪盆地，住满了盆地。来到泸溪坝，住满了泸溪坝。③

有关民族战争的记忆，在宗教祭祀神辞中也是反复出现，《焚巾曲》既刻画了苗族祖居地的情形，又提到了苗汉战争以及被迫迁徙的民族历史。

在女性的丧葬仪式中，其灵魂在前往月亮途中，将经过台江仰岗，其实亦是苗族对民族历史的回忆与传承。

> 仰岗是个栎木坡，芭茅草丛生，出生好姑娘，出生英雄汉。有个张秀眉，身高七尺五，游方邀朋友，商量打官家，杀官家才生存。秀邀五个人，五六个五帮，大家一起走，杀牛坪子上（张秀眉议榔起义地），议榔了造反，攻打台拱城，台拱城攻破。别人得金银，他得桐油灯，油流在脸上，害秀眉一人（即张秀眉被挖头顶点油灯的惨状）。④

---

① 中国民研会贵州分会、贵州民族学院：《民间文学资料》第 48 集，1982 年印刷，第 236 页。

② 中国民研会贵州分会、贵州民族学院：《民间文学资料》第 48 集，1982 年印刷，第 264 页。

③ 石启贵：《民国时期湘西苗族调查实录·祭祀神辞汉译卷》，北京：民族出版社 2009 年版，第 184 页。

④ 中国民研会贵州分会、贵州民族学院：《民间文学资料》第 48 集，1982 年印刷，第 157-159 页。

对民族迁徙历史的回顾亦是丧葬仪式中必要的仪程：

> 汪江是公公的老家乡，从前祖先们，抬脚跑官兵，在那里安家，汪江冰雪多，汪江树林大，做活无收成，妈妈分支住。掌哪样分支？用水牯牛分支，杀水牛议榔，议榔后分支，一支去方北，一支去方南，一支去方良，一支去方你，一支去谢岛，一支去新龙，一支去登鲁（上述皆地名，皆在黔东南州属）。①

黔东南雷公山地区流传的《开天辟地》谈及天宇公公开天辟地、戛修公铸太阳、亮婆（戛娘婆）造月亮的故事。关于动物生成问题，《开天辟地》描述道，在天地有了太阳和月亮，生长了万物以后，从天堂降生到人间从事生产的男神九锟公、女神炬金婆分别去寻找水源，但九锟公一去不复还。炬金婆在寻找其踪影过程中，先后与蝴蝶、青蛙、喜鹊、乌鸦、杉树、松树、岩鹰、老鹰发生纠纷，在辩理与赔偿中，分别形成了如今世界上述动植物的生活习性与活动规律。足见此为苗族对动植物生活形态的追问与探索，只是运用了神化的思维模式而已。古老话《开天辟地》还认为自然地貌的形成与男神九锟公有关，关于创生的问题，《开天辟地》表述为修婆（戛娘婆）和清水谈情，和凉水说爱，生得十二蛋，这十二个神蛋则分别变成了人类、动物与诸鬼神。在洪水泛滥之后，郜央、郜勒兄妹俩则成为第二次造人的人类祖先。《开天辟地》还有很大的篇幅陈述苗族社会生产生活创制与发展的神话历史构想。②

---

① 中国民研会贵州分会、贵州民族学院：《民间文学资料》第48集，1982年印刷，第175页。

② 文远荣：《雷公山苗族巫词贾理嘎百福·开天辟地》，北京：中央民族大学出版社2010年版，第54-55页。

第四章　西南苗族传统宗教的仪式体系

第一节　吃鼓藏祭祖仪式的象征人类学阐释

一、集体祭祖仪式概况

（一）称谓释义

黔东南、广西及四川部分苗族盛行一种规模巨大的祭祖活动，苗语称为努略（Nex Niul）、努姜略（Nex jand Niul）或努略好奴（Nex Niul haok Nes），俗称吃牯脏、吃鼓脏、吃鼓藏。古代汉人接触苗族时，见苗族祭祖用水牯牛内脏和胸脯肉作为祭礼，因而将这一祭祀活动称为“吃牯脏”。这一主流文化的他称便逐渐约定俗成了。①

20 世纪 80 年代，一些苗族学者就提出“吃牯脏”这一汉译旧称不确切，与苗语原意不符，主张改译为鼓社节更为准确。因为 jiongd niel（江略）是以鼓象征宗族的苗族社会组织体制。② 有学者主张以祭鼓、祭木鼓或祭鼓吃牛命名这一集体祭祖仪式。也有学者建议译为“祭鼓节”，还有的学者认为，历史形成的旧称在民间已约定俗成，很难改变，不如将汉语

① 杨培德：《鼓魂》，北京：中国文联出版社 2002 年版，第 143 页。
② 廷贵、酒素：《苗族“鼓社”调查报告》，《贵州民族研究》1980 年第 3 期，第 85-93 页。

“牯脏”改为同音字“鼓藏”，这样就比较符合椎牛祭祖仪式的仪节内容。节日仪式主要是祭祖，鼓是祖宗的物化象征，所以祭鼓也就是祭祖。因而把这一祭祀活动译为“鼓藏节”较为恰当。

（二）集体祭祖时间与牺牲

鼓藏节分为定期举行与不定期举行两种形态，不定期吃鼓藏的支系，一旦认为有鼓藏鬼导致家族成员生病时，则请鬼师以破蛋的方式占卜，确定吃鼓藏日期。在贵州从江县，定期吃鼓藏有三年、五年、七年、九年或十三年五种模式。此外，当地不同支系吃鼓藏还有吃猪鼓藏、吃黄牛鼓藏和水牛鼓藏的区分，究竟选择那种形式吃鼓藏，由各支系的习惯确定。①

四川苗族的绷鼓节，也是集体性的祭祖活动，在四川各地苗族中都有这样的节日活动，但只有盐边县红宝苗族乡、木里县白碉、固增苗族乡等地举办这个节日较为隆重。② 此节日一般要三四辈人才举行一次。

广西三江、融水苗族的拉鼓祭是最为隆重的集体祭祖活动，通常由几个寨联合共祭，十三年至三十年拉鼓一次。在十三年中，如果有哪家死人多，认为是祖先发怒造成，便要拉鼓。在拉鼓时，须杀几头猪，由全体寨民共同向祖先敬奉。③ 拉鼓节之鼓在当地被分为大鼓（长鼓）与小鼓（短鼓）两种形态，拉大鼓之周期是十三年举行一次，拉小鼓则是每七年举行一次。但是，举行仪式的时间则必须在农历十月，也即秋收结束后才能举行，大鼓历时十三天，小鼓则须花费七天时间。④

各地苗族集体祭祖的时间出现差异的原因何在？据田野调查资料，民众普遍认为是因为苗族在历史时期多次分批、多路线大规模迁徙，尤其是在各支系分居各地这一客观情况下，各支系苗族仍沿袭以家族小支系（鼓社）为单位过鼓藏节。因而不同的苗寨过节的年份也就不同，但每隔十三年举办一次吃鼓藏祭祖的模式却被大多数苗族支系沿袭。

---

① 国家民委《民族问题五种丛书》编辑委员会，《中国民族问题资料·档案集成》编辑委员会编：《中国民族问题资料·档案集成 第5辑 中国少数民族社会历史调查资料丛刊 第105卷〈民族问题五种丛书〉及其档案汇编》，北京：中央民族大学出版社2005年版，第509页。

② 《四川苗族志》编委会：《四川苗族志》，成都：四川出版集团巴蜀书社2009年版，第234页。

③ 三江县民委：《三江侗族自治县民族志》，南宁：广西人民出版社1989年版，第117页。

④ 朱慧珍、贺明珍：《广西苗族》，南宁：广西民族出版社2004年版，第78页。

（三）组织准备

贵州从江加勉苗族鼓藏头，苗语称为“该纽”，为吃鼓藏的主持人，有世传、推选、为了治病而主动担任鼓藏头三种。但所谓世传并不局限于父子兄弟递嬗相承，而是在一个支系内，经鬼师“破蛋”占卜，确定谁被祖宗相中充当本届鼓藏头，一旦占验确认后，被确认者不得推辞或任意变动。鼓藏头除主持吃鼓藏活动外，并没有其他特权，平时亦无任何凌驾于他人之上的权力。

吃鼓藏时，除鼓藏头之外，还需要一些执事人员。苗族各支系鼓藏节所需执事人员数目不一，但对鼓藏师（苗语称“神东”）的选择最为关键，鼓藏师即主持吃鼓藏仪式的宗教师。鼓藏师选择的标准是他必须精通吃鼓藏仪式中三年六次活动的所有祭祀神辞、祭祀仪式的细节，熟悉宗族祖先姓名与宗族历史。[①] 其余执事，除要求具备各自职责所需要的特殊条件以外，还须忠实、勤劳、无不良行为且未丧偶者方能充任。执事人员的具体确定，除鼓藏师如前述要求外，其余均由群众预选，经鬼师看卦，请祖宗为最后之决定。否则，可能触怒祖宗，降祸于子孙。因此，预选执事时，特别慎重，不符合条件者，本人也不敢贸然接受群众的推选。执事人的分配亦须注意，如本寨有两个以上的姓氏居住，每一姓氏均须有人参加，否则可能影响各姓氏之间的团结。

四川苗族绷鼓节主持人的选择，举行绷鼓节要由族内数位德高望重的前辈向族人发动倡议。[②]

（四）仪式过程

黔东南吃鼓藏仪式历时三年，共有六次大型活动。以从江县吃鼓藏活动为例，每年的秋季、冬季均举行一系列与祭祀有关的活动。第一年秋季祭祀活动从农历九月开始。仪式内容包括起鼓藏棚、猪翻身、埋鼓藏箱、

---

① 国家民委《民族问题五种丛书》编辑委员会，《中国民族问题资料·档案集成》编辑委员会编：《中国民族问题资料·档案集成 第5辑 中国少数民族社会历史调查资料丛刊 第105卷〈民族问题五种丛书〉及其档案汇编》，北京：中央民族大学出版社2005年版，第511页。

② 《四川苗族志》编委会：《四川苗族志》，成都：四川出版集团巴蜀书社2009年版，第234页。

砍板凳、烧酒、守棚、唱开门歌、开芦笙坪、踩歌堂、拉板凳、敬祖宗、洗芦笙坪、煮稀饭、关棚忌寨、放祖宗回棚、砍鼓、藏鼓游戏、吃牛屎饭。活动时间共五天，活动期间，全寨停止生产，男女老幼均参加吃鼓藏仪式。[①] 冬季活动在农历十二月进行，仪式内容包括烧酒、守棚、唱开门歌、编炕篮、砍鼓藤、开芦笙坪、踪歌堂、拉鼓、喊鼓看禾廊、盘问鼓、背水泡米打粑粑、驱山神野鬼、蒙鼓、喊祖宗、念祖宗、洗芦笙坪、关棚忌寨、煮稀饭、放祖宗回棚等。[②] 第二年秋季活动的时间为农历九月，活动包括烧酒、守棚、唱开门歌、开芦笙坪、踩歌堂、与鼓洗脸、洗芦笙坪、关棚忌寨、放祖宗回棚、稀饭。这些仪式内容除与鼓洗脸是一个新节目之外，其余均与第一年秋季同。冬季活动的时间为农历十二月，有烧酒、守棚、唱开门歌、开芦笙坪、踩歌堂、移鼓入鼓棚、蒙鼓、念祖宗、关棚忌寨、洗芦笙坪、放祖宗回棚、煮稀饭等仪式内容。第三年为吃鼓藏的最后一年，分三期活动，第一期是农历七月吃新苞谷；第二期是农历九月踩歌堂，活动节目与情况均与第二年同期相同；第三期在农历十二月举行，仪式内容包括烧酒、守棚、唱开门歌、开芦笙坪、踩歌堂、念祖宗、做舐卑与撮猪用具、撮猪交给祖宗、杀猪、打鼓藏猪、煮猪头肉、滚猪头、送鼓、洗芦笙坪、关棚忌寨、煮稀饭等。

黔东南西江苗族鼓藏节持续四年时间，首先举行招龙仪式，各户举行家祭祖宗后，全寨男女老幼集中到山上迎龙场的枫香神树下，由鼓藏头主持招龙仪式。仪式结束后，还将植树造林，并在迎龙场吹笙、唱歌与踩鼓欢娱。其次是在鼓山上的鼓庙里举行醒鼓仪式，仪式由鼓藏头主持。第三场则是迎鼓仪式，仪式地点、参加人员和祭品皆与醒鼓仪式相同，鼓藏头依然担任仪式主持人。他手举砍刀在队伍之前开路，其余鱼贯而行。以如此浩大的声势迎接祖灵圣鼓回寨。回到山寨鼓堂，全寨族人跳踩鼓舞恭迎。之后，斗牛欢庆。[③] 第四场是审牛仪式，西江各户统一请审牛师审查

① 国家民委《民族问题五种丛书》编辑委员会，《中国民族问题资料·档案集成》编辑委员会编：《中国民族问题资料·档案集成 第5辑 中国少数民族社会历史调查资料丛刊 第105卷〈民族问题五种丛书〉及其档案汇编》，北京：中央民族大学出版社2005年版，第513页。

② 国家民委《民族问题五种丛书》编辑委员会，《中国民族问题资料·档案集成》编辑委员会编：《中国民族问题资料·档案集成 第5辑 中国少数民族社会历史调查资料丛刊 第105卷〈民族问题五种丛书〉及其档案汇编》，北京：中央民族大学出版社2005年版，第518页。

③ 杨培德：《鼓魂》，北京：中国文联出版社2002年版，第35页。

祭祖牛。第五场是献牲祭鼓仪式。最后才是杀猪祭鼓仪式，这一仪式称为“白鼓节”，是鼓藏节的结束仪式。之后，将祖灵圣鼓送回鼓山。持续四年的鼓藏节仪式到此结束。①

广西苗族拉鼓活动一般分为箍鼓、唱鼓、拉鼓、葬鼓四个阶段。② 三江县侗族自治县苗族的拉鼓祭可分为四个程序：第一，全寨选举首事、副首事，并做好一个能坐上两个人的大长鼓。第二，拉鼓到寨边停放。第三，大鼓拉到寨边，各人立即将装着木叶的口袋送回家，每家都有二三十个客人，并且要举行一次聚餐。第四，将鼓收藏进山洞中去，拉鼓祭祀即告结束。③

二、仪式的关键性象征符号

（一）祖鼓的概括性象征意义

各地苗族集体祭祖仪式的中心是祭鼓，以贵州从江加勉苗族吃鼓藏为例，当地苗语称“鼓藏”为“诺纽”，“诺”即吃，“纽”即鼓。从具体仪式分析，在三年活动期间共有六次活动：制木鼓、拉鼓、喊鼓看禾廊、盘问鼓、蒙鼓、送鼓，所有这些活动无不取义于鼓。再者，无论吃鼓藏的形式是吃猪、吃黄牛，还是杀水牛祭鼓，其称谓亦是取义于“鼓”。④ 因此，苗族集体祭祖仪式的祖鼓具有概括性的象征意义。

苗族神话认为，苗族始祖蝴蝶妈妈是从枫香树中生出来的，以枫木做成的鼓，便成为蝴蝶妈妈和此后的祖宗灵魂之居所。祭祖于是变成了祭鼓。黔东南西江苗族相信，祖宗圣灵就安息在图腾圣鼓里。在举行鼓藏节祭祖大典时，象征祖宗圣灵的圣鼓，被西江全体鼓社成员虔诚地膜拜祭祀。⑤

---

① 杨培德：《鼓魂》，北京：中国文联出版社 2002 年版，第 37 页。

② 朱慧珍、贺明珍：《广西苗族》，南宁：广西民族出版社 2004 年版，第 78 页。

③ 三江县民委：《三江侗族自治县民族志》，南宁：广西人民出版社 1989 年版，第 118 页。

④ 国家民委《民族问题五种丛书》编辑委员会，《中国民族问题资料·档案集成》编辑委员会编：《中国民族问题资料·档案集成 第 5 辑 中国少数民族社会历史调查资料丛刊 第 105 卷〈民族问题五种丛书〉及其档案汇编》，北京：中央民族大学出版社 2005 年版，第 507 页。

⑤ 杨培德：《鼓魂》，北京：中国文联出版社 2002 年版，第 30 页。

黔东南苗族凿鼓时，祭师在鼓木上酹酒祭奠："鼓树知音，请你听清。你高齐天，遮雨庇荫。为造祖鼓，挖你空心。让出座位，住我先人。"凿鼓到最后，细心地从两截鼓木里，凿出两个牛心似的鼓心，由正副祭师小心翼翼地把鼓心捧在手上念道："妹榜和妹留，老家住树心，多年不打扫，住屋起埃尘。今天把屋扫，让你住安宁。祖宗挨次坐，先古才后今。"接着用两根新褶带，将两鼓心分别拴在正、副鼓头背上，一路吹笙跳月护送回家，放置在鼓头家的神龛上。最后把凿通木鼓清洗圆滑，一对未绷上牛皮的祖鼓即告完成，用杉树皮封住两头，停放在公共修建的"停鼓祠"内，并且十三天由鼓头敲击一次木皮，以随时唤醒祖宗灵魂，待丑年大祭时替换旧鼓。与此同时，本氏族在上届至本届祭鼓的间隙中，谁家死了长辈，也仿其式样，死一人凿一个，待大祭时，替换死者上一辈的旧鼓。其意思是，先逝世的已成旧神，由后逝世的顶替，一辈不能同时祭奠数代先灵。因而，新鼓替旧鼓，代代如此。紧接着，全氏族又凿一对略小于祖鼓的山鼓，待次年大祭时，替换死去无人继承的鳏寡孤独，并代代供藏在岩洞里的山鼓，又叫"野鼓"。①

拉鼓会餐过后，巫师将十三年来各家新亡人名字和生卒年月写在纸上，置入鼓中，再将鼓收藏进山洞中去，拉鼓祭祀即告结束。②

（二）祖鼓的阐发性象征意义

祖鼓是苗族社会寄托哀思，表达孝心的圣物。关于绷鼓节的起源，传说远古时期苗人实行腹葬，即人死后由族人分而食之。有一个叫子庚的后生，在母亲死后不忍心让族人分食，便昼夜相守。神仙怜其孝敬之心，托梦让他伐木镂心，杀牛取皮，用以绷鼓，砍竹用以作笙，以击鼓吹笙的仪式葬母。子庚依神仙指点而为，得到了族人的理解和支持，掩埋了慈母。从此，苗族人弃腹葬而行土葬，并流传下绷鼓节这个特殊节日。③ 这则传说故事说明葬俗的变革源于孝道的力量，是感动神仙、感化世人的结果。

---

① 潘光华：《中国苗族风情·庞大的鼓藏节》，贵阳：贵州民族出版社 1990 年版，第 103-104 页。

② 三江县民委：《三江侗族自治县民族志》，南宁：广西人民出版社 1989 年版，第 118 页。

③ 《四川苗族志》编委会：《四川苗族志》，成都：四川出版集团巴蜀书社 2009 年版，第 235 页。

祖鼓具有凝聚部族与支系成员的精神感召力。苗族既然以鼓心为祖先灵魂安息之处，故要举行集体祭鼓仪式以尊祖敬宗。据苗族古歌古规、理词理歌内容，苗族在原始社会时期存在以血缘关系为单位的社会鼓社组织，设有社主，负责处理本民族的内外部事务。同时，亦以鼓社为单位祭祀祖先和乞求风调雨顺，消灾去难。所有这些宗教祭祀活动都以祖鼓为中心、为旗帜，祖鼓也就逐渐成为部族与支系的精神象征。后来还借助鼓社组织举行集体祭祖仪式的机会，进行民族传统、社会公德和遵纪守法教育，以维护民族的生存和发展。所以，以尊祖敬宗的宗教仪式凝聚族人，整合社会秩序，对于苗族社会来说，至今还是一种极为有效的手段。

例如，广西苗族，唱鼓是拉鼓节的重要祭祀活动，在仪式中，祭师将演唱苗族古歌、陈述民族历史尤其是民族迁徙奔波的曲折过程。最后，社主和年长者还会以古理古规为依据，在全鼓社组织内部开展伦理道德教育和习惯法的教育。具体形式是社主、长老各执两条拐杖在前面缓慢行走，众人各执一根拐杖跟随于后；社主、长者领唱，众人随声附和，他们绕着鼓边唱边合着鼓点跳着质朴、粗犷的鼓舞。① 以祖鼓为中心，全体成员于歌舞欢悦中接受约束性的告诫，期间还掺入对祖先的丰功伟绩的感召，尤其是祖先英灵似乎正目光炯炯地注视着这一帮孝子贤孙们的一举一动。如此的宗教神圣场景，当然会让这种民间教化产生强烈的心灵冲击，达到良好的效果。

祖鼓还是苗族各支系之间的心灵归依，是产生民族认同的共鸣器。据黔东南的民间故事叙述，苗族先祖历经千辛万苦到掌西囊（一说松堂坳，据传即今榕江一带）定居，由于人口生息繁衍，该地已经不能满足需要，各支系不得不商议分支迁徙，结果，“分成十二支，岔成十二股，选好带路人，寻找好住处”。但是，考虑到日久天长以后各支系之间失去联系，缺乏认同，于是就把沿河带来的木鼓，“劈成十二块，分成十二垭。兄弟十二支，各分木一块。记住鼓木片，本是同根古，各支凭木块，追念老祖宗”②。由此可见，祖鼓已然成为迁徙动荡年代苗族各支系间情感联络的符号，而杀牲祭鼓也就成了天各一方的各支系身份认同的庄重仪式。

祖鼓更是苗族各支系认可的吉祥物，能否按期聚合部族杀牲祭鼓也就

① 朱慧珍、贺明珍：《广西苗族》，南宁：广西民族出版社 2004 年版，第 79 页。

② 潘光华：《中国苗族风情·庞大的鼓藏节》，贵阳：贵州民族出版社 1990 年版，第 97 页。

成了苗族社会是否平安幸福的社会表征。苗族社会普遍希冀通过祭鼓，寻求在祖灵荫庇下，支系繁荣，人丁旺盛。从江县加勉苗族砍鼓树时，鼓藏师致祭词："砍树要向东方倒，祖宗才喜欢，该纽（鼓藏头）家才顺利。神东、神榜（鼓藏头的正副祭祀助手）事事都如意，全寨户户都平安，生产样样都丰收。"同时，民众视砍鼓树时飞溅的木屑是银钱，视神树树叶为吉祥物。所以，砍树后，每人拾取树叶数张，并树屑携回家里当宝贝收藏，称"得银钱田地回家"。砍树后，举行盖树蔸仪式，希望神树树蔸发芽，重长小树，象征本支系人口如树一般不断地生生不息。做鼓筒时掏出的木屑，执事也会率同族群众吹芦笙送往鼓藏头家，并唱诵神辞："祖宗送猪、牛、鸡、鸭到该纽（鼓藏头）家来。""祖宗送银钱、田地、男女、衣服、布匹到该纽家来。"①

西江苗族砍圣鼓树，巫师先后致祭词：

> 禀告姜央神，鼓藏节日到，求祖神应允，砍伐圣鼓树。制作新圣鼓，祖灵圣鼓鸣，圣鼓子孙祭，祖灵得安享。
>
> 天上圣鼓树，为佑我鼓社，荣降我圣地，鼓树长齐天，繁茂如巨伞，挺立我山寨。今天请鼓树，为我制圣鼓，制成鼓圣殿，端坐妹榜留（蝴蝶妈妈），榜留心欢畅，赐福我子孙，西江永荣昌。②

所以，象征祖灵居所的祖鼓简直就是苗族的庇护神，因崇拜祖先而敬畏祖鼓，因祖鼓的神圣而珍视祖鼓树，并希望通过接触、供奉祖鼓树之枝叶碎屑而亲近祖灵，从而获取好运，子孙繁庶，家庭幸福，也就成了苗族社会的普遍心理。台江反排苗族换鼓祭词《转鼓词》唱道：

> 祖魂在鼓里，鼓住在岩洞。今日祭鼓到，敬供老祖宗。请鼓把身翻，回家享敬供。迎鼓的子孙，多得象鱼群，接鼓的儿女，如蚂蚁聚众。③

---

① 国家民委《民族问题五种丛书》编辑委员会，《中国民族问题资料·档案集成》编辑委员会编：《中国民族问题资料·档案集成 第5辑 中国少数民族社会历史调查资料丛刊 第105卷〈民族问题五种丛书〉及其档案汇编》，北京：中央民族大学出版社2005年版，第517页。

② 杨培德：《鼓魂》，北京：中国文联出版社2002年版，第29页。

③ 潘光华：《中国苗族风情·庞大的鼓藏节》，贵阳：贵州民族出版社1990年版，第105页。

最后，祖鼓还是苗族社会驱邪消灾的精神资源。在黔东南苗族鼓藏节活动的洗鼓仪式中，祭师祝《洗鼓词》："祭祀已三载，朝祖过三年，儿孙为祭祖，费尽心和血，祖宗得大象（即牺牲之牛），鸡鸭挑满肩。转回老家去，展欧堆涉边。好神跟你走，投胎转童年。恶鬼常作孽，扫埋大路边。龙水来清洗，刀斧砍成屑。恶鬼不回头，岁岁享平安。"①祭师念完，击鼓三通，四名鼓手随即举槌，敲响了洗鼓点，男人们手持刀斧，每当鼓点落在"嗡"上时，即向二十四根代表邪魔恶鬼的树木猛砍猛杀，且要赶在拂晓前砍成碎片。最后祭师念《洗鼓烧渣词》："龙水清又亮，洗鼓清爽爽。放把雷公火，邪恶尽烧光。烟云上天去，灰烬顺河淌。（下海洋）好让子和孙，发达又兴旺。牛比大象壮，谷穗马尾长。狩猎和打鱼，满坛又满缸。"②

三、仪式的辅助性象征符号

（一）牛的支配性象征符号解释

关于鼓藏节用牛作牺牲的原因，黔东南西江流域的苗族认为，这与蚩尤有关。在苗族的人文初祖蚩尤时代，以牛为其族之崇拜图腾，传说中的蚩尤也是牛首人身形象，所以牛也就成了苗族集体祭祖时最神圣的牺牲。当地还有另一种解释，据说苗族祖先在迁徙途中，常遇到老虎，水牛力气大，牛角又宽又尖，充当了祖先迁徙途中的开路先锋。由于水牛既能耕田种地，又能保护祖先，所以就成了苗族的吉祥物。集体祭祖时，苗族便将钟爱的水牛孝敬给祖先，表达最诚挚的敬意，以告慰祖先在天之灵。用黑水牛祭祖，所以称"黑鼓"；用猪祭祖，刮去黑毛的猪就成了白猪，所以叫"白鼓"。③

据黔东南的吃牛巫词内容，人类社会早期，生产力低下，耕作技术落后，"古时的人白天只吃一顿饭，黑夜只吃一顿饭，白天只梳一次头，黑

① 潘光华：《中国苗族风情·庞大的鼓藏节》，贵阳：贵州民族出版1990年版，第113-114页。
② 潘光华：《中国苗族风情·庞大的鼓藏节》，贵阳：贵州民族出版1990年版，第113-114页。
③ 杨培德：《鼓魂》，北京：中国文联出版社2002年版，第149-150页。

夜只理一次发”[①]。后来，得到神牛高巴国梦（公牛）和高奶斋墨（母牛）的帮助，使农业生产力大为提高，“人们一天吃三顿，一晚吃三餐”。天神刘都朱豆于是要求神牛：“你们要下到世间去，下到人世间去耕春，耕春来养活世间的男男女女。”[②] 从此，才养活了世间上的人，养活了世间上的男男女女。但是，高巴国在梦中察觉主家得了疾病，主家还不知道；而致病原因是“刘都朱豆叫他还愿，高胆（天神，相当于汉族传说中的阎王）催他还神”，并给出禳解之法：“要把我拴在大箐宜纣（椎牛柱），要把我绑在大车都打（椎牛柱）。”[③] 这样才能换得主家病好，换来清洁平安。主家照此办理之后，从此“避掉百年的天灾，免去千年的人祸，断绝了疾病，杜绝了病根”[④]。从这份椎牛巫词可见，历史时期，苗族社会在生产生活中得到牛的广泛帮助，既是农业生产、交通运输中的重要帮手，更是大饥荒时期的重要食物依托。所以，与其他传统时期的民族一样，耕牛对苗族同样是极为珍贵的财富。在集体祭祖这样重要的祭祀仪式中，当然需要奉献自己最为珍视的东西作为祭献品，这样最能体现自己对祖灵的虔诚与热爱。

既然椎牛祭祖意在追求对祖先的崇拜，也希望通过祭祖刻意谋求幸福吉祥，所以，各地苗族对作为牺牲的牛也极为讲究。例如西江苗族椎牛祭祖时，须举行隆重的审牛仪式，以鉴别牺牲的优劣，他们要求祭祖牛必须膘壮结实，牛角对称粗长，鼓眼大鼻，颈粗腰圆，四肢稳健，勇猛好斗。最紧要的是毛旋生长的部位是否吉祥。若是有五个毛旋的牛，四个毛旋分别长在四条腿上部外侧，一个毛旋长在鼻梁正中，则是最吉祥的牛。牛眼角下有毛旋者，预示给主人伤家破财；毛旋长在腹下或生殖器旁者，会使主人折寿。审牛师审牛时，必须用芭茅草扫遍牛身，以此种仪式表示驱除附着于牛身上的邪气。[⑤]

所以，苗族集体祭祖用牛作牺牲，本身就是自己做出了重大的牺牲，乃至倾囊付出。从宗教信仰表达方式的角度看，这样的信仰可谓最为虔诚

① 贵州省民间文学工作组：《民间文学资料》第29集，1961年印刷，第273页。
② 贵州省民间文学工作组：《民间文学资料》第29集，1961年印刷，第274页。
③ 贵州省民间文学工作组：《民间文学资料》第29集，1961年印刷，第275页。
④ 贵州省民间文学工作组：《民间文学资料》第29集，1961年印刷，第277页。
⑤ 杨培德：《鼓魂》，北京：中国文联出版社2002年版，第36页。

与真实。集体祭祖中宰杀的耕牛，自然也就成为此种祭祀活动中的支配性象征符号，它展示的是在极度贫困与封闭状态下的山地民族最为诚挚的祖先信仰与崇拜情感。

有些支系在集体祭祖时以猪为牺牲，而非耕牛，此种情况在苗族民间传说中亦有所解释。据说苗族祖先在迁徙过程中，“捞”与“搜”两位列祖迁往不同的地区，搜迁往荔波，捞迁居加勉。因捞经过多次迁徙，不便携带吃牛鼓藏的马尾等物品，均留给搜，只携带吃猪鼓藏用的木鼓和牛皮来到加勉。因此，现在捞的后代是吃猪鼓藏，搜的后代吃牛鼓藏。但吃猪鼓藏地区，有的支系须同时宰黄牛。[①] 还有一种解释说，鉴于椎牛祭祖耗费太大，而且因为集中性地大规模宰杀耕牛，严重破坏了当地农业生产的发展；加之战争与动荡等社会因素的影响，导致一些支系不得不面对现实，只能以猪作为替代，祭献祖先。此种解释似乎较为符合逻辑与苗族历史实情。但是，必须明白的是，无论是用耕牛作牺牲祭祖，还是宰猪祭献，二者都是以关键象征符号出现，标识的是苗族民众在大型祭祖活动中的信仰的虔诚，体现的是整个民族文化中传统宗教所具有的重要影响力。

（二）工具性象征符号的隐喻

1. 鼓棚

从江县加勉苗族吃鼓藏的第一年，就会建鼓棚以备陈放祖鼓。建成后，须举行一定的仪式以祛除不祥。以竹子制成弓箭各一，并以木板制箭靶，先打上三颗竹钉，由“窝借”持弓扣箭上弦，对箭靶连射三矢，之后，即以弓、箭、靶悬挂鼓棚中，谓之“驱鬼”。接着就是“栽竹子”，“敬棚”。先以竹子一株栽于棚外，鼓藏头宰鸭一只，及鱼、麻、酒、饭等敬品，同十二执事人及群众吹芦笙结队前往敬棚。由鼓藏师念词交代，大意说：“我们已给你们（祖宗）起好棚子，请你们到里面坐，照料你们的子孙人口清吉，五谷丰收，才有酒、有鱼、有肉来敬你们，热热闹闹踩歌堂。”

由于鼓被视为其祖灵的居处地，群众对鼓棚也十分尊敬。吃鼓藏的三

---

① 国家民委《民族问题五种丛书》编辑委员会，《中国民族问题资料·档案集成》编辑委员会编：《中国民族问题资料·档案集成 第5辑 中国少数民族社会历史调查资料丛刊 第105卷〈民族问题五种丛书〉及其档案汇编》，北京：中央民族大学出版社2005年版，第508页。

年中，如棚内长草或漏雨，须拔掉或修理时，均须由鼓藏头宰鸭一只，由鼓藏师前往念词交代后，方能动手，否则，可能触怒祖宗，降祸及子孙。[①] 以上种种情形，是虔诚的宗教信仰而衍生出的信仰行为。因尊祖而及于凡与祖灵有关联的事物，这其实是祖先崇拜的多向表达渠道。也正因为此种心态与行为，寄放祖鼓的鼓棚自然就成了祭祖仪式中的工具性象征之一。

2. 祭品：鱼、麻

在各地的集体祭祖仪式中都会发现，在任何祭祀环节中，鱼是必不可少的祭品；还有一些支系的祭品中，麻亦是必备之祭献物或助祭物。例如，从江县加勉苗族吃鼓藏的第一年，上山砍树做木鼓时，鼓藏头除了宰鸭两只让鼓藏师带去祭献外，还让其余执事各带鱼一条，让群众带上几十条鱼及酒、麻、饭等祭祀鼓树。鼓树砍好以后，在盖树蔸仪式中，本届鼓藏头以两个糯米粑、两条鱼；上届鼓藏头以一条鱼，一个糯米粑共同盖在树蔸上，希望树蔸发芽，重长小树，并以此象征支系人口如树一般不断地生生不息。[②] 举行祭鼓活动本身就包含多子多福的祈求，所以，当然希望“子孙象鱼崽，富贵如涨潮”。一些支系苗族在醒鼓仪式以后，还会举行全鼓社捕捞鲜鱼吃新的活动，并在吃新节上，由祭师、鼓头携带鱼肉等祭品给存放在鼓头家或鼓房里的一对祖鼓上祭以唤醒祖灵。[③]

其实，这与鱼、麻的生殖力强、生命力旺盛有关。既然集体祭祖急切希望讨个顺利平安、兴旺发达，那么，寓意多子、家族人丁兴旺的鱼与麻也就成为当然选择。因为日常所见之麻，总是丛生于山野，鱼类亦是繁殖迅速，产子极多，生命力旺盛，最能寓意人丁旺盛了。所以，祭祖仪式中的鱼、麻同样具有重要的工具性象征意义。

3. 枫木、杉木、樟木、楠木、泡桐木

苗族集体祭祖之祖鼓，有使用楠木、樟木、枫木几种情况，也有特殊

---

① 国家民委《民族问题五种丛书》编辑委员会，《中国民族问题资料・档案集成》编辑委员会编：《中国民族问题资料・档案集成 第5辑 中国少数民族社会历史调查资料丛刊 第105卷〈民族问题五种丛书〉及其档案汇编》，北京：中央民族大学出版社2005年版，第513页。

② 国家民委《民族问题五种丛书》编辑委员会，《中国民族问题资料・档案集成》编辑委员会编：《中国民族问题资料・档案集成 第5辑 中国少数民族社会历史调查资料丛刊 第105卷〈民族问题五种丛书〉及其档案汇编》，北京：中央民族大学出版社2005年版，第517页。

③ 潘光华：《中国苗族风情・庞大的鼓藏节》，贵阳：贵州民族出版社1990年版，第100页。

的情况是使用泡桐木。此外，一些地区苗族还使用杉木作为辅助性材料，运用于一些仪节中。因使用材质不同，祖鼓也就有了不同的称呼，用枫木制作的被称为黑鼓，以楠木或樟木为材质的则叫作白鼓。一些广西苗族就是把泡桐木作为制祖鼓的材质，而且在制作祖鼓时，还用杉木雕凿一个祖先（女性）偶像。[①] 四川苗族则选樟树为鼓身。[②]

据说，一些地区的支系放弃枫木而使用樟木或楠木做材质，主要是因为苗族人文祖先蚩尤被擒时，被有意以苗族先民视为鼓社树的枫香树制成桎梏，以示羞辱。故从此苗族先民制鼓忌用枫木，改用楠木、香樟等优质树种。[③] 可见，材质的取舍，实际上饱含着一个民族的历史情结与心路历程。当然，也有一些客观情况导致各支系制作祖鼓的材质出现差异，例如，因枫木易破而改用楠木也是事实；一些苗族地区树木品种的差异与局限也是必须要考虑的情况。

使用枫香树，其实首先应注意到的是苗族始祖神话中的妹榜妹留是从枫木树里生出来的内容。既然祖先与枫木关系密切，敲击枫木也就更能唤起祖宗的灵魂。无论是苗族的丧葬仪式，还是架桥仪式，均选用杉木作为祭祀仪式材料，在吃鼓藏仪式中，也可见杉木的使用。据说，杉木树叶尖，尖尖的杉叶寓意崽女多。苗族古歌《架桥歌》中唱道：

> 哪样树叶尖，用它来架桥，才出崽女多？从前的老人，用了杉木树，杉木树叶尖，尖叶多子女，用它来架桥。[④]

楠木根系发达，枝叶茂盛，生命力旺盛，遮风避雨，以此为祭祀用品，暗示可让支系得到同样的效果可能也是需要考虑的因素。所以，黔东南苗族砍楠木树制作祖鼓时，巫师祭词称：

> 树呀树呀！生在天家。为保众人，你把凡下。根吸龙水，头戴彩

---

① 朱慧珍、贺明珍：《广西苗族》，南宁：广西民族出版社 2004 年版，第 78 页。

② 郎维伟：《四川苗族社会与文化》，成都：四川民族出版社 1997 年版，第 162 页。

③ 潘定发：《雷山苗族文化与旅游丛谈 · 雷山苗族鼓藏节调查》，北京：中央民族大学出版社 2010 年版，第 222 页。

④ 万昌盛：《奇特的苗族禳桥习俗》，《理论与当代》2010 年第 7 期，第 51 页。

霞，沐浴阳光，吮吸雾花，枝干挺拔，果实肥大。姜央赐尝，我们砍伐，凿对祖鼓，祭奠爹妈。你有福分，我们发达。①

四、仪式的功能

（一）影响超自然的信仰诉求

在传统时代，苗族社会饱受生产力低下、生活困顿之苦痛。一方面，人们不得不屈服于大自然的威压与社会压力，并将其异化、神化为超自然。另一方面，又始终在寻求突破，希望超越、凌驾于不可捉摸的超自然之上。集体祭祖仪式其实也暗含着这样的诉求，希望借重于祖灵的力量，影响乃至操纵超自然而达成自己对小康生活的追求。例如，四川苗族绷鼓节，新鼓制成后，在将其送往存放地时，开门之际，内外问答式祝词的中心思想就是借助祭祖的机会，共祝村寨丰收、人畜平安兴旺。次日，主持人将切割下的鼓蛋分发各户，得到的人家都视为珍宝，长期保存，认为鼓蛋有驱邪避鬼、逢凶化吉、防治百病功能。②

在广西苗族的唱鼓仪式中，有些地方还增添了“老虎进鼓房”等娱乐性活动。装扮老虎者手握梭镖，当欢聚的人群围观唱鼓时，老虎扮演者突然闯入鼓房，两位水神扮演者则赤裸上身，且各自背一桶水紧随其后。当“老虎”围着祖鼓舞枪吼叫时，“水神”就尽力摇动水桶，让桶中之水喷溅而出，洒向人群。此时此刻，鼓房内乱作一团，喊叫声与嬉笑声交错。泼水完毕，“老虎”和“水神”顺势溜出门去，逃之夭夭。③ 据说，此种傩舞性质的表演，意在为当地民众去魔镇邪，涤除不洁，也即通常之驱邪纳福。其实，这是借助集体祭祖的机会，借助祖灵的力量实现苗族民众超越超自然的心理诉求。

据从江县加勉苗族传说，敲木鼓祭祖，主要是因为人类之邪恶先祖昂

① 潘光华：《中国苗族风情·庞大的鼓藏节》，贵阳：贵州民族出版社1990年版，第101页。

② 《四川苗族志》编委会：《四川苗族志》，成都：四川出版集团巴蜀书社2009年版，第235页。

③ 朱慧珍、贺明珍：《广西苗族》，南宁：广西民族出版社2004年版，第79页。

不但残害生灵，甚至连自己的同胞兄弟也想吃掉，激起公愤后，被风的首领设计处死。但是，昂死后继续作祟，致人重病。经鬼师看卦指点，只要人做芦笙吹，做木鼓敲，杀猪宰牛敬昂即可满足其要求而与世人相安无事。所以，只要祖宗要猪、要牛时，即须吃鼓藏。[①] 这似乎是在解说椎牛、椎猪祭祖起源。但是，敲木鼓、杀牲祭献即可驱邪治病的情况本身又是苗族民众希望通过集体祭祖掌控桀骜不驯的超自然力量的突出表现。

（二）民族文化功能

黔东南西江苗族鼓藏节首先要举行招龙仪式，全寨男女老幼集中到山上迎龙场的枫香神树脚，祭师首先念招龙词，念毕，朗声背诵族史，向全体族人进行勿忘苗族历史文化的教育。[②] 贵州从江县加勉苗族吃鼓藏时，蒙鼓、喊祖宗、念祖宗为第一年冬季活动的主要内容，蒙鼓的同时，还举行喊祖宗仪节。由于年代久远，不能把所有的祖宗都喊到，但是，必须遵守三原则：过去吃鼓藏时已经喊过三次及不能记忆名称的祖宗不喊；已经喊过两次（包括新亡长辈）的，可喊可不喊；本届吃鼓藏前，经鬼师破蛋确认“带头送财喜”与“尾后关财喜”的两代祖公祖婆则必须喊到。[③] 家族历史传习，既是尊祖敬宗的孝心体现，更是开展家族史教育的有效手段。对于居住在较为封闭环境的苗族，高山大川的阻隔让支系成员聚会不易，而集体祭祖这样不能缺席的聚集活动，贯穿着家族与民族文化的讲述，在点染宗教氛围的同时，更能传承民族文化。

对于民族历史记忆的整理与传播，在集体祭祖仪式中也多有体现。西江苗族砍圣鼓树时，大家要用绳索将圣鼓树拉倒向东方，因为东方是苗族祖宗的老家。[④] 从江加勉苗族鼓藏节第一年的祭祀活动中，有砍板凳活动，砍树时，十分强调树倒的方向必须朝东，否则不利。因此，无论树倒的方

① 国家民委《民族问题五种丛书》编辑委员会，《中国民族问题资料·档案集成》编辑委员会编：《中国民族问题资料·档案集成 第5辑 中国少数民族社会历史调查资料丛刊 第105卷〈民族问题五种丛书〉及其档案汇编》，北京：中央民族大学出版社2005年版，第508页。

② 杨培德：《鼓魂》，北京：中国文联出版社2002年版，第35页。

③ 国家民委《民族问题五种丛书》编辑委员会，《中国民族问题资料·档案集成》编辑委员会编：《中国民族问题资料·档案集成 第5辑 中国少数民族社会历史调查资料丛刊 第105卷〈民族问题五种丛书〉及其档案汇编》，北京：中央民族大学出版社2005年版，第520页。

④ 杨培德：《鼓魂》，北京：中国文联出版社2002年版，第29页。

向是否自然向东，均须把它拉向东倒。[①] 联系到苗族有关由东方祖居地向西迁徙的历史，加之本身又是祭祖活动，所以，树倒的方向必须是东方，应该与上述历史记忆有关。

鼓藏节中呼唤祖宗圣灵的巫词内容，也意在强化民众对祖先光荣历史的认知。

祖宗呀祖宗，妹榜妹留生。历经滔天水，又逢火烧林。西迁掌西南，掌西住一久，又把支系分。请祖十二支，先神引后神，齐回到家乡，统统认古根，与子孙同乐，同把祭品分。[②]

这是苗族在举办鼓藏节时，祭师对祖宗圣灵的呼唤词。据说，在鼓藏节中要以宗族为单位，分别请祭师一家一户地唱呼唤祖宗圣灵的鼓藏歌，追溯背诵苗族直至本宗族的历史，对全体鼓社成员进行一次本族历史文化的再教育，要求他们世世代代永志不忘苗族的传统文化，使他们随时随地都能意识到自己的苗族文化传统。

《念祖宗歌词》是从江县加勉寨苗族在吃鼓藏“念祖宗”仪式中所演唱的巫词，歌词述及祖宗经过长途跋涉来到“秀纠”，辟草莱，垦荒地，继后定居在“秀纠”。“公去山中砍树，砍树做什么？用来架桥，桥架好了，公就过河到‘秀纠’，又从‘秀纠’迁徙，中途经过‘休水’的高山、涉过很深的河流，才稍事休息”。接着又是一段游牧生活的素描，然后继续前进，中途又遇到陡壁高山，无路通行，修成道路以后，才来到“秀随”，在“秀随”定居下来。[③] 这样的回顾，当然能够让子孙熟悉民族历史，让后代借助集体祭祖的仪式场景，浸淫于民族文化精髓之中，激发民族情感，增强民族凝聚力。

民族生产生活历史的总结，在集体祭祖祭祀仪式中也有所体现。贵州

---

① 国家民委《民族问题五种丛书》编辑委员会，《中国民族问题资料·档案集成》编辑委员会编：《中国民族问题资料·档案集成 第5辑 中国少数民族社会历史调查资料丛刊 第105卷〈民族问题五种丛书〉及其档案汇编》，北京：中央民族大学出版社2005年版，第514–515页。

② 杨培德：《鼓魂》，北京：中国文联出版社2002年版，第106页。

③ 国家民委《民族问题五种丛书》编辑委员会，《中国民族问题资料·档案集成》编辑委员会编：《中国民族问题资料·档案集成 第5辑 中国少数民族社会历史调查资料丛刊 第105卷〈民族问题五种丛书〉及其档案汇编》，北京：中央民族大学出版社2005年版，第527–528页。

从江县加勉寨吃鼓藏，一次活动的时间为三年，每年踩歌两次，踩歌堂前须烧酒敬祖宗（秋季烧酒一壶，冬季烧三壶），《烧酒唱词》就是烧酒时唱的。唱词提到他们的祖宗在历史时期曾经经过五次迁移。据学者考证，唱词中涉及的迁徙路线与其实地调查的加勉苗族迁徙历史资料虽具体地名有出入，但路线是一致的。所以，《烧酒唱词》在祭祖仪式中的传唱，有助于该支系熟悉掌握民族历史文化，祭祀仪式的庄严气氛更有助于民众悉心记诵相关知识，对于没有自己民族文字的苗族，这种口耳相传的教育教化模式是具有现实意义的。此外，从这首词中还可以看出苗族到加勉定居之初带来的粮食品种可能只有糯禾、小米，别无其他粮食种类。① “我们出门去，去到坡上，到种小米的地里面，我们去薅草，把草扯干净，把扯下的草堆在小米根蔸边。小米长高了，小米发蔸了。”“我们出门去，去到田坝，去到田中。我们去栽秧，在田里栽秧，秧栽得很整齐。”

研究苗族集体祭祖活动中的一些言行，可以分析该民族的民族心理、价值观与哲学思维习惯。在从江县加勉苗族吃鼓藏第一年冬季的拉鼓仪式中，先以树藤将鼓筒绑好，树藤的首端必须在鼓筒头部，不能任意颠倒。拉鼓时，四丈多长的树藤，除中间绑鼓点去一部分外，拖在两头的藤子均须用手抓满，如本寨人数不够，还须请外寨亲友帮忙。树藤的生长方向契合祖鼓的生命力，寓意在于祖灵长存，始终具有强大的力量，也能带给家族无限生机。树藤必须抓满，意在向祖灵展示家族的兴旺与力量的强大。由此，我们可以将之解析为一种苗族的思维取向，那就是顺而不违逆，则有生机。

苗族民众还秉持先劳而后乐的价值取向，在从江县加勉苗族吃鼓藏第一年冬季的拉鼓仪式中，鼓拉到寨外暂时停下，事前做一禾廊，上挂三毭禾，将鼓停放禾廊下面，谓之喊鼓看禾廊。据说，恐怕鼓不知道今年收成如何，犹豫不肯进寨，所以要喊鼓看禾廊，方能解除鼓的顾虑。鼓停下后，由鼓藏师念词：“禾廊上挂满了禾把，我们有吃有穿，你放心进寨去

① 国家民委《民族问题五种丛书》编辑委员会，《中国民族问题资料·档案集成》编辑委员会编：《中国民族问题资料·档案集成 第5辑 中国少数民族社会历史调查资料丛刊 第105卷〈民族问题五种丛书〉及其档案汇编》，北京：中央民族大学出版社2005年版，第530页。

吧!”之后，即拉鼓继续前进。[①] 告慰祖灵最好的农业成绩已经获得，所以，请祖灵放心地前来歆享，这是典型的农民朴实性格的表现，其实也折射出作为山地民族，苗族民众始终坚守勤劳致富、劳而后乐的价值观。

对于处世原则以及人际关系，苗族坚守邻里相望，守望相助的互助原则。从江县加勉苗族吃鼓藏第三年为吃鼓藏的最后一年，活动期间，附近村寨的亲友须以礼物赠送鼓藏头及吃鼓藏各户。除一般亲友外，近亲均有一定的规例，如出室的亲姑母、同胞姐妹、女儿应送黄牛或水牛一头，家境困难者则折价送。答礼时，送黄牛则回答猪一头，送水牛则答两头，折价送则临时决定答礼的品种与数量。以上这些亲戚，除送牛之外，还须赠送禾、糯米粑、酒、鸡、鸭、爆竹等物。外公、外婆、舅父、岳父、岳母、内兄、内弟应送羊或猪一头，受礼者则答以猪一腿。一般的亲友最多送羊一只，或鸡、鸭、禾、糯米粑；有的也折钱送。答礼则视送礼的厚薄临时决定。待客则不分亲疏与送礼的多少，一律款留食宿两天。[②] 邻里之间互赠礼物，以及参与对方的重要祭祀活动，这既有经济上互助的精神，更体现了在信仰上的支持与声援。传统的苗族山村社会无疑是较为封闭与贫困的，某一支系的大型祭祖活动，肯定会花费巨大，对于个体家庭，乃至一个支系而言，经济上的压力确实不小，左邻右舍的帮助，当然是雪中送炭了。更为重要的是，在祖先崇拜这样的本原性问题上的参与与围观喝彩，一定会给当事方以莫大的精神慰藉，这也是拉近彼此情感的绝好时机。彼此之间的礼尚往来，道义上的扶助，其实在祭祖仪式中处处可见。

（三）社会秩序控制

为了维护正常的社会秩序，苗族社区信守平均与公平的原则，让全体成员处于较为平等的地位。例如，贵州从江县加勉苗族吃鼓藏，执事人员选拔，除鼓藏头之外，其余执事，除要求具备各自职责所需要的特殊条件以及遵守宗教仪轨以外，执事人的分配亦须注意，如本寨有两个以上的姓

---

① 国家民委《民族问题五种丛书》编辑委员会，《中国民族问题资料·档案集成》编辑委员会编：《中国民族问题资料·档案集成 第5辑 中国少数民族社会历史调查资料丛刊 第105卷〈民族问题五种丛书〉及其档案汇编》，北京：中央民族大学出版社2005年版，第519页。

② 国家民委《民族问题五种丛书》编辑委员会，《中国民族问题资料·档案集成》编辑委员会编：《中国民族问题资料·档案集成 第5辑 中国少数民族社会历史调查资料丛刊 第105卷〈民族问题五种丛书〉及其档案汇编》，北京：中央民族大学出版社2005年版，第521页。

氏居住，每一姓氏均须有人参加，否则可能影响各姓氏之间的团结。[①] 分食祭品时，无论在场人多少，一定让每人都吃一点，绝无顾此失彼、厚此薄彼的情况发生。

传统时期，乡村社会治理多是依托神权与地方权威，让二者形成凝聚中心，从而达到整合民众的目的。而对神性权威与社会组织权威的敬重与服从，则是每个社会成员的基本要求。从江县加勉苗族吃鼓藏的第一年，在鼓藏箱（猪翻身）仪式中，鼓藏头须喂猪一头，满三年后，以之敬全寨各姓六十个祖宗。仪式后，剪下此猪之左耳及尾巴各一小点，装入事先做好的鼓藏箱中，随即将小猪放在箱上翻身一转，猪翻身的仪式即告结束。鼓藏箱装好猪耳、猪尾后，埋于鼓藏头住宅后面的干燥地方，上盖木皮，使雨水不能浸下，以防朽烂。否则触犯祖宗，可能招致人口不安。鼓藏箱埋到三年后取出，随同木鼓送到野外埋藏。三年中，如因猪圈关栏不好，猪跑到外面去时，必须由"瓦榜"或"瓦栋"（鼓藏头的正副祭祀助手）前往赶回，因为这头猪是喂来敬祖宗的，如果让别人去赶。恐怕乱叫乱骂，开罪祖宗。猪赶回圈后，鼓藏头以鱼、麻为敬品，请鼓藏师念词语交代祖宗，叫他们好好照管。这头猪喂满三年宰杀祭敬过祖宗后，以四分之一给鼓藏师，而其余执事人员共分四分之二，鼓藏头得四分之一。[②] 在这个仪式中，祖宗神灵是至高无上的绝对权威，子孙们任何时候似乎都是无条件地服从，并对其持有敬重畏惧的心态。所以，在正式的鼓藏节活动开始之前，首先由仪式的最高负责人鼓藏头购买猪崽，小心饲养三年，并且将整个社区的各姓六十个祖宗作为一个整体予以祭祀，这其实体现了苗族民众尊重权威、谨守既定秩序的潜意识。因为，一旦触怒祖灵，冒犯权威，一定会招致惩罚，人口不安。其次，鼓藏箱仪式所用祭品猪肉的分配方案，也体现出世俗社会的权力中心所享有的特权，同时也表明整个社会面是有层级划分的，存在特定的权威，而且在权力中心也同样存在地位的差异，并由此形成社会分配与权力分享上的差异性格局。此种情形在其他

① 国家民委《民族问题五种丛书》编辑委员会，《中国民族问题资料·档案集成》编辑委员会编：《中国民族问题资料·档案集成 第5辑 中国少数民族社会历史调查资料丛刊 第105卷〈民族问题五种丛书〉及其档案汇编》，北京：中央民族大学出版社2005年版，第511页。

② 国家民委《民族问题五种丛书》编辑委员会，《中国民族问题资料·档案集成》编辑委员会编：《中国民族问题资料·档案集成 第5辑 中国少数民族社会历史调查资料丛刊 第105卷〈民族问题五种丛书〉及其档案汇编》，北京：中央民族大学出版社2005年版，第514–515页。

苗族地区普遍存在。从江县加勉苗族吃鼓藏，第一年祭祀活动结束后，所有用来敬祖宗的敬品：肉、鱼、鸭、麻均集中分给十二执事人，并按职位高低决定分配的比例：鼓藏师得总数三分之一；神机九、神榜、瓦榜、瓦栋共得三分之一；窝借、窝独、说机九二人、姐耶纽二人、得纽共得三分之一。鼓藏头则不参与分配，反而要向各位执事赠送礼物。①

社会秩序的构建既需要刚性的原则，乃至强力的手段约束溢出道德范围的行为，也需要借助宗教搭建群体性的社交平台，娱神自娱，从而实现柔性的社会关系调剂，更显现出持久性的功效。苗族地区集体祭祖的活动持续时间长，活动纷呈，社会动员彻底，就是较为有效的社会秩序重构与整合的良好平台。从江县加勉苗族吃鼓藏的第一年，有在一天之内举行开芦笙坪、踩歌堂、拉板凳、敬祖宗的重大集体性仪式活动；在踩歌堂、拉板凳环节，中年男子及青年妇女多半留在芦笙坪，陪伴外寨的宾客踩歌堂；青年男性则多数参加拉板凳。这时附近村寨亲友云集，场面异常热闹。② 广西苗族唱鼓之后是拉鼓，拉鼓是节日活动的高潮。拉鼓在拉鼓坡或开阔的地面进行。以粗大龙藤捆牢鼓腰，以本鼓社或联鼓社男女青年为一方，以外地宾朋为另一方，类似拔河，双方拼力“抢鼓”，围观者为之打气。拉鼓中经常出现一排排人墙倒地，引来一阵阵欢快的笑声。拉鼓活动在于取乐，不以输赢为目的。拉鼓场上，到处是盛装的男女，甚为壮观。③

因为崇拜祖先而聚集，因为娱神的需要而积极参加各种交际与娱乐活动，苗族民众自然能够在享受喜悦的同时增进了解，加深友谊；因为祭祖的需要而能时时处处体味到集体的温暖与力量，也就能更为深切地明白秩序的重要，社会和谐必然是来自于健康的、合理的社会秩序。

---

① 国家民委《民族问题五种丛书》编辑委员会，《中国民族问题资料·档案集成》编辑委员会编：《中国民族问题资料·档案集成 第5辑 中国少数民族社会历史调查资料丛刊 第105卷〈民族问题五种丛书〉及其档案汇编》，北京：中央民族大学出版社2005年版，第517页。

② 国家民委《民族问题五种丛书》编辑委员会，《中国民族问题资料·档案集成》编辑委员会编：《中国民族问题资料·档案集成 第5辑 中国少数民族社会历史调查资料丛刊 第105卷〈民族问题五种丛书〉及其档案汇编》，北京：中央民族大学出版社2005年版，第515-516页。

③ 朱慧珍、贺明珍：《广西苗族》，南宁：广西民族出版社2004年版，第79页。

第二节　丧葬仪式结构及其功能

一、丧葬仪式结构

（一）临终入殓

各地苗族在老人临终之前，均要求子女必须守护在旁，否则即被视为不孝顺；而且大多要求把病者抬至堂屋的坐具或卧具上咽气，并以此为最吉利。贵州赫章县大南山苗族认为，老人去世时，如果子女不在场，会带来无尽的烦恼，要犯“落阵空”（苗语）。也即死者的灵魂落到床脚去了，安葬后，须举行专门的祭祀以禳除。否则，但凡月初、月中或月末，亡灵就会从阴间跑出来，进入屋内摇动床铺或打动门窗。[①] 临终之际须儿子守护，在检视儿子的孝顺伦理道德的表层之下，其实还包含着苗族社会在代际更替时刻，念念不忘的依然如汉族般，十分关切“不孝有三，无后为大”，养儿防老，积谷防饥的潜意识表达。这种农耕民族普遍存在的价值观，其实又是传统社会因社会保障机制缺失而产生的普遍心理。

病者亡故后，丧家通常或吹牛角，或鸣放枪炮以发送死讯。推究其仪式意图，既有禀报神灵世界或阴界，告知祖灵，某人已经离世，要求准备接纳亡灵的加入，亦体现了苗族天、地、人的三元世界观。同时，这更有通知左邻右舍，希望得到关切与帮助的作用。人的死亡对于一个家庭及其生活的宗族、社区无疑是一项重大的变故，丧事的操办亦需要亲族与寨邻的协助；所以，以响亮的枪炮声、号角声快速地传播信息，也就成了当然的选择。当然，人死即以这样的特殊方式发送信息，亦是一种致哀的特殊表达方式，毕竟在面对骤然来临的重大变故时，情感的宣泄与内心压力的释放亦需要一种不同往常的方式。广西融县苗族还会在丧家的门前挂一只

① 国家民委《民族问题五种丛书》编辑委员会，《中国民族问题资料·档案集成》编辑委员会编：《中国民族问题资料·档案集成 第5辑 中国少数民族社会历史调查资料丛刊 第106卷〈民族问题五种丛书〉及其档案汇编》，北京：中央民族大学出版社2005年版，第62页。

雄鸡、一只放有少许米饭的鱼篓及猪蹄两对，使之成为丧家的标志。[①]

人死之后，派遣左邻右舍分赴各地报丧，通知亲友前来参加丧葬仪式亦是重要的事情。苗族报丧，又特重娘舅亲、姊妹与女儿、女婿。如果女性亡故，就必须通知其娘家的主要成员前来；如果男性去世，就必须通知其已出嫁的姐妹回来奔丧。否则，就会被上述亲属多方责问。[②]

死者入殓之前先浴尸，浴尸所用之水需要从井中或河中即刻提回，名为"买水"。浴尸由亲属或生前好友完成。浴尸时，湘西苗族对亡人喊道："×××，为你洗澡，帮你洗得干干净净，去到阴间好和别人站得一样高，坐得一样齐，走得一样快；好认叔伯兄弟、姑娘姐妹。"[③] 松桃苗族，则由祭司高声呼唤："×××，现在为你洗澡，把你洗得干干净净，到阴间后，男的好认兄弟，女的好喊姊妹。"[④] 广西龙胜苗族浴尸时孝子用手蘸少许浴尸水，洒入自己口中以示孝顺。[⑤] 贵州贵定县定东苗族，儿子、儿媳及女儿每人须象征性地喝三口洗尸水；或者浴尸后，将酒从尸体身上浇下并用碗接住，再由长子喝下，以此表示对父母的孝顺，且希望借此求得健康长寿，子孙兴旺，富贵荣华。[⑥]

西南各地苗族多数停尸于堂屋中，尸身须脚朝大门，表示死者要出门。有的按男左女右停放，有的不分男女方位。但忌讳安放在火坑边，因为该处为祖灵居住地，新亡者在未举行完整的丧葬仪式之前，还未被祖灵接纳，须慎重面对祖灵。湘西苗族则让其头部朝向火塘边的中柱，表示亡灵即将加入祖灵的行列。

（二）祭奠与开路

无论哪一支系苗族，在丧事中都要由宗教师主持仪式，引导亡灵沿着祖先迁徙的路线回到祖居地与祖灵团聚。此种仪式被称为开路、指路或教

① 阮镜清：《广西融县苗人的文化》，《民俗》1943年第2卷第3-4期，第26页。

② 贵州省民族事务委员会，贵州省民族研究所：《贵州"六水六山"民族调查资料选编·苗族卷》，贵阳：贵州民族出版社2008年版，第305页。

③ 李显福、梁先学：《湖南苗族风情》，长沙：岳麓书社2012年版，第205页。

④ 俞潦：《松桃苗族》，贵阳：贵州民族出版社2006年版，第37页。

⑤ 朱慧珍、贺明珍：《广西苗族》，南宁：广西民族出版社2004年版，第76页。

⑥ 贵州省民族事务委员会，贵州省民族研究所：《贵州"六水六山"民族调查资料选编·苗族卷》，贵阳：贵州民 族出版社2008年版，第112页。

路，仪式中巫师所念诵经文，则被称为《指路经》。在苗族看来，老人正常死亡后，若不由宗教师指路，亡灵就找不到回到祖居地的路线和方向，不能回归祖灵群体，就会成为孤魂野鬼。因此，指路是苗族丧葬仪式中必不可少的环节，云南红河苗族凡十二岁以上的正常死亡者，都要为其指路。十二岁以下的正常死亡者、非正常死亡者，虽也要为其指路，使其有所归属，以免作祟，但埋葬后，就不再让其与祖灵同列受祭，而须自己四处化食，祖灵也不会收留非正常死亡者的灵魂。①

死者安葬之前，要举行指路仪式。宗教师手拿一副竹卦，反穿一双专事指路的草鞋，左腋夹抱一只红公鸡，右手端着一碗酒，倒披蓑衣，走到棺前，面向死者用低沉而悲怆的声调吟唱《指路经》。贵州赫章苗族开路的宗教师必须背刀挂弩，表示给死者在山上、野外作防御野兽之用。贵州清镇市芦荻苗族、龙里县中排乡及民主乡苗族开路时，宗教师在呼唤亡人时还会呼唤死者上三代的祖灵姓名。然后引导亡灵沿着祖先迁徙的路线返回东方的祖居地，开路师每吟唱到一个地名时，就用斧子敲击一次棺盖，催着亡灵赶路，回到祖居地与祖先团聚。

开路，无疑是为死者灵魂提供安全、快捷地进入天堂的途径。而宗教师念诵丧家三代以上祖先名称，反复唱诵支系迁徙历史，尤其是迁徙路线，对于没有文字的苗族来时，无疑是集中学习家族史、民族支系历史的绝好机会，有利于苗族历史文化的传承。大多数苗族地区在丧葬仪式中，都会杀牲祭奠死者。例如贵州罗甸县苗族年满十四岁以上的人死后，就要椎牛、椎猪或砍马祭祀。据说人死之后，若经杀牲祭祀，亡灵即可在阴间以牛马做替身，而自身就可以投胎变成人；否则，就会变成牛马或其他动物，阳间子孙也不发达，乃至绝子灭孙。②

各地苗族停丧期间，多会吹笙击鼓致哀，歌舞娱尸。贵州安顺地区的一些苗族在榔规中即明确规定，举行丧葬仪式期间，全鼓社须每户一人参加晚上守灵，无故不到者按规罚处一只鸡或一些银钱。③ 安顺西部方言麻

① 罗有亮：《苗族指路经·红河卷》，昆明：云南民族出版社 2005 年版，第 468 页。

② 贵州省民族事务委员会，贵州省民族研究所：《贵州“六水六山”民族调查资料选编·苗族卷》，贵阳：贵州民族出版社 2008 年版，第 292 页。

③ 安顺市苗学会：《安顺苗族》，贵阳：贵州民族出版社 2011 年版，第 67 页。

山次方言苗族守灵要吹奏唢呐，夜间猜谜语，演把棒舞等，直至天亮。[①]湘西苗族在停丧期间则有闹丧习俗，表现为化悲伤为欢乐的祭奠风格。吊丧的宾朋多以歌声唱和，共同超度亡者灵魂，欢送生命重新开始。

（三）出殡与安葬

贵州罗甸县苗族上山前要“放客”，即客人正式来丧家吃白喜酒，有的客人多达3000余人。[②] 贵定县定东苗族的白喜酒简单朴素，饭后，客人纷纷抢拿饭勺、碗筷、菜盆，甚至有的抬甑子各自回家。死者越是儿孙满堂、德高望重的人，被拿走的东西就越多，这是主人家的光荣，拿的人也感到荣幸。[③] 安顺贵阳次方言支系苗族，在出殡安葬的前夜，丧家要给亡人“装饭”，即亡人的子女、宗族、亲友及寨邻为亡人走向阴间准备丰足的食物以及五谷种子，为亡人在阴间与祖宗和去世亲人见面，开始为新生活作准备。[④]贵阳高坡苗族发丧前，移动灵柩并顺停于堂屋，务使死者头朝内，脚朝外，以示送其出门。此时鞭炮齐鸣，人群浮动，熙熙攘攘，在芦笙的伴奏下，男男女女跳起了芦笙舞，以示诀别。[⑤]

凯里舟溪苗族下葬后，将棺盖揭开，亲人以几钱银子放在亡人手边，表示给亡人在阴间买屋基、墓地之用。然后由巫师喊叫旁边的人的魂魄出来，再行盖棺。[⑥] 贵定县定东苗族，灵柩入墓穴后，由长子从棺材脚爬到棺材头，往返三次，并用苗语祈请亡灵发给子孙金银粮食。念完后，向东南西北四方撒土，大家垒坟，新坟既成，把亲友送的香纸全部烧在坟前。[⑦]雷山县掌披苗族，灵柩入墓穴后，在棺材内铺一层或几层纸钱，然后移尸

---

① 安顺市苗学会：《安顺苗族》，贵阳：贵州民族出版社2011年版，第77页。

② 贵州省民族事务委员会，贵州省民族研究所：《贵州“六水六山”民族调查资料选编·苗族卷》，贵阳：贵州民族出版社2008年版，第291页。

③ 贵州省民族事务委员会，贵州省民族研究所：《贵州“六水六山”民族调查资料选编·苗族卷》，贵阳：贵州民族出版社2008年版，第114页。

④ 安顺市苗学会：《安顺苗族》，贵阳：贵州民族出版社2011年版，第71-72页。

⑤ 贵州省民族事务委员会，贵州省民族研究所：《贵州“六水六山”民族调查资料选编·苗族卷》，贵阳：贵州民族出版社2008年版，第321页。

⑥ 国家民委《民族问题五种丛书》编辑委员会，《中国民族问题资料·档案集成》编辑委员会编：《中国民族问题资料·档案集成 第5辑 中国少数民族社会历史调查资料丛刊 第105卷〈民族问题五种丛书〉及其档案汇编》，北京：中央民族大学出版社2005年版，第703页。

⑦ 贵州省民族事务委员会，贵州省民族研究所：《贵州“六水六山”民族调查资料选编·苗族卷》，贵阳：贵州民族出版社2008年版，第113页。

入内，盖棺。巫师即脚踏棺上，以砍牛刀砍下棺材几块木片，由丧家带回保存于柜中，表示发财发富，同时留作纪念。巫师砍棺之后，即用刀为死者指明太阳出没的方向及地理方位。指点完毕，即以刀殉葬，放于灵柩的左侧，据说，亡灵返回祖居地的路上有一块冒着火焰的怪石，火势凶猛，会张口吃人。路过怪石时，亡灵即用此刀砍掉怪石，方能顺利过去。[①]

二、丧葬仪式的社会功能

（一）有助于民间自我协调与管理机制的形成

由于西南苗疆特殊的地理与人文环境，官方管理机制缺失，往往导致偏远山区的社会治理陷入管理困难及应对迟缓的困境。在丧葬仪式中，苗族社会自发组织以情感互通为基础的社会动员实践，基于丧事安排与活动管理的运行模式，无疑有利于苗族社会民间自我管理与协调机制的形成。

贵州赫章苗族举行丧祭时，民众会基于灵活性与高效性原则，组建临时性的、强有力的领导机构，苗族称之为“绰嘎”。其成员一般由本寨精通丧葬礼节的德高望重的寨老三至五人组成，绰嘎下设管事若干人，苗族称“扑吐”。绰嘎发给扑吐每人一根竹棍，名曰“扑吐棍”。它是管事者指挥和管理嘎场的权力标志。手中无扑吐棍者，任其指手画脚，别人可以不理。如果手持扑吐棍，则丧事参与人员必听从安排与调遣。[②] 绰嘎就是一个指挥灵活、高效快捷的丧事指挥机关。

四川苗族的治丧人员一般包括指路师 1 人、总管 1 人、内管 1-2 人、外管两人、笙鼓师两人、祭奠师两人。另有厨师、管亮、记情、管楼、打纸等若干执事。[③] 在上述丧事活动分工中，责任划分清晰，问题考虑亦极为周全，所以应对丧事活动极为灵活快捷。

① 国家民委《民族问题五种丛书》编辑委员会，《中国民族问题资料 · 档案集成》编辑委员会编：《中国民族问题资料 · 档案集成 第 5 辑 中国少数民族社会历史调查资料丛刊 第 106 卷〈民族问题五种丛书〉及其档案汇编》，北京：中央民族大学出版社 2005 年版，第 649 页。

② 王正义：《赫章苗族文集 · 魂兮归去》，贵阳：贵州民族出版社 2009 年版，第 395 页。

③ 《四川苗族志》编委会：《四川苗族志》，成都：四川出版集团巴蜀书社 2009 年版，第 220 页。

贵州织金县苗族，一旦有人去世，众家族及寨邻都会聚集在丧家中堂里，白日群集，夜晚结伴，直至扶丧上山之后两三天。如此庞大的丧事活动，其领导机关则在开戛的当晚，由有威望的寨老提名推荐“布吐”，即主管、管事二三名，分别管理丧家内外治丧事务。一名专门接待娘舅家和迎客，一名专管丧家钱粮，一名专门指挥帮忙人以及处理和安排琐事。专管迎客的布吐就是接待娘舅家来客，届时接受娘舅家席前召询答辩，向娘舅汇报姑妈病故根由和治丧情况。布吐选定后，孝男当即捧上双杯酒，恭请布吐分派寨中青年男女各行其是，被指派之人必须无条件听从布吐指挥派用。①

上述各种丧事组织领导机构的显著特点是不要报酬，无偿劳动，但绝对高效快捷，反应灵活，对应有力。这也反映了苗族民间基层社会自治组织的基本运行模式之特点在于，以情感为切入点，以道义为载体，具有无偿性、公益性。这样的民间基层社会自治组织，在久经历练之后，同样可以移植到社会事务管理与秩序整合之中。毕竟，乡村社会的精英人物通常是首先在这样的重大社会事件中崭露头角，并得到较好的实践训练，从而形成可以复制与移用于社会管理的经验。因此，丧葬活动中的组织安排，完全是苗族乡村社会组织模式的实践，亦是基层民间管理权威性人物的实训基地。

（二）在互助与娱神中构建和谐的社区人际关系

社会成员的死亡，对于苗族社区的冲击与震动均较强烈，巨大的经济支出与物质耗费也常常让一个家庭难以承担，尤其是亡者在久病与医疗费开支巨大的情况下，突然又得面对丧葬费用的支出，无疑会给丧家带来沉重的压力。

苗族社会在千百年的民族伦理道德锤炼中，早已形成在物质与经济上互帮互助的优良传统。一旦社区成员家庭面临丧葬活动的压力时，均会伸出援助之手，扶危渡困。广西隆林县苗族，同寨有人死了，每户出一些粮

① 织金县民族事务委员会：《苗族丧祭》，贵阳：贵州民族出版社1991年版，第8页。

食和金钱予以帮助。[①] 雷山县掌披一带的苗族，左邻右舍有人去世了，家族和同寨的异姓都按习惯送礼，同时义务帮忙办理丧事。[②] 云南红河苗族接到报丧的各路同族同宗、亲戚，都必须在出殡前赶到丧家来。他们或以户为单位，或以几户为单位，要备一定的丧礼，丧礼多为猪、鸡米、酒、纸钱或钱币等。姑、舅家除了送礼外，还要携带纸旗和芦笙手。[③] 这种经济上的相互帮助，有利于苗族社会整体上增强应对社会危机的能力，尤其是在社会保障机制缺失的时代，经济上的互帮互助必然强化民族集团内部的凝聚力，有助于区域社会和谐。

死亡事件对亲人的情感挫伤极其严重，亲朋好友的宽慰与情感支持则是让丧家走出情感危机的最好方式之一。苗族社会的热情友好亦表现在整个社会对于死亡个例的全心力投入，一家有事百家忧，左邻右舍乃至陌生人的积极参与及道义声援能够抚慰丧家的情感创伤。

广西隆林县苗族，老人去世后，其女儿女婿除送礼外，还邀约家族七八人甚至几十人前往祭奠。[④] 湘西苗族送殡前一天行开吊礼，当天，亲友纷纷前来吊唁。凡男性亲属前来吊唁，均须行跪拜礼；女性亲属吊唁，直入帏内，用好话安慰孝女，扶棺失声痛哭，长者劝后方休。[⑤] 贵定县定东苗族，丧家的亲友不仅自己全力以赴，还会通知本寨各户，不管这些人与丧家认识与否，有无亲缘关系，都要跟他们一起赶来吊唁。寨上各家有来一人的，有来几人或全家的。来的人越多，亲友越有面子。因此，办丧事时，往往八九十桌、一百来桌来客是常有的事。[⑥] 龙里县中排乡、民主乡苗族，同寨某户的某位亲友去世，这户人家就相约本寨的男女前去凭吊，

① 国家民委《民族问题五种丛书》编辑委员会，《中国民族问题资料·档案集成》编辑委员会编：《中国民族问题资料·档案集成 第5辑 中国少数民族社会历史调查资料丛刊 第106卷〈民族问题五种丛书〉及其档案汇编》，北京：中央民族大学出版社2005年版，第569页。

② 国家民委《民族问题五种丛书》编辑委员会，《中国民族问题资料·档案集成》编辑委员会编：《中国民族问题资料·档案集成 第5辑 中国少数民族社会历史调查资料丛刊 第105卷〈民族问题五种丛书〉及其档案汇编》，北京：中央民族大学出版社2005年版，第649页。

③ 罗有亮：《苗族指路经·红河卷》，昆明：云南民族出版社2005年版，第467页。

④ 国家民委《民族问题五种丛书》编辑委员会，《中国民族问题资料·档案集成》编辑委员会编：《中国民族问题资料·档案集成 第5辑 中国少数民族社会历史调查资料丛刊 第105卷〈民族问题五种丛书〉及其档案汇编》，北京：中央民族大学出版社2005年版，第649页。

⑤ 李显福、梁先学：《湖南苗族风情》，长沙：岳麓书社2012年版，第206-207页。

⑥ 贵州省民族事务委员会，贵州省民族研究所：《贵州“六水六山”民族调查资料选编·苗族卷》，贵阳：贵州民族出版社2008年版，第113页。

举寨前往，而不管与丧家有无亲友关系，或认识与否。去时，每个妇女背着盛着饭的饭盆来到丧家以帮助办理丧事。① 红河苗族，守灵又叫守夜，夜间家人、族人、亲友不睡觉地守在灵柩旁。苗族注重传统道德礼俗，凡是来参加奔丧的人，无论亲疏，往往都陪同主人守夜。有的击鼓，有的吹芦笙，有的敲锣击鼓，整夜鼓声锣声芦笙声此起彼伏，相互应和。② 死亡事件常常令丧家情感陷于极度脆弱之中，远亲近邻的几句真诚的宽慰语言，热切慷慨的关心，这种同忧共戚的情感共同体，非常有利于苗族社会成员彼此之间的心灵沟通与情感对话。在取得情感与心灵共识的基础上，打造和谐健康的社会环境就有了最为扎实的基础。

传统的丧事活动需要大量的人力投入，突然的变故常常令丧家面临穷于应付的困境。苗族社会在丧葬活动中早就有了彼此之间无偿提供劳动力支持的民间救助机制，这既减轻了丧家的经济负担，亦弥补了劳动力明显不足的缺憾。凯里舟溪苗族的丧葬，有许多事情都要办理，需要很多人手，这些工作就落在家族的肩上。族人较少的，村寨里的异姓也都帮忙，这已成了传统习惯，被公认是应尽的义务，既不须请，也不用酬劳。大凡备办丧事的一切物品、炊事、杀牛宰猪、抬灵柩、挖墓坑、垒坟等一系列工作，都由他们承担。这是劳力上的帮助，在经济上也有所帮助，表示对死者的哀悼。③ 湖南苗族亡者入殓后，灵前日夜香火灯烛不灭。晚上，邻里亲朋都自动前来陪孝子守灵；帮忙人众则各司其职：有的忙于报客，有的忙于挖掘墓穴，有的忙于炊事，一切都在有条不紊地进行中。④ 广西隆林县苗族，在经济与物质资助的同时，各户还派一个男人去帮理事务，如挖墓穴，抬棺材等。⑤

丧葬活动中劳动力上的互助，既源于生产上的劳动力互助，又因饱含

① 贵州省民族事务委员会，贵州省民族研究所：《贵州“六水六山”民族调查资料选编·苗族卷》，贵阳：贵州民 族出版社 2008 年版，第 135 页。

② 罗有亮：《苗族指路经·红河卷》，昆明：云南民族出版社 2005 年版，第 470 页。

③ 国家民委《民族问题五种丛书》编辑委员会，《中国民族问题资料·档案集成》编辑委员会编：《中国民族问题资料·档案集成 第 5 辑 中国少数民族社会历史调查资料丛刊 第 105 卷〈民族问题五种丛书〉及其档案汇编》，北京：中央民族大学出版社 2005 年版，第 702 页。

④ 李显福、梁先学：《湖南苗族风情》，长沙：岳麓书社 2012 年版，第 206 页。

⑤ 国家民委《民族问题五种丛书》编辑委员会，《中国民族问题资料·档案集成》编辑委员会编：《中国民族问题资料·档案集成 第 5 辑 中国少数民族社会历史调查资料丛刊 第 106 卷〈民族问题五种丛书〉及其档案汇编》，北京：中央民族大学出版社 2005 年版，第 569 页。

情感以及极具道义高度，反过来进一步强化了苗族社会全方位的劳动互助的形成。在生产力水平较低，以手工劳动为主要形态的苗族山地劳作中，无疑是在整合情感之中实现了整合全社会生产的目标。

（三）驱邪祛恶以保护生者

社会成员的死亡对苗族社会产生强烈的冲击，对死亡的恐惧让民众对冥灵世界讳莫如深，所以，在哀伤与悼念亲人的同时，整个社会又不约而同地表现出隔绝阴阳两界、乐生重死的心理。此种心理首先表现在人初死时的报丧仪式中，贵州赫章苗族的报丧人身披羊毛毡、手拄竹棍以标识其身份，在未完成任务前，不许走进与死者家无关的人户；抵达接受丧讯的人家后，也不能贸然进门，要在门外先打招呼，待对方拈一个火子放于门槛边，舀水淋后方能跨过火子进屋。此种仪式的寓意即在于祛除凶邪，防范亡灵，保护生者。①

这种驱邪避祸的心理在丧葬仪式之初，处理浴尸水环节亦有体现。从江县加勉苗族须将其倒在偏僻处，否则将弄脏道路，会遭到群众的谴责。据说，人们如果踩了浴尸水，以后去踩田，田坎就会垮，禾谷也长得不好，甚至还会腿脚生毛病。② 松桃苗族则是将第一二盆水倒往人踩不到的地方，第三盆水置于隐蔽处，待为逝者招魂后方能倒出。人死须浴身，据说只有洗干净后，亡灵才能被祖灵接纳。修整遗容，保持体面，其实是维护逝者最后的尊严，亦是为其身份转换，在阈限关口的一种标识。由至亲提取浴尸水，由子女浴尸，进而一些地方出现由异姓人氏浴尸，除了血缘观念，子为根脉的观念外，也可看出他族文化，尤其是汉族丧葬观念在苗族地区的流播。视浴尸水为不洁、不祥，亦可见人们对死亡的恐惧，对生命的珍视。

从资料中会发现，苗族对死者浴身后穿的寿衣都是要求单数，穿衣忌用双数。雷山县苗族的看法似乎可以解读此种心理，他们认为，婚嫁用双

---

① 王正义：《赫章苗族文集·魂兮归去》，贵阳：贵州民族出版社 2009 年版，第 394－395 页。

② 国家民委《民族问题五种丛书》编辑委员会，《中国民族问题资料·档案集成》编辑委员会编：《中国民族问题资料·档案集成 第 5 辑 中国少数民族社会历史调查资料丛刊 第 105 卷〈民族问题五种丛书〉及其档案汇编》，北京：中央民族大学出版社 2005 年版，第 541 页。

数，寓意为男娶女嫁，成双才能保持永久，才能生男育女。人死后如穿的衣服是偶数，接着还要死人成偶数；用单数，表示死去只是他一人，后代子孙才发达。[①] 亡灵身份转换标识在死者所穿的寿衣上即有明确的体现，衣服反穿是其一，即将前面换穿到后面；衣衽朝向与生前相反，取阴阳颠倒之意是其二；破坏衣服的完整性，烧一个小洞是其三。虽然一些当地民众对此解释是便于亡灵领取享受，以防被孤魂野鬼掠去，但是，更多的内涵其实应该是体现了苗族民众对死亡的恐惧，对冥冥世界的区别看法，也是亡者身份转化的确认方式。此种意识在女性死者的发型上亦有体现，必须反日常习惯盘头发；此外，死者所穿之鞋，或在下葬时开棺脱鞋，将鞋砍断丢在坟边[②]；或如湘西苗族寿鞋，在鞋底用墨点上一特殊记号。[③] 亡灵身份转化在生者的一些行为中也予以暗示，贵州台江反排苗族，在丧葬仪式中跳芦笙舞时，从左边起舞，由左边转圆圈，“死左活右”的观念即是明证。[④] 贵定县定东苗族在开路过程中，儿子、儿媳、女儿要在灵前与其父（母）共“吃”一餐分离饭，按男左女右跪在灵前。事先端一盆水放着，盆中放一把七八十岁德高望重的老人（女的）正用的梳子，每个孝子（女）依大小次序举行梳头仪式，象征性地从头顶往前梳，梳完“吃”饭。[⑤] 最后一次团聚吃饭，用梳头表示决绝，这都是以象征的方式表达阴阳两界、生死之间的差异性与不可联通的心理需求。

安葬死者后，很多苗族支系都会继续以多种方式，在表达对死者的奠祭与关切的同时，亦有意识地区分阴阳两界与生死之间的边际，阻隔亡灵对生者的侵扰。从江加勉苗族，据说人死的第四天要去踩歌堂，所以死者安葬后的第四天早晨天刚亮时，由其家属和亲友为死者“送早饭”。头天晚上，亲友、房族宿于丧家，准备相关祭品，但至夜深人静时关门，不准

---

① 国家民委《民族问题五种丛书》编辑委员会，《中国民族问题资料·档案集成》编辑委员会编：《中国民族问题资料·档案集成 第5辑 中国少数民族社会历史调查资料丛刊 第105卷〈民族问题五种丛书〉及其档案汇编》，北京：中央民族大学出版社2005年版，第541－543页。

② 朱慧珍、贺明珍：《广西苗族》，南宁：广西民族出版社2004年版，第76页

③ 李显福、梁先学：《湖南苗族风情》，长沙：岳麓书社2012年版，第205页

④ 国家民委《民族问题五种丛书》编辑委员会，《中国民族问题资料·档案集成》编辑委员会编：《中国民族问题资料·档案集成 第5辑 中国少数民族社会历史调查资料丛刊 第105卷〈民族问题五种丛书〉及其档案汇编》，北京：中央民族大学出版社2005年版，第186页。

⑤ 贵州省民族事务委员会、贵州省民族研究所：《贵州“六水六山”民族调查资料选编·苗族卷》，贵阳：贵州民族出版社2008年版，第112页。

人出入。据说，这时死者已来到门外等候，如开门，死者即会闯入。可见，生者已经将死者列入忌讳与防范的异己世界，彼此之间分属不同领域，隔膜与禁忌已经产生。第二天早晨偕同鬼师带早饭上路时，须将饭藏入右手袖中，不能使人看见，据说，恐怕被鬼把饭抢光；出大门要大哭一声，据说，是把死者骂走。这些都表现出对生与死、此岸与彼界的区分。在墓地，还得将柴火放墓前燃烧，表示给死者的火种；另掘新土添在坟上，表示为死者盖屋，① 则又是亲情的十足表达，希望亡灵在彼岸世界过上幸福的生活，也让生者心里有些许安慰。

在苗族的丧葬仪式中，在明确区分生与死、阴间与阳界的界限的同时，还会通过多种仪式，以决然的态度隔离亡灵，驱除凶邪，保护生者免受鬼魂的困扰，确保生者的吉祥安康。贵州织金县苗族守灵中的绕戛仪式，一方面是为死者在返回祖灵居地的途中呐喊助威，驱妖逐邪，吓跑野兽，吓飞老鸦，护守尸体无损。另一方面是因死者生前曾勤苦耕种，饲牧养畜，劳作生息在这片土地上，必须护卫，让其去寻觅脚迹窝并将脚印干净地收了去，免得再回人世骚扰儿孙。② 贵州安顺坝苗在举行开路仪式过程中，会穿插叫魂仪式，以保护参与丧葬仪式的生者的安全。“至此则举行叫魂，坝苗相信人有三魂，魂常在外游，因恐活人魂为死人魂带去，如不叫回阳间，则人必死。故叫魂者，叫活人魂转回阳间。‘那汝、波米、原即、麻洛……（以上为死者亲属之名，必须一一呼名叫之。）你们啊，莫要与祖人坐了，你们快到阎王跟前，领牌同票回来。’”③ 魂既叫毕，鬼师又继续其开路。贵州赫章县大南山苗族，小殓完毕，即举行“滚蛋叫魂”仪式。即把鸡蛋在死者身上滚，滚一个叫一个生者的魂，意思是免得生人魂魄被死者抓住不放。凡是接触死者的人，都要叫他的魂魄。④ 从江加勉苗族，入棺时，先由鬼师手执一枝芦苇叶在棺材上空来回绕三次，并

① 国家民委《民族问题五种丛书》编辑委员会，《中国民族问题资料·档案集成》编辑委员会编：《中国民族问题资料·档案集成 第5辑 中国少数民族社会历史调查资料丛刊 第105卷〈民族问题五种丛书〉及其档案汇编》，北京：中央民族大学出版社2005年版，第546页。

② 织金县民族事务委员会：《苗族丧祭》，贵阳：贵州民族出版社1991年版，第14页。

③ 杨汉先：《中国边疆社会调查报告集成·黔西苗族调查报告》第一辑第2册，桂林：广西师范大学出版社，第115页。

④ 国家民委《民族问题五种丛书》编辑委员会，《中国民族问题资料·档案集成》编辑委员会编：《中国民族问题资料·档案集成 第5辑 中国少数民族社会历史调查资料丛刊 第106卷〈民族问题五种丛书〉及其档案汇编》，北京：中央民族大学出版社2005年版，第63页。

念咒语："我们阳人的魂要出来，让这块地方给死者住。我们家里还有女儿，我们还要生产，让死者在这里成为我们的祖宗。"① 清镇市芦荻苗族，开路完毕，开路师要给孝家及众亲友出魂。即孝家或众亲友的魂魄，谨防亡人带去阴间，须解救回来。开路师每念一个人的名字，就卜一次卦。若不是顺卦，就奠酒一次，用一勺糯米饭供奉亡人，直到出现顺卦，视为解救回来了。出魂结束，待时发丧。葬坑挖掘好后，开路师在一把红纸伞的遮罩下站立于坟后，给参与埋葬亡人的亲友、邻居以及自然界的山川、河流、林木、虫鸟出魂。安葬完毕，凡上坟山的人回到丧家都须在门前的水盆里洗手，盆中的水是用煤块烧红放于盆中浸制而成，俗称打"除恶避邪"。②

黔东南榕江县加宜乡苗族对年满50岁的死者，如果牙齿完整，要将门牙打掉一颗。据说，不如此，其亡灵将回来危害子孙，吃掉田里的庄稼，吃光家底。③ 该县两汪乡空烈寨短裙苗凡年满60岁的死者，如果牙齿完整，亦须拔掉门牙一颗，但拔下的牙齿须放于死者身上，据说如果乱丢牙齿，死者就会回来找人要牙。④

贵州剑河县一些苗族支系在装殓遗体时，将菜肴、炒过的谷粒与棉籽置于遗体旁的糠包上。巫师或房族老人用犁头自火坑边耕犁至堂屋，并念诵道："菜、谷、棉、银你都有了，去阴间有吃有用。在生时与亲人是一家，去后是好是歹都不要过问阳间人的事。客来莫要问，客去莫要送，如果要问要送，除非谷种、棉种发芽！"念毕，取苞谷撒出堂屋。众人抬尸出门在屋檐下装殓。掌犁者随之犁出，并到房族各家堂屋内各犁一遍。⑤另外一些支系在入殡时，截取一小块银饰放在死者口中或头旁，用孝子孝

① 国家民委《民族问题五种丛书》编辑委员会，《中国民族问题资料·档案集成》编辑委员会编：《中国民族问题资料·档案集成 第5辑 中国少数民族社会历史调查资料丛刊 第105卷〈民族问题五种丛书〉及其档案汇编》，北京：中央民族大学出版社2005年版，第545页。

② 姜学志、杨顺发、王明超：《红枫湖畔的苗家·芦狄丧葬习俗》，贵阳：贵州民族出版社2001年版，第220-221页。

③ 贵州省民族事务委员会、贵州省民族研究所：《贵州"六水六山"民族调查资料选编·苗族卷》，贵阳：贵州民族出版社2008年版，第40页。

④ 贵州省民族事务委员会、贵州省民族研究所：《贵州"六水六山"民族调查资料选编·苗族卷》，贵阳：贵州民族出版社2008年版，第75页。

⑤ 贵州省民族事务委员会、贵州省民族研究所：《贵州"六水六山"民族调查资料选编·苗族卷》，贵阳：贵州民族出版社，2008年版，第142-143页。

孙所穿的破烂衣服做尸枕，并放一两个小罐。罐底铺上稻草，放入朱砂。巫师还会对死者念道："你口含珠玉，身穿绫罗，旁有水桶，你去到阴间莫来多管别人事。"下葬前，巫师用鸡自左至右绕墓坑一圈，边念边撒米粒，继而杀鸡滴血于棺盖，并绕墓坑一圈，取青草数根挽结丢入墓坑，念"活人出去，死人进来"，即放棺入坑。[①] 此外，还有一些苗族支系的丧事只能由孝子料理，所有女性都须远远避开，他们认为女性的阳气不如男性高，易被死者将其魂魄摄走。出殡时，长子头戴斗笠，肩扛砍牛刀，刀上挂着用 1.2 尺白布做成的内装有酒、肉、饭的口袋，足穿新草鞋。下葬后，巫师接过刀，左脚踏棺上，右脚跨在地上，用刀轻砍棺木三刀，并说："你到阴间后要保佑全家清吉平安，不要过问家里事，不然要用粪水泼你，用刀砍你。"

各地苗族对于非正常死亡者均采取特殊的丧葬仪式，以驱禳邪恶，护佑生者免遭其侵害。在贵州榕江县两汪乡，对非正常死亡者实行火化，仪式结束，在回村途中，鬼师还要用刀砍一条狗，将狗血洒在路上，且边洒边骂，以防止死者的鬼魂随人回村作祟。狗肉则由鬼师拿到偏僻地方煮熟吃，食毕，再到河边洗漱后方能回村。[②] 贵定县仰望乡苗族对于难产而死的妇女，要么停放在专门处理难产死者遗体的场所，用树枝架起，离地一米高，在尸体上覆盖很多草，周围用刺来围着。三年后，待尸体腐烂，只剩骨架时，煮水将遗骨洗净，再装进棺木，请鬼师开路正式安葬。另一种办法是立即火化。据说火化掉或风化掉那些不干净的东西后，就能使死者干干净净地到老祖宗那里去。[③]

贵州惠水县苗族为非正常死亡的人办丧事时，将举行一种特殊的禳除仪式，即跳马刀舞，通常又被称为猎凶舞。仪式中，丧家组成七人的猎凶队迎候，前来吊唁的亲友亦组成七人的猎凶队。主客两队见面后，寨老吹响牛角，两队舞者便在丧棚内绕棺起舞。猎凶者模仿古代武士的穿戴，穿红绿纸衣，戴纸帽，以墨涂面，你来我往，刀光剑影，作打斗状。主队在

---

① 贵州省民族事务委员会、贵州省民族研究所：《贵州"六水六山"民族调查资料选编·苗族卷》，贵阳：贵州民族出版社，2008 年版，第 141-142 页。

② 贵州省民族事务委员会、贵州省民族研究所：《贵州"六水六山"民族调查资料选编·苗族卷》，贵阳：贵州民族出版社 2008 年版，第 259 页。

③ 贵州省民族事务委员会、贵州省民族研究所：《贵州"六水六山"民族调查资料选编·苗族卷》，贵阳：贵州民族出版社 2008 年版，第 98 页。

杀牛砍马的场地舞三圈，将纠缠丧家的殇鬼驱走，使被押的非正常死亡者的灵魂获释，下到尘世受祭。[①] 驱赶附着于死者的殇鬼，一方面可以让非正常死亡者得以暂时的解脱，以便接受生者的祭奠；另一方面，亦是保护生者的必要措施，毕竟在宗教信仰氛围极为浓厚的苗族社会，人们认为非正常死亡的原因就是殇鬼作祟而导致严重后果。所以，以军事战斗的姿态，生者利用黥面、伪装等傩舞的形式，据说就可以达到极为良好的驱邪效果。

贵州从江加勉苗族横死者在出丧、入葬时必须同时进行洗家和推野鬼，待到三年之后还要为死者迁葬，家里才平安无事。推野鬼和洗家，二者是同一过程的两方面，也即驱赶生者周围的野鬼，保持家庭清吉；同时，亦赶走死者身上的野鬼，确保亡灵在彼岸世界舒适。其具体做法是先买好一只狗，最好是黄狗，无黄狗用黑狗；花狗、白狗绝不可用。据说用这类狗，今后仍会有人横死。鬼师在屋内火炕边牵狗作法时，唱诵巫词："牵到野鬼跟你，野鬼勾结人家来杀你。你死，我用狗来为你把野鬼推走，把野鬼加在狗的身上。使野鬼永远不跟你了。野鬼我杀狗给你，你来吃狗的血，你随着狗就走。如果谁要吃狗肉，你就跟谁走吧！你走吧！"[②] 念毕，将狗拖到村寨外约二里许的泥塘边棒击之；待狗昏厥，再以竹刀刺入其腹部。此时，如果狗流血不多，则表示野鬼已被驱走；如果流血过多，且狗很快死去，则表明野鬼并未被驱走，此类非正常死亡事件还会在村寨中继续发生。

此外，从江加勉苗族的非正常死亡者埋葬三五年或十余年之后，一般都要掘尸骨火化后迁葬。火化时，用钳子把尸骨夹出来，放在火堆里烧。附近还放一盆清水，盆上盖一烂斗笠，或张一把破伞，表示给死者盥洗。尸骨并不完全烧化，但必须浇酒和水于其上，然后用一布单包起并装入一木匣内，再送到正常死亡的墓地去入葬。[③] 对非正常死亡者实行二次入葬，

① 罗义群：《苗族文化与屈赋》，北京：中央民族大学出版社 1997 年版，第 233-234 页

② 国家民委《民族问题五种丛书》编辑委员会，《中国民族问题资料·档案集成》编辑委员会编：《中国民族问题资料·档案集成 第 5 辑 中国少数民族社会历史调查资料丛刊 第 105 卷〈民族问题五种丛书〉及其档案汇编》，北京：中央民族大学出版社 2005 年版，第 547-548 页。

③ 国家民委《民族问题五种丛书》编辑委员会，《中国民族问题资料·档案集成》编辑委员会编：《中国民族问题资料·档案集成 第 5 辑 中国少数民族社会历史调查资料丛刊 第 105 卷〈民族问题五种丛书〉及其档案汇编》，北京：中央民族大学出版社 2005 年版，第 188 页。

并火化尸骨，洗骨，之后即取得与正常死亡者一样的资格，得以入葬祖茔。种种仪式与行为，均体现出当地苗族既念念不忘亲情，但是又格外小心地处处提防附着于非正常死亡者尸身与灵魂周围的凶邪之气或殇鬼，最终的目的则无一例外的是切实保护生者的利益免受侵害。贵州榕江加宜苗族亦认为凶死者有鬼缠身。对于这类死者，葬后第三年都必须掘墓发棺，将遗骨掘出火化，然后再把烧焦的骨头捡入一个木盒内重新再葬。据说，只有经过火化才能去掉邪气，使死者的灵魂变得洁净，而不致变成鬼魔，再回到家中兴风作祟，危害家人。①

（四）阈限下的社会秩序回归

出殡，即将亡灵送往虚拟的阴间，是送其走向冥冥世界的一种仪式表达，实现阳—阴—阳之间的场域转换，以表达对死者的尊重，对生者的关切。毕竟，在生产力水平低下的时代，阴阳衔接总是那么令人生畏，多有不洁，也是多数民族在此时此刻都有所忌讳的关节点。所以，安葬结束返回时，就必须采取一定措施，阻断阴阳之间已然敞开的大门。由此，苗族丧葬仪式也就由阈限转向后阈限阶段，而此时的中心主题就是修复因丧事而出现的心理裂痕，让正常生活得以恢复，让社会秩序回归常态。出殡之际，希望通过一定的仪式，送走亡灵，不致其留居家中作祟，亦是苗族社会希冀社会生活正常重启的心理反应。广西融县苗族送葬时，当出门的时候，把死者日常所用的饭盘打碎于门外，认为这样便可以使死者的魂魄不再返家了。② 凯里舟溪苗族送灵柩往墓地时，须有一人持着火把在前，表示为亡人照明引路。据说如不照亮，亡人的魂魄找不着路走，留在家中就要作祟。③ 罗甸县苗族，安葬完，即给死者烧灵牌，倒簸箕饭，意思是给死者送足粮食，让他永别人间，不再纠缠凡人。死者生前衣物、拿到寨边烧掉。回到家，晒坝上备水一盆，旺火一堆，凡上山之人，个个洗手，人

---

① 贵州省民族事务委员会、贵州省民族研究所：《贵州“六水六山”民族调查资料选编·苗族卷》，贵阳：贵州民族出版社 2008 年版，第 41 页。

② 阮镜清：《广西融县苗人的文化》，《民俗》1943 年第 2 卷第 3-4 期，第 26 页。

③ 国家民委《民族问题五种丛书》编委会、《中国民族问题资料·档案集成》编委会：《中国民族问题资料·档案集成》第 105 卷，北京：中央民族大学出版社 2005 年版，第 703-704 页。

人跨火堆，与鬼魂隔绝。[①]

四川苗族于祭奠结束日的清晨举行送灵仪式，笙师吹《送灵曲》，绕堂屋四角旋转，吹毕，蹬踏鼓架柱脚，结束祭坛。祭奠师陈词，向亡灵察明已为其除去羁绊和包袱，让其回到阴间去享受自由生活。边陈词边丢竹卦，若竹卦双仰或双卧，表示亡灵已离去。然后按男女性别，由叔子或母舅将灵盘抬出屋外，取下衣帕，捡出筛内橙粑，再将竹筛反扣于地或烧掉，然后携物而回，称送灵。送灵人回到大门边，祭奠师架长凳于门槛上，拦住送灵人，内问外答，互唱送灵礼词。直到送灵人答出已为亡人摘除包袱，并顺利将亡灵送走，亡人已自由地在阴间独自谋生时，才撤掉长凳，让送灵人进屋。部分地区或族姓送灵不抬灵盘出门，而就在堂内处理，即取出糕粑和衣帕后，将竹筛从堂上向堂下滚，直到竹筛倒地后反卧于地为止，除灵至此结束。[②]

焚毁遗物，或以火祛邪以备再用，则是为了实现隔离亡灵，让社会正常秩序不因死亡事件而继续紊乱的举措。贵州凯里舟溪苗族在灵柩出村后，就把殓床的脚架、临终垫睡的稻草、破烂的衣物等一起在村边烧掉。死者生前穿用过、但还没有破烂的衣物，也要拿在火苗上掠过，表示已给了亡人。[③] 黔东南苗族，出殡队伍离寨后，由一老年男子将死者生前睡过或用过的床单、席子、头巾、烂鞋、腰带、裹脚布等杂物拿到寨边烧掉，以示把此类东西送给亡灵。然后，又在路边准备一盆清水，供安葬的人回来洗手，表示洗掉死者霉气，自己平安无事。[④] 榕江县两汪公社两汪大队的苗族，在村头要用稻草生一堆火，将死者用过的烟斗放入火中烧掉。死者用过的被单，由两位老奶奶在火上来回抛几下，仍带回家使用。[⑤] 安顺

① 贵州省民族事务委员会、贵州省民族研究所：《贵州“六水六山”民族调查资料选编·苗族卷》，贵阳：贵州民族出版社，2008 年版，第 291 页。

② 《四川苗族志》编委会：《四川苗族志》，成都：四川出版集团巴蜀书社 2009 年版，第 225 页。

③ 国家民委《民族问题五种丛书》编辑委员会，《中国民族问题资料·档案集成》编辑委员会编：《中国民族问题资料·档案集成 第 5 辑 中国少数民族社会历史调查资料丛刊 第 105 卷〈民族问题五种丛书〉及其档案汇编》，北京：中央民族大学出版社 2005 年版，第 703-704 页。

④ 杨正勇、李廷贵：《黔东南部分地区苗族原始宗教与原始文化调查述略》，《贵州民族学院学报》1989 年 第 1 期，第 50-57 页。

⑤ 贵州省民族事务委员会、贵州省民族研究所：《贵州“六水六山”民族调查资料选编·苗族卷》，贵阳：贵州民族出版社 2008 年版，第 260 页。

滇东北次方言苗族安葬死者后，死者家将几个盛满水的盆置于门外，凡参加帮忙的人行至门口洗手后才能进屋，以表吉利。[①] 雷山县掌披苗族出丧后，即打扫家中，由一人将死者睡过的稻草拿出去烧，死者睡过的木板和生前所爱的东西都要拿在火焰上掠过，洗尸的盆子也拿到村边砸破。[②] 死者的衣物等件必烧化成灰，药罐掷出门外四十九步。[③]

凯里舟溪地区苗族，埋葬死者的人回来时，在村边烧毁死者遗物的地方摆有一盆清水，大家就略为洗一下手，再回丧家吃饭，这个盛水的木盆还须由最后一人打破。还有一些苗寨在抬灵柩出葬时，在村口路的两旁，插有两串白纸，表示寨门。埋葬回来时，就把它砍掉。[④] 湘西苗族，灵柩上山，凡是踩了新坟地的人，一律要回孝家。孝家门外，放有米饭一碗，每人都要取一粒放入口中，然后吐出，吐饭之后，才能进屋。[⑤] 这一系列行为，其实就是希望阴阳两界必须划清界限，希望在丧事结束后，生者的正常生活回归常态，尤其是不能再被亡灵羁绊。

红河苗族在墓地选好后，先派七人挖好墓坑。这七人若在返回途中，遇着出殡队伍已经出发到半路上，就得急忙避开到路上方的草丛中，目的是不让死者知道墓坑是他们挖的。待棺灵抬走后，他们才径直回家。[⑥] 贵州黑苗埋葬死者时，拿一把刀，将地上的草砍得粉碎，口里一边说："若有你的兄弟姊妹或别的家人跟了你去，你要他们回来。"说罢拿刀和碎草由棺材顶上抛到棺材脚下，意思是以防家里其他人死去或跟了死人去。然后死者的儿子拿一把锄头将墓坑填满，上面堆一个土堆。回家时，在进村的路口预备一桶或一盆水，每个帮忙出殡的人都可以在里面洗手。[⑦] 安顺

---

① 安顺市苗学会：《安顺苗族》，贵阳：贵州民族出版社 2011 年版，第 76 页。

② 国家民委《民族问题五种丛书》编辑委员会，《中国民族问题资料·档案集成》编辑委员会编：《中国民族问题资料·档案集成 第 5 辑 中国少数民族社会历史调查资料丛刊 第 105 卷〈民族问题五种丛书〉及其档案汇编》，北京：中央民族大学出版社 2005 年版，第 649-650 页。

③ 王鹏皋：《苗民的迷信风俗》，《谈风》1936 年第 11 期，第 498 页。

④ 国家民委《民族问题五种丛书》编辑委员会，《中国民族问题资料·档案集成》编辑委员会编：《中国民族问题资料·档案集成 第 5 辑 中国少数民族社会历史调查资料丛刊 第 105 卷〈民族问题五种丛书〉及其档案汇编》，北京：中央民族大学出版社 2005 年版，第 703-704 页。

⑤ 《湘西苗族》编写组：《湘西苗族》，《吉首大学学报》（民族问题增刊）1982 年第 3 期，第 70 页。

⑥ 罗有亮：《苗族指路经·红河卷》，昆明：云南民族出版社 2005 年版，第 471 页。

⑦ Samuel · R · Clork 著，王同惠译：《贵州黑苗的葬俗》，《社会研究》1935 年第 113 期，第 505 页 .

苗族安葬完死者的第二天早上，死者家族用竹制成逝者半身人形架置于簸箕上，穿着衣服扮成逝者，吹奏芦笙从坟上接回家敬供一天。接至堂屋，数次供餐，最后是为生者招魂，要求死者："你到阴间穿的是铁鞋，你去得。某家老幼穿的是草鞋，你去得，他们去不得，你要放他们的灵魂转回来。"希望通过这样的方式为家族和直系亲属一家一家地招魂。①

织金县苗族说姑妈话结束后，娘舅分别唤来丧事总管和外甥，抓取席上的熟牛肉酬谢总管操劳之恩，祝愿外甥吉祥如意，抚慰甥女减少忧伤，祝福丧家人丁兴旺，田多地广，丰衣足食，财兴畜旺。② 剑河县苗族安葬死者毕，回到家中时，孝子烧香祭奠亡灵。之后，亲戚们举杯请孝子饮酒，并说几句安慰话，再给点钱以示添财喜；又顺手抓点肉喂孝子吃，表示从此可以开斋。孝子找客人划三拳，亲戚唱起哀歌，三位本家与两个孝子各取一个麻线、棉条系着的酒杯互相扯酒，讲些吉利话，然后宾主一同共饮。房族扶着孝子带着唢呐去家里吃饭，其他亲戚亦随去。饭毕，亲戚们用鸡、鸭或钱挂于孝子身上，唢呐队引孝子回家。③

三、丧葬仪式的文化功能

（一）女权遗存折射民族历史进程

从苗族的丧葬仪式中，至今依然可见母系氏族时代遗留下来的女权特征，具体表现为在丧葬仪式中，对娘舅与姑妈的敬畏与尊重，以及女婿在诸多仪节中的特殊地位的凸显。首先，娘舅或姑妈具有获得讣闻的优先权。贵州赫章苗族当某家老人病势垂危，若是老太太，就得先告诉舅家。如果过世了再去通知，就是对舅家有失尊重，舅家有权追究。若是子女不孝造成老人死亡，那将更无法向舅家与苗族社会交代。④

其次，娘舅与姑妈临丧，丧家在接待上必须对其重点关照，优越接

① 安顺市苗学会：《安顺苗族》，贵阳：贵州民族出版社 2011 年版，第 68 页 .

② 织金县民族事务委员会：《苗族丧祭》，贵阳：贵州民族出版社 1991 年版，第 15-18 页。

③ 贵州省民族事务委员会、贵州省民族研究所：《贵州"六水六山"民族调查资料选编 · 苗族卷》，贵阳：贵州民族出版社 2008 年版，第 142 页。

④ 王正义：《赫章苗族文集 · 魂兮归去》，贵阳：贵州民族出版社 2009 年版，第 394 页。

待。贵州清镇市小坡支系苗族，当娘舅家宾客临近寨子时，要先放三响铁炮报信；丧家听到炮声，也要放铁炮三响，表示迎接。同时，全部孝子必须等在路口，行跪拜礼；一年长者须立即迎上去，手拿酒杯，边唱悲歌边敬酒迎接客人。[①] 贵州纳雍县苗族，舅家人哭进灵堂时，丧家要跪拜堂前迎接，并扶舅家亲友一起，哭进灵堂。此外，必须特意安排较为清净舒适的地方让舅家亲友休息。[②] 贵州龙里县苗族，女性去世后，娘舅家来“吃姑妈肉”时，丧家须遣专人自始至终接待，娘舅家客人的用餐标准必须比别的客人丰盛；丧事结束，娘舅家客人临走时，须送给牛后腿（含尾）和几斤牛肉。待客散出门，故意走几步，以对歌挽留，客人住一夜，第二天归家。如果是外公或舅公、舅舅去世，则姑太、姑妈必须得到丧家一块牛背上的骨头带回去，以示姑太、姑妈地位的重要。[③] 贵州赫章苗族的丧葬仪式中，即使是前来吊丧的客人多达数百上千，住宿极为困难，也必须将娘舅、姑姑、远房叔父三家主客安排于丧家两间正房歇宿。[④] 贵州清镇市跑马路支系苗族，如遇冬天举办丧事，孝家必须为来下祭的亲友准备一炉炭火取暖，一般亲友的火堂安排在屋外即可；但叔伯、娘舅、姑妈等直系亲属的火堂则必须安排在屋内，如稍有差错或做得不周到就会带来麻烦。当地俗语称：“爹死怕叔伯和姑妈，妈死怕的是娘舅家。”[⑤]

再次，苗族在丧葬仪式中对于娘舅与姑妈的尊重，还表现在娘舅与姑妈享有问责之权。贵州清镇市中八支系苗族，如果某个孝子对亡者生前不忠不孝，娘舅家就要在丧葬仪式中直接责难训斥丧家，此即“做外家”。[⑥] 安顺贵阳次方言支系苗族，在祭奠亡人时，要询问跪在棺木旁的孝子对亡人生前是否孝顺，对其疾病的治疗和服侍是否尽到应尽的责任与义务。孝子必须如实答复，如答复与娘舅家平时的了解有出入，特别是对亡人生前

---

① 黄新民：《红枫湖畔的苗家·小坡丧葬习俗》，贵阳：贵州民族出版社 2001 年版，第 233 页。

② 纳雍县民族宗教事务局：《纳雍丧祭词》，北京：民族出版社 2003 年版，第 6 页。

③ 贵州省民族事务委员会，贵州省民族研究所：《贵州“六水六山”民族调查资料选编·苗族卷》，贵阳：贵州民族出版社 2008 年版，第 135 页。

④ 王正义：《赫章苗族文集·魂兮归去》，贵阳：贵州民族出版社 2009 年版，第 397 页。

⑤ 熊正林：《红枫湖畔的苗家·跑马路丧葬习俗》，贵阳：贵州民族出版社 2001 年版，第 240 页。

⑥ 程国恩：《红枫湖畔的苗家·中八丧葬习俗》，贵阳：贵州民族出版社 2001 年版，第 214 页。

有虐待、歧视等行为，孝子将受到严厉的训斥或责罚。即便娘舅家对孝子的孝顺很满意，他们也会借故生气，将两个或两对碗当场摔坏，意为“打发”，为孝家祈福。吃饭时，娘舅家的客人还可以直接向厨房索要超分量的酒菜。在他们要返程时，孝家要专门为他们摆第二次酒席，席间丧家须向他们如实陈述死者亡故的原因及经过，而他们则会借故生气，将席面上的盘碗等摔坏，以应“打发”之意而离去。①

娘舅在丧葬仪式中的特殊权利，尤其是问责权更多地表现在女性死亡后，娘舅家与丧家之间举行的说姑妈话仪式中。罗甸县苗族说姑妈话时，在灵柩前摆好一桌席，备好三个新碗，舅舅坐上席，丧家家族作陪，孝子下跪于舅舅前。舅舅将问及姑妈生病与治疗的情形，并询问丧葬品的置备状况。外甥一一作答，舅舅没有意见时，即将三个新碗往地上一砸，表示让亡人带到阴间去用，并把孝子扶起来。② 此种说姑妈话已仅仅存留历史痕迹，实质性的问责不明显；但是，在其他一些地区的说姑妈话，则事无巨细均得做出交代与自圆其说，否则，就会遭到娘舅家的非难。织金县苗族说姑妈话时，娘舅因为自己失去了姑妈，心情尤为悲伤。请一位专事姑妈话仪节习俗的能言善辩之士随同前往吊祭，代娘舅主讲，以娘舅身份与姑妈家布吐进行席上舌战。布吐在与娘舅代言人答辩时，要热情有礼，注重仪节，以诚相待，以礼服人，切忌口出秽语，恶语中伤，以致得罪舅家，直至引起不必要的冲突。姑妈话内容，从生育成长、缔结姻亲、勤耕苦织、抚儿育女、创建家业、劳碌操心以至积劳成疾，问到所生何病、请过何医，为何救不了姑妈性命，为何不差人告知舅家，姑妈去世后，破费了多少钱财送她入土，养育之恩如何报答，直至姑妈身上穿的、头上戴的、生前使用过的洗漱器物等，都要一一问遍，布吐必须礼貌而恭谦地巧妙对答。在回答中，必须使娘舅满意。③

苗族在丧葬仪式中对娘舅与姑妈的尊重，还表现在丧事结束时的礼物赠送环节。贵州凯里舟溪苗族的女性死亡后，埋葬结束时还要向她的娘家交付“头钱”，将其分为三份，娘舅家可以在此女子死后，或当年之内，

① 安顺市苗学会：《安顺苗族》，贵阳：贵州民族出版社 2011 年版，第 71 页。

② 贵州省民族事务委员会、贵州省民族研究所：《贵州“六水六山”民族调查资料选编 · 苗族卷》，贵阳：贵州民族出版社 2008 年版，第 290 页。

③ 织金县民族事务委员会：《苗族丧祭》，贵阳：贵州民族出版社 1991 年版，第 15-18 页。

或隔一两年来索取。但只能索取三分之二，须留一份表示彼此之间亲戚关系依然存续，以后两家还可以照旧来往。有的在女性死后彼此已经长时间不再往来了，或因某些问题彼此间产生矛盾而不愿来往了，则要索取最后一份“头钱”，以示断绝往来。[①]

此外，女权在苗族丧葬仪式中的遗存还表现在死者女儿，尤其是女婿的特殊作为与地位上。虽然在一些地区的丧仪中，似乎对女性的祭祀权有所限制，但是，完全可以将其理解为在母系氏族向父系氏族过渡时期，女权与男性权威的较量与抗争，且彼此处于相持不下的状态。例如，贵州纳雍苗族的丧仪中，死者女婿送来的牲畜以及其他祭奠礼物，须自行向管事开列清楚后才被收下；甚至连参加祭奠也得向管事请示；有的甚至连亲女儿、女婿哭灵也要请示管事。[②] 仔细推敲，父母的丧事开支中，女儿女婿提供牺牲与财力支持，这不应该是男权时代的道德律；相反，可以解读为女性的地位依然显赫，只是已经遭到削弱，男权抬升开始威胁女权。

在更多的时候，可以看到女儿、女婿在父母丧葬仪式中的活跃身影，乃至享有一定的祭祀特权。贵州新塘苗族男性老人去世，要遣二人身着黄袍去请死者女婿前来送老衣、打草鞋给死者穿。死者穿上草鞋后，再由女婿指定一人向在座的客人各敬一杯酒，称为“眼泪酒”。[③] 罗甸县苗族的丧仪中，女婿则要守灵一夜，女婿要事先备好酒、肉、柴、油、盐、米和菜，甚至帮忙弄饭的人都得由女婿家去请。[④] 各地苗族椎牛、椎猪仪式细节有异，但大体上都有交牲于死者手中的仪节。贵州贵定县定东苗族则由大女婿把牛牵来，手拿红布绳子的末端，大儿子拉牛鼻子，把牛拉到堂屋，绕棺材一周，然后由女婿将牛绳子放在岳丈（岳母）手中，表示把牛交给老人家。砍牛时，亦由大女婿用斧头及木棒击打牛脑部，象征性地打

---

① 国家民委《民族问题五种丛书》编辑委员会，《中国民族问题资料·档案集成》编辑委员会编：《中国民族问题资料·档案集成 第5辑 中国少数民族社会历史调查资料丛刊 第105卷〈民族问题五种丛书〉及其档案汇编》，北京：中央民族大学出版社2005年版，第704页。

② 纳雍县民族宗教事务局：《纳雍丧祭词》，北京：民族出版社2003年版，第6页。

③ 樊敏：《中国苗族风情录·新塘苗族“打草鞋”》，贵阳：贵州民族出版社2002年版，第214页。

④ 贵州省民族事务委员会、贵州省民族研究所：《贵州“六水六山”民族调查资料选编·苗族卷》，贵阳：贵州民族出版社2008年版，第290页。

三下，余下由有经验的人杀死。若女婿胆小，才能请别人代理。①

再者，贵州清镇市四印苗出殡时，不管死者是男性还是女性，均须由媳妇们身着盛装，每人打一把红伞，以大媳妇为前导，其余媳妇依长次跟进，在唢呐、金鼓声中，引渡亡人上山安葬。如死者年轻，没有媳妇者，由侄媳代替。② 由女性引导亡灵走向冥灵世界，这虽是较为独特的个例，但同样是与苗族传统时代女权的遗存不无关系。

（二）娱神自娱凸显乐生重死的坦然

虽然苗族社会对于死亡持有恐惧与戒备心理，在丧葬仪式中，亦会采用多种措施以界定阴阳两界的边际，并明确持有确保生者利益的姿态；但是，苗族之民族性格与文化传统则完全是坦然面对生死问题，尊重死者，在丧葬仪式中，极尽所有，体现生荣死哀的人物评价特点。这一特点在守灵期间唱诵的丧歌与孝歌中多有体现，在说姑妈话中也会真诚地总结死者生命历程中的成就与贡献。

在对待亡灵的态度上，虽持有阴阳两界划分的清醒，但更多的是面对亡灵依然饱含情感，依然平等待之。例如，贵州平塘县苗族在停柩期间要给死者举行“走亲”礼。即由孝子二人代替死者到姑爹和女婿家作客。死者的姑爹和女婿各自准备一只鸡，在家等候孝子前来访问。③

苗族在丧葬仪式中，乐生重死的坦然，极为鲜明地体现在娱神自娱的同时，调适人际关系，恢复生活常态的丧祭运作模式上。“苗人亲死，则聚亲族笑呼歌舞，谓之闹尸，又曰唱斋。至明年春月闻杜鹃声，比户号哭，曰鸟犹一岁一来，吾亲不复至矣。”④ 各地苗族停丧期间，守灵时多会吹笙击鼓致哀，采取多种形式，歌舞娱尸。参与这样的祭奠仪式，安顺地区的一些苗族在榔规中即有明确规定和要求，成年或老年人去世，全鼓社

---

① 贵州省民族事务委员会、贵州省民族研究所：《贵州“六水六山”民族调查资料选编·苗族卷》，贵阳：贵州民族出版社 2008 年版，第 113 页。

② 程国恩：《红枫湖畔的苗家·龙窝丧葬习俗》，贵阳：贵州民族出版社 2001 年版，第 225-226 页。

③ 樊敏：《中国苗族风情录·新塘苗族“打草鞋”》，贵阳：贵州民族出版社 2002 年版，第 215 页。

④ 陆次云：《西南民俗文献·峒溪纤志》第四卷，兰州：兰州大学出版社 2003 年版，第 388 页。

每户一人参加晚上守灵，无故不到者按规罚处一只鸡或一些银钱。[①] 安顺西部方言麻山次方言苗族守灵要吹奏唢呐，夜间猜谜语，演棒棒舞等，直至天亮。[②]

贵州清镇市小坡支系苗族，守灵多由本族人和寨子中的青壮年男子参加，主要任务是添烛焚香，给长明灯添油加芯，并通宵达旦地进行一些娱乐活动，如唱孝歌等，以热闹灵堂气氛，缓解丧家悲哀情绪。[③] 所有苗族在守灵期间均要演唱孝歌，一些地区的演唱内容与风格则近乎戏谑，指天骂地，引人发笑，同时还伴随一些反常的举止行为。

种种反常，尤其是指天骂地之语言行为，实则体现了苗族民族性格的爽朗与不拘泥于羁绊，敢作敢为的性格特征，以及具有英雄主义色彩的精神风貌。当然，更多的时候，孝歌内容则体现出怀旧与哀思，为死者作人生总结，表现出生荣死哀的尊重亡灵的心理特征。贵定县定东苗族孝歌内容大致是叙述死者经历及为人，安慰亡人安心去阴间等等。当孝歌唱到悲凉之处，往往大家泣不成声。[④] 榕江县两汪苗族孝歌则叙述死者的生平事迹，替死者解脱罪孽。前来吊唁的亲友及近邻，凡会唱者都要跟着师傅唱，边唱边击鼓，通宵不眠。[⑤]

四川苗族在丧葬仪式中，除了设立主坛、客坛之外，还需设立要坛。在各类祭奠仪式中，由于吊祭人员来往的时间先后不一，祭奠的仪式也会出现间隔和停顿。或吊祭仪式全部结束，等待散坛，此时家族或客人中的鼓乐爱好者可以自由击鼓、吹笙，跳各式各样的芦笙舞蹈。或一人吹笙跳舞前导，多人手臂相挽，绕堂而舞，舞蹈结束后，以肩相挤，以活跃气氛；或多人同吹共舞。这种形式，既促成了芦笙吹奏技艺的交流，又达到了笙鼓不断的目的，同时还使笙鼓师有了缓解休息的机会。这些自由娱乐

---

① 安顺市苗学会：《安顺苗族》，贵阳：贵州民族出版社 2011 年版，第 67 页。

② 安顺市苗学会：《安顺苗族》，贵阳：贵州民族出版社 2011 年版，第 77 页。

③ 黄新民：《红枫湖畔的苗家 · 小坡丧葬习俗》，贵阳：贵州民族出版社 2001 年版，第 231 页。

④ 贵州省民族事务委员会、贵州省民族研究所：《贵州“六水六山”民族调查资料选编 · 苗族卷》，贵阳：贵州民族出版社 2008 年版，第 112 页。

⑤ 贵州省民族事务委员会，贵州省民族研究所：《贵州“六水六山”民族调查资料选编 · 苗族卷》，贵阳：贵州民族出版社 2008 年版，第 261 页。

式舞蹈，即为耍坛。[1]

罗甸县苗族在出殡前，要举行“放客”仪式。这一天，青年男女收拾打扮来到一起，他们用锅烟墨粉，偷偷给异性脸上抹黑，叫打花猫，认为只有这样，自己的魂才不会跟亡人去。长得好的，挨的“花猫”越多，那些挨得少的，会自觉惭愧。[2]

停丧期间的守灵与娱乐，无疑就成为苗族社区社交、人际沟通的一大平台。例如，贵州贵定县仰望乡苗族在丧葬期间，每晚有数百名青年男女盛装来到死者家的院坝闹丧，男的吹芦笙走在前，女的跟在男子后面，单行绕圆圈跳到深夜。[3] 罗甸县苗族闹丧时，寨邻、亲友男女青年都来守灵，通宵达旦，孝家每夜要办夜宵招待守灵的人和亲友。守灵时，唱孝歌，猜谜语，并进行敲粑糟、打铜鼓，擂皮鼓、舞铜叉、跳绳、吹唢呐、跳舞、演魔术、耍武术、蹲木棍、摔跤、抵腰劲等活动，看谁的智多力大，武艺高强。[4] 这一切，对于几近封闭的苗族社区，当然具有重要的现实意义，在表达哀思、送别死者的同时，也能够让乡民们跨越山水阻隔，让久违的亲情接续，让左邻右舍借此机会倾心交流，联络情感，对增强彼此之间的了解不无好处。

（三）家族血缘意识反映社会构架特点

苗族社会与其他民族一样，在历史时期就已经按照血缘关系形成社会管理构架，并形成以血缘关系为基础的居住集团。在丧葬仪式中，同样是以血缘关系界定亲疏，以血缘关系确定家族墓地的准入资格。贵州从江加勉苗族，每个家族都有公共墓地，只能埋葬本家族的人，不能埋葬外人，也不能出卖。通常是二十岁以上且已结婚成家者埋在一处，十七八岁的年轻死者另埋在一处看不见村子的地方，夭亡者则随便找个空地埋葬，凶死

① 《四川苗族志》编委会：《四川苗族志》，成都：四川出版集团巴蜀书社 2009 年版，第 222 页。

② 贵州省民族事务委员会、贵州省民族研究所：《贵州“六水六山”民族调查资料选编·苗族卷》，贵阳：贵州民族出版社 2008 年版，第 291 页。

③ 贵州省民族事务委员会、贵州省民族研究所：《贵州“六水六山”民族调查资料选编·苗族卷》，贵阳：贵州民族出版社 2008 年版，第 98 页。

④ 贵州省民族事务委员会、贵州省民族研究所：《贵州“六水六山”民族调查资料选编·苗族卷》，贵阳：贵州民族出版社 2008 年版，第 290 页。

与难产死者则埋于“鬼山”上。① 榕江县两汪寨万姓家族的公共墓地，按辈分高低，分男左女右安葬，辈分高的在上面，辈分低的在下面。② 在墓区的划分上，也明确按照年龄与辈分，实行分区集中安葬，这样既确保家族血缘关系的厘定，又将日常之长幼秩序与辈分高低应用于丧葬仪式中。

贵州榕江加宜摆勒寨吴姓苗族的公共墓地，只有同一姓的人死后才能埋入，而且要求同一姓的死者必须葬于本姓的公共墓地之中，不得随意葬于他处。如果本姓中的某人外出死于外地，因路程远或天气炎热不能及时运回埋葬，就暂且用棺就地埋葬。三年后，由家人携带刀头、酒和白布口袋一个前往葬地，先祭祀一番，然后掘土将遗骨取出装入白布口袋内携回本寨，再装入一个长约 2 尺、宽约 1 尺、高 5-6 寸的木盒里。装盒时，要按首、身、脚几部分的位置摆好，再葬入本姓的墓地之内。埋葬时都有一定的方向，一般为头东脚西。另外，嫁出门的姑娘回到娘家后生了重病，一定要抬回夫家，而不让其死于娘家，死后必须葬于夫家墓地，而不能葬于娘家墓地，因为她已经是夫家的人，而不再是娘家的人了。如若妇女回娘家后因疾病猝死于娘家，也必须将遗体回葬于夫家墓地。③ 苗族社会在丧葬仪式中表现出的家族血缘观念，正是其社会组织与管理的基础，无论其鼓社组织还是议榔制度，均是建立在血缘认同的前提下，以地域为单位而构建起的乡村民间基层社会管理模式。

这种宗族血缘观念还表现在丧葬仪式的主持人，也即宗教师的选择上。许多支系的苗族在祭奠新亡人的仪式中，亦会悉数邀请本家族的列祖列宗前来一并歆享。而家族的相关历史也只有宗教师才熟悉，所以，主持本宗族的宗教师通常就得依托出身于本宗族的人员才能胜任，才能熟知本宗族的相关历史。例如，贵州纳雍苗族的丧葬仪式主持人就要求必须是出生于本宗族的祭师。同时，在丧葬仪式中担负协助任务的芦笙匠、鼓匠也

① 国家民委《民族问题五种丛书》编辑委员会，《中国民族问题资料·档案集成》编辑委员会编：《中国民族问题资料·档案集成 第 5 辑 中国少数民族社会历史调查资料丛刊 第 105 卷〈民族问题五种丛书〉及其档案汇编》，北京：中央民族大学出版社 2005 年版，第 187 页。

② 贵州省民族事务委员会，贵州省民族研究所：《贵州“六水六山”民族调查资料选编·苗族卷》，贵阳：贵州民族出版社 2008 年版，第 259 页。

③ 贵州省民族事务委员会，贵州省民族研究所：《贵州“六水六山”民族调查资料选编·苗族卷》，贵阳：贵州民族出版社 2008 年版，第 41 页。

必须是本宗族人员才行。[①] 宗教仪式必须由熟知家族历史且出生于本家族的宗教师担任，这是在最为神圣的信仰领域凸显宗族血缘观念的体现，当然也是以最为神圣的途径体认、展示苗族社会根深蒂固的根本价值观。

宗族血缘观念的固守之前提条件，就是必须让家族成员了解本家族的相关历史。苗族丧葬仪式中在开路时，巫师演唱的《指路经》涉及民族与宗支在历史上从祖居地迁徙到现居地的历程。厘清这样的历史有助于更为准确地划分辨别宗族血缘关系，每次举行丧葬仪式时的反复演唱，至少可以保证大多数宗族成员熟知本家族的血缘边界，这无形中为确保血缘关系的有序化提供了较好的社会氛围。

宗族血缘观念还表现在对于宗族之无子女者的丧葬操持问题上，广西惠水县白苗人死后，由孝子选择和决定墓地，如无孝子，则由本家族选择和决定。[②] 本家族的丧事活动，绝不由他族打理，这同样是苗族血缘观念的体现。

（四）和谐诉求体现三界圆通的思维模式

在苗族的丧葬仪式中，远亲近邻对丧家的鼎力相助，体现出该民族追求人际和谐的强烈愿望。仔细研究苗族丧葬仪式中的诸多细节，就会体味到苗族社会基于自己的宇宙观与哲学思维水平，在追求人际和谐的同时，亦在寻求人鬼和谐与冥灵世界的和谐。苗族的宗教世界里，冥灵世界只有善鬼与恶鬼的划分，其传统宗教中还未出现神仙体系与神阶，即使在某些地区已经有所涉及，也只是对儒释道神灵模式的借用，属于外来内容，而非苗族传统宗教的本己特色。人神和谐其实更为准确的表达当为人鬼和谐，也就是基于丧葬仪式的目的，寻求生者与亡灵之间建立良好的、和谐互利的稳定关系。

广西融水苗族一旦病人断气后，若死者口、眼不合，则由人工把其口、眼闭上，并让死者双手握拳。他们认为，死人开眼，一定是他有什么心事未了却，才死不瞑目，帮他闭上眼睛，就能使他看不见阳间一切；若死人开嘴，到另一个世界后他一定继续吃着后代，其子孙会变穷；死后不

① 纳雍县民族宗教事务局：《纳雍苗族丧祭词》，北京：民族出版社 2003 年版，第 6-7 页。

② 贵州省民族事务委员会，贵州省民族研究所：《贵州“六水六山”民族调查资料选编·苗族卷》，贵阳：贵州民族出版社 2008 年版，第 315 页。

握拳，其子孙则会无故摸弄异性，遭到世人唾骂。为此，只有闭眼合嘴握拳，他才能安寝于九泉，他的家产才不被他吃掉，他的子孙才能正正直直地做人。[①] 这是一种典型的人鬼之间和谐圆通的思维模式，生者的努力，能够规避亡灵在阴间的风险；亡灵在阴间的良好表现，则会荫泽后代。所以，生死之间导致阴阳两隔，可彼此之间的信息流通依然不断，两界始终处于圆融互通之中。

基于这样的思维模式，死者的葬式、墓地及风水自然就是生者调控冥灵世界与鬼魂向着有利于人世间的方向发展的重要平台。贵州清镇市小坡苗族，葬式分横葬与顺葬两种，但横葬的形式似乎更被人接受。横葬之墓穴横着挖，死者头东脚西，或依山势，头左脚右。当地苗族认为，顺葬只得前后其中一个方向的龙脉，而横葬则是前后左右四个方位，总会得一个方位的龙脉。[②] 四川苗族的墓葬，自古以来，一直沿袭着东向横埋的传统葬式，直到明、清两代，才陆续出现竖葬，但横葬仍然占绝大部分。直到20世纪40年代时，也还有少数姓氏保持着这种葬式，川西南木里县的苗族还有少数姓氏一直保留土葬横埋习俗。在川南各县苗区，都不同程度地还存留着一些苗族横葬墓的坟场。[③] 关于苗族横葬墓式的内涵解读，可谓众说纷纭，但是，横埋更容易占据有利于后代的风水的观点则具有极为广泛的信仰基础。

基于阴阳两界圆通互利的信仰基础，苗族社会有相当多的支系相信风水学说，不仅在丧葬之初刻意讲求风水，就是在葬后多年，一旦认为祖坟之风水不好导致生者不顺利，则会想方设法予以重新处置。贵州榕江加宜苗族在死者埋葬之后，如果家中人畜常病，便以为是葬地风水不好，龙脉有问题，因此，必须迁葬。[④]

阴阳两界融通互利还表现在苗族社会举办多种仪式，依依惜别亡灵、

① 梁平先：《中国苗族民俗·元宝贾性苗族的葬俗》，贵阳：贵州人民出版社1990年版，第510页。

② 黄新民：《红枫湖畔的苗家·小坡丧葬习俗》，贵阳：贵州民族出版社2001年版，第235页。

③ 《四川苗族志》编委会：《四川苗族志》，成都：四川出版集团巴蜀书社2009年版，第219页。

④ 贵州省民族事务委员会，贵州省民族研究所：《贵州“六水六山”民族调查资料选编·苗族卷》，贵阳：贵州民族出版社2008年版，第41页。

为亡灵超度解脱的仪式中。死者安葬后，苗族都会为新坟垒土，类似于汉族所谓的复山仪式。这也是在亡灵身份转换以后，生者逐渐适应变化了的情况的一种有效途径，也有利于生离死别情感的排遣与调适。各地苗族支系复山的时间不一致，但都有召唤亡灵回家予以再次祭奠的仪式。雷山县掌披苗族安葬死者时，有的只将坟墓垒土一半，第二天或三天后才去垒完。回家时，由孝子呼唤死者回家："爹（妈）你来这里已几天了，现在我们煮好菜，烧好火，你跟我们回家去！"返家后，在一个月内由一个孝子陪伴死者的灵魂，不过河，不上大桥，不出远门，不赶场，但可参与一般劳动。期满，由孝子带领灵魂去女婿家走客，无女儿则走其他亲戚。走客回来后，邀请房族兄弟聚餐，此后，孝子解除禁忌。① 云南苗族举行仪式请亡灵回家祭奠，被称为回煞。晚饭后，由本家三五人带上弓弩到死者的坟头把亡灵接回来，这时家里的人把死者的灵位准备好，并在屋外静候。当接亡灵的人回来时，迎接的人触景生情，有的失声大哭，尤其是妇女，增加了一种哀伤思念的情绪。然后供献食物，杀鸡奠酒，仪式结束后便烧钱化纸，让亡灵回去。②

苗族的三界圆通的思维模式，还表现在通过特定的丧葬仪式，刻意营造冥灵世界的和谐。人初死，守灵期间由生者护卫新亡人，免除邪恶的神异力量的冲击就是最初的切入点。贵州清镇市四印苗，祭奠死者时，会设立五名兵将，前两名虽系男性，必穿裙子，穿裙者为将。五名兵将持牛角号、桃弓柳剑、大刀等物，亲友以唢呐为前导前来下祭时，兵将们的牛角号声不断，围着丧事人家的房屋正、逆转追杀，意为守城，使得邪恶觉知城垒有重兵把守，不得靠近。③ 此为借助生者的力量，采取消极应对的策略，为新亡人营造较好的阴间生存条件的表现，可以看出，苗族社会将不可知的冥灵世界理解为如同人世间一样的社会模式。

帮助新亡者打造和谐的冥灵世界，更多地表现在为新亡者配置相关装

---

① 国家民委《民族问题五种丛书》编辑委员会，《中国民族问题资料·档案集成》编辑委员会编：《中国民族问题资料·档案集成 第5辑 中国少数民族社会历史调查资料丛刊 第105卷〈民族问题五种丛书〉及其档案汇编》，北京：中央民族大学出版社2005年版，第650页。

② 熊自兴：《中国苗族民俗·云南苗族丧葬习俗》，贵阳：贵州人民出版社1990年版，第497页。

③ 程国恩：《红枫湖畔的苗家·龙窝丧葬习俗》，贵阳：贵州民族出版社2001年版，第225页。

备，以便亡灵采取主动，应对即将到来的未知的不可揣测的冥灵世界。贵州雷山县苗族装殓时，将为女性死者佩戴手镯、项圈、耳环等银饰；男性生前如吸烟，则在殓床边摆上烟杆。从江县加勉苗族男子入殓时，须带铁刀一把，即砍路刀。出丧时由一男子将刀举起，走在前面，入棺时，将刀插入棺内死者腰部左侧同葬。女子不佩刀，只以竹杖一根放在棺外。据说，死者往“加尤”（据说在从江停洞一带）去踩歌堂，路过“松花讲”时，有虎拦路，刀或竹杖就成为其应对攻击时的防身武器。① 清镇市中八支系苗族死者入殓时，均应拴一条白布制作的打水带，民众认为，亡人走路要喝水时，必须用它打水，如扑地喝水来世到阳间要变蛇、蛙、猪、狗，用打水带打水才是真人。② 清镇市广山支系苗族亦用白布缝制口袋横挎在死者身上，但是，袋内装七瓣大蒜和菜籽，大蒜的用意是使去世者过血河时作防毒食用。女性死者，包内除装大蒜、菜籽外，还将在世时使用过的蜡削一起装在袋内，供其带到阴间去作蜡画工艺。③ 此外，大多数苗族都会给死者口中放进些许银钱，或者意为亡人到阴间后，金口玉牙，说话值钱；或认为给死者返回祖灵所在地的路上买水喝。清镇市龙窝四印苗入棺时，放戥子或秤一把，以便死者“带到阴间去做生意”。④ 贵阳市花溪区高坡苗族女性死者，若其生前有子女夭折者，须在其衣袋里放若干小饭团，说是“她去阴间，子女们问她要饭吃”。夭折多少子女，须相应地放几个饭团，否则，“到阴间无法向子女交代”。⑤ 这些安排，其实就是人世间生活模式的翻版，可见苗族对亡灵世界的构想一如现实社会，充满人情味，需要调处各种关系；经济生活亦不可或缺。

苗族亦想象亡灵世界依然存在诸多导致其困苦的因素，所以，常常举

① 国家民委《民族问题五种丛书》编辑委员会，《中国民族问题资料·档案集成》编辑委员会编：《中国民族问题资料·档案集成 第5辑 中国少数民族社会历史调查资料丛刊 第105卷〈民族问题五种丛书〉及其档案汇编》，北京：中央民族大学出版社2005年版，第541-543页。

② 程国恩：《红枫湖畔的苗家·中八丧葬习俗》，贵阳：贵州民族出版社2001年版，第211-212页。

③ 程国恩：《红枫湖畔的苗家·广山丧葬习俗》，贵阳：贵州民族出版社2001年版，第226页。

④ 程国恩：《红枫湖畔的苗家·龙窝丧葬习俗》，贵阳：贵州民族出版社2001年版，第224页。

⑤ 贵州省民族事务委员会，贵州省民族研究所：《贵州“六水六山”民族调查资料选编·苗族卷》，贵阳：贵州民族出版社2008年版，第318页。

办各具特色的超度仪式，帮助亡灵解脱出来。解簸箕仪式就是较为突出的超度仪式之一，云南及四川盐源县苗族称其为烧灵，而贵州惠水苗族称其为砍（滚）簸箕。各地对此仪式名称虽异，仪式内涵却无甚差别，而实质上都是意在为死者超度，解脱阴间痛苦，亦能达到护佑生者的目的。关于此仪式的来历，四川苗族传说，古代苗族殓尸不用棺，只用草席裹尸，用簸箕盖尸，掘坑而葬，覆土而埋。簸箕和草席虽只为裹尸和盖尸而用，但对于死者本人，却是一个较大的包袱，认为死者裹着席子，背着簸箕，行动极为不便，必须为其解除，使之有自由之身，才能得以超脱。因而，苗族的葬俗中，在死者入土三年后，后人必须为其举行一次超度仪式。另一解说是取于伏羲兄妹为婚的传说，因为伏羲兄妹在结婚前曾滚过簸箕，从此人死后就背着一个簸箕，死者本人解不下来，只有后人才能解得下来。前一种解说其实体现了历史时期，苗族丧葬形式曾经存在不用棺木，只是简单软葬的事实；后一种解说则明显是在附会苗族古歌中关于人类起源的神话故事，似乎在逻辑上亦无懈可击。

解簸箕仪式的大致情形，死者安葬完毕，在数天、数十天乃至数年之后，因为家人生病，抑或办事不顺，或者干脆就是必需的丧葬仪式环节之一，所采取的超度亡灵仪式。此仪式大致包括装扮亡灵偶像、超度亡灵、祈求护佑生者、亲友聚餐几个环节。

贵州清镇市广山支系苗族，凡出世到人间，从会说话起，不论因何亡故，都要“解阴索”。认为人去世或亡故的原因，是阎王狠心用绳索捆绑带走所致，不给解阴索，去世者在阴曹地府不自由。解阴绳的时间，可安排在人去世或亡故后的两三个月、三五个月或两三年均可，但不解不行。其做法是请一巫师到家中，将细小的绳索打成活结，拴在鸡的脚上，通过巫师请神，到阴间去查找亡灵，找到亡灵后，把鸡身上拴的活结扯掉，说明阴索已解，去世者可自由地在阴间安居乐业了。①

无论是解簸箕，还是解阴索，其实都是亲人对死者的关切之心的自然流露，睹物思人，离别生怨，于是，人们将生活中的种种不平常事件、反常的心理解读为亡灵的某种需求，于是也就产生种种超度仪式，究其根源，依然还是在死者身份转换以后，生者内心的自我调适过程。

---

① 程国恩：《红枫湖畔的苗家·广山丧葬习俗》，贵阳：贵州民族出版社 2001 年版，第 228 页。

第三节 岁时祭祀之过渡礼仪诠释视角

一、岁时祭祀即年度生活危机仪式

西南苗族的社会背景是山地农耕民族，稻作生产较为普遍。在社会生产力较为低下的传统时代，秉持万物有灵论的苗族社会，认为神异力量以三种方式困扰苗族社会：首先，缺少机械化装备，依靠手工劳动的社会，人口的生息繁衍是保证充足劳动力的关键因素。但是，由于缺医少药的现实状况，人会生病，生病后缺少有效的治疗手段；不孕不育则是人口增长的大忌，婴幼儿的夭亡不但是心理折磨，也会最终严重影响劳动力的大量形成，从而制约农业生产的扩大再生产。其次，山地农耕最为烦恼的事情可能会在土地资源问题上表现出来，一方面因社会原因，大多数苗族民众没有多少自己的土地；另一方面，土质较差，地力有限，山区地形会经常性地出现山崩地裂，堤岸塌陷、崩溃以及作物病虫害等灾害。另外，气候异常，变幻莫测的风雨雷电几乎使连年干旱与洪涝交乘，大风与冰雹常见。

“当我们将最广义之文明尺度向下移动，无疑会注意到神圣世界对世俗世界的控制愈发强大。在最不发达之文化中，可以看到神灵意志贯穿于每一个体之每一生命阶段。”① 在如此的社会生产条件下，相信万物有灵的苗族社会为了实现年成丰收，人口繁庶健康，牲畜兴旺，秩序井然，社会稳定和谐的诉求，不得不将求助的目光转向传统宗教，希望获得神灵护佑，驱除排斥恶鬼邪魔的侵袭。于是，苗族社会的岁时祭祀就在千百年的岁月流逝中依然保持旺盛的生命力，亦成为苗族社会实现年度性梦想的重要保障力量。

生活危机仪式是标志个人的人生历程从一个阶段到另一个阶段过渡的

① ［法］阿诺德·范热内普：《过渡礼仪》，上海：商务印书馆 2010 年版，第 2-3 页。

仪式。如果我们将苗族社会的年度性希望与年度性祭祀仪式结合起来，完全可以视为一次次生活危机仪式的反复展演。按农业生产的季节性劳作流程，举办的相应的岁时祭祀，其实就是为了收获希望的禳解仪式。结合苗族各地岁时祭祀的节点与农业生产的季节性关系，不妨这样设想：所有苗族支系在农历年年初都会有一系列祭祀仪式，这一系列年初的祭仪几乎都是关注新年里如何得到神灵的庇护，实现年度性的梦想。所以，有过春节习俗的苗族支系，我们就考察其春节期间的一切祭祀仪式；而没有过春节习俗的部分支系，在农历年初同样会举行一系列祭祀仪式，我们就将其纳入考察的视角。而这一系列农历年年初的祭祀活动正好与传统所谓春祈吻合，这些祭祀朝拜活动体现了苗族民族的焦虑与希冀，与阿诺德·范热内普过渡礼仪理论的分离阶段、特纳所谓破裂与转折阶段相一致。

在农历的第二季度，也即四至六月，苗族地区的春播与栽插农活基本结束，整个社会进入田间管理、施肥与中耕阶段，此时的心情似乎随禾苗的生长而增长。但是，水旱疾疫则成了老生常谈的问题，祭祀祈禳的仪式也随之而行；民众的心态万分复杂，汗水伴着泪水，希望裹挟着失望；人们因生产与家庭的顺利而感谢神灵，亦会因命运多舛而责问冥灵世界，乃至指桑骂槐。于是乎，夏耘离不开禳灾，在祭祀仪式中五味杂陈的普遍社会心理，明显地让苗族社会步入阈限阶段，也即阿诺德·范热内普之边缘阶段、特纳之过渡阶段。

秋收前夕的尝新、秋收后的报赛、冬季的酬神与备战来年，无不需要借助宗教祭仪的平台，苗年特殊的时间节点亦正好与此一阶段吻合。苗族社会辛苦经年，在虔诚的宗教信仰氛围中，总算磕磕碰碰地一路走来，休息调节，放松一下疲惫的心，整合因忙碌而近乎疏远的社会关系，修补可能溃疡的社会秩序就成了这一阶段的主题。上述话题，基本上都会借助宗教的法力，让祭祀仪式增添其深远的社会效应。所以，苗族社会此一阶段又可利用阿诺德·范热内普的聚合阶段，或者特纳的重新整合理论进行诠释。

范热内普认为：

> 无论个体或社会均无法独立存在于大自然和宇宙之外。宇宙本身受一种周期性控制，而这种周期性体现于人类生活。宇宙同样包括诸

> 多过渡时刻、进程以及相对安眠之阶段。因此，在人类过渡仪式中，我们应该包括因天象过渡所举行之礼仪，如月令过渡（如望日仪式）、季令过渡（如冬至、夏至、春分和秋分），以及年令过渡（新年或元旦等）礼仪。①

所以，这种突出农业生产这一中心主题的生活危机仪式可以借用过渡礼仪的理论范式对其进行解读，当然，为了获得更为理想的解释机制，还有必要借用维克多·特纳的社会戏剧、公共域及阈限等理论，予以更为深入的解说。特纳认为："社会戏剧是作为社会中所固有的冲突的一种结果而存在的，是张力激增的公共事件，是在社会过程和日常体验的冲突场景中自然产生的和谐或不和谐的单元。社会戏剧是发生于破裂、转折、调整行为、重新整合等可以观察到的四个主要阶段的社会行为。"②

二、春季祭祀即分离开始

（一）新年祭祀与社会常态的破裂

按照特纳的观点，社会戏剧或者说过渡仪式的第一阶段是破裂阶段，"此阶段是以公开的、明显的破裂或蓄意违反通常调节人们交往的某些重要规则而引人注目，打破了现有社会关系，扩大和加深人们之间的分离。社会戏剧的第二阶段是转折阶段，此阶段，不能以通常的策略来把握，由于处在社会过程或多或少的稳定阶段之间而具有阈限特征。"③ 特纳社会戏剧理论之破裂、转折阶段，大体上与阿诺德·范热内普过渡礼仪的分离阶段相吻合。

新年祭祀中的焦灼与祈请，置主体于神圣状态之中。在苗族社会的岁时祭祀中，首先是农历新年或年初的各项祭祀活动，让整个苗族社会的成

① ［法］阿诺德·范热内普：《过渡礼仪》，上海：商务印书馆2010年版，第3-4页。

② 王建民：《维克多·特纳与象征符号和仪式过程研究》，《中南民族大学学报》2007年第2期，第7页。

③ 王建民：《维克多·特纳与象征符号和仪式过程研究》，《中南民族大学学报》2007年第2期，第7页。

员在祭祀朝拜中处于一种神圣化的状态之中，他们为了实现新年里的一切梦想，不得不进入一种神圣的宗教氛围中，密集的祭祀活动强烈地表达着苗族社会对于能否实现农业丰收、身体健康以及子息繁庶、心想事成等目标的焦灼。所以，几乎是全体社会成员都齐刷刷地参与到各项宗教性质的神圣事业中来。此种情况又首先体现在接受汉文化习染，欢度春节的支系中；少数没有过春节习俗的支系，其实在其年初的各种农业祭祀中亦展现出上述特征。

据资料看，西南各地苗族凡是有过春节习俗者，除夕之夜，无不首先由家长主持，念诵至少三代以上的祖先姓名，陈列酒肉等食品祭祀祖先。祭祖完毕，家人方可享用节日酒馔。此种祭祖活动，首重大年三十除夕之夜，其次是正月十五，也有在初一至初三一直不间断地祭祖的情况。贵州毕节大南山苗族除夕之夜祭祖时，“还学汉族泼冷水饭，初一初二照样烧香，初三把大核粑切破烧吃”；正月十五日，“这天仍像除夕一样以酒、肉等供祭祖先”①。

但是，春节祭祖时，对于新亡者的祭祀各地又有一些特殊的规矩。贵州清镇市中八苗族，“凡当年有老人去世人家，腊月二十九天亮之前，孝男要用柴棒挑一升六合米，一只鸡，到去世老人墓地，焚烧香蜡纸烛后，接已故老人亡魂回家过年”②。贵州清镇市龙窝苗族，正月初四，各家各户准备菜饭佳肴祭祀去世的历代祖宗后，要吹奏芦笙送其灵魂到寨门口。当年有老人去世的人家，还要挑着一挑腊肉与酒护送，且在寨门口焚烧香蜡纸烛，嘱咐其去赶交亡节——鸡扒田大型祭祀年场。③

此外，苗族各支系春节祭祖仪式也存在地域性的差异，云南屏边、蒙自、金平、河口等县的苗族，都有正月初一抢新水的传统习俗，饭煮熟后，用新水煮的饭菜来祭献祖先。④ 川南苗族正月初一凌晨四时左右，起

① 国家民委《民族问题五种丛书》编辑委员会，《中国民族问题资料·档案集成》编辑委员会编：《中国民族问题资料·档案集成 第5辑 中国少数民族社会历史调查资料丛刊 第106卷〈民族问题五种丛书〉及其档案汇编》，北京：中央民族大学出版社2005年版，第50页。

② 兰道宇：《红枫湖畔的苗家·清镇市苗族志文稿》（续集），贵阳：贵州民族出版社2007年版，第573页。

③ 兰道宇：《红枫湖畔的苗家·清镇市苗族志文稿》（续集），贵阳：贵州民族出版社2007年版，第578页。

④ 罗有亮：《中国苗族风情录·抢新水》，贵阳：贵州民族出版社2002年版，第216页。

床煮新年饭，备饭食一桌，先陈词敬祖宗，然后家人共吃新年饭。过新年期间，每晚要在自家神龛上燃香烛，点长明灯。很多地区都有在大年初一或初四拜坟的习惯，有一家人单独拜的，有几户人联合拜的，也可以组织整个家族一起拜。[①] 清镇市的四印苗，在大年初一至初三，女性不能上楼或在屋内翻箱倒柜，做针线活，认为会刺瞎祖先神灵的眼睛。[②]

苗族春节首重祭祖，一方面是因为其传统宗教的信仰空间中，祖灵被视为最为重要的崇拜对象，所以在重大的节日里，祭祀祖先也就成为首要的节日祭祀活动。另一方面，苗族民众也希望在新的一年里，能够首先争取祖灵的眷顾，通过重点祭祀，取悦于祖灵，让其护佑子孙万事顺利。但是，在整个春节期间连续的不间断的祭祀祖灵，一切均以敬奉祖灵为优先考虑的话题，则又有些违反常态。可以说，那简直是让全体社会成员在欢度节日的同时，始终浸淫于焚化香蜡纸钱的浓厚迷雾之中，整个苗族社区的状况已然不同于平常了。

在春节的祭祀朝拜中，寻求经济增长、农事顺利、六畜兴旺已成为公开的诉求。首先是希望在新年里能够招财进宝，寻求经济上的红火。云南麻栗坡苗族，大年三十晚上，先得让男性家长用金竹扎成的扫把清扫屋内卫生，清扫时，需要口诵“金子银子扫进家里来”之类的吉利话。[③] 云南屏边、蒙自、金平、河口等县的苗族，在正月初一的早上，男主人要早早地起床抢新水来煮饭。据说，谁家抢到最新的水，谁家当年就会五谷丰登、家畜兴旺、丰衣足食。所以很多人都不睡觉等到鸡叫头遍时，去水井边抢新水。[④] 贵州清镇四印苗，大年初一天刚亮，男人们则手拿香烛纸钱，肩挑水桶，背把弯刀，要赶在别人前面到水井边焚烧香烛纸钱，挑新水回家，寓意背银水。同时，还得从山上捡一捆柴扛回家，意即招财。[⑤] 此外，四印苗在初一至初三内所用的洗碗水、洗脚水、洗脸水都不能倒出屋外，

① 《四川苗族志》编委会：《四川苗族志》，成都：四川出版集团巴蜀书社2009年版，第234页。

② 王仕昌：《红枫湖畔的苗家 · “四印”苗族春节习俗》（续集），贵阳：贵州民族出版社2007年版，第46页。

③ 杨桂林：《文山苗学研究 · 苗族文化的适应性传承与变革——麻栗坡县野猪塘苗族自然村个案分析》（二），昆明：云南民族出版社2008年版，第139页。

④ 罗有亮：《中国苗族风情录 · 抢新水》，贵阳：贵州民族出版社2002年版，第216页。

⑤ 王仕昌：《红枫湖畔的苗家 · “四印”苗族春节习俗》（续集），贵阳：贵州民族出版社2007年版，第46　页。

连屋内残渣也不能扫出屋外。因为这些东西蕴涵着金、木、水、火、土以及财、运、福、禄等，所以，年初只能向内扫，不能往外丢。① 凯里舟溪地区苗族春节，除夕午夜以后就开财门，这是受汉族的影响，苗语意为迎接年公神，先在堂屋神龛前桌上摆一些水果、葵花子和花生等，有的还有点心，然后开门，焚香案烛。随后又备酒肉供祭，但不供饭，并烧香纸。从这时起就不能扫地，不向外倒水，一般要忌到初二。据说要这样本年银钱才能坐得住，不花冤枉钱。②

作为山地农耕民族，苗族社会对于农事顺利的渴求亦反映在春节的祭祀活动中。风调雨顺、水旱适宜是年成丰收的保障，基于信仰主义的立场，苗族民众往往会通过一定的宗教仪式以求得心理上的慰藉。贵州清镇四印苗除夕之夜，进餐时，任何人都要先吃三碗后方可泡汤，意指春耕栽插时节，不被春雨淋，耽误工时，延误季节。深夜，在堂屋神龛下、灶房、大小门、住房四角、猪牛圈门及三岔路口，分别点香烛、焚纸钱后方可入睡，此举意在撑田坎，祝愿来年田土坎不会被雨水冲垮倒塌。从大年初一至初三，所吃的饭菜等只能用年前准备的熟食蒸煮，禁止现炒现煮，连引火物都不能用农作物秆、叶。他们认为这样就可以保证来年农作物不会发生病虫害，不产生灰包空壳。③ 川南苗族正月初一早晨，吃新年饭忌泡汤，认为泡汤会给当年带来雨水之灾。④

贵州台江县苗族，从大年初一到初三不能上坡搞生产，在家不能碾米、纺棉花，不能用针线，不能扫地；特别是不能纺棉花。据说，如果纺了棉花，一年雨水会被纺车车到外地去，而造成干旱。大年三十晚上要选黄豆看雨水，初一早晨还要看天色和听鸟叫，哪边天色好，便是哪个方向的收成好。喜鹊叫，宜于喂鸡；乌鸦叫，宜于喂鸭。吃饭时用一点糯米饭和一点猪肉，同时丢在地下给狗吃，如果狗先吃糯米饭，便是今年粮价

① 王仕昌：《红枫湖畔的苗家·“四印”苗族春节习俗》（续集），贵阳：贵州民族出版社2007年版，第46页。

② 国家民委《民族问题五种丛书》编辑委员会，《中国民族问题资料·档案集成》编辑委员会编：《中国民族问题资料·档案集成 第5辑 中国少数民族社会历史调查资料丛刊 第105卷〈民族问题五种丛书〉及其档案汇编》，北京：中央民族大学出版社2005年版，第687页。

③ 王仕昌：《红枫湖畔的苗家·“四印”苗族春节习俗》（续集），贵阳：贵州民族出版社2007年版，第45-46页。

④ 《四川苗族志》编委会：《四川苗族志》，成都：四川出版集团巴蜀书社2009年版，第234页。

高，应当努力种庄稼；如果它先吃猪肉，便是今年肉价好，就应当多喂猪。①

凯里舟溪苗族春节，一些支系大年初一要吃肉和豆腐，不吃蔬菜，认为吃了蔬菜，以后土里杂草丛生，锄不尽。从初一起到二月十五日止，凡遇响雷一次，就要三天不挑粪。据说，谁违背了火就要烧他的庄稼。② 普定石板村苗族在插秧前有吃虫的习俗。这一活动由单户人家进行。时间选择在春节后初一至十五的其中一天，祭品是糯米粑，由一妇人带小孩来到自家田边，烧一堆火，掐糯米粑少许供祭，然后边吃边说："我吃虫，我吃虫。"认为此举之后，稻谷就不会有虫害。③

饲养家畜家禽也是农业社会补贴家用、提供肉食品的重要方式，所以，苗族民众在春节期间也会为赢得六畜兴旺而认真祈祷。云南麻栗坡苗族在正月初二举行祭门猪仪式，呼唤六畜"魂归来"，认为这样就可以保证一年中六畜兴旺。④ 贵州清镇四印苗，大年初一天刚亮，男主人就呼唤孩子们焚香，并用藤绳到偏僻处捆上大小不一的石头挂于猪牛羊圈的门楣上，祝愿新的一年六畜兴旺。⑤ 贵州凯里舟溪一些支系在大年初二天未明时由一个男人挑"年水"，据说，举行挑新年水仪式后，这一年的染缸才能做得好。⑥ 广西隆林县苗族大年初一早上要把大牛牵到堂屋里吃东西，

① 国家民委《民族问题五种丛书》编辑委员会，《中国民族问题资料·档案集成》编辑委员会编：《中国民族问题资料·档案集成 第5辑 中国少数民族社会历史调查资料丛刊 第105卷〈民族问题五种丛书〉及其档案汇编》，北京：中央民族大学出版社2005年版，第217页。

② 国家民委《民族问题五种丛书》编辑委员会，《中国民族问题资料·档案集成》编辑委员会编：《中国民族问题资料·档案集成 第5辑 中国少数民族社会历史调查资料丛刊 第105卷〈民族问题五种丛书〉及其档案汇编》，北京：中央民族大学出版社2005年版，第688页。

③ 贵州省地方志编纂委员会：《贵州省志·民族志》，贵阳：贵州人民出版社2002年版，第140页。

④ 杨桂林：《文山苗学研究·苗族文化的适应性传承与变革——麻栗坡县野猪塘苗族自然村个案分析》（二），昆明：云南民族出版社2008年版，第140页。

⑤ 王仕昌：《红枫湖畔的苗家·"四印"苗族春节习俗》（续集），贵州民族出版社2007年版，第46页。

⑥ 国家民委《民族问题五种丛书》编辑委员会，《中国民族问题资料·档案集成》编辑委员会编：《中国民族问题资料·档案集成 第5辑 中国少数民族社会历史调查资料丛刊 第105卷〈民族问题五种丛书〉及其档案汇编》，北京：中央民族大学出版社2005年版，第688页。

等到它屙完屎尿才拉走，这样才能生产丰收。①

敬献与农业生产相关的自然神灵，在宗教信仰浓厚的农村社区中亦是寻求年成丰收的当然选择。贵州清镇市中八苗族，除夕祭祖之前，首先要用猪头在大门边敬供天地，祈求其保佑来年风调雨顺，大地丰收。② 云南麻栗坡苗族在大年初二时，须用公鸡祭祀山神，祈求山神保佑家庭平安、财源广进。之后，将祭献所用之公鸡煮熟，察看鸡卦，以此预测一年的吉凶祸福。③ 清镇市中八苗族春节期间，禁止在房屋内大声响动，如大声响动易惊动山神。④ 贵州台江县巫脚交苗族除夕下午，在祭祖之前要先敬土地。有的要敬两次，第一次在除夕，除饭和香、纸外，并带雄鸡一只到土地祠去杀死；第二次将煮熟的鸡送去再敬一次。⑤

此外，基于万物有灵的观念，云南麻栗坡苗族在年三十晚上，吃过年夜饭后，须将家具及农具收拾整理，并以一定的祭祀仪式祭献此等物件，意在表示让其在新年之际同人类一样得到应有的休息。而且上述物件只能在大年初二或初三，举行开山仪式后才能再次被启用，之前，则严禁触动使用。⑥ 贵州清镇市中八苗族，春节对于牲畜农具也要给予赐赏，即主人给子孙后代赐赏压岁钱之后，主人要在牛圈门、马圈门、猪圈门、犁头、耙子、龙骨车、囤箩等器具上贴上纸钱，意为一年来的五谷丰登，它们也是有功劳的。新年年初的三天不能使用牲畜和农具。⑦

---

① 国家民委《民族问题五种丛书》编辑委员会，《中国民族问题资料·档案集成》编辑委员会编：《中国民族问题资料·档案集成 第5辑 中国少数民族社会历史调查资料丛刊 第106卷〈民族问题五种丛书〉及其档案汇编》，北京：中央民族大学出版社2005年版，第567页。

② 兰道宇：《红枫湖畔的苗家·清镇市苗族志文稿》（续集），贵阳：贵州民族出版社2007年版，第573页。

③ 杨桂林：《文山苗学研究·苗族文化的适应性传承与变革——麻栗坡县野猪塘苗族自然村个案分析》（二），昆明：云南民族出版社2008年版，第140-141页。

④ 兰道宇：《红枫湖畔的苗家·清镇市苗族志文稿》（续集），贵阳：贵州民族出版社2007年版，第579页。

⑤ 国家民委《民族问题五种丛书》编辑委员会，《中国民族问题资料·档案集成》编辑委员会编：《中国民族问题资料·档案集成 第5辑 中国少数民族社会历史调查资料丛刊 第105卷〈民族问题五种丛书〉及其档案汇编》，北京：中央民族大学出版社2005年版，第216页。

⑥ 杨桂林：《文山苗学研究·苗族文化的适应性传承与变革——麻栗坡县野猪塘苗族自然村个案分析》（二），昆明：云南民族出版社2008年版，第139-140页。

⑦ 兰道宇：《红枫湖畔的苗家·清镇市苗族志文稿》（续集），贵阳：贵州民族出版社，2007年版，第574页。

祈求健康平安，子女茁壮成长是首要的问题。大年初一，有的人家因自己的婴孩爱夜哭或常生病，即把这个婴孩拜寄给井神，祈求保佑。[①] 贵州清镇四印苗，大年初一吃早饭，男孩子聚集在一起玩鸡毛毽游戏，意在驱赶蚊虫，这样春夏季节不会被蚊虫侵害。[②] 从初三到十五的晚上，还举行放七仙姑仪式，据说在冥冥中，人各有一朵花，观众可请七仙姑看自己的花，也就是要知道自己未来的命运。七仙姑如果说花有虫、朽了，请者不久就要生病。[③] 贵州清镇市中八苗族，每年的大年三十，主人要把家用的绳索收藏起来，禁止正月初一被看到。如若正月初一看到绳索，今后外出容易碰到毒蛇伤人。[④] 云南麻栗坡苗族，躲鸡圈仪式与躲索相似，时间是每年的大年初一，只限本户人参加，意在驱邪消灾。[⑤]

求子嗣，云南麻栗坡苗族，春节期间要踩花山，一般是还未能生育的富裕人家为求得孩子立花杆踩花山。主办者要举办三年，第一年踩三天，第二年踩五天，第三年踩七天。[⑥] 毕节大南山苗族过年，初三起要进行踩花活动，踩花就是跳芦笙舞，苗语称谓的意思是赶年或踩年。举行时要立一根高杆，称为花杆，是用杉木或柏树做成，花杆用过之后，即抬回家保存，不许人跨过或踩踏，直到坏了不能用时才更换。主办者称为花头，但每年不是花头去立花杆，而是由求子嗣者征得花头同意后办理，并连办三年。[⑦]

---

① 贵州省民族事务委员会，贵州省民族研究所：《贵州“六水六山”民族调查资料选编·苗族卷》，贵阳：贵州民族出版社2008年版，第362页。

② 王仕昌：《红枫湖畔的苗家·“四印”苗族春节习俗》（续集），贵阳：贵州民族出版社2007年版，第46页。

③ 国家民委《民族问题五种丛书》编辑委员会，《中国民族问题资料·档案集成》编辑委员会编：《中国民族问题资料·档案集成 第5辑 中国少数民族社会历史调查资料丛刊 第106卷〈民族问题五种丛书〉及其档案汇编》，北京：中央民族大学出版社2005年版，第50页。

④ 兰道宇：《红枫湖畔的苗家·清镇市苗族志文稿》（续集），贵阳：贵州民族出版社2007年版，第579页。

⑤ 杨桂林：《文山苗学研究·苗族文化的适应性传承与变革——麻栗坡县野猪塘苗族自然村个案分析》（二），昆明：云南民族出版社2008年版，第140页。

⑥ 杨桂林：《文山苗学研究·苗族文化的适应性传承与变革——麻栗坡县野猪塘苗族自然村个案分析》（二），昆明：云南民族出版社2008年版，第140页。

⑦ 国家民委《民族问题五种丛书》编辑委员会，《中国民族问题资料·档案集成》编辑委员会编：《中国民族问题资料·档案集成 第5辑 中国少数民族社会历史调查资料丛刊 第106卷〈民族问题五种丛书〉及其档案汇编》，北京：中央民族大学出版社2005年版，第50页。

可以说，春节期间的各种信仰习俗，似乎都在说明，我们完全可以将苗族岁时祭祀作为一过渡仪式予以考察。此阶段的整体信仰状况，完全可以纳入特纳所谓社会戏剧之破裂阶段的视角予以分析。此阶段，民众的生活内容已经是公开的、明显地脱离日常生活中的节律，也超越了日常所见的宗教信仰模式，呈现出高密度的殷勤于祈请与承诺、焦灼与希望并存的神圣状态之中。由此可见，通常调节人们交往的某些重要规则已经被一再突破，现有社会关系与正常的社会秩序似乎已经处于失控的、破裂状态之中。神圣状态下，人们的行为与固有的品格尤其是经年累月的勤劳形象一下变幻为慵懒与无序，而主体内心与外在、常态突变正昭示着分离的特征。

（二）春祈昭示转折

由于苗族为传统的农业社会，春节祭祀后，在一系列春祈仪式中，又体现出特纳所谓社会戏剧之第二阶段的转折特征，人们的某些行为与社会状况似乎已不能用通常的策略来把握了，但是，整个社会结构又处于基本稳定的状态之中。此时，苗族社会正忙于备办农资，开始春耕，拟浸泡、撒播作物种子，相关的农业生产禁忌，尤其是活路头制度明显地约束着民众的农业生产行为，整个苗族农村社区已经不能以通常的策略来把握，但由于农事已然临近，春耕生产正如火如荼地进行，社会心态依然处于或多或少的稳定阶段。

仪式中的转折特征在备田及起活路等仪式中表现明显。贵州黎平苗族在苗年初一早晨，各户男主人须提粪箕装上鸡毛、羊粪到其耕作的大田中去抛撒，并烧香化纸，再插上三根芭茅草，表示新的一年的农作开始。早饭后又背竹篓、拿锄头，在每处路口、山坳处挖块泥巴放进篓里拿到田里去放，表示人过年也让田吃上新泥土，来年才长好禾谷。[①] 每年二三月间，贵州的一些苗族开始送粪上田时，由一个男人选择与自己生日同一属相的日子，在天亮以前，挑一点粪，并带三棵芭茅草到田里去。先把芭茅插在田中，再施肥于其周围，仪式即结束。但往返的路上都不要遇见人，否则这一年的庄稼就会长不好；万一遇见人了，也不要打招呼，对方招呼也不

① 贵州省黎平县志编纂委员会：《黎平县志》，成都：巴蜀书社 1989 年版，第 157 页。

要答应。这天要煮一个蛋，备点酒饭供祭祖宗，表示祈求祖宗保佑庄稼长得茁壮。举行这一仪式后，才能挑粪上田，但在此之前挑肥泥或青肥入田则不受禁忌。[①] 让田地“吃”新土，利用芭茅草驱赶可能威胁农事的邪恶，以及途遇熟人都避而不见，乃至祭祀祖先，这一切都是为了苗族民众心中的丰收梦想。可是为了这个梦想，往常的热情好客的道义形象似乎已扭曲为视而不见的冷漠，此种现象的最好解释就是过渡仪式的转折阶段模式。

贵州台江苗族在开辟新田时，如果该地有小丘的话，要用燃香的方法来占卜、决定应否挖去。一般要燃香三次，燃香两次或三次均不熄灭时，就可把小丘挖去；如果熄灭两次以上，就认为这小丘是山灵住的地方，不许挖掉。如果挖掉了，山灵就要走了，人就要倒霉。[②] 在挖土、薅草、犁田、耙田等休息时，不许坐在锄、犁、耙的上面，同时也不许把这些工具插在地里，而要放倒在地下。据说人累了要休息，工具也是一样，应放在地上让它好好休息。[③] 每年农历二月初二日，湖南城步苗族过青草节，各寨村民凑钱置办节货，杀鸡鸭、宰猪羊，每户一人自带一碗糯米饭同到祠堂祭祖敬神，祈祷风调雨顺，水草常青，六畜兴旺，五谷丰登。然后一起吃节饭。[④] 让农具休息，为青苗举办节日，这些再次体现出年初的诸多祭祀已经让正常的社会关系出现颠倒，人与人之间、物类之间的正常关系也出现了显著的变化；开垦荒地以占验的方式决定取舍，人的智慧萎缩到近乎听天由命；此时此刻，齐一物类、众生平等似乎在整个社会都得到了彻底的贯彻。可是，尊祖敬宗、敬奉神灵这一崇高的原则却自始至终都在坚守，这样，苗族社会的秩序原则依旧，社会层级构建依旧。

转折阶段的社会秩序，还体现在苗族活路头在农业生产中的绝对权威上。在苗族农业生产信仰习俗中，活路头起头干农活的习俗得到了严格的信守，无论浸种、下种均由活路头率先行动，违者将受到处罚。贵州从江县加勉苗族每年农历正二月，以村寨为单位举行踩秧堂活动。踩秧堂前，

---

① 贵州省编辑组：《苗族社会历史调查》（二），贵阳：贵州民族出版社 1987 年版，第 167 页。

② 全国人民代表大会民族委员会编：《贵州省台江苗族的宗教信仰》，1958 年内部印刷，第 120-121 页。

③ 贵州省编辑组：《苗族社会历史调查》（二），贵阳：贵州民族出版社 1987 年版，第 167 页。

④ 李显福、杨先学：《湖南苗族风情》，长沙：岳麓书社 2012 年版，第 159 页。

只能做砍柴、割草、挖田、开荒等活路，不能撒播各种农作物的种子，否则当年各种作物都要歉收。踩秧堂的第一天，举行播种仪式，由活路头宰鸭、备酒，将饭、茶等祭品摆在火炕边敬过祖宗后，即携着谷种、肥料、锄头、火把，于天未亮前到达他的专用田中，举锄略挖几下，即将谷种播于田中，盖上肥料之后，用芭茅草结成三个草标插在新挖的地方，表示谷种已经播下，生产开始了。当日早饭后，群众按照活路头的做法，各于自己的田中播种。踩秧堂后，在生产方面有三个禁忌：不准吹芦笙，不准烧砖瓦，不准烧死人遗骨。否则，当年农业歉收。①

在能够栽桑养蚕的地区，苗族民众还将祭祀蚕神，贵州清镇市芦狄支系苗族每年农历三月三举行祭蚕节。节日这天，妇女们清晨煮熟糯米饭，并捏成蚕茧大小供奉蚕神，希望养蚕顺利，蚕茧像糯米团一样又多又大。②

年初祭祀中，祭祀寨神与风水神灵的龙神也是苗族社会非常关心的问题，云南河口苗族在二月初二或初四举行祭龙节，祭祀者由寨子里各家的主人组成，有的只由同宗族的几家人组成。他们到寨子边指定一棵树（一般是万年青树或栗树）为龙树，在树脚设龙台，台上供烧纸钱和烧香；台边设几个石头为灶，在那里杀鸡煮饭，煮熟后祭祀龙树。祭毕，大家把鸡肉饭菜吃完，把龙树围好，就回家来。日后禁止在龙树周围大小便，禁止用刀砍龙树。③ 贵州安顺苗族每年农历三月三，部分苗族村寨祭神树、打狗扫寨。全村各家各户要集资买条狗，让人拉着，狗随巫师逐门逐户念《护吉弃凶词》，向各家各户屋内撒圣火（即用荞面撒在火把上，让圣火燃烧得更旺），以示驱邪。④

在年初的祭祀中，苗族社会亦十分关注子孙繁庶的问题，很多家庭为求子而举行多种祭祀仪式，或承担相应的民俗信仰活动的举办责任；有孩子的家庭也十分注意在祭祀中请求神灵护佑孩子，让其健康成长。

---

① 国家民委《民族问题五种丛书》编辑委员会，《中国民族问题资料·档案集成》编辑委员会编：《中国民族问题资料·档案集成 第5辑 中国少数民族社会历史调查资料丛刊 第105卷〈民族问题五种丛书〉及其档案汇编》，北京：中央民族大学出版社2005年版，第535页。

② 杨建新、吴学志等：《红枫湖畔的苗家·芦狄哨苗族的节日》，贵阳：贵州民族出版社2001年版，第76页。

③ 罗有亮：《中国苗族风情录·多彩的节日》，贵阳：贵州民族出版社2002年版，第189页。

④ 安顺市苗学会：《安顺苗族》，贵阳：贵州民族出版社2011年版，第84页。

贵州安顺苗族在每年农历正月初四至十五（或者五月、七月）由无子女的夫妇承办跳花活动，跳花节结束后要举行倒花树活动，倒树时，夫妇俩须用新背带把花朵背回，众人抬树随后，由吹笙打鼓队伍护送。队伍到家祝贺早生贵子，九男七女名扬天下。[①] 踩花山，又名花山节，滇南和滇东南苗族一般在农历正月初二举办，滇东北大部分苗族举办的时间为农历五月初五。关于踩花山的来历，有战争、寻偶、求子等多种传说。其中以战争和求子两种最为流行。在踩花山的各种活动开始之前，按照古老惯例，要由花山老人手持象征平安顺达的树枝，率领九名男青年、七名女青年进场，然后面向东方，举行庄重的祭杆仪式，祭祀苗家列祖列宗、历代英雄豪杰、田公地母。祭祀田公地母时的祭词亦表明了对年成丰收的厚望："龙行雨，在长天，田公地母听我言，今日焚香又敬酒，明日圆我心中愿。风调雨又顺，击鼓庆丰年。"[②] 云南元阳苗族每年农历正月初一至初三举行踩花山活动，立山杆者多是无子女或有女无儿的夫妻。踩花山结束，立杆者须将挂在杆顶的红布取下，并送到来年立花杆的人家，并唱道："我把红布送给你家，你家就会儿女满屋，牛马满圈，粮谷满仓。祝愿你家养马马成对，养牛牛成双，养猪猪成群。"[③]

苗族地区流行架桥与敬桥的习俗，据说这样可以求得子嗣，或者保佑孩子健康成长。所以，大多数苗族支系就以农历二月二日作为敬桥的日子。这最充分地体现出苗族社会对于农业生产中的劳动力问题的高度关注。

三、夏季祭祀即边缘期来临

（一）训导者与民众之服从与被服从关系

既然我们可以将苗族社会在每一年年初到岁末的社会运行轨迹描述为

① 安顺市苗学会：《安顺苗族》，贵阳：贵州民族出版社 2011 年版，第 83 页。

② 陶兴安：《文山苗学研究 · 苗族踩花山文化内涵初论》（二），昆明：云南民族出版社 2008 年版，第 119-121 页。

③ 国家民委《民族问题五种丛书》编辑委员会，《中国民族问题资料 · 档案集成》编辑委员会编：《中国民族问题资料 · 档案集成 第 5 辑 中国少数民族社会历史调查资料丛刊 第 106 卷 〈民族问题五种丛书〉及其档案汇编》，北京：中央民族大学出版社 2005 年版，第 274 页。

一种过渡礼仪，也即整个苗族社会由年初的两手空空、一无所有，过渡到岁末的人寿年丰，美满富足；那么，伴随着春耕而举行的各种宗教信仰仪式，已经让整个苗族社会在焦灼与期冀中进入神圣状态，社会心态当然也就转入伴随着夏耘劳作而展开的祭祀朝拜所营造的边缘阶段。无论身体健康还是疾疫肆虐，风调雨顺还是水旱失匀，都成为此阶段整个社会关注的中心话题。在阿诺尔德·范热内普的过渡礼仪模式中，处于中间阶段的是边缘阶段，“凡是通过此地域去另一地域者，都会感到从身体上与巫术-宗教意义上在相当长时间里处于一种特别境地：他游移于两个世界之间”①。特纳采用了范热内普关于过程的观点，并以过渡取代边缘，称呼过渡仪式的中间环节，认为这一中间阶段能形象地说明某个人从一种状态向另一种状态的转变，并以公共域概念来说明范热内普提出的阈限阶段的特征。

按特纳的观点，在阈限阶段，社会既有的等级关系已经模糊，曾经的社会矛盾亦开始消解。甚而至于，曾经的社会等级被完全颠倒，整个社会呈现出反结构的状态。在苗族的岁时祭祀中，每当春播结束，进入夏季的田间管理时，整个社会即由年初的诚惶诚恐进入一种似乎年度性的希望正在生根发芽，但由于众多的不确定因素的威胁，又不得不小心谨慎，呵护正在成长的希望的阶段。在这一边缘阶段，或者说过渡阶段，处于阈限之中的整个苗族社会在农事生产中，活路头的权威始终得到公认，祖先神灵的可靠性亦不容置疑，与农事有关的其他神灵也会提供切实保护，似乎他们都在充当年度性过渡礼仪的训导者或者权威中心。

苗族地区的活路头的权威性不仅表现在撒播种子环节，在夏季来临之后的栽插工作中，依然由活路头最先开始栽插。在黔东南苗寨，每当浸稻种时节，必须由活路头先开始，按古规择定吉日浸谷种，到同一属相的第十三日将稻种撒播于田中。当天未明时刻，活路头即行前往，往返途中最好不要见人。据说，一旦途遇他人且彼此打招呼，会导致庄稼长势不好。撒播稻种时，活路头还须备置鱼和酒饭祭品，撒播结束后即在田埂边供祭田神。返家后，还须以鱼奉祀“告且高、务且给”，即开创农业生产的男女始祖神。栽秧时，又由活路头选用与播种同一属相的日子举行开秧门仪式，此后八九天群众才能栽秧。举行仪式要早去早回，路上不许遇见人，

① ［法］阿诺德·范热内普：《过渡礼仪》，上海：商务印书馆2010年版，第15页。

同时仍带一点糯米饭、鱼和酒作祭品。扯秧后，即到固定的那丘田栽下。先把捆好的两棵芭茅插在田中，然后在芭茅的周围栽五蔸、七蔸或九蔸秧。据说单数分蘖才好，栽双则表示已有伴，就不再分蘖了。插芭茅的意思是生长在这个地方的芭茅在先，稻子在后，先插芭茅，以后稻子才会像它一样长得茁壮。栽完后，在田埂上陈列祭品供祭。回到家还要杀一只鸡或煮鱼祭敬“告且高、务且给”。至于群众栽秧，每栽到一丘，也都临时割三棵芭茅先插，然后才栽秧。每年种棉花，也由活路头举行开头仪式。日期与当年浸稻种同一属相，祭品是一只狗或一只鸡，于早上或中午把祭品带到地边去，先将那块地种完，然后杀狗（或鸡），煮熟后供祭“告且高、务且给”，狗肉（或鸡肉）就由种地的人一起吃。此后，须到下月的同一属相之日，群众才能开种。种棉之前还要酿酒，并准备肉或鸡鸭，无钱的，也要从田里捉几尾鱼来招待。一般是抬锅到地边去煮，也有少数是回家来吃的。全寨一般是一个星期内种完，至多不超过两个星期。每年各家作染布用的染水和当年棉花收获后开始织布，也由活路头起头，在秋后结束田间工作以后，在同当年浸种同一属相的日子举行。过后群众才作。每年苞谷和稻子成熟时，也由活路头家先吃，在同当年浸种同一属相的一天举行仪式，只用苞谷一包、稻谷数穗剥成米掺饭煮吃，不用其他祭品。①

在苗族社会中充当训导者的还有社会组织首领，他们在农村社区同样具有权威性的地位。栽秧结束的卯日，一些苗族地区要过秋蔸节，为时五天，预祝禾苗生长茂盛，获得丰收。卯日的头天晚上，由鼓藏头或保存双鼓的人击鼓，通知大家准备过节。家家户户摘三四株禾苗回家，放入饭甑里蒸，表示是新秧饭，并且包粽粑、捉鱼、杀鸭或鸡祭祖，然后全家聚餐。②

在年度性的过渡礼仪中，在过渡或者边缘阶段，处于阈限中的苗族社会同样绝对服从神灵的权威，而且神灵权威几乎同样充当着训导者的角色。所以，在这一阶段的苗族社会依然敬奉祖先，保持与祖灵的沟通，希冀得到祖灵的眷顾，确保年度性的梦想得以顺利实现。敬祖首先表现在清

---

① 贵州省编辑组：《苗族社会历史调查》（二），贵阳：贵州民族出版社 1987 年版，第 207 页。

② 国家民委《民族问题五种丛书》编辑委员会，《中国民族问题资料·档案集成》编辑委员会编：《中国民族问题资料·档案集成 第 5 辑 中国少数民族社会历史调查资料丛刊 第 105 卷〈民族问题五种丛书〉及其档案汇编》，北京：中央民族大学出版社 2005 年版，第 174 页。

明节的祭祀仪式中，诗词中的苗族清明节，清末乾州厅苗族诗人石明魁《清明吟》记录了当时湘西苗族祭祖盛况：“昨日禁烟火，今朝节已更。纷纷淋缥缈，处处话清明。插柳人皆湿，携樽客速行。如丝飘白鹭，似玉滴黄昏。”① 诗人描述了寒食节一过，村民们纷纷冒雨插柳和携着酒食等祭品上坟祭拜祖茔的情形。云南河口苗族清明节时，同族的所有家庭的男主人都必须到野外修葺祖坟，有的支系还在坟旁杀鸡煮饭祭献祖先。② 贵州松桃苗族在清明节早餐后，家家备好祭奠故人的纸标、香、纸、酒、肉、米粑等，由一名长辈带领，族中小孩跟随，上坡下山，为已故的祖宗亲人坟茔挂青。以户为单位，将纸标插上坟茔顶部，在墓碑前陈列所备的酒、肉、米粑，燃香烧纸，并象征性将所有陈列祭品各弄一点掷于燃烧的香纸中，并念“×××，请您喝酒吃肉，保佑我们发财兴旺”，并视坟墓现状，有草木的就割去草木，出现凹陷或鼠洞的就铲土培护。这一天，凡上坟祭祖者在野外相遇，均向对方赠送米粑，邀请尝酒。③ 秧蔸节后，每逢丑日便过一次吃丑节，接连六次，到新米节前，才告结束。吃丑也是祝愿庄稼丰收。第一个丑日有一个群众性的敬神活动，卜占当年是否风调雨顺，人丁平安。所敬祀的神是木头刻成的全身男性偶像，高尺许，称作“画六”，即“老公公”，或称为祖神。巫师焚香烧纸后，占卦卜问全寨群众最关心的大事，如今年雨水好不好，染布青不青，人丁平安否。每问一事，卜一次卦，以顺卦为吉祥，逆卦为不利。④

除了祭祀家庭祖先与民族祖神外，苗族人民在农历四月八日还会祭祀其民族英雄。关于四月八节日的渊源，民间有多种说法，但大多数认为是为祭祀苗族的民族英雄而设立的节日。湖南凤凰、贵州黄平及贵阳就认为是纪念苗族英雄亚宜（或亚努）。⑤ 松桃苗族端午节，家家都要包粽粑或春米粑，携往田间祭五谷神，祈祷神灵护佑，免除自然灾害，实现五谷

---

① 湖南少数民族古籍办公室：《苗族历代诗选》，长沙：岳麓书社 1990 年版，第 24 页。

② 罗有亮：《中国苗族风情录·多彩的节日》，贵阳：贵州民族出版社 2002 年版，第 189 页。

③ 俞潦：《松桃苗族》，贵阳：贵州民族出版社 2006 年版，第 47 页。

④ 国家民委《民族问题五种丛书》编辑委员会，《中国民族问题资料·档案集成》编辑委员会编：《中国民族问题资料·档案集成 第 5 辑 中国少数民族社会历史调查资料丛刊 第 105 卷〈民族问题五种丛书〉及其档案汇编》，北京：中央民族大学出版社 2005 年版，第 174-175 页。

⑤ 翁家烈：《苗学研究·论苗文化的特征、成因及其作用》（二），贵阳：贵州民族出版社 1991 年版，第 10 页。

丰登。①

（二）祈福禳灾，人神关系的模棱两可与边缘化

每年农历的五月二十四至二十七日，黔东南地区苗族都要划龙船过龙舟节。

> （苗人）好斗龙舟，岁以五月二十日为端节，竞渡于清江宽深之处，其舟以大整木刳成，长五六丈，前安龙头，后置凤尾，中能容二三十人，短桡激水，行走如飞。②

划龙船时，须在河边或寨口设龙神之位，井边、沟边置方桌一张，沿桌脚绑一剔除枝叶与树皮但保留一枝条的五倍子树，绑雨伞一把，系红布一条，纸钱一串，芭茅草一束（形如利剑，有避邪之意），青草一把（以示清吉平安，仪式后插于舟尾小孔，随龙舟带走，竞渡结束由桨手抛于江中）。龙舟每天出发前都要燃三炷香，敬奉酒、肉、饭给龙神，再鸣炮启程。据学者研究，祭龙神的首要目的是求雨。《龙舟飞歌》唱道："你们拿酒敬龙，龙给大家求雨。"其次，祭龙神的目的也有求子之意。清水江苗族飞歌唱道："要划龙船，人类才兴"，"你们给龙一头猪，龙给大家子孙"，即是一种以图腾物作为人类繁殖因素的互渗感应说法。其《祭龙舟词》叙说了生殖多子的强烈愿望："我手里拿只白公鸡，一罐米酒赛蜜糖，这山叫一叫，那山喊一喊，请你们嘎哈（山神）齐下山，保护寨子保平安，赐给大家添子孙，多像蜜蜂万万千。"《接龙吉利歌》："天天等节日，今天节日到，水龙好心肠，送来百把小宝宝，千万儿孙给文老。"从以上歌词中，我们不难看出，龙舟竞渡具有求子功能。最后，祭龙神还有求平安的目的。③ 上述划龙舟祭祀龙神的方式，显然是一改往日人神关系模式，苗族民众改变祭祀朝拜的传统方式，利用夏季河水丰沛、气候宜人的时机，以欢乐的方式娱神自娱，在祈福禳灾的同时，似乎以充满人情味的情

① 俞潦：《松桃苗族》，贵阳：贵州民族出版社 2006 年版，第 48 页。

② 徐家干：《苗疆闻见录》，贵阳：贵州人民出版社 1997 年版，第 171 页。

③ 杨茂锐：《苗学研究·独特的苗族龙舟竞渡》（五），贵阳：贵州民族出版社 2009 年版，第 409–410 页。

感方式拉近了与神灵的关系，人神边际模糊了、边缘化了，于轻松热烈的氛围中实现诉求。

人神关系的模棱两可表现更为明显的是在祭祀求雨中，民众试图泯灭龙神之权威，以对抗和压制的方式问鼎于龙神。天旱求雨时，许多苗族支系采用的求雨之法包括投秽物于龙源，平时认为那些水潴有龙，就以狗屎丢到里面去，龙怕污秽，就要下雨来冲洗秽物。另一种是“闹龙渊”。有一种药叫“加寡”的，它是一种藤子结的果子。把果子摘下研为细末搅在渊中，名为“闹鱼”。据说渊中的龙怕被闹着，所以就下雨了。① 更有甚者，贵州榕江苗族求雨时，并不是用杀牲祭献或顶礼膜拜等方式祷求龙开恩降雨，而是对龙采取强硬措施，迫使它下雨。全寨每户人家各凑一杯米，请一人挑大粪一挑至“龙潭”，往潭中倾倒大粪，幻想用这种办法把龙搞臭，当龙实在受不了时便会被迫下雨来洗刷自己的身体和龙窝，从而使旱象解除。②

湘西苗族亦有茶枯毒捞求雨法、拿龙求雨法，其出发点是与龙神作对，使龙神发怒，降下雨来。巫师法术不高者，未敢行此。③

（三）驱邪避疫，寻求获得人寿年丰的心理超越

在过渡阶段，苗族社会普遍对于农业丰收、人身平安以及家庭顺利抱有强烈愿望，此种心态随着岁时祭祀的不断推进而越发强烈。与年初的分离阶段相比，整个社会无不希望在心理上超越当下的种种困难或障碍，对人寿年丰的渴望似乎更为迫切。某种意义上说，这也是在阈限状态下，苗族社会对固有的心态的突破，或者说习以为常的心态结构被颠倒。

夏季的田间管理时期，农作物的病虫害是极大的威胁。一些苗族地区采用宗教信仰的方式，请巫师作法，消灭或驱赶虫害以保护庄稼。台江城稿午的苗族，在每年六七月之间要举行干虫节、其性质与吃丑是一样的，

---

① 全国人民代表大会民族委员会：《贵州省台江苗族的宗教信仰》，1958 年内部印刷，第 6 页。

② 贵州省民族事务委员会，贵州省民族研究所：《贵州“六水六山”民族调查资料选编 · 苗族卷》，贵阳：贵州民族出版社 2008 年版，第 78 页。

③ 石启贵：《湘西苗族实地调查报告》，长沙：湖南人民出版社 1986 年版，第 542 页。

干虫节意思是，过了这个节才可免去一年的旱灾和虫害，还可带来风调雨顺。[①] 生产劳动中不免会受伤，对此，苗族民众亦依托宗教信仰的力量予以解决。在贵州台江，用斧头工作时砍着脚，被认为是恶鬼“戛龙里”作祟；上山劳动时，工具伤了自己手足，被认为是“戛龙哪”作祟所致；牲畜痛，乃恶鬼“郎独”作祟，此鬼由做牛生意死者的魂魄变化而来；恶鬼“兄戛”作祟将导致庄稼长势不好，可以在白天于室内禳解。[②]

贵州从江加鸿苗族在种棉花时，凡半亩以上土地，都要先祭后种，除祭品外，还须用四棵芭茅草捆住两枝正在开花的指头粗的树枝，犁土后，将树枝插于土中，然后播上三窝以上的棉种，并摆蛋、酒、饭供祭，待种完这块地，由主持人逐一先尝一点，再分给大家吃，说这样棉花才会长得好。雷山县掌坳苗族每年种棉花时，由活路头举行开头仪式，日期与当年浸稻种同一属相日，祭品是一条狗或一只鸡。在早上或中午将祭品带到地边，先把那块地种完，然后杀狗或鸡，煮熟后供祭“告且高、务且给”，狗肉或鸡肉由种地的人一起吃。此后，需到下月同一属相日，群众才能开种。[③]

贵州从江县加勉乡苗族，插秧插到“祖公田”时，须杀鸭或鸡到田中敬供，同时讲吉利话，否则当年禾谷无收；田中如有老虎走过，或老虎进田洗澡，谓之“有虎鬼进田”，须请鬼师来退鬼，这样田方能再耕种，否则就得抛荒。农历除夕，全寨各农户都用芭茅草打一个草标插在秧田中，其意是标志此田为秧田，各种鬼怪不能来侵犯，老鼠不得来吃秧谷；六畜怀胎将产前数日，以青冈树叶遍插畜圈四周，以避一切鬼魅。产后，门前悬挂草标，禁忌外人入宅。[④]

湘西苗族以农历的六月初六为禾蔸节，须杀鸭献祭五谷神，且呼朋唤友聚会。聚餐之前，主人还须头戴斗笠，去田间插上纸钱，设酒祭祀五谷

① 国家民委《民族问题五种丛书》编辑委员会，《中国民族问题资料·档案集成》编辑委员会编：《中国民族问题资料·档案集成 第5辑 中国少数民族社会历史调查资料丛刊 第105卷〈民族问题五种丛书〉及其档案汇编》，北京：中央民族大学出版社2005年版，第242页。

② 全国人民代表大会民族委员会编：《贵州省台江苗族的宗教信仰》，1958年内部印刷，第148–159页。

③ 贵州省地方志编纂委员会：《贵州省志·民族志》，贵阳：贵州人民出版社2002年版，第140页。

④ 伍福新：《苗族文化史》，成都：四川民族出版社2000年版，第557页。

大神，名为给五谷神挂青。为了体现对五谷神的虔诚与祭祀仪式的专注，途遇即使最熟悉的朋友，彼此也须遮面而过，不得有任何言语。据城步苗族的神话传说，五谷大神曾经从自己的乳房中挤血，并将之变为红米以救助饿殍，最终因之而死去。五谷大神血水所变成的稻子则为人类普遍栽种，人类亦赖此生存。苗族于农历初六举办禾蔸节，意在报答五谷大神的恩情①

（四）祭祀中的欢乐，社会结构的混融与改写

过渡礼仪理论认为，在边缘或过渡阶段，虽存在绝对的权威，虽必须绝对服从权威，但是，经过象征性的磨难之后，群体却异常团结。苗族社会在夏季作物生长阶段，诸多祭祀仪式与集体性的娱乐活动、聚会聚餐融合在一起，社区的人际关系进入一种放松、和谐与融洽的状态，亦体现出强大的凝聚力，展示给人团结的面貌。例如，贵州一些苗族插秧时，谁家插完，他家就包粽粑吃。粽粑吃完后，还把粽粑叶系在小竹竿上逐丘插在自己的稻田里。如果杀鸡，还须同时系上鸡毛。吃粽粑，系粽粑叶，是祈求秧子长得苗壮的意思。② 台江巫脚交苗族在插秧结束后，还要举行敬秧节活动。敬秧节在农历五月栽完秧、待秧包发蔸后的卯日举行，取嫩秧蔸三株回家，剥取秧心置于煮熟的饭中，连同酒肉作为祭品，并烧香化纸，预祝当年有好收成。施秉县凉伞苗族待全寨水田插完秧后，大家聚集在活路头家的秧田中帮助其插秧。但是，须留下最后的一小块由活路头自己插满，此之谓“关秧门”。此时，全村寨开始过粽粑节，敬祭稻神嘎嫩娜。祭祀完毕，各户人家还须将包扎祭品粽粑的叶片用米草捆束成筒状，并将其插在自家的稻田里。③ 巫脚交的敬秧节在农历五月栽秧完毕发蔸后的卯日举行。敬秋节也叫吃秧卯，这是庆祝栽秧完毕和预祝新谷丰收的节日。节日的主要食物为粽粑、鸭子或鸡和酒。在三天到五天内，仅在早饭前做些必要的活路，下午休息或娱乐、踩芦笙、游方并斗牛。有的地区必须吃

① 《城步苗族自治县概况》编写组：《城步苗族自治县概况》，长沙：湖南人民出版社 1984 年版，第 27 页。

② 贵州省编辑组：《苗族社会历史调查》（二），贵阳：贵州民族出版社 1987 年版，第 208 页。

③ 贵州省地方志编纂委员会：《贵州省志 · 民族志》，贵阳：贵州人民出版社 2002 年版，第 139–140 页。

鸭，如家中只有鸡，也要另买鸭子来过节。此外，人人都要穿节日盛装去赶场。妇女们打扮得格外整齐，所有银饰都要戴上，并在场镇附近游方。总之，栽秧完毕是一个重要的生产阶段结束。苗族人民经过了一段紧张劳动之后，以敬秧节的名义进行三五天的休息和娱乐，借以消除疲劳，调剂生活。①

黔东南都柳江沿岸的苗寨，四月初种棉时节，亦会呼朋唤友，携带酒肉饭菜及炊具去地里种棉。点种之前，亦将举行独特的祭祀仪式。一年长者抱着一只大红公鸡，偕同身着彩衣的童男童女扮演花神，登上田地中早已搭设好的神坛，并以美酒及五彩糯米饭奉祀花神，祭毕，由花神扮演者首先点种三窝，之后，正式的播种开始。播种完毕，全体参与人员就地用餐，并演唱《四季歌》《种棉歌》，祈求花神护佑棉花生产获得大丰收。②

各地苗族均过六月六祭祀民族英雄。有的村寨聚会，公议寨规民约，保护庄稼；有的要到自种田块中去祭挂秧标，祈求老天保佑不发生虫灾、病害，确保稻谷丰收。紫云苗族的四大寨称六月六为劳累节，节日那天，家家户户杀鸡、包粽子。孩子们带粽子及鸡腿到河边戏水作乐，当天用粽子喂牛。喜凯苗族要过三天，女婿还要拜年，族中轮流请女婿吃饭。③

贵定县白苗在农历正月和六七月跳月，正月属于花场，六七月是“米花场”。这些日子正值皓月高悬，繁星璀璨，届时，姑娘和小伙子们来到正月场附近的山坡上，田坎边，小溪旁，芦笙高奏，笑语盈盈，这叫“跳米花场”。“苗族不跳场（月），谷子花不扬。”具有预祝丰收之意。而青年男女则趁此美好的时光，在欢声笑语中重温旧好，互表衷肠，倾吐爱慕之情，往往直至深夜，才月落人归。④

贵州黎平苗族每年农历五六月的第一个卯日，将分别过一次吃新节，五月吃小米苞芯，六月吃禾谷芯。为了彼此联欢的方便，当地各姓氏又分

---

① 贵州省编辑组：《苗族社会历史调查》（一），贵阳：贵州民族出版社 1986 年版，第 221-222 页。

② 贵州省地方志编纂委员会：《贵州省志·民族志》，贵阳：贵州人民出版社 2002 年版，第 141-142 页。

③ 安顺市苗学会：《安顺苗族》，贵阳：贵州民族出版社 2011 年版，第 85 页。

④ 贵州省民族事务委员会，贵州省民族研究所：《贵州“六水六山”民族调查资料选编·苗族卷》，贵阳：贵州民族出版社 2008 年版，第 125 页。

别在早晚时段举行节日仪式。[①] 台江县苗族吃新时，在田中拆取秧包，供奉神位前，并杀鸡鸭，包粽粑，烧香敬神，以期丰收太平。此时前后，当地还有各种娱乐活动，青年男女盛装修饰沉醉于摇马郎，年老与年幼者则恣意于斗雀或斗牛。[②]

台江城稿午苗族六月过干虫节，第二天丑日继续举行各种娱乐活动，附近各寨的群众都来参加，多时能达四五千人规模。其重要活动是踩鼓，在祭龙后，大家把酒喝完，即互相泼水淋身，并以稀泥巴互相涂抹，叫作打泥仗。据说，天上的雷公看见了，觉得这样太难看，就会立即雷声隆隆，大雨像瓢浇一般，当地就能获得雨水养田了。[③]

四、秋冬季祭祀意味着重新整合

（一）聚会宴乐，平复心理压力

特纳认为，过渡仪式的第三阶段是重新整合阶段，也即范热内普所言聚合阶段。此阶段，社会重新回到既定的社会等级关系和矛盾结构中。苗族社会岁时祭祀中的秋收后报赛仪式、岁末祭祀正体现了这样的特征，秋收冬藏的喜悦，在欢庆的同时，不忘记诸神的恩惠，整个社会亦在酬神报赛的祭祀仪式中，歌舞庆贺，排解积累了一年的辛劳，加强人际沟通与社会秩序的整合。

吃新节，或叫敬新谷节、吃新禾，具体日期各地不一致，以当地瓜果蔬菜开始成熟和稻谷抽穗为准。湘西苗族在农历六月第二个卯日过吃新节；广西融县苗族在农历六月，当新禾将熟，即谷壳内尚有米浆而未成米质的时候吃新禾；黔东南苗族在农历七月，新谷成熟后的一个卯日敬新谷，表示已得新粮吃了，秋收工作就要开始。但各地苗族过此节日的基本

---

① 贵州省黎平县志编纂委员会：《黎平县志》，成都：巴蜀书社 1989 年版，第 157 页。

② 王嗣鸿：《民国年间苗族论文集·台江边胞生活概述》，贵州省民族研究所 1983 年内部印刷，第 177 页。

③ 国家民委《民族问题五种丛书》编辑委员会，《中国民族问题资料·档案集成》编辑委员会编：《中国民族问题资料·档案集成 第 5 辑 中国少数民族社会历史调查资料丛刊 第 105 卷〈民族问题五种丛书〉及其档案汇编》，北京：中央民族大学出版社 2005 年版，第 242-243 页。

节日要素大体一致，均会采摘禾芯或稻穗与其他食品蒸煮后祭祀祖先或者稻神。

此时此刻，谷粒即将干浆，稻穗将熟，举办节日活动祭祀祖神与稻神，一方面，苗族社会借此表达其感恩于神灵的信仰心理。一些地方吃新时，先将三条煮熟的鱼和糯米饭与酒、肉供在堂屋里神龛下，采三个稻穗（象征新粮）放在供品上，焚香烧纸，一家人向祖宗磕头作揖，斟酒、掐鱼肉敬供以后，全家人与祖宗一起进食。第二天，吹芦笙、斗牛和赛马以娱神（祖宗）。①“每遇令节，男子吹笙撞鼓，妇随男后，婆娑进退，举手顿足，疾徐可观，名曰踹堂之舞。”②

另一方面，其实这亦是苗族社会缓解数月来内心压力的好时机，因期待丰收的迫切心情而持续数月的紧张已然登峰造极，需要借助这样的祭祀与聚会予以排遣。如今，丰收在即，希望已是触手可及；加之，既然新谷将成，秋收骤至，繁重的体力劳动即将展开，借助祭祀的机会，于歌舞酒会中宣泄郁积，爽朗心态，亦不失为秋收集结令。例如，湘西花垣、凤凰等地苗族过吃新节时，凡外出营生、走亲戚的，都要赶回来，合家团聚。贵州剑河县苗族一年中仅“过卯”即有八次，吃新为最后一卯，叫大卯，是各卯中最隆重者。嫁出的姑娘也于这天挑着鱼、粽子、酒等礼物纷纷赶回娘家与亲人团聚，共庆丰收。节前姑娘们赶制新衣，绣花帕，小伙子们也忙着准备礼物，待节日时赠与所爱恋之人。届时，亲友穿新衣、带礼物应邀做客。宾主结伴到田里捉几尾大鱼，摘几吊谷穗，回来剖洗鱼煮之，将谷壳剥去蒸饭上，并杀鸡宰鸭。人们在火坑边围桌而坐，用满桌新米饭和丰盛的宴席祭祀祖先后，宾主举杯痛饮共庆丰收。入夜，老人在屋内酒歌阵阵，青年人于屋外情歌绵绵。在夜阑兴尽老人渐入梦乡之后，男女青年们歌声飞扬，直至天之将明，互赠情物之后，小伙子们才与姑娘们在程程相送中依依别离。③

台江反排苗族在七月新谷成熟后的一个卯日敬新谷，在摘取新谷时，

---

① 燕宝：《中国苗族风情录·过卯》，贵阳：贵州民族出版社 2002 年版，第 177-178 页。

② 陆次云：《西南民俗文献·峒溪纤志》第四卷，兰州：兰州大学出版社 2003 年版，第 388 页。

③ 贵州省民族事务委员会，贵州省民族研究所：《贵州“六水六山”民族调查资料选编·苗族卷》，贵阳：贵州民族出版社 2008 年版，第 143-144 页。

还要插一株野花在新稻束的中间，表示新稻子的收成是足花。过新谷节时要休息几天，并开展踩芦笙、斗牛、游方等活动。苗族社会在秋收之际需要舒缓心情的状况，在吃卯的歌词中亦有所反映。

> 七月间来到了，做活路的日子来到了。七月间要吃卯，不吃不翻这个年，不吃不完这个月，大家商量要吃卯。七月间我们来吃卯，有鱼去捉鱼，有鸡就杀鸡，有的包着粽子，爹妈对娃娃们说，这是我们过七月卯，过了卯，大家才平安，吃兜谷子才长得好，秧卯长得蓬蓬大，叶子长得大又长，张张叶子绿油油，这样年成才快活，向地方父老去讲，父老好对大家说，大家一齐来吃卯。①

子息问题始终是任何农业民族都高度关注的事情，苗族亦不例外，人到中年无子女，或者是婚后数年不育，那肯定是莫大的心病。春耕夏耘的繁忙或许可以暂时使人忘却心中的酸楚，可是在夏去秋来忙里偷闲的时刻，如此家庭的心理隐痛说不定再次发作。因此，利用岁时祭祀的机会，左邻右舍给予这样的夫妻道义上的帮助，当然极为有利于其内心的平复，让其生活得以照常运行。贵州赫章大南山苗族中年没有子嗣者，邻人常在中秋之夜背一个南瓜到他家去，意思是送去男孩魂魄，作为生子之兆。接瓜人还招待送瓜人吃一餐。② 清镇市芦狄哨苗族称八月十五为“偷瓜节”，是夜，邀约青年男子一起“偷老瓜”给没有生育的夫妇送去，以祝福他们来年生个儿子。③

（二）报赛酬神，梳理人神关系

乾隆《永绥厅志》载有同知段汝霖《永苗风俗十条》，反映了改土归

---

① 国家民委《民族问题五种丛书》编辑委员会，《中国民族问题资料·档案集成》编辑委员会编：《中国民族问题资料·档案集成 第5辑 中国少数民族社会历史调查资料丛刊 第105卷〈民族问题五种丛书〉及其档案汇编》，北京：中央民族大学出版社2005年版，第245页。

② 国家民委《民族问题五种丛书》编辑委员会，《中国民族问题资料·档案集成》编辑委员会编：《中国民族问题资料·档案集成 第5辑 中国少数民族社会历史调查资料丛刊 第105卷〈民族问题五种丛书〉及其档案汇编》，北京：中央民族大学出版社2005年版，第52页。

③ 杨建新、吴学志等：《红枫湖畔的苗家·芦狄哨苗族的节日》，贵阳：贵州民族出版社2001年版，第77页。

流前湘西苗族的风俗情况：

> 苗俗尚鬼，每岁亥、子两月举行，以为报赛之意。先一日杀菜牛，倩苗巫吹竹筒，谓之做米鬼。次日宰母猪，击竹筒请神，谓之做雷鬼。第三日杀公猪祭享，谓之做总鬼。第四日设肉、酒各五碗，米饼十二枚，置火床，烧黄蜡，击竹筒，祀祖，谓之报家先。然后请亲戚，鸣锣击鼓，请牛鬼。第五日，门首左右各置一椿，用黑白牛各一只，男妇环绕，鸣金鼓，呐喊三声，每牛用三人各持杆枪，从左肋刺之，且刺且走，以牛倒之向背定吉凶。牛首向内则吉，向外则凶。①

农历七月半至月底，贵州麻江一带苗族还要举行放扫把神、腰箩神等一系列祭祀活动。相传古代有位漂亮的姑娘拿着扫把到厕所去打扫卫生时，不幸掉进厕所淹死，后来她就变成“扫把神”。为了纪念她，每年七月半时，苗族女青年就用一把高粱扫把、木棒、布片等扎成一个“扫把神”，由两个姑娘拿着扫把神的脚部走到厕所去请扫把神上来。先烧几炷香和几张纸线，然后两位姑娘就把扫把神请到人家的院坝中去，用一个大簸箕放在桌子上，将扫把神立在上面，这时在旁的人就可向它问事或算命了。放腰箩神时，将几根谷穗放在腰箩里，用一块布包住腰箩口，由一人坐在板凳上拿起放在并拢的两腿上，然后烧香烧纸念咒语，当腰箩神的人则两手前后甩动，表示可以行走了，领唱人则带着他在村寨附近行走，一路祈求各种有利人间的事宜。② 苗族人民通过这些仪式祈求平安、吉祥。同时，在传统的祭祖节日仪式中，加入其他神灵的尊位，一方面体现了苗族万物有灵观念的深入，另一方面亦表现出逢神必拜的实用主义心态。当然，将七月半祭祖的节日予以民族化的改造，让更多的神灵与祖神同列歆享，其实完全体现出苗族社会刻意梳理、经营人神关系的种种努力。

秋收后报赛酬神，是苗族社会亲近神灵、和谐人神关系的重要手段。凯里舟溪苗族龙姓宗支过能九由（苗语译音，能即吃；九即粑粑；由即龙姓宗支的专称；意思即为吃由这个宗支的粑粑），该宗支各寨过节时间并不统一，但须在农历十月的某个丑日举行。过节时，须备办酒肉及香蜡纸

① 转引自伍新福，龙伯亚：《苗族史》，成都：四川民族出版社 1992 年版，第 295 页。

② 辛丽平：《中国苗族风情录・七月半》，贵阳：贵州民族出版社 2002 年版，第 177 页。

钱等祭品，烧香纸后，就开始敬祭祖先，祭祖毕，阖寨聚餐。第二天，斗牛以娱乐。[①]淳朴的苗族人民在报赛酬神时，亦不忘农业劳动的重要帮手耕牛，所以，秋收后祭祀牛王、安抚耕牛也是苗族岁时祭祀的重要内容。贵州清镇市芦狄哨苗族视农历十月初一为牛王菩萨的诞辰日，所以，当天过牛王节以酬谢其对农事的眷顾。节日这天，不让牛耕作，且在清晨打核粑，用草包着喂牛，再用少许的核粑与野花粘固在牛角上，称“牛戴花”和“牛戴粑”，然后牵牛到河边喝水，以便让牛看到自己戴花的倒影而高兴。[②] 过苗年时，黔东南一些苗族支系认为田和牛也同样要过年。因此巫脚交、城郊乡一带在过年的早上，每家必有一个男子用三根青草和一包草粪放到田里去祭田，表示田也在加餐过年。只有祭田以后，才能犁田，否则就是得罪了田，不会有好的收成。除敬田外，还要提酒到牛圈去，用酒淋在牛鼻子上，向它致节日的祝贺，这叫作敬牛。[③] 上述岁时祭祀行为，苗族民众其实是将与人相处之道移用于与神接洽的途径，其内心之本意则是殷切希望与神灵相处欢洽，理顺人神关系。

黔东南苗族在农历十月下旬的卯日至十一月中旬的卯日过苗年，每隔十二天过一次。十月中旬卯日称头卯，十二天后的卯日称大年，最后一个卯日称尾年。头年当天，家家户户将祭品敬供在神龛前，随后点燃香纸祭祀祖先。祭毕，全家聚餐。大年要过三天，不杀猪，但杀鸡宰鸭，烤酒、煮糯米饭、打糍粑，带上祭品到野外去祭桥、祭岩爹岩妈，回家后再祭凳、祭花树，最后是在神龛前祭祖宗，有的人家要请客人来喝“祖祖酒”。尾年最为隆重，持续三至五天。当天清晨，家家杀猪，蒸糯米饭，炖鸡鸭、炒鱼肉备好菜肴。备齐后，首先祭祖宗，男主人在祖宗神龛前摆放猪头、猪肝、鸡头、鸡肝、鲤鱼，斟上四杯酒，插香烧纸后，男主人代表全家念祭祖词，祈求祖宗圣灵显灵与全家团聚过年，并祈求祖宗圣灵护佑全

---

① 国家民委《民族问题五种丛书》编辑委员会，《中国民族问题资料·档案集成》编辑委员会编：《中国民族问题资料·档案集成 第5辑 中国少数民族社会历史调查资料丛刊 第105卷〈民族问题五种丛书〉及其档案汇编》，北京：中央民族大学出版社2005年版，第691页。

② 杨建新、吴学志等：《红枫湖畔的苗家·芦狄哨苗族的节日》，贵阳：贵州民族出版社2001年版，第77页。

③ 国家民委《民族问题五种丛书》编辑委员会，《中国民族问题资料·档案集成》编辑委员会编：《中国民族问题资料·档案集成 第5辑 中国少数民族社会历史调查资料丛刊 第105卷〈民族问题五种丛书〉及其档案汇编》，北京：中央民族大学出版社2005年版，第207页。

家康吉，来年兴旺发达。祭祀结束，全家便可以吃年夜饭了。[①]过苗年其实可以理解为报赛酬神的重要时刻，在如此重要的节日里，苗族社会遍祭诸神，其实是期望借此得到众神的嘉祐，以便获取来年的农业丰收，幸福健康。

（三）祭祀朝拜，整合社会秩序

农历十五中元节，亦称七月半，苗族受汉文化的影响，大多数支系均在此节日期间像汉族一样祭祀祖先，但是，也有许多地域特色呈现。云南麻栗坡苗族，每年农历七月十五日祭祖时，家家户户均要举行仪式，迎接祖灵回家歆享。整个苗寨则须宰杀一头黄牛，邀请亲友参加，并于七月十五至二十五日，在族内各户轮流举行“朵索”（dot shob）仪式，祈愿阖族一帆风顺，无伤亡事故发生。[②] 利用祭祖的传统节日，聚合全宗族人员以及亲友参加祭祀仪式，且以各户轮流招待客人的方式，在较长的时间内娱神自娱。这样的岁时祭祀，既表达了对于祖神的敬奉心情，亦可联络亲情，凝聚族人。这样的宗教祭祀活动，十分有利于苗族农村社区秩序的整合与人际关系的调适与修复。

贵州紫云苗族亦是如此，四大寨一带苗族称七月半为“吃狗月”。届时，每家杀一条狗，几家共杀一头牛来过节。十三日晚用牛肉及小米面搅懒粑祭祖，十五日女婿要到岳父母家“拜年”。节日期间，青年人对唱情歌，举行斗鸟等活动。[③] 贵州清镇市芦荻支系苗族农历七月十三日，即节日这天要接姑妈回来过节，此外，七月半稻谷扬花，要祭米花神，插香到田坝接米花神。晚上老少聚集跳米花舞，预祝五谷丰登。[④]

黔东南西江苗族过苗年时，在尾年的第二天要由鼓藏头（也称芦笙头）主持全寨的芦笙舞会。首先在铜鼓芦笙堂祭祀祖宗圣灵，用牛角杯向在场的一些德高望重的老人敬酒。鼓藏头家族的人最先起步跳芦笙舞，然后将舞会移至寨脚的大芦笙场进行。这一天全寨男女老少都穿上节日盛

---

① 杨培德：《鼓魂》，北京：中国文联出版社 2002 年版，第 48-49 页。

② 杨桂林：《文山苗学研究·族文化的适应性传承与变革——麻栗坡县野猪塘苗族自然村个案分析》（二），昆明：云南民族出版社 2008 年版，第 140 页。

③ 安顺市苗学会：《安顺苗族》，贵阳：贵州民族出版社 2011 年版，第 86 页。

④ 杨建新、吴学志等：《红枫湖畔的苗家·芦狄哨苗族的节日》，贵阳：贵州民族出版社 2001 年版，第 76 页。

装，姑娘们穿的服饰最好看。除了举办芦笙舞会，节日中还举行赛马、斗鸟、游方等活动。①

雷山县苗族的苗年是祝贺丰收，同时这时稻谷已经进仓，稻草已堆上树，意味着一年的辛勤劳动告一段落。从过年的那天起，要举行三四天的娱乐活动，斗牛、跳芦笙、跑马。斗牛、跳芦笙多是本寨的人举行，跑马多是外地来的。观众除本寨外，有来自本县其他苗寨以及丹寨县的一些苗寨的群众参加，有时人数多达五六百人。②

① 杨培德：《鼓魂》，北京：中国文联出版社 2002 年版，第 49 页。

② 国家民委《民族问题五种丛书》编辑委员会，《中国民族问题资料·档案集成》编辑委员会编：《中国民族问题资料·档案集成 第 5 辑 中国少数民族社会历史调查资料丛刊 第 105 卷〈民族问题五种丛书〉及其档案汇编》，北京：中央民族大学出版社 2005 年版，第 647 页。

第五章　西南苗族传统宗教与苗族社会

第一节　宗教与苗族习惯法

一、依托神灵保证神判的公平正义

（一）权威神灵明鉴让习惯法良性运行

由于苗族民众敬畏超自然力，信仰宗教权威，从而奠定了与该民族传统宗教相关的习惯法实施的心理基础。苗族习惯法得以有效运行的后盾正是传统宗教的神灵。

苗族地区的神判，首先选择在民众心目中极具权威的神灵作为神圣的裁判。天王，亦称白帝天王，尽管其来历各地传说众多，但是，在湘鄂渝黔边区，将其作为道德和司法的最终裁判者的信仰模式，则是深入人心，广为传播。所以，石启贵曾发现，“凡要洗心者，有天王庙之地方，则相率于天王庙行之”①。只有没有天王庙的地方，才不得不往土地祠吃血诅誓。民众对天王神深信不疑，只要因为田土、婚姻纠葛、财物争端乃至蒙受不白之冤者，一旦经人理论或法官裁判不决者，就去天王庙神像前诅

① 石启贵：《湘西苗族实地调查报告》，长沙：湖南人民出版社 1986 年版，第 538 页。

咒。“无论事之大小，理之是非，齐至庙中，一经盟誓，纵费多金，在所不惜。”①

其具体做法是“燃烛烧香，各诉情词。诉毕，砍断鸡头，滴血酒中，争端当事者饮以盟心，并盟誓曰：受冤者越发越旺，冤枉人者断子绝孙。”② 此之谓吃血、盟誓洗心，或者因以猫为牺牲而被称为刺猫血。其心理机制则是：有愧者必有报应，小报有三年，大报在目前。不是灾异降临、瘟毙人畜，便是蚀财或遭遇意外祸殃。更为根本的是在天王神灵的阴鉴下，人间的公平正义得以伸张，有理者得福，无理者不得不接受天谴。

迫于鸦溪天王神的巨大神威，苗族民间习惯法自然收到了良好的社会调控效果，乃至于“凡道屈的，到饮血时必逡巡不敢饮。悔罪而罢誓，故事无大小，吃血之后，必无追悔。因此凡土司遇着不能理其曲直的事情，便要令他们饮血，那曲直立刻可以定了”③。个中原理，其实在于苗族民众对于传统宗教的信仰极为诚笃。所以有人感慨：“盖苗民畏鬼，甚于畏法也。”④

苗族视雷神为地位仅次于民族大祖神的重要神灵，龙神则被民众认为关乎风水、农业收成以及个人命运的守护神。所以，黔南地区盛行的烧汤、捞油锅等神判法，则是依托上述两权威神灵，尤其是雷神进行人间是非的裁判。

> 蛮獠有事，争辩不明，则对神祠热油鼎，谓理直者探入鼎中，其手无恙。愚人不胜愤激，信以为然，往往焦溃其肤，莫能白其意者。此习，土著之民亦皆沿之，少抱微冤，动以捞油为说。⑤

《贵州通志》土民志条引《清平县志》：

> 苗事不明者，只依苗例，请人讲理。不服则架锅，用油米和水贮

---

① 石启贵：《湘西苗族实地调查报告》，长沙：湖南人民出版社 1986 年版，第 537 页。

② 石启贵：《湘西苗族实地调查报告》，长沙：湖南人民出版社 1986 年版，第 538 页。

③ 泳霞：《贵州苗民的风俗》，《民众之友》1935 年第 1 卷第 9–10 期，第 18 页。

④ 觉迷：《苗猺犵狫奇俗志》，《国闻周报》1927 年第 4 卷第 23 期。

⑤ 陆次云：《西南民俗文献·峒溪纤志》第四卷，兰州：兰州大学出版社 2003 年版，第 386 页。

锅，置铁斧于内。柴数十担，烧极滚。其人用手捞斧出锅，验其手起泡与否，为决输赢，凭天地神明公断有无冤枉，谓之捞汤。①

此种神判，关键的一点是由双方理老在举行一定仪式后，向雷神和龙神陈述道理，为自己的当事人辩护。最后裁决还是察看雷神和龙神是否保护捞油锅者的手，红肿或烫伤与否。

陈国钧认为，苗族地区的习惯法之所以得以执行，关键在于民众对于传统宗教的信仰。

法律的后盾常为非人的神灵。初民自小便深受教训，而晓得违背习俗便会遇到灾祸，而灾祸的掌管者是神灵，神灵的力量是强大的，不可侵犯的，违犯了神灵的意思，必被神灵严重施罚。所以，原始法律有许多方面都是根据求神息怒之意。②

以此来解释神判法的运行原理，也是比较贴切的了。

（二）泛神谱系让灵异裁判随时在场

民间对于神灵裁判的需求极为广泛，并非不论事情大小都可直接依赖最高的或权威的神灵予以裁判；加之，捞汤与吃血的严酷性也会考验每位当事人的心理底线。所以，苗族民间又出现了一系列依托神灵裁判的替代行为。如此，同样可以让灵异裁判随时在场。

宰鸡，根据鸡在临死前的最后挣扎路径进行是非裁判就是一种在苗族中广泛采用的替代方法。宰鸡前，以两树桩立于场地两边，并用三根绳子缚于两树桩，该歪（即榔头）则坐于绳子的中间，也即处于两树桩之中部。当事人则分立于树桩旁，场地四周则围满旁观者。理师念鬼举行一定的祭祀仪式后，即将鸡宰杀，并快速将之抛掷于两树桩中部，任其跳动。

① 刘显世、谷正伦修，任可澄、杨恩元纂：《贵州通志》第六册，贵阳书局1948年铅印本。

② 转引自周相卿：《贵州世居民族研究・论宗教权威对苗族习惯法实施的作用》第2卷，贵阳：贵州民族出版社2006年版，第26页。

鸡在临死时跳向何方，此方当事人即被判为理亏。[①]

在神灵面前诅誓（赌咒）也是一种较为简便易行的神判手段。当事人双方跪于神案下，燃香烧纸，申述缘由。举行仪式时，或披头散发，或披黄钱白纸而诅咒，求神明阴鉴让无理者天诛地灭，祸殃加之。[②] 此外，还有屠狗为牺牲，或者为警示而诅咒者；踩斧头或犁铧及煮粽粑鉴别是非者，其原理均在于借助苗族民众所信仰的无处不在的神异力量，依托其被无限放大的、无所不能的威力，明察秋毫，判明是非，决疑惩凶。

霍贝尔认为："每个社会都强烈地认为，神和其他超自然的力在他们的法律制度中是积极的，并且常常是决定性的力量。"[③] 在苗族地区，鬼神支配着人们的精神世界，鬼神笼罩一切，无论是人的命运还是贫贱富贵，民众都认为皆为鬼神操纵。所以，在社会管理与法律治理领域传统的民族习惯法与苗族传统宗教有着紧密的联系。民国时期，曾有人评价说：

> 边胞交往，则事少有契约，往往一言为定，日久不悔。言语说出，则必实践其信用，特笃之原因，一为本性使然，一则为迷信之力量。盖彼等以为一言既出，若有翻悔，则将触怒神灵，不利于身也。[④]

由于对神秘超自然力量的恐惧与敬畏，加之趋利避害的本能，使生活在传统思维模式下的苗族民众无不自觉地或被迫地遵守禁忌，让习惯法的执行具有极为良好的运行环境和非常理想的治理效果。因为习惯法的内容总是与神灵鬼怪的明鉴与阴森森的审视与监督紧密相连，所以，任何社会成员都只能战战兢兢地恪守习惯法的道德与纪律约束原则。

---

① 国家民委《民族问题五种丛书》编辑委员会、《中国民族问题资料·档案集成》编辑委员会编：《中国民族问题资料·档案集成 第5辑 中国少数民族社会历史调查资料丛刊 第105卷〈民族问题五种丛书〉及其档案汇编》，北京：中央民族大学出版社2005年版，第555页。

② 石启贵：《湘西苗族实地调查报告》，长沙：湖南人民出版社1986年版，第538页。

③ 周相卿：《贵州世居民族研究·论宗教权威对苗族习惯法实施的作用》第2卷，贵阳：贵州民族出版社2006年版，第27页。

④ 王嗣鸿：《台江边胞生活概述》，《边铎月刊》1948年第2卷第1期。

二、榔规借重神性力量凸显权威性

（一）农事生产管理榔规实施中的神圣性需求

活路头在苗族中是有着一定地位的，但是他的职权只限于带头开始播种、插秧；所以，尽管他们主持执行违犯生产禁忌的习惯法，可以惩处在农业生产领域中的违规者，而事实上这样的具有民间习惯法优势地位的权威人物还是时常受到挑战。例如，据田野调查资料，贵州从江县加勉苗族就曾有许多人在踩秧堂时，连吹十几天的芦笙，违犯了祖宗留下的规矩，活路头龙老友出来干涉，群众不听，恰好是年禾谷歉收，群众认为是活路头带头播种、插秧有问题，叫他赔偿粮食。活路头一气之下宣布不再担任活路头，只得徙家他处。①

但是，一旦活路头的生产管理之权威，在习惯法的支持下，再辅之传统宗教的威力，则将收到不怒自威、言行必果的社会效果。至今，从江加勉苗寨还存有凸显宗教信仰保障习惯法的历史见证。当地有一块以农业生产管理著称的、被赋予了神异力量的岩石被称为“曰必或”“曰被那”（曰即岩，必即保，或即官，被即卫，那即发财人；合译即岩保官，岩卫发财人）。② 据说，禾谷受到自然灾害时，都要杀牛去敬它。而活路头对于生产的管理，在因有人违反禁忌而执行榔规惩罚时，亦须到这神异的岩石处举行仪式，执行榔规。

（二）刑事惩罚榔规中的宗教力量

苗族地区在执行诸如刑事惩罚、发动战争的榔规时，也必须借助于宗教信仰的威力，在宗教仪式的氛围中，让榔规处于不容置疑的至高无上的

① 国家民委《民族问题五种丛书》编辑委员会，《中国民族问题资料·档案集成》编辑委员会编：《中国民族问题资料·档案集成 第5辑 中国少数民族社会历史调查资料丛刊 第105卷〈民族问题五种丛书〉及其档案汇编》，北京：中央民族大学出版社2005年版，第550页。

② 国家民委《民族问题五种丛书》编辑委员会、《中国民族问题资料·档案集成》编辑委员会编：《中国民族问题资料·档案集成 第5辑 中国少数民族社会历史调查资料丛刊 第105卷〈民族问题五种丛书〉及其档案汇编》，北京：中央民族大学出版社2005年版，第551页。

地位。从而，也让整个社会层面在面对榔规的要求时，不敢苟且，必须认真对待。

从江加勉苗族社区的调查材料就涉及被称为“曰吕空”“曰义卖”[曰即岩，吕即偷摸，空即粮食，义即偷，卖即衣服；合译全意即岩摸（偷窃）食（粮食）、岩（偷）衣]的岩石。当地寨老在执行习惯法，也即执行榔规时，情节重大者还要杀牛去敬那岩石；遇有战争，也要杀牛去敬岩石后再履行习惯法。① 其实，上述表现之根本意图还在于宗教信仰的神圣氛围，极为有利于增强习惯法的权威性，利用民众在神灵面前所表现出的无助、虔诚与服从，达到榔规所要求的最好效果。例如，该地对于偷窃别人财物，累犯到五六次时，寨老（该歪）即召集群众到“曰吕空”“曰义卖”石头边来开会处理。如罪犯买不起牛，则由群众（合寨）共买牛一头来敬石头，表示对罪犯作最后一次警告与教育，今后如再偷窃别人财物，则判死刑。祭祀石头时，先将罪犯带到石头边，随即将牛宰杀，接着寨老宣布说：“你偷人家的东西七八次……今后再犯，就像这头牛一样处死。”② 可以想见，如此的宗教性祭祀场景，如此严肃的态度与鲜明的惩戒性榔规，一定能够对犯事者产生重大的心理压力，也能够达到以儆效尤的效果。

（三）违反榔规者褫夺宗教仪式参与权

苗族的习惯法榔规往往是通过几个村寨的寨老共同主持，由各寨成年群众参加的议榔会议决定，并向群众宣布后予以执行。每次议榔的当日还要举行隆重的祭祀仪式，埋岩之后，杀牛分肉，传诸村寨的每户人家。如遇有违反榔规者，必被质问是否分了肉，意即应该已经知道了榔规，而现在明知故犯，因此，就应该接受处分。③ 可见，习惯法榔规的制定与颁布

① 国家民委《民族问题五种丛书》编辑委员会、《中国民族问题资料・档案集成》编辑委员会编：《中国民族问题资料・档案集成 第5辑 中国少数民族社会历史调查资料丛刊 第105卷〈民族问题五种丛书〉及其档案汇编》，北京：中央民族大学出版社2005年版，第551页。

② 国家民委《民族问题五种丛书》编辑委员会、《中国民族问题资料・档案集成》编辑委员会编：《中国民族问题资料・档案集成 第5辑 中国少数民族社会历史调查资料丛刊 第105卷〈民族问题五种丛书〉及其档案汇编》，北京：中央民族大学出版社2005年版，第553页。

③ 国家民委《民族问题五种丛书》编辑委员会、《中国民族问题资料・档案集成》编辑委员会编：《中国民族问题资料・档案集成 第5辑 中国少数民族社会历史调查资料丛刊 第105卷〈民族问题五种丛书〉及其档案汇编》，北京：中央民族大学出版社2005年版，第396页。

实施，均依托于一定的宗教仪式，借重于神性的权威来确认其地位。

在从江反排苗族的榔规中，亦有关于以禁止参加宗教祭祀的方式来惩处违规者的条款规定。例如，有名叫张吾努者，不愿做鼓藏头，在张吾努拒绝作鼓藏头以后，即宣布开除其族籍，不准他参加吃鼓藏的活动，不准他送先人的衣服来参加祭祀。他自己感觉孤立，半年后杀一头小牛向全家族赔礼，才取消对他的处分。①

三、习惯法与传统宗教互为支撑

（一）禁忌性规范源于对神异力量的敬畏

苗族社区的秩序管理都会依托大量的禁忌性规范，约束人们的行为，而这些禁忌规范的执行效果，并非声色俱厉；关键在于其是否以神灵为背景，是否借重于传统宗教的信仰力量维护其严肃性。

例如，一般的苗寨周围通常都会禁止挖土，在禁区中如有人挖动土，一旦寨内有人生病，经鬼师看卦认为是挖坏龙脉时，即须安龙谢土。如觉得情况严重，甚至须经过三次安龙谢土。三次安龙谢土的费用，群众负担一半，处罚违犯禁忌的人出一半。② 被处罚者与全体民众之所以花费如此巨大的费用维护禁忌的执行，关键在于禁忌背后隐藏的对于地龙神也即风水的信仰。正是在这种信仰的支撑下，苗寨附近的水土保持、生态维护得以展示出良好的面貌。

此外，寨边的古树一般都禁止砍伐。这种禁忌的实现同样是基于自然崇拜的宗教情结的推动，但亦在客观上维护了生态平衡。苗寨扫寨退火殃的当天，寨子的四周路口及寨门都插着草标，表示忌寨，也即禁止外村人入寨。如有违犯，即罚其负担这次宗教仪式活动的全部费用。个人家里请

① 国家民委《民族问题五种丛书》编辑委员会、《中国民族问题资料·档案集成》编辑委员会编：《中国民族问题资料·档案集成 第5辑 中国少数民族社会历史调查资料丛刊 第105卷〈民族问题五种丛书〉及其档案汇编》，北京：中央民族大学出版社2005年版，第398页。

② 国家民委《民族问题五种丛书》编辑委员会、《中国民族问题资料·档案集成》编辑委员会编：《中国民族问题资料·档案集成 第5辑 中国少数民族社会历史调查资料丛刊 第105卷〈民族问题五种丛书〉及其档案汇编》，北京：中央民族大学出版社2005年版，第554页。

鬼师来退野鬼，也要在门口插上草标，表示忌屋，禁止外人进屋。而这些禁忌的深层次力量同样是出于对宗教信仰的笃信。

（二）习惯法确认、保护宗教信仰秩序

许多习惯法条文都会约束民众尊重约定俗成的宗教信仰，惩处亵渎宗教信仰的言行。例如，苗族禁忌中就有拒绝在扫寨仪式期间自由出入寨子的规定，其用意在于保护宗教信仰的纯洁与祭祀仪式的严肃性。“在整个扫寨活动中，无论外人或本寨人，只能出寨，不能进寨。扫寨祭祀的当天，忌劈柴、舂米、推磨等。”民间禁忌规范更会保护祭祀场所与崇拜对象的洁净与神圣性，严禁滋扰行为。“在供寨神的地方，不许随便屙屎屙尿。”“不允许用刀、斧头砍门槛，否则会惊走门神，于家不吉利。”①

苗族习惯法中还明确列举条款，要求民众在宗教祭祀中应当持有正确态度，并有评价虔诚与否的标准。例如，鼓社共同敬奉的木鼓（铜鼓），在醒鼓礼前，不准触动；藏鼓的石窟中和鼓头家敬供的祖像（央公、央婆的木刻或石雕像）、芦笙、牛角、酒糟桶等，平时不准乱动。这是对与集体祭祖相关的器物、神器如何有效保管的规定。“村社的祭祖活动，日常生活中婚、丧、疾病、节日都由巫师主持祭祀仪式。巫师是自食其力的劳动者，他们被聘请作法后只能得一点祭祀品（少量的米、酒、肉），不要任何报酬。”② 此项禁忌性规定，既维护了宗教师的社会地位，同时也对宗教师的报酬问题定下基本原则，使其不可能以此为敛财之捷径。

此外，一些苗族习惯法还对具体的宗教祭祀仪式规程予以格式化要求，并以此作为评议举办仪式者之操作仪程是否合理的技术规范。例如，在丧葬仪式问题上，就有习惯法明确要求：非正常死亡者与正常死亡者丧葬礼仪当有区别，“凶死者（指非正常死亡如枪杀、产死、摔死、夭折等）可草草葬了完事。老来死者，儿孙们要为死者举办隆重的送葬仪式。”③

---

① 石朝江：《中国苗学》，贵阳：贵州人民出版社 1999 年版，第 207-208 页。

② 石朝江：《中国苗学》，贵阳：贵州人民出版社 1999 年版，第 206 页。

③ 石朝江：《中国苗学》，贵阳：贵州人民出版社 1999 年版，第 206 页。

（三）借助宗教仪式宣讲习惯法

苗族习惯法多体现在理词、谚语与神话传说之中，以理词为主要形式的习惯法多是通过理老或寨老在各种仪式场合公开诵读，使民众熟知乃至传诵。所以，考察苗族习惯法与传统宗教的互动，必须关切宗教祭祀的细节分析。通常，在苗族婚丧嫁娶、岁时祭祀乃至集体祭祖与神判仪式中，气氛庄重，人群集中；理老或宗教师多会以祭祀神辞、歌谣或问答的方式背诵或歌唱以理词为主体的习惯法。此情此景中，受众无不表情严肃，心领神会地认真聆听。

例如，理老或寨老在解决一般纠纷，或主持神明裁判时，都会广泛地引用理词与古规举行一定的祭祀仪式，之后，再行调解。调解不成才予以判决，或听命于神明裁判。由于苗族社会视理词为真理和法规，所以，在理老摆古说理之后，通常会矛盾双方释怀，从而实现相互妥协让步，走向和解。

此外，在苗族适用离婚习惯法的具体判例中，也可以发现宗教仪式助推习惯法，使其判决更具效力。例如，黔东南一带的苗族村寨，凡男女离婚，在经过习惯法判决以后，还须请理老举行破竹仪式，离婚判决才有广泛的认可度与公信力。破竹祭仪多在男女双方两寨之间的路旁举行，双方的理老、寨老及家长到齐后，理老听取双方陈述离婚理由，然后依理评判。这时，理老先是摆古说理，劝说双方合好。实在无可挽回时，协商好经济赔偿与财产问题后，推一德高望重的理老唱《破筒歌》后，猛劈一刀，将竹筒破为两半，双方各捡一半带走，算作解除婚姻关系。[①] 在此种习惯法适用场景中，破竹仪式其实是见证习惯法的运用，并寓意男女双方一刀两断的决绝。所以，一些与苗族传统宗教信仰有关的习惯法内容，客观上包含着合理、有益的成分。

① 文新宇：《苗学研究·传统法资源的利用与苗族地区法制现代化》（五），贵阳：贵州民族出版社 2009 年版，第 401 页。

第二节　宗教与社会控制

一、宗教与社会政治变动

（一）传统宗教成为政治斗争武器

历史时期，苗族不仅只是不断迁徙，过着颠沛流离的动荡生活；也不仅只是居于深山穷谷，战天斗地，书写辛勤耕耘的山地生活史；苗族还有反抗民族压迫、与反动政府作不屈斗争的英雄史。民国学人在研究苗族历史时也不得不感慨："苗疆有'五年一小乱，六十年一大乱'的谣言，以此谣言考清季的苗乱，真是不幸而言中。"①

和世界其他民族一样，各民族的传统宗教在政治动荡中都会或多或少地参与进去，甚至可以说各民族的传统宗教是一种不可忽略的政治动员手段。曾经在我国西南苗族地区传教多年的法国传教士萨维那在其著述中亦曾说："每一次苗族要打仗的时候，我们总能在他们的行动当中找到两个不可区分的元素，政治元素和宗教元素。这个民族用自己的宗教作为武器来争取自由、维护独立。"②

苗族的传统宗教信仰具有广泛的群众基础，加之民众信仰诚笃，所以，在政治动荡时刻，利用传统宗教的祭祀场所，借力于神圣的信仰空间并以神灵启示的名义宣讲政治诉求，当然能够收到意想不到的良好效果。从某种意义上说，在历次反抗反动政府的政治斗争中，苗族传统宗教均成为发动群众、汇聚力量的平台。清代湖南巡抚景安在给清政府的奏折《奏苗人枪械悉已呈缴并严禁椎牛祭鬼》中，也明确地提到湘鄂渝黔边区苗族群众利用传统宗教组织发动力量的实情。

> 苗人生长边荒，多疑畏鬼，凡遇疾病灾害，则必延巫师私宰耕

① 佘贻泽：《清代的苗民问题》，《新亚细亚》1936 年第 12 卷第 12 期，第 9 页。
② ［法］萨维那：《苗族史》，贵阳：贵州大学出版社 2009 年版，第 295 页。

牛，聚众禳解，名为做鬼。及至秋冬，淫祀繁兴，小则附近寨落百十为群，大则聚集邻省苗人，盈百累万，巫师妄言祸福，以惑愚顽。从前颠苗滋事，皆由此起。每岁秋收，必将所蓄耕牛，恣行宰杀，次年冬作，则又称贷买牛，遂至穷困，流而为匪，是椎牛祭鬼实为苗害。①

基于政治控制的需要，景安强烈要求中央王朝发布命令，禁止苗族举办大规模的椎牛祭祖活动。

但是，景安的上述政治策略一旦被地方大员滥用，乃至无视苗族群众正当的宗教信仰需求，同样会酿成重大的社会危机。民国时期，云南屏边县与蒙自县发生苗民暴动事件，据当时记者调查分析，暴动起因恰恰是当地县政府官员取缔、压制苗族群众举办丧葬祭祀仪式而导致的恶果。“苗民风俗，人死后应敲牛治丧，聚集亲友一堂，少数无赖之徒以为苗民聚众作乱，屏边县杨秀科，不查真实，未奉上级命令，自堪顼剿，酿成急变。”②

考证史实，可以清晰地看到，虔诚的宗教信仰常常是维系政治集团持久稳定的精神纽带。由于笃信自己民族的宗教信条，相信违背信仰将产生严重后果，常常能够让政治运动的参与者笃守承诺，服从政治组织领导，忠贞不贰。张秀眉议榔起义起事于张麻尼（又译为张梅尼，属今台江县平水乡）议榔会议。议榔时，杀黄、白水牛各一，并议定榔规起誓：

从今天起，大家要一条心，永远扭做一股，走一条路，过一桥，我们打仗的力量才大，我们杀官兵的劲才猛。我们本想过太平日子，但官家不让我们过，他来了我们就打，他来了我们就杀，生死共一命。如哪个居心不良，事到一半就丢手，如有哪个起心不好，事到一半就反手，他就要生病、挨刀、死亡。我们吃了牛肉，我们喝了牛汤，我们就不能反悔，不能泄气，共同打走官家，才能得享太平。③

---

① 湖南省少数民族古籍办公室：《湖南地方志少数民族史料》（上），长沙：岳麓书社192年版，第519页。

② 《滇省苗民揭竿造反》，《川盐特刊》1934年第188期，第15-16页。

③ 贵州省民间文学工作组：《民间文学资料》第27集，1960年内部印刷，第93-94页。

上述有关起义大军纪律约束的榔规，正是借助于苗族传统宗教仪式，让其具有神性保证，加之，此次苗民起义是清政府的不当统治引发的，所以，榔规始终得到了较好的信守与坚持。

1936年春，被迫担任寨劳、元宝两地村长的广西融县苗族贫农马文星、贾老喜目睹国民党对人民的勒索及“三征”的严重性和群众日益不满的反抗情绪，在寨劳屯召开了埋岩会议，杀牛聚餐，并饮血酒，表示同心同德，不勾结敌人，宣誓“有难同当，有福同享”。接着便宣布抗拒“三征”，从而爆发了1933—1944年苗族人民反抗“三征”的斗争。[①] 这里也是借助于宗教信仰的手段，强化起义队伍内部的团结。

此外，相关资料显示，由于根深蒂固的信仰心理，苗族民众在历次政治斗争中多会举行一定的祭祀仪式，并进行有关政治斗争前途命运的占卜式求证。“倒栽杉”差不多成了苗家历次反抗剥削统治斗争用来测定输赢、存亡的惯例。以张秀眉起义为例，起义初期，就曾在交田比倒栽了一棵杉枝以占验前途：杉枝倒栽活了，起义是顺利的；如果杉枝死了，起义就要失败。据说，第二年倒栽杉果真活了，张秀眉等就更加坚定了起义信心，跟随他的穷人也就越来越多。服膺于神圣力量的巨大，醉心于神异的帮助，从而对从事的政治活动满怀信心，这是对上述行为的最好解说。

（二）宗教领袖成为吸引群众的权威符号

翻检史籍，苗族群众在历次大起义等重大政治事件中，几乎都有塑造神异人物，赋予其宗教与世俗领袖的地位，并以此组织发动群众的历史。从这个意义上说，宗教领袖已经成为吸引群众的权威符号。刘锡蕃亦曾不无感慨地说：“苗人崇信神巫，尤甚于古……有时巫者更利用神权，怂恿揭竿为乱，兵祸既起，村社为墟。”[②]

雍正年间，贵州古州苗案发生后，地方大员在《尹继善摺》中记述苗族群众利用宗教信仰制造宗教领袖而发动起义的情形：

---

① 国家民委《民族问题五种丛书》编辑委员会、《中国民族问题资料·档案集成》编辑委员会编：《中国民族问题资料·档案集成 第5辑 中国少数民族社会历史调查资料丛刊 第106卷〈民族问题五种丛书〉及其档案汇编》，北京：中央民族大学出版社2005年版，第677页。

② （民国）刘锡蕃：《苗荒小纪》，上海：商务印书馆1935年，第13页。

岩崗寨有一瘋苗银华，自称苗王，能降祸福。传播远近，各寨纷纷聚集，焚香求见，以致黎平府城一带居民惊惶等语……因寨内有穷苗贯江老溜等贫而无赖，商同疯癫老苗银华捏造山内有一苗王，惟银华得见。假作神鬼附身之态，口称：宰猪祭奉，可以免祸。将此妖言传播各寨，苗人遂多信从，有以猪来祭者，即宰割分食。①

1931年，广西隆林县苗族妇女杨岗奶领导的反税斗争，就是利用宗教形式宣传和组织群众。杨岗奶在家设置仙坛，自称仙姑，经常聚集信众在她家求神开会。在宗教信仰的帮助下，其威望越来越高，团结在她周围的人越来越多，并由此而蓄积了起义力量。②

1942年，湖南乾城县苗族群众反抗国民政府派款抓丁和垄断食盐的“跳仙会”起事，也是通过宣传当地出现神通广大的“麻王”和喝“仙水”来发动和组织群众的。1941年阴历四月初，永绥县卫城乡盐井寨（今花垣县两河公社盐井寨）麻巴龙家生了个发型与众不同的男婴，被人传说是“仁宗王转世，盐井出了王”。同寨青年麻老伴宣称麻王封他为掌簿先生，麻老坤宣称麻王封他为大将帅，二人还宣传“恶人死一半，大官要砍完”“过年要杀鸡，皇帝才登基”等谶语，并组织苗民跳仙练武，天天为朝圣的苗民化神仙水，宣传麻王和仙水神威。顿时，盐井一带跳仙会活动声势浩大，每天参加活动者少则数百，多则千余。③ 于是，苗族起义的时机逐渐成熟了。

民国时期，云南蒙自县属的戛拉密苗族暴动，也曾出现苗族群众利用宗教神异形象，组织发动群众的记载。当时报刊刊载：

有苗夷牛万才者，自称九天皇帝，私建伪皇宫，创造妖言，谓天师助我飞剑，天命归夷，汉合灭亡，并以不纳租粮，不出捐款等词为号召。夷苗愚顽无知，多从之。啸聚千余，于九月十二日进攻冷泉。④

① 尹继善：《古州苗案尹继善摺二》，《史料旬刊》1931年第20–30期。

② 国家民委《民族问题五种丛书》编辑委员会，《中国民族问题资料·档案集成》编辑委员会编：《中国民族问题资料·档案集成 第5辑 中国少数民族社会历史调查资料丛刊 第106卷〈民族问题五种丛书〉及其档案汇编》，北京：中央民族大学出版社2005年版，第553–554页。

③ 石启贵：《湘西苗族实地调查报告》，长沙：湖南人民出版社1986年版，第73页。

④ 佚名：《蒙自苗夷蠢动》，《时事月报》1934年第11卷，第202页。

（三）巫术成为克敌制胜的精神依赖

雍正年间古州苗案中，地方官员的《尹继善摺》对于苗族起义队伍广泛利用巫术对抗清军的情况亦有所反映。

> 有不法奸苗指称苗王，喷水跳舞，谣言惑众，于八妹寨聚集等语。臣查，施巫邪术，愚苗易被诱惑，若不速拏重处，恐致酿害……二月内有八妹寨奸巫银红等三人至附近各寨骗诱愚苗，学法降神，捏称有人听从其法，只要送银五分，不必种田，苗王出世就得银子。更有法水喷出，高坡倒为平地，城墙化为烂泥，官兵枪炮俱不能施放，若不能出银，即陷入地下等语……二十六日，来攻王岭汛城，持械者甚少，或持二尺白木短棍，或持白布、白纸小旗，跳跃作法，一闻枪炮，知法不灵，即皆奔散。①

此种现象在苗族地区的民间故事中亦多有体现，贵州苗族的民间故事《老豹虫》描述，谷陇苗族在反清大起义中，曾经请亻革家老庚施行法术，拿把筛子摆在地上，又用个钵盛水放在筛子上，推断清兵极易攻打；进而听从其建议，采用巫术手段反击清军。“只要把黑狗、黑羊和鸽子血混在一起，然后将弹子（铁沙子）在混血里滚过，这些滚血的弹子射出去，他们就完蛋了。”②

据《苗防备览》记载，乾嘉苗民起义时，苗兵打仗必有“前跳跃呐喊之人”谓之“鬼”，若仗一开始，“跳跃呐喊之人”就被击毙，苗兵则说“今日鬼不到”，便自己退兵。这种利用巫术进行战斗的情况在民国时期湘西的跳仙暴动中也曾出现，先是有人称自己是天上降下来辅助王的帅，且得神人传授了异术，跳跃可触接屋梁。战斗中，暴动队伍均是一手拿木刀，一手拿伞遮挡在胸前，跳跃前进，扑向敌人。③

巫术用于军事战斗，且作为一种极为关键的克敌制胜的战术，一方面

---

① 尹继善：《古州苗案尹继善摺二》，《史料旬刊》1931 年第 20-30 期，天三百九十三。

② 贵州省民间文学工作组：《民间文学资料·老豹子》第 27 集，1960 年印刷，第 72 页。

③ 麻勇斌：《贵州省松桃苗族自治县苗学会论文集·对武陵山区明、清、民国苗民起义的思考》，贵阳：贵州民族出版社 2005 年版，第 98 页。

暴露了当时苗族群众内心深处对战争与死亡的恐惧，另一方面也表明宗教观念在苗族精神世界起着重要的作用。

二、基层组织构建的神性论证

（一）利用信仰空间开展民间基层管理

陈国钧说："苗夷多以族姓关系，集居一地，联成完密之社会组织，寨有寨长，族有族长，均负治理地方之责，家庭间父权母权平等，多小家庭制。"① 这一点在黔东南苗族地区则表现为，家族是黔东南苗族最基层的社会组织，族长、方老借助宗教仪式进行有效的内部管理。黔东南苗族各家族都有自然领袖作族长，各农村社区都有自然领袖作方老；一个家族就是一个独立的最基层的社会组织，各家族在族长主持下制定符合本家族利益的规约。② 此种规约制定会议，各地苗族称呼不同，黔东苗族称为议榔，湘西苗族称为合款、门款，云南文山苗族称为丛会。

这类基层社会组织由族长领导全族定期举行吃鼓藏仪式，成为集体祭祖的领导者。一旦家族长以鼓藏头身份沟通祖宗圣灵，他们就更会受到人们的尊敬，除了具有模范的人格力量外，这还是一个沟通祖宗圣灵的神圣职位，对于祖宗鼓社里的族人来说，尊敬以鼓藏头身份出现的家族长，也就是尊敬神圣的祖先。这是苗族基层组织领导人利用传统宗教的信仰空间，实施社会管理的有效途径。马林若夫斯基认为："宗教使人类的生活和行为神圣化，于是变为最强有力的一种社会控制。"③ 在集体祭祖仪式中，族长将带领阖族人等缅怀祖先，贯彻忠孝思想；同时，也经常借此机会，与族人商讨家族内部的重大事情；抑或以祖先的名义，惩戒违规族人，从而达到教育子弟、协调关系、增进家族团结的秩序化目标。

苗族的基层社会组织还承担着管理家族中日常事务、调解矛盾的责任，行使民间司法权。一旦当事双方矛盾尖锐，已经到了不可调和的程

① 陈国钧：《贵州苗夷民族概况一览》，《贵州教育》1942 年第 4 卷第 7-9 期，第 49 页。

② 王尧：《中华文化通志·民族文化典·苗、瑶、畲、高山、佤、布朗、德昂族文化志》，上海：上海人 民出版社 1998 年版，第 24 页。

③ ［英］马林诺夫斯基：《文化论》，北京：中国民间文艺出版社 1987 年版，第 78 页。

度，基层组织就举行捞汤、砍鸡头、盟誓吃血等神判活动。这些基层的民间社会组织在神判中充当仲裁人的角色，或者说，依托苗族宗教师，利用宗教信仰的手段适用民族习惯法，实现社区秩序的回归与调适。至于基层组织负责惩处违反家族规约的行为，乃至对于屡教不改者采用剁狗等形式，开除其族籍的现象，正好说明苗族基层社会组织掌控着社区内的警察权。所以，可以肯定地说，苗族地区以家族长为代表的基层社会组织，经常充分利用传统宗教资源加强管理，整合社会秩序。据黔东南苗族资料，各家族的祭祀场、斗牛场、芦笙场等公共场所，族长有权管理，不许任何人占为已有。① 此项责任其实更多地表明，苗族地区的家族长在宗教信仰上具有优势地位，掌控着尽可能多的宗教资源。

针对湘西苗族地区的民间社会管理机制，沈从文认为："地方统治者分数种，最上为天神，其次为官，又其次才为村长同执行巫术的神的侍奉者。人人洁身信神，守法怕官。"② 他首先从社会管理的整体层级架构体系进行分析，其次涉及苗族地区最基层的、在民间思维空间具有绝对影响力的运行法则。但是，据其观点，无论代表中央王朝的官僚行政体系，还是民间社区管理，都不能脱离苗族传统宗教，因为天神才是权力塔尖的最高尊者，而乡村政治人物村长依然离不开宗教师的支持。借助神圣仪式选拔领导者，并以神性的敏锐天鉴其行为，其实也是苗族基层社会管理对传统宗教的借用。

苗族基层社会的管理离不开习惯法的支撑，以榔规、款约等形式出现的习惯法，在订立之初无不是已经过一定的宗教仪式，被赋予了神性依据以证明其合理合法性。例如，广西融水苗族的埋岩活动其实就是对其习惯法进行宗教性注解。据资料分析，该县苗族元宝寨埋岩会议是当地苗族群众的最高组织机构。埋岩时，将宰牛并杀鸡杀鸭，与会者在一定宗教仪式的导引下集体饮血酒，并在岩前宣誓："我们的兄弟共同埋岩，以后应做到大不吃小，老不吃少，男不欺女。官不欺众，富不欺贫。兄弟要团结一致，同生死，共患难。"规约制定后，还须每人拿一串肉回家，以便让习

① 王尧：《中华文化通志·民族文化典·苗、瑶、畲、高山、佤、布朗、德昂族文化志》，上海：上海人 民出版社 1998 年版，第 25 页。

② 沈从文：《我所生长的地方》，《沈从文文集》第九卷，广州：花城出版社 1984 年版，第 408 页。

惯法家喻户晓，共同遵守。[①] 美国学者彼得贝格尔认为，宗教“是人类建立神圣宇宙的活动，换一种话说，宗教是用神圣的方式进行秩序化”[②]。民间社会管理的根本原则首先被置于宗教关照中，让庄重的仪式保证习惯法的严肃性，这本身就是苗族传统宗教用神圣的方式进行秩序化的典型体现。

（二）以神性力量守护社区组织

借助宗教与神性凝聚组织成员，通过特定的宗教仪式接纳新成员，就是借助祖先崇拜稳固民间基层组织的有效手段。黔东南西江苗族的鼓社集宗教、政治、经济、文化为一体，共同的祖先是各本氏族的至高无上的神，亦是鼓社组织维系的精神纽带。苗族以鼓作为祖先崇拜的神圣物化象征符号，并用鼓这一传统宗教的神圣象征符号来组织凝聚族人，这就形成了苗族的鼓社社会制度。苗族鼓社由一个男性父系氏族或宗族的地缘社区组成，这个社区包括一个至数十个村寨。鼓社是一个集宗教祭祀、亲属关系、政治经济、文化教育为一体的氏族外婚制团体。鼓社要求全体成员信仰并崇拜本氏族的共同祖先，共同祖先是鼓社至高无上的神。在祖先的荫庇下，全体成员享受鼓社赋予的所有权利，并有义务维护鼓社的共同利益。[③] 一些小氏族为了获得大氏族的保护而集体加入另一氏族时，则必须经过特定的同祭一个鼓的宗教仪式之后，方被接纳。同祭一个鼓，是加入鼓社组织的关键认证仪式。[④]

高于鼓社的民间基层组织是议榔，苗语称为 gheud hangs（音“构榔”）。此种基层组织在黔东南被称为构榔或勾夯，也叫构榔会议；广西叫栽岩会议或埋岩会议；湘西大部分地区叫合款，凤凰县叫春酒会；云南金平一带叫丛会或里社会议。从鼓社发展为议榔，也即以血缘为纽带的鼓社演变为以地域关系为纽带的议榔。议榔组织中存在鼓社组织，但鼓社不

---

① 国家民委《民族问题五种丛书》编辑委员会，《中国民族问题资料·档案集成》编辑委员会编：《中国民族问题资料·档案集成 第5辑 中国少数民族社会历史调查资料丛刊 第106卷〈民族问题五种丛书〉及其档案汇编》，北京：中央民族大学出版社2005年版，第666页。

② ［美］彼得·贝格尔：《神圣的帷幕：宗教社会学理论之要素》，上海：上海人民出版社1991年版，第33页。

③ 杨培德：《鼓魂》，北京：中国文联出版社2002年版，第161页。

④ 石朝江：《中国苗学》，贵阳：贵州人民出版社1999年版，第131-132页。

能控制议榔，而议榔则可以控制鼓社。鼓社只在宗族内起作用，议榔突破了血缘关系，完全以村寨和地域为基础。一个议榔实际上就是一个农村公社。[①] 议榔可以被看成苗族的民间最高基层组织形式，但是这个组织的一切社会管理行为同样必须依托传统宗教的助力，才能有效控制基层社会，保证社会秩序的有序运行。

以议榔组织的最高决策平台议榔会议的开展流程看，几乎每个环节都离不开传统宗教的支持与论证。首先是集会时间的选择，需要宗教师参与确定。其次，议榔会议主持者榔头的特殊装束依然与传统宗教信仰有关，他通常是右手持一把刀剑，左手抱一只红公鸡，站在高高的台上，面向群众，用理词的形式高声朗诵议决的规约全部内容，并表示自宣布之日起立即生效，要求人人遵守，个个牢记，不准触犯，违者严办。[②] 最后，议榔会议形成的习惯法在会众以及全体组织成员心中的贯彻，还得依托一定的宗教仪式予以保证。也就是杀牲歃血，共饮血酒。其誓词内容也是借助神灵威力守护其实施：

> 现在议榔已定，道理说清，我们杀鸡吃肉，宰鸡喝酒，不许妻违，不容子犯，各家各管教，各人各自觉，哪个与众相违，触动榔规，他魂同猪走，头似鸡落。[③]

此外，议榔以后，都要在会址竖石一块，表示榔规坚固如石，不能轻易更改，否则必遭神谴，不得好报。埋岩仪式也是希冀议榔组织的基本制度得到神灵的保障，并以此震慑可能的违规者。

（三）以信仰的优先权确保领导者的权威

苗族地区的活路头是当地农业生产的领导者，他在农业祭祀中具有优先权。例如，黔东南西江苗族的活路头在苗年过后，将选定“起活路”的日子，并由活路头举行一定的仪式，抬粪倒在自家的田里，撒上少量猪油

① 石朝江：《中国苗学》，贵阳：贵州人民出版社 1999 年版，第 140-141 页。

② 王尧主编：《中华文化通志 · 民族文化典 · 苗、瑶、畲、高山、佤、布朗、德昂族文化志》，上海：上 海人民出版社 1998 年版，第 149 页。

③ 潘光华：《中国苗族风情》，贵阳：贵州民族在出版社 1990 年版，第 361-362 页。

和盐，再将一把芭茅草插在田里，象征土地肥沃，禾苗茁壮。随后各家也跟着照此办理。之后，在农历三月“开秧门”时，活路头照样享有优先祭祀并插秧的权利。[①] 由此可见，生产领域的领导者也成为农业信仰民俗中的特权者，这其实是以领导者在宗教信仰仪式上的优先权，凸显其世俗领域地位的权威性。

苗族地区的民间基层领导寨老与传统宗教也有紧密的联系，法国传教士萨维那观察发现：

> 苗族的寨老既是自己家族的头领，也是萨满师和部落里大家的领头……在平常的日子里，寨老族长可以处理阴阳两界间的事；只有在特别隆重的宗教场合，人们才会请鬼师操作。[②]

寨老在宗教信仰中的主导性地位，至今在苗族地区的诸多仪式中还有存留。贵州清镇市苗族寨老多主持婚礼中的宗教仪式，挂红时，男方父母请一名懂得礼规的寨老主持挂红仪式。[③]

在贵州赫章苗族的丧礼中，寨老的宗教权威也有所表现。族人去世以后，本寨寨老会主动坐在一起商量后事，做戛（丧仪）仪式同样是由丧家所在村寨的寨老来主持。停柩期间，由寨老指定本寨懂祭礼者负责每天早晚煮一个鸡蛋祭奠死者，再由本寨精通丧祭礼节的中老年人组成临时治丧机构，苗语称“绰戛”。赶戛是丧家亲戚们的事，因为戛场丧祭礼节要由赶戛一方的寨老去代赶戛主人向做戛一方的绰戛施行，所以，当赶戛一方得知丧讯后，要请本寨中懂得戛场礼规的人去作赶戛寨老。[④] 丧葬仪式中的寨老，更是完整地将政治首脑与宗教领军人物的身份合而为一，充分体现了在宗教信仰中的优势地位能够更好地论证、确保其在世俗领域的权威性。

苗族民间基层组织首领在宗教信仰中的优势地位，还体现在一些地区

① 杨培德：《鼓魂》，北京：中国文联出版社 2002 年版，第 160 页。

② 萨维那：《苗族史》，贵阳：贵州大学出版社 2009 年版，第 292-293 页。

③ 兰道宇：《红枫湖畔的苗家·清镇市苗族志文稿》（续集），贵阳：贵州民族出版社 2007 年版，第 539 页。

④ 杨德惠：《赫章苗族丧礼简介》，《苗岭风谣》1993 年第 1 期，第 47-48 页。

的聚族祭祖仪式中。贵州白苗每年聚族祭祖时，都是以族长或族中智者为主祭人。白苗每年聚族祭祖，族长代众致祝词，如果族长不能胜任，才由族中智慧之士替代之。①

三、民间自我管理借重于宗教

（一）神道设教

苗族的社会教化亦常常借助于传统宗教的祭祀活动而展开，其教育内容首先注重的是民族优良伦理道德的学习。该民族极为重视子女对父母的孝顺，此种观念已经成为该民族的伦理道德要求之一。子女是否孝顺父母，只要考察其父母的丧葬仪式中，长辈对其态度即可一目了然了。在贵州赫章苗族的丧葬礼仪中，孝子必须到路口去跪迎自己的叔父与娘舅，孝子跪下后如果叔父或舅父的两位寨老不起身来扶，孝子是绝对不能站起来的。长辈们就是利用丧葬仪式中所享有的此项权利，对子侄辈是否孝顺予以简洁明了地评判：父母在世时，如果子女孝敬得好，是众所周知的孝男孝女，那么，父母死后做戛请叔父来到，孝子们在叔父跟前还未跪下叔父就赶快扶起来给予安慰了。如果是不忠不孝之子，到了这天，叔父来了，不但要孝子久跪多磕头，而且扶起来之后还要挨训。② 由此可见，教育和监督子侄辈孝敬父母是叔父和娘舅的特权。在宗教信仰仪式中合理且充分地利用机会予以惩戒或训斥，也算得上是程序正义且合理合法了。

贵州罗甸县苗族每年春节，都会以家族为单位逐户聚餐祭祖宗，称之为“陪老祖公”或“送老祖公”，这是一种典型的集体祭祖活动。聚会时，主持人会将本家族已故祖先的名字念诵一遍，还用苗语唱迁徙歌，讲述民族斗争史。同时，还会反复重申家规家法，教育晚辈要学习老一辈人勤劳俭朴的高尚品德，继承老一辈人的好传统；不做亏心事，不得败坏家风族风。③ 松桃苗族打棒棒猪（颇果）祭祖仪式的最后一道法事是主人家客人

---

① 于曙峦：《贵州苗族杂谭》，《东方杂志》1923 年第 20 卷第 13 期，第 87-88 页。

② 杨德惠：《赫章苗族丧礼简介》，《苗岭风谣》1993 年第 1 期，第 48-49 页。

③ 贵州省民族事务委员会，贵州省民族研究所：《贵州“六水六山”民族调查资料选编 · 苗族卷》，贵阳：贵州民族出版社 2008 年版，第 288 页。

聚餐，巫师除了告慰祖灵，让其安心离去外，还会以祖宗代言人的身份，语重心长地叮嘱在场人员，一定要团结友爱、齐心协力，才能人畜两旺。①

利用宗教仪式开展苗族民族文化知识的学习与传承，也是较为普遍的情况。苗族传统宗教的诸多仪式与乡村教育有着直接的联系，大凡椎牛祭祖、婚丧嫁娶与岁时祭祀，都是苗族传统教育的重要场所。这些仪式中均熔铸了该民族的历史、宗教、伦理、习俗及文学艺术诸方面的传统文化基因，每次祭祀仪式与其他礼仪活动的举办，就是一次民族文化的全面展示。置身于此种祭祀活动，浸淫于民族传统文化的浓郁氛围中，对于缺乏规范学校教育的苗族乡村社会，自然具有非同寻常的教育价值。苗族传统宗教的宗教师们，作为掌握着丰富的民族文化知识的智者，自然扮演着民间社会的文化导师与教育家的角色。② 黔东南苗族，在鼓藏节仪式中，多会通过唱诵民族古歌，进行民族历史教育，凝聚族群。古歌内容往往涉及宇宙起源、人类诞生以及苗族祖先创制民族文化等内容，还包括苗族历史上的惨烈战争、颠沛流离的迁徙生活等。祭师在歌中通常会要求族人不要忘记祖先，不要忘记苦难的历史；还要求族人学习历代祖先创造积淀的民族文化，继承祖先遗志，开拓美好生活。这就使现实生活与流逝的民族历史得到恰如其分的沟通与交流，让教育寓于不经意之间，教育效果也就非常持久了。③

（二）官方借重于神灵力量治理地方

在实际的政治生活中，统治者如果能够充分利用本土的宗教资源，以软的手段，贯穿以怀柔政策，是能够达到不战而屈人之兵的良好治理效果的。历代中央王朝在治理苗疆的政治历程中，也不乏这样的典型事例。清代湘西苗族的治理问题曾让统治者束手无策，但是，一些地方官员却较好地利用了当地苗族崇拜天王神的心理，将民族尊神为其所用，解决了较为棘手的社会问题。雍正八年，镇筸镇总兵周一德在平定红苗暴动中，正是利用鸦溪天王神神道设教，宣称："天王见梦，赐我三纛，命抚众。有抗

① 贵州省民族事务委员会，贵州省民族研究所：《贵州"六水六山"民族调查资料选编·苗族卷》，贵阳：贵州民族出版社2008年版，第235页。

② 石朝江：《中国苗学》，贵阳：贵州人民出版社1999年版，第294页。

③ 杨培德：《鼓魂》，北京：中国文联出版社2002年版，第138页。

者，奉纛剿灭之。”并预先将旗帜秘藏于庙中，苗众惊异于其已得尊神支持，争稽颡乞抚，收到了意想不到的政治效果。事后，周亦“建天王庙于潮水溪，以三纛归焉，遂为之磨崖而勒铭，由自鸦溪天王庙之庙祀益兴盛”①。之后，傅鼐在镇压乾嘉苗民起义时亦曾假称天王显灵，以震慑苗族起义民。国民年间，湖南省政府主席何键还特遣专员余范传赴鸦溪天王庙，敬献金字大匾。②

在整个社会具有浓重的宗教信仰氛围的情况下，官方也曾借重宗教信仰中的风水观，用施加心理压力的方式压制如火如荼的民众反抗浪潮，政治博弈在传统时代的政治实践中也多有见证。乾隆年间，广西龙胜苗族举行反清起义，清政府在军事上打压起义苗族队伍的同时，还辅之以宗教压制的手段。清军挖断苗寨后山颈隘，打进铜尺，淋上狗血，称制死义军的龙脉，使苗寨永远出不了能人。③

此外，苗族传统宗教被官方利用为政治治理工具的情况，还表现为借用苗族宗教信仰中的神灵偶像，填充官方的伦理道德观念及制度与法律内容，塑造有利于统治秩序、能够体现官方意志的新神灵形象。湘鄂渝黔边区的苗族对鸦溪天王神信仰极为虔诚，但是，历代地方官员都曾试图剔除本土信仰中的竹王形象，而代之以历次镇压苗民大起义的军政首脑，诸如汉代马援、传说中的杨氏三兄弟等。其意图十分显明，就是让苗族接受改造后的神灵，接受官方的统治。只是这样的改头换面，似乎并不被苗族群众认可，徒留下有关天王神的众多杜撰的真身传说而已。

四、独特的社会人际整合功用

（一）宗教祭祀成为凝聚宗亲、团结族群的平台

民间信仰在一定条件下可以缓解人们的情绪，从而控制过激行为的发生，有利于社会的和谐。同时，以宗教祭祀的名义聚会则又是天经地义的

① 陈心传：《五溪苗族风土记》第二册，手稿本，1937年，第56-57页。

② 伍新福：《论苗族的宗教信仰和崇拜》，《中南民族学院学报》1988年第2期，第21-25页。

③ 吴佩：《苗学研究·乾隆五年广西龙胜苗民起义初探》（二），贵阳：贵州民族出版社1991年版，第273页。

正当事情。这就让劳苦经年不得休息机会的苗族大众，克服重山浓雾的阻隔，可以堂而皇之地如期赴会，让亲人因为宗教祭祀而重逢，让亲情因为信仰认同而更趋热烈与赤诚。民国时期，石启贵在湘西调查时曾记录下乡民祭祖时所用对联：

梅开十月，听巫师，摇金铃，击木铎，说土话，原为敬先祖依法传流成定例。

会际三冬，看后辈，食不语，寝不言，坐不移，无非还旧愿遵古相沿到予今。①

祭祖时，宗亲定期聚会，以血缘为纽带，在祖先认知中实现凝聚宗亲的目标。贵州龙里、贵定、黔西地区的白苗祭祖时必椎牛，“祭毕，合亲族饮食为乐也”②。贵筑、修文、龙里、清平、清镇及广顺等地的东苗，有中秋合寨延鬼师以祭祖及族属亡故者的信仰习俗，也是“祭毕，集亲族畅饮尽夜”③。集体祭祖之后的宴饮与歌舞狂欢，更是能够让苗族各家族、各宗支的成员进一步加强交流，增进了解，乃至在欢洽的气氛中，让曾经的纠葛得到化解，让乡村社会更趋和谐。

宗教祭祀在凝聚家族与宗支成员方面的功能，还表现在苗族的丧葬习俗之中。黔东南八寨、丹江等地的黑苗，“人死，殓而停之以二十年期，合寨共卜吉以百棺同葬。公建祖祠名曰‘鬼堂’”④。家族同葬共祀，尤其是一些支系均有自己的祖墓葬所，而且严禁他人入葬，这样既可区分族群边际，亦可在仪式中凝聚人心，团结族群。

宗教祭祀的意义除了凝聚家族与宗支内部人心，还突出地表现在整合乡村社区不同族群、不同利益团体以及个人与个人之间的关系方面。以苗族地区的农业祭祀为例，参与者已经不再区分其宗族与支系，更不在乎民族界限，通常是整个农村社区的全体成员倾巢出动，共同祭祀农业神灵，彼此之间的界限已然消除。湘西苗族有秋收后椎牛报赛、庆祝丰收的习

① 石启贵：《湘西苗族实地调查报告》，长沙：湖南人民出版社 1986 年版，第 431 页。
② 佚名：《苗蛮图说》，日本早稻田大学图书馆藏本，第 15 页。
③ 佚名：《苗蛮图说》，日本早稻田大学图书馆藏本，第 18 页。
④ 佚名：《苗蛮图说》，日本早稻田大学图书馆藏本，第 63 页。

俗。就活动发起者看，除了富裕之家独自承担费用外，贫苦者则全寨共同醵集钱财举办，这就已经显现出团结与联合的特征。活动中，主办方结棚于寨外郊野，还会约会亲友，参与者皆盛服治容前往。民众纷至沓来，交流沟通的条件自然成熟。在祭祀仪式完成后，除了参与者分食牛肉外，更有形形色色的歌舞表演。

> 挑选妇女中最美色的一位，穿上华服，戴上折角巾，拿起木棒，兼舞带跳而击之。这时男女善歌者，男左女右，旋绕着牛头鼓，歌唱带舞，也有吹芦笙的。①

歌舞鼓吹完毕之后，男女杂坐欢呼，戏谑无所不至。歌舞作乐，是人际交往中最好的沟通手段，一次盛大的报赛祭祀，其实就是苗族民众定期的社交活动。

依托于岁时祭祀的乡村人员往来，即是苗族地区整合社区人际关系的重要手段。歌舞际会的宗教仪式，娱神自娱，增进了社区成员的接触与了解，实现了人际和谐。贵阳、平越地区的西苗：

> 秋收时，即合众牛于野，延善歌祀田，披大宽毡衣，腰间周围细摺，戴毡帽，穿皮鞋走于前。童男女著青衣衫带，踏歌吹笙随之。历三昼夜，屠牛以赛丰年，名曰“祭白虎”。②

也是依托农业祭祀，整合人际关系的较好例子。

民国时期，刘锡蕃考察广西苗族发现，几乎所有的苗族支系都会定期举行盛大的社神祭祀仪式。“笃敬社神，凡村落区段，必立石为社。春秋二祭，由村区内各户输之。祭之日，男女集会唱歌，宰牲分胙，聚饮甚欢。”③ 乡村祭祀时，几乎都要举行集体聚餐，从宗教信仰的角度分析，那其实是分享圣餐，共享神灵恩赐，也能进一步强化信仰主体，进而认同族群价值观，为构建和谐的农村社会秩序提供宗教的认同机制。

---

① 杨力行：《湘西苗民的信仰》，《西南边疆》1940 年第 11 期，第 36 页。

② 佚名：《苗蛮图说》，日本早稻田大学图书馆藏本，第 19 页。

③ 刘锡蕃：《苗荒小纪》，上海：商务印书馆 1935 年版，第 13 页。

此外，信仰与祭仪上的互助，也有利于释嫌去忿，黏合人际裂痕。云南屏边县苗族若遇老人死亡，全家族同姓由叔伯率领轮流跪拜，且全村都要来帮忙，或上山砍木料做棺材，或杀鸡宰猪准备食材，或替死者洗身剃头以装殓。[①] 乡村邻居之间的家长里短，乃至鸡毛蒜皮的事情或许曾经导致邻里之间有失和谐，但是，在诸如婚丧嫁娶等重大仪式中彼此之间给予细小的帮助，或说几句关心仪式进展的话语，可能就会冰释前嫌，和好如初了。

（二）蕴含着苗族传统道德伦理诉求与行为准则

萨维那认为："宗教是道德的伟大鼓励者，在任何地方道德和宗教都是不可分离的。"他还引述 Ad. Franck 的话对其观点予以印证，"没有道德的宗教是不可想象的，而没有宗教的道德也是不可想象的"[②]。苗族传统宗教信仰就包含着追求真善美的道德伦理诉求与行为准则。

借助祭祀场合，申明村规民约，让神明见证并保证社会有序化运行机制的形成，就是苗族地区常用的以宗教促进乡村道德建设的例子。湖南城步苗族在举行庆鼓堂活动时，在仪式进行的第二天午后，会首即主持召开寨老酒会，其中的一个重要内容就是制定、通告当年全村寨应遵守的乡规民约。[③] 一旦经过寨老们碰杯赞同，在神灵的见证下，这些乡村社会管理规范就会被认真执行。

苗族地区盛行的神判法，更是利用宗教确保基本社会秩序、规范人们行为的有效手段。在此种情况下，宗教信仰已经成为公平正义的维护力量。据调查资料，贵州苗族在田地买卖等交易活动中，多不用契约，交易双方邀约到祭祀鬼神的处所，放置木棒一根，举行祭祀仪式后，两家共持一刀，将木棒横砍一线，称之为"打木克（刻）"。日后，如若由乙方反悔，乃至不承认买卖事情，另一家就会出示木棒，无赖者则面如死灰，不敢再赖了。[④] 可以说，苗族传统宗教担负着伦理道德秩序正常化、规范化的最后守护神的职责；此外，宗教禁忌也经常是确保伦理道德不被冲击的有效手段。

---

① 国家民委《民族问题五种丛书》编辑委员会，《中国民族问题资料·档案集成》编辑委员会编：《中国民族问题资料·档案集成 第5辑 中国少数民族社会历史调查资料丛刊 第106卷〈民族问题五种丛书〉及其档案汇编》，北京：中央民族大学出版社2005年版，第268页。

② 萨维那：《苗族史》，贵阳：贵州大学出版社2009年版，第285页。

③ 尹建德：《城步苗族庆鼓堂》，《苗侗文坛》1998年第1期，第77页。

④ 于曙峦：《贵州苗族杂谭》，《东方杂志》1923年第20卷第13期，第91页。

第六章　西南苗族传统宗教与其他宗教的交融

第一节　基督教天主教传播及其对苗族传统宗教的影响

一、基督教天主教在西南苗区的传播

（一）天主教

明清以来，川南苗族地区就已经有国外天主教传教士进入，明末农民起义后，四川境内战乱频繁，川南一些天主教教徒逃到滇东北的盐津、大关等地，滇东北是云南苗族主要聚居区，也是天主教最早开始活动的根据地。

鸦片战争后，天主教云南教区的主教公署即设在盐津龙启，并以此为中心向各地扩张。在滇东、滇南地区，20 世纪初，天主教不断向滇西、滇南地区扩展。在云南的天主教势力也开始北上入滇，在屏边苗族聚居区建立教堂，滇东、滇南部分苗族开始接受天主教信仰。

但总体上，天主教在云南苗族地区影响有限，除文山、屏边的苗族信徒较为集中外，其余地区的苗族信徒很少。据 20 世纪 50 年代初期统计，

云南苗族天主教信徒仅有 3000 人，尚不足当时云南苗族总人口的 1%。① 从总体规模来看，天主教在苗族中扩展的收效并不明显，直到 20 世纪 50 年代初，天主教在云南彝族和苗族地区共设立了大小教堂 30 余所，发展信徒约 8000 人，其中彝族约 5000 人，苗族约 3000 人。② 就贵州的情况看，天主教在苗区影响不大，仅黄平、镇远及安龙等县建有为数不多的天主教堂。③

（二）基督教内地会

川南苗族与黔西北、滇东北苗族同属一个方言区，交往密切，历史上苗族在赤水河两岸来往迁徙。1915 年，贵州内地会传教士海烈斯夫妇从黔西北进入古蔺县，于 1917 年在苗族较多的大坪乡建立教堂，办“华洋拯济会”。凡入教的苗族人，教会发给每人五升米、一小匹布。1925 年，内地会自大坪教堂附近设立小学一所，苗族子女来此入学。1926 年，英国内地会传教士裴光华夫妇来大坪教会，并将贵州威宁石门坎拼音文字老苗文用于大坪小学教学。大坪乡逐渐成为川南传教的根据地，被称为“福音湾”。1920 年，内地会传入叙永县城关之叙永镇，设立教堂。1949 年时，内地会在古蔺、叙永共设立教堂 3 所，活动点 27 个，培训苗族传道员 20 人，牧师 1 人，先后来此的外国传教士有 27 人。基督教内地会在四川设立川西南、川南两个教区。④

内地会传教士经由四川进入贵阳的时间是 1873 年，1884 年该会派传教士白德礼抵达安顺筹备传教事宜。1888 年又遣党居仁前往协同白德礼工作。之后的岁月里，党居仁在安顺、黔西北传教达 24 年之久。1899 年之后，内地会势力发展到贵州多个地区，并延伸到滇省之彝良和川南之古蔺、叙永。⑤ 经过 30 多年的发展，1934 年以后，基督教内地会以葛布为总

① 韩军学：《基督教与云南少数民族》，昆明：云南民族出版社 2000 年版，第 15-16 页。

② 韩军学：《天主教在云南少数民族地区的传播和特点》，《云南宗教研究》1995 年第 2 期，第 33 页。

③ 贵州省地方志编纂委员会：《贵州省志 · 民族志》，贵阳：贵州人民出版社 2002 年版，第 149 页。

④ 四川省宗教志办公室：《四川基督教》，成都：巴蜀书社 1992 年版，第 21-22 页。

⑤ 杨朝文：《贵州省民族志资料汇编 · 基督教内地会在安顺、普定苗族地区影响的调查》第二集，1986 年 10 月印刷，第 293 页。

会，下辖中、东、西、北4个区。总会设总长老1名，各区也相应设有长老1人，主持教会工作。所辖各教堂设有86名传道员，他们亦兼该教堂所设小学的教师。往下，所辖各村都设有村寨的长老、执事。4个区中，以西区教会较之其他3个区的组织更为严密，传道、长老、执事、委办遍及各村寨，形成一个自上而下的比较严密的教会系统。① 内地会在贵州传道以来，约有教友六千六百人，其中苗民六千，汉人仅六百余人。共设分堂五十余处，英国牧师十余人。

> 此外，多苗民之传道者……苗民之信道者最为热心，亦肯舍己。常因贫苦，无钱可捐，则以土产之玉米，或鸡卵捐助教会。葛布（大镇名）教会最为发达，其大堂可容四五百人。盖大花苗也，每礼拜日东西南北，群集于礼堂，堂为之满。主理者，英国裴牧师也。以其教友均系大花苗一种，故讲道亦用苗话。②

1873年，内地会由四川进入贵州贵阳，数年之中，缓慢地向安顺一带推进，并进一步深入苗族等少数民族中间布道。内地会的传教士党居仁，就是在这里把苗族求道者推荐给昭通循道公会的柏格理。1876年，有两名内地会传教士曾打算从缅甸越过边境进入云南省，但没有成功。次年，另有两人通过中缅边境的八莫来到大理府，1882年再从大理传至昆明。此外，在内地会的帮助下，柏格理所属的“圣经基督教教会”的小差会，1883年从上海溯长江而上，在四川渡金沙江而入云南的昭通，然后再去昆明等地开展传教活动。③

（三）基督教循（圣）道公会、复临安息会

1904年，英籍传教士柏格理抵达贵州威宁石门坎传教，十年后，建立了基督教循道公会石门坎联区。该组织负责管辖云贵川边区的传教事宜，

① 东人达：《滇黔川边基督教传播研究（1840－1949）》，中央民族大学博士学位论文，2003年，第123页。

② ［英］成国荣：《苗民中布道之情形（贵州）》，《兴华》1919年第16卷第2期，第16－17页。

③ 顾卫民：《基督教与中国近代社会》，上海：上海人民出版社1996年版，第181页。

故有基督教西南区之称，下设有石门坎小联区、长海子小联区、米耳沟小联区、大坪子小联区和牛坡坎小联区。此外，基督教传入黔东南苗区的时间较晚，且成效不佳。[①] 柏格理传布的基督教名圣道公会，后改名为循道公会，它与内地会分属两个教派。于是柏格理和党居仁，在大松树（今威宁大街区所属）的内地会支堂协商各自的传教地域范围，确定以勺甫山梁为界，其东面和南面属内地会的传教地区，其西面和北面属循道公会的传教范围。柏格理以石门坎教堂为传教活动的中心，其宗教势力不断地迅速向滇、川两省扩展。1906 年，柏格理派王西拉、王胜模到云南的会泽（东川）县苗族地区长住传教。1907 年，他派王道元、张约翰、王西拉、王胜模去云南的武定酒普山传教，1912 年，又派王约翰、杨芝、杨雅各去昆明东北、西北及武定州的大雪山一带传教。至于距石门坎较近的昭通、彝良、巧家、永善、大关等县，则经常派布道员前往传教。柏格理本人和英国的传教士，有时还亲往各县开展传教活动。1914 年，由传教士王树德带领教徒杨雅各去川南苗族地区传教。1916 年，张约翰去云南镇雄的诸宗海，朱堂去放马坝，王有六到兰木冲及筠连县的鲁班山和长岩方等地传教。总之，从 1905 年建立石门坎教堂始，至 1915 年的十年间，大半是柏格理主持圣道公会，扩展支堂到了滇、川两省，教徒约计 6 万余人（包括未成年者），支堂共计 50 余个，其中黔、滇境内有 30 多个，四川境内有十多个，合称基督教圣道公会西南教区石川联区，联区住址在石门坎及云南威信县境的牛坡坎。[②]

在云贵川均有基督教循道公会。在四川，主要在川南苗族聚居区的珙县、筠连县设立教会。1883 年循道公会外国传教士索仁里曾逆长江而上，经重庆、泸州、宜宾到滇西北昭通传教。1887 年循道公会英籍牧师邰慕廉、柏格理（1864—1915，原为英循道公会，后加入内地会），经长江到泸州，经川南苗区到滇西北昭通传教。传教士多次经过川南，沿途传教卖圣书；同期，在叙永曾建立教堂，住有神职人员在此传教，但尚未在川南苗族中广泛传播。民国初年，循道公会在云南昭通、威信（扎西）盐津等

① 贵州省地方志编纂委员会：《贵州省志·民族志》，贵阳：贵州人民出版社 2002 年版，第 149 页。

② 全国政协文史资料委员会：《中华文史资料文库·民族宗教编》第十八卷，北京：中国文史出版社 1996 年版，第 863 页。

地有很大发展。并设立西南宗教区，办事处在昭通，下辖石川、井宁、昭通、东川和昆明五个分教区。1914 年 5 月，石川分教区柏格理派传教士王树德与苗族布道员王基徒、杨雅各行至云南镇雄李子坝和诸宗海，因一路传教收获不大，而暂缓川南之行。1916 年，柏格理再度派传教士来川南筠连县鲁班山、长岩方等苗寨传教。1919 年昭通分教区英籍传教士马仲中和镇雄苗族布道员杨明清也到筠连县传教。1920 年左右，传至珙县的循道公会成为西南总教区中影响最大的云南石川分教区（全称石门坎川南分教区），下辖九个联区司，珙县苗区系九个联区司之一的扎西联区司。该联区司下设 14 个教堂，其中较为著名的是王武寨、洛表、五童岩、油榨坪、鲁班山等堂属珙县、筠连县苗寨。20 世纪 40 年代初，珙县王武寨教堂被扩大为联区司所在地，成为循道公会在珙县、筠连两县的活动中心，辖王武寨、洛表、五溪、五洞岩、油榨坪、麻园、大岩口、木海堂、鲁班山、长方岩、陶家寨、柯乐营、拉木冲等近 20 个支堂。① 民国初年，基督教的循道公会正式布道于川苗地域，又继续兴办学校，基督教乃大为流行，信仰该教的川苗已多至一千余家。②

基督教在云南苗族地区发展较快，1883 年基督教即进入滇东北重镇昭通创办教会。1904 年冬，柏格理在滇黔交界处靠贵州一侧的威宁县石门坎建立基督教活动中心，创设苗文，开设学校，培养苗族传教人员，基督教迅速向邻近苗族地区发展。1907 年，昭通美道会改称圣道公会，1932 年，圣道公会归入循道公会，川滇黔地区设立西南教区，办事处设在昭通，辖 16 个联区，116 个堂区（教堂）。其中，8 个联区在云南，大坪子联区、咪耳沟联区的信徒全是苗族人，除昆明外，其余 5 个联区中，亦有不少苗族信徒。1905 年，柏格理在“传通苗族”计划的鼓舞下，由昭通南下同属滇东北次方言的苗族（大花苗）聚居区寻甸、富民、禄劝、武定、禄丰及嵩明等地考察，并于苗族聚居的洒普山设立教会，由此又影响邻近苗族地区，形成以洒普山苗族地区为中心的滇北传教基地。1923 年，洒普山成立了基督教内地会滇北六族联合会，辖 7 个总堂、51 个分堂、205 个支堂。其中洒普山总堂为苗族总堂，辖 7 个分堂、27 个支堂。除内地会外，20 世纪 20 年代后，中华基督教会、基督教复临安息会也先后在上述地区的苗族

---

① 四川省宗教志办公室：《四川基督教》，成都：巴蜀书社 1992 年版，第 85-86 页。

② 林名均：《川苗概况》，《新亚细亚》1936 年第 12 卷第 4 期，第 55 页。

社会建立教会组织。滇西、滇南也有少数苗族接受基督教，但分布较零散，影响也小得多。①

（四）基督教浸礼会

1889年秋，基督教华西浸礼会传入四川，先后建立宜宾、乐山、雅安、成都四个教区（西昌教区撤销后，以成都教区增补）。1889年秋，美国传教士侯维廉、魏牧师两人来宜宾（叙府）创立教会，1897年宜宾（叙府）上鲁家园街新建教堂落成，1897—1911年，宜宾教区扩建分教堂28处，涵盖苗族聚居的珙县、兴文以及金沙江沿岸、岷江两岸的苗区居住区。1890—1949年，宜宾教区先后建总堂一座、分堂37座、讲书所5个。据1947年统计，全教区有教徒1049人，分布在宜宾、南溪、珙县、高县、兴文、庆符（今高县庆符镇）、绥江（属云南）等七县。教区办医院两所、高级护士学校一所、小学一所、幼儿园一所。②

（五）基督教宣道会

1923年12月，基督教宣道会派美籍传教士陶华胜夫妇，由长沙沿沅江、酉水进入四川秀山县建立教堂。川黔边教区初期属华中部，随着教区扩大至十个县（四川酉阳、秀山、黔江、彭水、武隆，贵州松桃、德江、思南、婺川、沿河等县），加之地处边陲，1934年由华中部分出，另立川黔部传道区。美国差会派美籍传教士苏芳亭为川黔部监督，常住酉阳龙潭镇，于是龙潭镇教会成为川黔部所在地。1923年，宣道会在秀山县中和镇总爷坝建立秀山福音堂，1949年，该教堂有教徒60人。1932年在酉阳龙潭镇建立教堂，1949年该教堂有教徒80人。1937年宣道会派人在酉阳钟多镇建立教堂，1938年宣道会在黔江联合镇东街建立福音堂，1949年有教徒78人。此外，宣道会在彭水亦建立汉葭镇福音堂、郁山镇福音堂。③

西方宗教在川黔滇边苗族地区产生了深远影响，以循道公会为例，它在滇东北、滇北、黔西北、川南苗族地区形成了完整的体系，随着循道公

① 转引自韩军学：《基督教与云南少数民族》，昆明：云南民族出版社2000年版，第18页。
② 四川省宗教志办公室：《四川基督教》，成都：巴蜀书社1992年版，第117页。
③ 四川省宗教志办公室：《四川基督教》，成都：巴蜀书社1992年版，第175-176页。

会在滇黔川边及其毗邻地区的迅猛扩展，西南教区就成为该会在中国举足轻重的一个布道区。20 世纪初，英国循道公会在中国共设有天津、武昌、长沙、广州、温州、宁波、昭通 7 个教区，昭通为西南教区，直接隶属于伦敦总部领导。1905—1925 年，“这是石门坎教会的旺盛时期，扩展支堂到了滇、川两省，教徒人数估计约六万左右，建立支堂共五十个左右，其中黔、滇境内三十多个，四川境内十多个”①。

民国学者曾对四川叙永县苗族宗教信仰状况进行实地调查，据统计，在调查的 146 户苗族人家中，奉天主教的有 19 家，占 13%；奉基督教的有 15 家，占 10%。② 基督教在黔西各属白苗、花苗、汉苗、木梳苗族中亦有影响深远，当地有基督教堂 200 所以上，“虽居户寥寥，亦有教堂一所”③。民国初年，黔东南儒生杨万选不无忧虑地说：

> 清末，基督教入贵州，利用苗民宗教观点浓厚，群至苗村宣传，信教苗民，日增无已。教会设学校以教育之，纯使之耶教化，又使之有秩序之劳动，为农以外之工作。苗民智识，蒸蒸日上，数千年之羁縻屠杀，乃远不及耶教一席话之能使苗民死心塌地。④

云南嵩明花苗受教会影响亦极深：

> 今日花苗之社会制度、风俗习惯、宗教信仰，无一不受教会之影响。花苗由老至幼，全为教徒，每寨必备苗文《圣经》。虽三四岁儿童，亦能唱经歌，花苗每村必有一小教堂，每夜会聚于此行祷告仪式。⑤

---

① 杨汉先：《民族研究参考资料 · 基督教在滇、黔、川交境一带苗族地区史略》第 14 集，1982 年印刷，第 16 页。

② 胡庆钧：《川南叙永苗民人口调查》，《边政公论》1944 年第 3 卷第 12 期，第 28-43 页。

③ 赤峰：《黔滇川边地行》，《边声月刊》1940 年第 3 期，第 64 页。

④ 杨培德：《鼓魂》，北京：中国文联出版社 2002 年版，第 135 页。

⑤ 岑家梧：《云南嵩明县之花苗》，《西南边疆》1940 年第 8 期，第 21 页。

二、西方宗教与苗族传统宗教碰撞与冲突

（一）苗族社会排斥西方宗教

贵州苗族在西方宗教传入早期，多对其持排斥态度。1903 年柏格理初到石门坎向当地花苗传教时，“花苗们看这碧眼黄毛的异种人，目为怪物，大都畏缩不前。柏氏碰了不少钉子，也曾遭受过几次毒打”①。除了苗族群众对外来宗教及其传教士的不理解，视之为“天外来客”外，与西方宗教在西南苗族地区传教时，刻意杜绝苗族固有的传统宗教，强令苗族民众革除自己的民族信仰与习惯也有很大的关系，如此釜底抽薪式地隔绝民众与生俱来的、熟悉的民族文化，当然会招致当地人民的抵触，尤其是部分有识之士。

以循道公会在石门坎教会 1936 年制定的苗民教育推进计划为例，可以明白革除苗族固有文化带来的冲击。其中有关风俗改进的内容要求是：“关于不良的风俗习惯，如：耍花山、打老牛、跳月、吹六（芦）笙等，一律取消，并实行改装，取缔花衣服花裙子，极力模仿汉人的优良风俗、习惯。”②

这样的规定，当然会或深或浅地引发苗族民众内心的反感。抵制西方宗教，在笃守固有民间信仰习俗者及民族宗教职业者中愿望最为强烈。柏格理在 1911 年的传教日记中写道：“在群众中，对于巫术的信仰已经崩溃，但是多年以来，它似乎并没有被完全扑灭。它是经常给我们招致麻烦的一种重要因素。”③

西方宗教所受到的抵制，可以从西南苗族地区教徒统计材料中得到较为清晰的佐证。1888—1900 年，“在这十二年当中，可见天主教会对外籍传教士的投入是成倍地增加，由 21 名增加到 55 名。而 12 年的传播发展，

① 陈赤子：《石门坎苗民的教育》，《贵州教育》1942 年第 4 卷第 7-9 期，第 27 页。

② 陈赤子：《石门坎苗民的教育》，《贵州教育》1942 年第 4 卷第 7-9 期，第 28 页。

③ ［英］埃利奥特・甘铎理：《在未知的中国・柏格理日记》，昆明：云南民族出版社 2002 年版，第 768 页。

仅吸收教徒一百八十多人，打个不恰当的比方，平均一个新来的传教士在云南所发展的教徒还不足6名，而且是在12年间。”①

（二）西方宗教冲击苗族传统宗教

西方宗教排斥苗族传统宗教，首先表现为排斥苗族宗教信仰，打击苗族巫师。1906年9月16日，在石门坎的当地各教堂管理人员会议上，循道公会认为，他们传教所受到的最大挑战就是苗族传统宗教巫师对信教群众的影响是根深蒂固的，所以，视之为最大障碍。于是会议决定：“首先是劝说或警告他们，如果他们坚持不改，教会人员则必须报告我，并最终联合起来以各种行动进行抵制。”②

1911年8月17日，柏格理在石门坎咪哩沟还具体参与了打击排斥一位苗族传统宗教男性巫师的行动。“他今天不在寨子里，要不然我真应该把他找出来。追踪着巫师的足迹，我从这一家到那一家。我把他拴在人们脖子上的绳子统统割断，当最终完成这项工作时，竟得到了相当可观的一捆拴脖子的细绳。”③ 1913年3月4日，在石门坎苗寨，柏格理再次公开狙击苗族巫师，干扰两个苗族女巫的宗教活动。

> 我们让这两个妖术的代理人站在中间，一场闹剧就此开始。我决心以其人之道还治其人之身，我要她们撕下自己衣服上一片布，并念动一段符咒，我将会对付她们的魔怪之力。在我的指挥之下，伴随着巨大的骚动和呼喊声，经过一番冲突，终于割下了她们衣服上的一些布片……我要求女巫把钱还给受勒索的人家，她们也答应永远离开这里的群众。两名传教士被指定前往这些女巫的寨子，以劝说她们的丈夫把她们留在家里面。④

① 杨学政：《云南宗教史》，昆明：云南人民出版社1999年版，第361页。

② ［英］埃利奥特·甘铎理：《在未知的中国·柏格理日记》，昆明：云南民族出版社2002年版，第737页。

③ ［英］埃利奥特·甘铎理：《在未知的中国·柏格理日记》，昆明：云南民族出版社2002年版，第766页。

④ ［英］埃利奥特·甘铎理：《在未知的中国·柏格理日记》，昆明：云南民族出版社2002年版，第768页。

拆除、焚毁苗族传统宗教信仰圣物，也是西方宗教与苗族传统宗教争夺信众的一种手段。循道公会在滇黔川边地区经常焚烧或捣毁苗族村寨中的神像与宗教陈列物，例如，柏格理曾于1902年在四川会理泸关损毁当地民众供奉的伏羲神像。“我们经过了一座石桥，桥的一头有座神龛。里面是一尊破旧的伏羲神像，它是义和团供的神。传教士的负责人说：他认为这尊神想必是渴了，因此，他把它取出来扔进了河里。”①1905年，内地会在葛布修建教堂时，就曾故意砍伐苗族村寨的崇拜物神树，焚毁祠堂，捣毁芦笙与锣鼓，禁止民族歌舞等。②

（三）冲击苗族传统宗教的文化基础

此外，西方传教士在其传教区域，经常冲击与苗族传统宗教相关联的本土文化习俗，意在以此方式击溃苗族传统宗教的社会文化基础，从而控制苗族社会的精神世界。例如，基督教传教士曾在安顺成立改良会，试图通过教规改变苗族的传统生活习俗。他们把苗族的芦笙、箫、笛等传统乐器都说成是淫秽的媒介，不准苗民宰牛祭祖先，禁止苗民跳花、游春、玩表、相月亮，蛮横干涉苗族青年男女的恋爱、婚姻自由。③

自从基督教在威宁苗族地区广泛传播后，柏格理等传教士便以基督教教义为准则，对当地苗族的风俗习惯和民族文化进行改造。苗族固有的多神论，被信仰上帝的观念所代替。威宁苗族每年都要聚会欢度春节和端阳节，尤以端阳节最为热闹，基督教用感恩节和耶稣诞生的圣诞节取代之，禁止苗族唱歌吹笙，以“颂主圣诗”取代之。④ 1905年3月28日，柏格理在由昭通去威宁的路上，还拆毁了苗寨的宿寨房。“这个苗寨里有一座松散的木结构大房子，是人们所称的宿寨房。据他们讲，这里每晚都聚有青年人。在离开之前，我们把它夷为了平地。”⑤

---

① ［英］埃利奥特·甘铎理：《在未知的中国·柏格理日记》，昆明：云南民族出版社2002年版，第674页

② 王明道、李朝阳：《赫章文史资料选辑·基督教传入威宁、赫章对彝、苗族文化的影响》（第一辑），1985年印刷，第84页。

③ 安顺市苗学会：《安顺苗族》，贵阳：贵州民族出版社2011年版，第89页。

④ 全国政协文史资料委员会：《中华文史资料文库·民族宗教编》第十八卷，北京：中国文史出版社1996年版，第865页。

⑤ ［英］埃利奥特·甘铎理：《在未知的中国·柏格理日记》，昆明：云南民族出版社2002年版，第707页。

民国学人曾记录了其亲历的在西方传教士冲击下，西南苗区传统文化的变迁。

其他方面，如所谓设花房，吹六笙，打老牛等风俗，今年也不常见了，过去七八年，十多年前，往往也兴盛一时……因此或为基督教士的竭力改动或地方人士的制止，也无形底沉静下去了。关于设花房的事，现在十之八九基督教的苗族里，是见不到的。①

三、苗族地区宗教信仰的基督教化改造趋势

（一）传教策略的苗族化取向

任何外来宗教在传入地如果能够长久生存下去，关键的一点就是必须吸纳本土文化，走本土化的再塑造策略。在历次的冲突与碰撞中，一些较为有远见的西方传教士逐渐采用传教手段苗族化的策略，收到了良好的传教效果。柏格理在其日记中认为，作为一名在中国的传教士：

我们绝不能牺牲我们的原则，而是去试验从他们的观点出发如何才能显示耶稣的爱。我们并不想让这些人欧洲化，而是要在他们自己的环境中去产生他们的基督形象……许多传教士就是因为要显示他们自己在风度上不能偏离英国人的标准，却完全不能为中国式的观点和看法所理解，才失去他们的机会。②

基督教内地会非常注重适应中国当地的文化背景和社会习俗，要求传教士穿中国的布袍、布衫，剃头薙发，吃与中国下层人民一样的食物，讲当地的语言或北京官话。以能够适应中国环境而著名的内地会女传教士福姑娘曾说："我到此地来做一个杭州女人，我吃你们所吃的饭，穿你们所

① 王建明：《花苗的风俗习尚漫谈》，《边疆半月刊》1937年第2卷第3-4期，第15页。

② ［英］埃利奥特·甘铎理：《在未知的中国·柏格理日记》，昆明：云南民族出版社2002年版，第762-763页。

穿的衣服，说你们所说的话，我愿意你们快乐，我们都是姊妹。”据《戴德生传》记载，知名内地会传教士戴德生改穿中装以后，其日常生活与传教工作减少了不少的阻力，工作极为顺利。①

在上述策略指导之下，一些传教士开始托孔明而推崇耶稣，以便减少苗族民众对基督教的抵触。民国时期，在云南车里县的英籍教士古德诺等发现，当地苗族崇拜诸葛武侯甚笃，称之为“五辅德”，奉若神明，每祭必先。“外人之传教者，每苦其信仰之诚笃，志不可夺，乃妄称‘耶稣是孔明转世’，或‘耶稣是孔明之兄’以惑之。”② 1937 年 4 月 30 日《上海报》曾刊文称，彝族著名女土司高玉柱亦曾对其治下的苗族、彝族崇奉诸葛亮，并被西方传教士利用为推崇耶稣的情况予以公开介绍：

> 诸葛亮不避艰险，于五月孤军渡泸，深入不毛，七擒孟获，有功苗夷；故其时苗人对于孔明爱戴之热烈，得未曾有。其地武侯祠林立，至今不衰。惟近年来国人对于彼族疏淡，致惹外人之觊觎，而入内传教，故现在除武侯祠之外，又多一种教堂之建设。但苗人以耶稣来历不明，殊不信仰。嗣经教徒揣知彼等崇拜武侯，志不可夺，乃谎言耶稣即系诸葛孔明之兄，欲敬奉武侯，必须先敬其兄，方为正道，而孤陋寡闻之苗人，竟信以为真。是以年来其地耶教，亦颇流行云。③

（二）以基督教仪式替换苗族传统人生礼仪

为了强化基督教思想，必须进一步弱化苗族传统宗教对民众的深刻影响。西方传教士根据基督教义，首先努力改造苗族社会的人生礼仪，以便苗族社会的整体风貌展示出基督化的色彩。在此种背景下，西南苗族社会确实发生了重大的变化。

> 查苗区自有教会以来，苗族往昔之宗教信仰，生活习惯，完全改变旧观。苗族过去吹笙跳月之习俗，婚姻死丧之仪式，今日几无痕迹

① 顾卫民：《基督教与中国近代社会》，上海：上海人民出版社 1996 年版，第 180-181 页。
② 刘熙：《改进西南苗夷教育之商榷》，《蒙藏月报》1936 年第 5 卷第 6 期，第 4 · 3 页。
③ 刘熙：《改进西南苗夷教育之商榷》，《蒙藏月报》1936 年第 5 卷第 6 期，第 4 · 3 页。

可寻，代之者为教会之仪式。[①]

按照基督教教义改造苗族婚姻礼仪，是西方传教士着力较多的领域。传教士首先改变了苗族青年男女寻找伴侣的传统方式，将传统的跳月、游方择偶改造为礼拜时交流。以云南嵩明县为例：

> 花苗受教会之影响，往日婚姻制度，改变无存。教会现为彼等规定男子非满二十岁，女子非满十八岁，不能结婚。同村同姓绝对不能通婚，恋爱自由。昔日以跳月为择偶之机会，今则于礼拜时，男女自行选择对象，合意后，即归告父母，使通媒妁。[②]

此种改变较为合理的是将男女青年结婚年龄明确限制在较为科学的阶段，有利于苗族青年的心智发展与优生优育；但是，取消其传统的自由且宽泛择偶方式而置于单一的礼拜场合，这明显又是缩小了婚姻选择范围，且男女青年沟通方式与时间规定亦过于狭窄。

传教士对苗族地区的传统婚礼仪式进行了彻底改造，让西方宗教全程参与婚礼仪式过程，当然也就能够实现排挤苗族传统宗教的目的了。接受西方宗教的青年男女，结婚时，须基督教会审批与证婚，并颁发经教会签发的婚姻凭证，举行完全基督教化的结婚仪式。夫妻不睦而致有离婚之时：

> 已奉教者，必须遵守既定规条，不得自由；苟夫妇势必离婚，当由耆老及当事者集而议之。如系男方主动，则妻之一切（如嫁时之消耗及嫁后为夫所制作之衣物）均负有赔偿责任；如系女方主动，损失较少。如事属双方自愿时，经凭中证明，立字毁约而后，男娶女嫁，各不相涉矣。[③]

在川南渝东苗族地区传教的基督教宣道会教规规定：凡基督徒、传教

① 罗维：《抗战中之云南苗族问题》，《战时知识》1939年第2卷第12期，第11页。

② 岑家梧：《云南嵩明县之花苗》，《西南边疆》1940年第8期，第14页。

③ 王建明：《西南苗民的社会形态》，《边声月刊》1940年第3期，第47页。

士不得与非基督教徒通婚；结婚时在教堂或家中举行婚礼，由教会牧师主持。结婚后不许离婚。[①] 西方教会对西南苗族地区的丧葬仪式亦进行了大力改造，“信耶教者之家庭，于病者死时，家人亲友除哭泣而外，无焚香烧烛之仪，亦无白麻缞带之服”[②]。苗族传统宗教影响下的丧葬仪式已经荡然无存，丧仪中不再有守灵、哭丧以及娱神自娱的诸多仪节。云南嵩明花苗受基督教影响者，因信教之故，完全废除往日死丧习俗。“人死即请牧师至家祷告，最多停尸一日，即用棺木葬之。填墓之形式，与汉人者同。”[③]

在川南渝东苗族地区传教的基督教宣道会，要求苗族信众的婚丧喜庆均按教会规定，举行宗教仪式，不准搞烧香化纸等活动。教会中大人、小孩生病，应求医服药和祈祷，不冲傩、许愿、赎魂、烧蛋。[④] 同时，西方教会还明确要求废止苗族传统的岁时祭祀，不烧香、不祭祖宗。[⑤]

（三）否定祖先崇拜与多神信仰

天主教和基督教的传入，使西南苗族的传统宗教受到冲击，尤其是原来占主导地位的祖先崇拜开始遭到频繁的质疑与否定。椎牛祭祖本为苗族盛大的集体祭祖盛典，自耶教传入后，遭到西方教会的禁止，因此渐趋停息，仅在非教徒及富饶之家行之。苗族社会的西方宗教信徒，开始崇信上帝及耶稣，每周或每天均作宗教祷告，不信其他鬼神。原来固有的杀牛祭祖，祭山、祭树、祭洞等习俗，自行终止。

此外，中国本土的传教士对湘西苗民的诱导，其主要思想是儒耶并存观，但对苗族传统宗教则持否定的态度，反对其基于“吃牛做鬼”仪式的祖先崇拜与多神信仰。“一个人果能如此于悔改，信了耶稣后，再能彻底自新，离恶就善，黜虚崇正，而专一敬奉独一的真神上帝，永为耶稣的信徒，则其前邪万鬼就必远遁天涯，而不敢再相侵扰了，且到百年之后，其灵魂还能上升天堂，去和耶稣基督以及孔圣先贤，同享其永无穷尽的幸

① 四川省宗教志办公室：《四川基督教》，成都：巴蜀书社 1992 年版，第 177 页。

② 王建明：《西南苗民的社会形态》，《边声月刊》1940 年第 3 期，第 47 页。

③ 岑家梧：《云南嵩明县之花苗》，《西南边疆》1940 年第 8 期，第 17 页。

④ 四川省宗教志办公室：《四川基督教》，成都：巴蜀书社 1992 年版，第 177 页。

⑤ 王建明：《花苗的风俗习尚漫谈》，《边疆半月刊》1937 年第 2 卷第 3-4 期，第 18 页。

福。各位看这样，何必再去‘吃牛做鬼’以祭盘瓠呢！”①

在冲击苗族传统宗教中的祖先崇拜的同时，西方教会亦十分注意接纳苗族巫师皈依基督教，并以此作为重创苗族传统宗教的利器。1906 年 9 月 16 日，柏格理在日记中记载了在石门坎的一次教务会议上，“有位发言者是一个一目失明的巫师，他如今已加入教会。他是真诚的基督徒，脸上浮现出明朗的微笑。他说：他不断地祈祷，直到圣灵进入自己的心扉，这样就得到了宁静。”② 柏格理的日记内容，分明是在炫耀基督战胜苗族传统宗教的战果。

他还在 1904 年 12 月 26 日的日记中，更为详细地描述了皈依众多苗族宗教师的情形。是日，一个苗族男巫要求皈依基督，在当天晚上：

> 我喊那个男巫到前面来，我告诉人们，我们将要做什么。就在当时，我想到可能还有类似的情形，于是就号召其他从事巫术者站出来。又一个人站了出来——激动人心的场面开始出现——随之一位又一位，直到后来有了五位。我们大声把布道员从讲坛上喊下来，以便腾出场地，往下进行。下面的进程则时常被“下一个！下一个！”的呼喊声打断。最终是九个从事巫术的人站了出来。此情此景，不同于以往我所看到的任何事物。所有人都万分激动，真是精彩无比。③

当天，柏格理让这九位苗族巫师当着基督教徒的面跪下，并按其要求向基督发誓，放弃自己对苗族传统宗教的信仰，放弃自己曾经从事多年的宗教师职业，远离鬼神信仰与崇拜。之后，柏格理吸收这九人皈依基督教，信仰耶稣。

在西方宗教的冲击下，西南苗族地区，苗族传统宗教从业人员明显减少，基于传统文化的鬼神崇拜也面临相同的趋势，代之而起的是礼拜与祷告时的西方宗教音乐缥缈于闭塞的苗疆地区。

---

① （民国）陈心传：《五溪苗族风土记》第二册，手稿本，1937 年，第 66 页。

② ［英］埃利奥特·甘铎理：《在未知的中国·柏格理日记》，昆明：云南民族出版社 2002 年版，第 737 页。

③ ［英］埃利奥特·甘铎理：《在未知的中国·柏格理日记》，昆明：云南民族出版社 2002 年版，第 703 页。

第二节　儒释道对苗族传统宗教的影响

一、儒释道对苗族传统宗教信仰系统的渗透

（一）儒释道神灵体系的渗透

西南苗族在千百年的历史进程中，不断与其周围的民族进行文化交流，彼此之间的宗教信仰亦相互影响。由此，在文化涵化作用力的推动下，苗族传统宗教中亦融入了儒释道文化的因子。此种情况已有民国时期的考察者撰文概说，他看到当时贵州黄平、贵阳两地的苗族，“有的信仰关圣帝君，有的信仰观音菩萨，总之形形色色的信仰都有”①；更有学者直截了当地将苗族传统宗教与儒释道三教联系在一起，阐明彼此之间的交融与涵化关系。“黔苗信仰宗教，甚不一致，或祀祖先以崇儒教，或礼佛像以崇佛教，或敬天地五星神及各神以崇多神教，或拜竹树以崇拜物教。”②

作为中原儒家文化符号之一的关圣帝与明显的佛教神灵，已经进入苗族群众的日常信仰空间，儒释道与苗族的信仰世界联系紧密；由此可见，在苗族传统宗教的信仰领域，已经在不经意间吸纳了儒释文化的基因，苗族传统宗教已然走向构建具有融通性特点的信仰体系。

儒释道与苗族传统宗教神灵体系共生共荣的现象，在今天更为显明。在贵州清镇市四印苗春节祭祀仪式中，除夕之夜，待菜肴上桌后，户主不仅要祭祀其家庭与家族的祖先神灵，让祖灵坐于堂屋桌上席位；同时，还要置酒、饭等祭品于桌子中上方，遍祭天文、地武神仙、远近英雄豪杰，以及五谷、文昌、观音、午丑等神仙大士；再及太上老君、福禄文武、司命灶王等。③ 在重大的节日祭祀中，供祀如此庞杂的神灵队伍，一方面凸

① 曹恭：《黔省黄平贵阳两地苗胞访问记》，《西北论衡》1939 年第 7 卷第 18 期，第 14-16 页。

② 童振藻：《黔苗近况述要及调整纲领》，《民族（上海）》1936 年第 4 卷第 5 期，第 786 页。

③ 王仕昌：《红枫湖畔的苗家 · “四印”苗族春节习俗》（续集），贵阳：贵州民族出版社 2007 年版，第 45 页。

显苗族民众虔诚的宗教信仰与逢神必拜以求吉祥的功利化心理，另一方面亦说明当地苗族的宗教观念，早已在潜移默化中吸纳了儒释道的神灵信仰体系，充分体现出苗族传统宗教与儒释道交融共生的现状特点。

还有学者在研究中发现，苗族信奉的所谓堂神，其神灵体系庞杂，其中有苗族自己创造的神灵，也有糅合释道二教信仰偶像的因素。依据《苗族古老话》的具体内容分析，苗族信仰世界的堂神中，诸如灶王、五道神亲、上殿高岩三保、二十四位诸天菩萨、大王托魂郎子、头脚大王吕洞等等，以及苗王、大坊土地、占管寨郎子、保寨郎君、管龙土地、管虎先人等，都体现出苗族传统宗教神灵体系来源多元，并非是一个封闭的体系。出现此种现象的原因，当然是在各民族之间的文化交流、宗教习染中，彼此借鉴学习的结果。当然，这种宗教交融更多地出现在汉化程度相对较高的族群中，那些远离文化中心区域的高寒山区，此种情况则不太明显，至少程度要低得多。①

比如，在汉化较深的贵州安顺苗族地区，已经学习汉族的祭祖方式，设立祖灵牌位于堂屋神龛，且将主神共祀于祖灵牌位中。“近者苗夷家中亦如当地汉人，安置神位于家堂中，一般房屋虽极矮陋，堂中亦必供一木牌，上贴‘天地君（或国）亲师位’‘某氏历代祖先之位’及其他神位字样。”②

这种宗教融合与文化涵化的状况，还表现在苗族地区的许多祭祀仪式的巫词之中。湘西吉首苗族《丧葬歌》，请神部分三教合一的趋势极为明显。

> 宝香炉内焚三炷，三十三天把信传，上焚一炷通天府，启奏玉皇降诏宣。中焚二炷通西土，极乐世界奏香烟，阿弥陀佛闻信到，迎接亡老上西天。下焚三炷通阴府，奏到森罗宝殿前，十殿阎君闻信到，发放超生脱苦渊。亡老深深得老处，孝门代代出状元。歌郎开了桃源洞，请出洞府伴灵前。一请歌父许良真，公子七人受祖传二请歌母天仙女，麻姑姊妹受香烟；三请姑真和田广，田宝三郎到灵前，四请董州董矮子，欧八姐姐进堂来，五请永州人李广，邓家

① 伍新福：《论苗族的宗教信仰和崇拜》，《中南民族学院学报》1988 年第 2 期，第 21–25 页。

② 陈国钧：《贵州安顺苗夷的宗教信仰》，《边政公论》1942 年第 1 卷第 7–8 期，第 91 页。

师傅买书传；六请田横英雄汉，挽歌从此起根源，七请取经唐三藏，师徒四位到西天，八请八仙来保护，龙华会上要周全，九请九天玄女到，寻龙点穴白鹤仙，十请十方三教主，早超亡老上西天。又请四方土地佬，一方之主你掌权，再请本宗堂上祖，孝门历代老家仙。新旧亡者齐请到，灵堂宽坐听歌言，还请本乡和本寨，早年去世老歌仙。左边摆得金椅子，右边放起绣花毯，中间立起花世界，莲台宝座在中间。①

在丧葬仪式中，既要祭祀玉皇天界主神，又得通报西方极乐世界，还得兼顾阴曹地府的十殿阎君；此外，再涉及家神与儒家文化中的一些历史与传说人物。如此庞大的神灵队伍，当然是湘西苗族传统宗教吸纳儒释道文化内容的最好说明。

道教神灵的融入。贵州从江县加勉苗族每年农历六月尝新苞谷以后，接着是敬玉皇大帝。苗语称为“多纠歪”，“多纠”即打粑粑；“歪”即天上的皇帝；合译即打粑粑敬天上皇帝——玉皇大帝。这个节日是在尝新苞谷后的第一个虎天（寅日）举行，各户凑米打粑粑，并聚资买公猪一头，公鸡一只，及茶（茶水中不泡糯米饭）、酒为祭品。祭品陈列桌上后，即烧香焚纸，并推年长男性主持祭祀。同时击鼓、鸣炮，由主敬者上香，拱手三揖。据调查者考证，加勉苗族在其他任何祭祀中，都没有拱手三揖，烧香焚纸以及将祭品摆在桌上敬供的仪节。吃鼓藏祭祖时，祭品是摆在板凳上。茶在当地虽是“送鬼”的必需品，但茶水中必须放少许糯米饭，唯敬玉皇大帝时用清茶，并将之置于桌上。再者，苗族无论敬神、敬鬼，均须请鬼师主持，且念诵巫语；唯独敬奉玉皇大帝时，默不作声。此外，当地苗族在传统宗教祭祀中，敬神、敬鬼、敬祖宗，一律称为“喊”，但敬玉皇大帝时则称为“请”。② 所以，无论是祭祀对象玉皇大帝，还是具体仪式细节，都表明此种祭祀仪式源自汉文化之道教双系统无疑。

---

① 吉首市民间文学集成办公室：《中国歌谣集成湖南卷：吉首市资料本》，1988 年印刷，第 98 页。

② 国家民委《民族问题五种丛书》编辑委员会，《中国民族问题资料·档案集成》编辑委员会编：《中国民族问题资料·档案集成 第 5 辑 中国少数民族社会历史调查资料丛刊 第 105 卷〈民族问题五种丛书〉及其档案汇编》，北京：中央民族大学出版社 2005 年版，第 539-540 页。

吴泽霖曾经看到，贵州短裙黑苗，“他们所供奉信仰的神明中，受着汉人的影响很大。例如玉皇大帝、观音菩萨、关圣帝君、岳武穆等等，都不是他们原有的神道。又如他们的农人在祖宗香火的旁边，供着神农的神位，商人供着财神，工人供着鲁班，铁匠供着太上老君，织布者供着苗族农业祖神缧祖，这些无疑的也是从汉人方面学来的”①。湘西苗族诗人田祖洪《念咒语》亦描述了道家文化在苗族传统宗教信仰中的影子。“只见动口无声喧，不知念何咒语言。锣钵随之震耳鼓，叩请前朝李老聃。”② 宣统年间，湘西古丈坪厅苗族秀才向抡元《赛会》诗还记录了佛教神灵出现于苗族信仰世界的情况。“春龙秋嵬观音会，一样厅城五八天。何似外邦开博览，诸般工艺竞媸妍。”③ 此篇描写了古丈县境内，清代赛神活动的盛大场面，在佛教传入后，敬观音菩萨已经成为苗乡赛神之具体内容之一。

（二）儒家文化之历史人物及神话人物被尊崇

在苗族传统宗教中，出现本属于中原汉文化之历史人物或者神话人物，被苗族文化接纳，并被推尊为供祀对象的情况。汉文中的女娲、伏羲形象就被广泛祭祀。“苗人腊祭曰报草。祭用巫，设女娲、伏羲位。”④ 腊祭时设立二神神位，不管是持有二神为苗汉共同祖先的观念也好，还是在历史变迁中，二神逐渐被苗族人民接受也罢，二神已经处于苗族社会重大的岁时祭祀对象，汉文化中的偶像已然成为苗族的神灵，这是最能说明苗汉宗教信仰的交流与融通的。

此外，苗族人民对于诸葛亮的信仰，可谓是历久不变的了。清代学人就看到，“苗人祀神，多书孔明天子之位”⑤。就连在苗族传统文化保持得较为完整的黔东南地区，清朝时期，奉祀诸葛孔明的遗存也是比比皆是。据贵州《古州杂记》记载，其厅署旧为诸葛城：

① 吴泽霖：《贵州短裙黑苗的概况》，《东方杂志》1939 年第 36 卷第 16 期，第 44 页。
② 湖南少数民族古籍办公室：《苗族历代诗选》，长沙：岳麓书社 1990 年版，第 181 页。
③ 湖南少数民族古籍办公室：《苗族历代诗选》，长沙：岳麓书社 1990 年版，第 190 页。
④ 陆次云：《西南民俗文献·峒溪纤志》第四卷，兰州：兰州大学出版社 2003 年版，第 388 页。
⑤ 陆次云：《西南民俗文献·峒溪纤志》第四卷，兰州：兰州大学出版社 2003 年版，第 388 页。

> 故址内有诸葛台，在花厅之左……相传苗人岁时伏腊、疾病祈祷，必具牲酒拜倒台下，无故不敢登涉，辄头眩昏晕。[①]

《黎平府志》卷二下亦有类似记载，据当地苗族民众述说："自吾先世相传以迄于今之所称也，吾侪非有事祷，不敢辄登，登则心目交眩，必稽颡再拜而后获免于灾。"[②] 岁时奉祀，水旱疾疫时祈祷祭拜，说明当地苗族已将诸葛亮神化为地方守护神之类的神灵，且声名远播，使人们不敢轻慢任何与之有涉的事物。

1945 年，一旅行者在地处湘黔桂三省六县交界处的湖南通道县的苗族群众家中，发现其厅堂常年悬着一张诸葛武侯的像。苗族民众说："我们就是喜敬汉人中的孔明先生，所以家家都供奉他。他也很显灵，孩子病了，在他面前求一包茶喝便会好。"[③] 对于此种信仰，当地苗族解释是因为诸葛亮七擒孟获的缘故。也就是说，诸葛亮的军事与政治措施维护了社会安定与和谐，让苗族人民的生活秩序得以正常运行。

据民国时期的调查资料，贵州榕江县城西门内有一山坡被命名为卧龙岗，卧龙岗上建有诸葛祠以纪念诸葛亮。此外，县属之"三区九新一带有高山名曰'孔明塘'，上有平地，树木葱茏，传为诸葛孔明扎营之地。并在其地挖有铜鼓，名诸葛鼓，相传为当时诸葛军人所用之物"[④]。在苗族腹心地带建诸葛祠以祭祀朝拜诸葛亮，地名多次出现卧龙岗、孔明塘等，这些都说明苗族人民的孔明崇拜已深入人心，流播四方，而绝非一时一地之暂时性信仰行为。又因为信仰崇拜诸葛亮，从而衍生出对诸葛铜鼓的神圣化，让苗族的铜鼓文化沾染孔明崇拜的色彩。这就更进一步让孔明崇拜在苗族的传统宗教中扎根，被内化为民族宗教的有机组成部分。

此外，在黔东南的雷公山之巅亦有诸葛台，由于对诸葛亮的崇拜在苗族地区深入人心，乃至于咸丰间的苗族起义，有人就利用这种信仰心理，以诸葛亮的旗号组织发动人民反抗清政府的统治。

---

① （清）林溥：《古州杂记》，民国贵阳文通书局据嘉庆刻本排印，第 571 页。

② （清）俞渭：［光绪］《黎平府志》，光绪八年（1882）黎平府志局刻本。

③ 黄邦和：《生活在苗区里》，《民众周刊》1945 年第 1 卷第 5 期，第 9 页。

④ 李绍良：《榕江乡土教材》（未刊稿），贵州省图书馆据民族文化宫图书馆藏原稿本抄录复制，1965 年，第 598 页。

有“教匪”杨大和者，不知何处人，自方诸葛亮。盘踞于此，煽惑各苗酋奉为军师，并造伪王府，铸伪印、伪钱。楚军至，犹焚香诵咒，戒诸苗无恐。①

二、苗族传统宗教仪式系统中的儒释道因子

（一）汉族民间信仰被苗族祭祖仪式借用

就苗族传统宗教内容看，祭祖分为家祭与集体祭祖两种形态，虽然在椎猪、椎牛集体祭祖仪式中，保持着民族宗教自身的特色；但是，在岁时祭祀中，除本民族的传统外，无疑吸收了很多汉族民间信仰祭祀仪式的内容。例如，川苗的岁时祭祀几乎与汉人相同，他们在农历正月初一、正月初五、清明节、端阳节、七月十三、十四、十五的中元节、中秋节、重九节、十月初一和年节，都要祭祀祖宗。② 而且，在这些岁时祭祀的仪式环节，正如前面章节已经涉及的那样，苗族社会几乎接受了汉族岁时祭祀的所有仪式细节，当然，亦因地制宜、因时制宜地加入了具有民族特色的仪节内容。

苗族社会借鉴汉文化中的岁时祭祀仪式现象，在贵州安顺苗族中表现得极为突出。据陈国钧调查资料，二月春社祭祀时：

县内苗夷亦同当地汉人相同，在社前三日内，各家有新坟不满三年者，派家中男子一二人携一提蓝，中放豆腐一盘、油炸粑一块、猪肉一盘、酒一杯、饭一碗、烛一对、香烛九枝以及钱纸等往祭。少数富家有在坟前宴客者，谓之“拦社。”。清明扫墓又名“挂纸”，“各家以新柳插门，清明正日，先上公坟（老祖宗之老坟），再上各家私坟。上公坟时，各家共购一大猪及香烛、爆竹、酒肴等物，合寨宗族齐往祭祀，祭后即在坟前共食。上公坟毕，各家自备祭物往祭私坟。亦有少数富家，在坟前预备筵席数十桌，借上坟以宴客者。在此节后

① 徐家干：《苗疆闻见录》，贵阳：贵州人民出版社 1997 年版，第 156 页。

② 谭璇《苗族节令风俗撮谈》，《边疆半月刊》1937 年第 2 卷第 3-4 期，第 20 页。

之数日，若遇风和晴暖佳日，各处山野间，大率皆有男女游迹。[①]

上述节日的祭祖仪式，抑或上坟，乃至清明前后踏青习俗，几乎是原封不动地采自汉文化的祭祖与游乐相结合的传统习俗。

以腊尔山为中心的湘黔鄂渝边区的红苗聚居区，地理位置紧邻汉文化区，历史上亦较早就被纳入中央王朝的管辖之中，加之明清以来汉族人员大量涌入该地区从事产业活动，所以，苗族的传统宗教文化早已受到明显的汉化影响。该地区苗族，除了岁时祭祀大部分与汉族相同外，许多苗族宗族亦开始学习汉族，修家谱、建祠堂，安神龛于堂屋祭祖先。例如，贵州思南苗族家家户户在堂屋中，都设立家先神位，用红纸书写祖先神位贴于其上，逢年过节，抑或家有佳肴时，都会先祭祖先。同时，宗族亦仿效汉族，设立专供筹集集体祭祖费用的清明田。此外，七月半祭祖时，亦学习汉族祭祖仪式，用纸“包封”焚烧祭祖。[②]

云南苗族祖先崇拜也出现了汉化趋势，居住在边远山区的苗族仍然是在神龛正中贴上几张纸钱，而在坝区与汉族杂居的苗族，他们的神龛与当地汉族一样，正中贴有“天地君亲师位”几个用红纸书写的大字，然后在右边写列祖列宗神位，神龛下面正中供有土地神。这充分说明，各个民族的传统文化并非一成不变，随着社会的发展，环境的改变、人类群体素质的提高及与其他民族的交往，总是相互影响，在社会实践中逐步更新，人们的观念也会随之改变。[③]

（二）丧葬仪式中的儒释道与苗族传统宗教并存

湘西苗族在丧葬仪式中，有闹丧的习俗。据唐张鷟《朝野佥载》卷二记载：

> 五溪蛮父母死，于村外阁其尸，三年而葬。打鼓路歌，亲属宴饮舞戏一月余日。[④]

---

① 陈国钧：《贵州苗族社会研究·安顺苗夷岁时志》，北京：民族出版社2004年版，第150页。
② 秦朝智：《思南苗族探析》，《贵州民族研究》1996年第4期，第62页。
③ 颜恩泉：《云南苗族传统文化的变迁》，昆明：云南人民出版社1993年版，第111页。
④ （唐）张鷟：《朝野佥载》，北京：中华书局1979年版，第40页。

清乾隆《乾州厅志》卷之二风俗志亦载：

> （苗俗）初丧，举家绕白布于首，浼道士取河水浴尸，奏佛事，里党无论亲疏皆来坐夜，锣鼓喧阗，歌呼达旦，名曰“闹丧”。丧家设酒肴以待。①

苗族闹丧的主角被称为“火居道士”，据称，他们在灵堂布置环节，就已经凸显出道家生死齐一的思想特征。闹丧开始后，他们按祖传或师传法事仪式之仪节，一本正经地闹，乃至作法，请来乞丐之灵魂、孤魂野鬼一起来闹。此时，苗族巫师巴代雄也在场内外举行苗族传统丧葬仪式的仪节，而吊丧者则以歌声唱和。② 苗族闹丧，无论是灵堂布置还是主持仪式的宗教师，无不体现出苗族传统宗教与道教共同参与、和谐共生的典型特点。这种以闹为特征的丧葬仪式，让儒释道与苗族传统宗教水乳交融，达到宗教融合共通的极致。

此外，在湘西苗族的丧葬仪式中，还有打绕棺的仪式。此仪式分为多个仪节，以念唱为主，其中的精彩唱段《梅花引》《山山出翠》《解结》《挂金锁》等，均属道教乐曲。同时，仪式中所使用的乐器，既包括道教乐器、传统的儒家文化器乐，也使用佛教法事乐器木鱼一个。此外，打绕棺祭仪的主要目的是解脱亡人冤孽，将其护送到西方极乐世界。③

通观整个仪式过程，其中既有信奉道教的道士主持仪式，亦使用道教音乐与释道二教之法器与佛之转生观念，可谓五味杂陈，诸教混一。

在湘黔边地的一些苗族支系，在丧葬仪式中亦出现向汉文化学习的趋势。出现汉族式的披麻戴孝，请阴阳先生看风水择坟地、立墓碑等。④

（三）苗族傩舞中的禹步遗存

《太平御览》卷八十二引佚书《尸子》文：“古者龙门未辟，吕梁未

---

① （清）王玮等纂：[乾隆]《乾州厅志》，乾隆年四年（1739）刻本。

② 李显福、梁先学：《湖南苗族风情》，长沙：岳麓书社 2012 年版，第 203-204 页。

③ 李显福、梁先学：《湖南苗族风情》，长沙：岳麓书社 2012 年版，第 208 页。

④ 伍新福、龙伯亚：《苗族史》，成都：四川民族出版社 1992 年版，第 600 页。

凿，禹于是疏河决江，十年不窥其家，生偏枯之病，步不相过，人曰禹步。”[①]《荀子》非相篇：“禹跳，汤偏。”[②] 杨倞亦引《尸子》注云：“禹之劳，十年不窥其家，手不爪，胫不生毛，偏枯之病，步不相过，人曰禹步。”据此，禹步源于大禹治水神话。据说，大禹因过度劳累而身患偏枯，行动不便，两腿不能像正常人那样，一前一后地交替前行；而只能一腿向前迈出时，另一腿艰难地拖行。此种行进方式即被后人称为禹步。此种步伐逐渐被巫者采用，在汉文化中广泛存在。

据学者研究，黔东北地区苗族傩戏舞步，亦存在禹步，或禹步的变体舞蹈形式。贵州松桃苗族傩戏中的某些舞步，如开山、土地、秦童角色的开财门工，都是两脚弯成高马步，两膝向外拐出的步子，舞动时两脚之间距离相当大，向前向后移动的步距却较小，且身体摆动的幅度大，与汉文献所记载的禹步之步法有相同之处。[③]

此外，每年正月初二至十五日，一些苗族地区的民间艺人所表演的仍留存的搬土地神傩戏中，艺人们脸罩面具，手拄龙头拐杖，走村串寨，挨家挨户去扮装土地神给主家封赠，说吉祥话。在具体的表演中，其步伐就是“步不相过”的禹步，或以禹步为基础变化形式的禹步。[④]

三、儒释道对苗族传统宗教思想内核的影响

（一）吸纳儒释道的基本理论原则

在苗族传统宗教中，道教天界说已经融入其信仰理论体系之中。例如，在贵州贵定县苗族丧葬仪式中，开路时，巫师所念诵的《开路词》，虽然根本目的是将亡灵引向东方苗族祖居地与祖灵团聚，这一点是苗族传统宗教的理论内核之一；但是在其结尾部分唱诵的巫词中，却分明地可以

① 李噩等：《太平御览》，北京：中华书局 1985 年影印。

② 荀子：《荀子》，北京：中华书局 2007 年版，第 38 页。

③ 吴国瑜：《苗学研究与经济发展：贵州省松桃苗族自治县苗学会论文集·试论“生苗”傩舞中的禹步》，贵阳：贵州民族出版社 2005 年版，第 390 页。

④ 吴国瑜：《苗学研究与经济发展：贵州省松桃苗族自治县苗学会论文集·试论“生苗”傩舞中的禹步》，贵阳：贵州民族出版社 2005 年版，第 393 页。

体味到道教天界理论的渗入。

> 到了天门处，再往前走十二步，遇到了玉皇大帝，他会吩咐你，一是到世上去投生，二是到世界去飘游，三是到祖公祖母那里去守坟，你要遵照玉皇大帝的教导去办事，才会有好的结果。①

亡灵虽然回归到了祖灵聚居地，但是最后的走向却得听从根本不属于苗族传统宗教信仰系统之神灵玉皇大帝的吩咐，这无疑是对传统宗教的超越。再者，苗族传统宗教的信仰体系中，本来只有善鬼、恶鬼之区分；如今又出现了最高的神灵主宰玉皇大帝，也即在其信仰体系中有出现神阶划分的趋势，这一点更是体现出苗族传统宗教的衍化发展，而这一进程中，借力于儒释道理论的迹象十分显著。

阴阳观念的吸收与使用在苗族地区亦可觅踪影。民国时期，一位记者去黔桂湘边区苗民集中的地方考察，在一个名为木龙寨的苗保长家，见到被苗族上层人士推崇的阴阳神仙茶，做法是用枫叶芽摘下以后捣烂，再加神仙灰（即香炉灰）和水揉成小饼块，晒干以备敬贵宾用，每一碗便是以一小块渗一半沸水（阳），一半生水（阴），俟饼块融溃以后再喝，据说可以消除山岚瘴气。②

五行星相学说在苗族的宗教文化中也被广泛运用。例如，广西融县苗族对儒道之五行星相学说的借用就比较典型。“苗人亦迷信星相堪舆，例如婚嫁，佳期必择吉日，葬地亦求龙穴。又有算命，以定孩童根基。信五行之说，金木水火土如有所缺，即谓根基不固，缺木者须契大树，缺土者须契石头……始易长大。”③ 此种五行星相之说，与汉族地区所流行者没有任何差异，事实上，这并非苗族本来所有的宗教文化内容，实为从汉族地区传入者。据民国时期的调查资料，当地苗族一长老说：从前有一位术士周蓬叶，本在朝廷上做大官，后因触犯法纪，畏罪逃入苗山，更教苗民以

---

① 贵州省民族事务委员会，贵州省民族研究所：《贵州“六水六山”民族调查资料选编·苗族卷》，贵阳：贵州民族出版社2008年版，第362页。

② 黄邦和：《生活在苗民区里》，《民众周刊》1945年第1卷第5期，第9页。

③ 阮镜清：《广西融县苗人的文化》，《民俗》1943年第2卷第3-4期，第26页。

星相之术，以后便流传日广。[①] 这虽然是传说，但或可助我们对这些星相堪舆来源的推想。

此外，儒道文化中的风水堪舆理论渗透于苗族传统宗教领域更是普遍。在苗族传统的丧葬仪式中，并不存在风水观念，但在长期的文化交融中，亦学习借鉴汉文化的相关理论，出现了堪舆择地行为。这样的田野调查资料亦极为丰富，从另一角度说明，苗族传统宗教的价值取向亦在突出类似于汉文化圈的功利化诉求。

（二）借用儒释道之人文资源

苗族传统宗教理论中，广泛吸收、使用儒释道的神话、历史以及其他人文资源，以论说理论、铺陈宗教氛围的情况也比较普遍。例如，湘西吉首市苗族《丧葬歌》的唱词就广纳儒道资源，以推进丧葬仪式的思想内涵之丰度。

> 今夜起鼓开悼，要人打鼓陪亡。远近三乡四邻，客主来来往往，有才者三请不肯下马，恰如汉世云长。我乃无才之辈，粗言冒语开腔，一讲鸡卵生出盘古，劈开宇宙洪荒。二讲天地人皇出世，建立日月三光，三讲神农立下五谷，教民采集度荒。四讲燧人钻木取火，轩辕养蚕制裳，五讲后羿射九日，只留一个太阳，六讲大禹治水，九河疏通海洋。七讲封王昏庸无道；八讲孔子圣人，定礼纲常。九讲秦灭六国统一，秦皇登基逞强。十讲二世胡亥无道，逼反项羽刘邦，虞姬和歌帐下，霸王自刎乌江。天下归汉高祖，众人揖首归降；悲伤不敢大哭，哀调改唱歌腔。挽歌从此开始，汉朝兴起歌郎。今逢亡老逝世，要来哀叹一场。[②]

《丧葬歌》明显地吸纳了汉文化的人文历史与神话信仰，融入了儒家纲常伦理观念。

广西苗族之神头（傩公傩母）偶像的人物造型，尤其是傩公傩母造型

---

① 阮镜清：《广西融县苗人的文化》，《民俗》1943 年第 2 卷第 3-4 期，第 26 页。

② 吉首市民间文学集成办公室：《中国歌谣集成湖南卷：吉首市资料本》，1988 年印刷，第 93-94 页。

中，分别戴上分明是中央王朝官服样式与标志的盘龙冠、凤冠等，无不体现出苗族传统宗教的汉族化取向。傩公傩母木雕偶像通高 1.2 尺，最大处直径约 5 寸，仅为头部至颈部，颈部下端中空。男性神头脸呈紫红色，戴盘龙冠或朝帽，上唇下巴蓄胡须，眼珠微凸，鼻梁有三道深纹，神情刚毅威严。女性神头面容清秀白净，戴凤冠或发髻，神情安然祥和。[①] 偶像制作完成后，为了赋予其神圣的意蕴，还须请宗教师推算择日，并请德高望重的祭司举行开光仪式，于是木雕偶像便成了神头。苗族地区的择日巫术，本身就源自于汉文化圈，为木偶雕像开光，以便让其神圣化，这又是吸纳了佛教的宗教仪式。广西苗族的傩公傩公神像已然揭示了综合借用儒释之文化资源的特色。

苗族传统宗教信仰中，极为信奉风水龙神、寨神，这是其自身内涵。可是在地方土俗神的信仰中，借用汉文化中的土地神概念，亦是普遍现象。在苗族各地的村寨附近，均能够发现供奉土地神的小祠，在各支系的岁时祭祀习俗中，也能够看到祭祀土地神的相关内容。例如，贵州台江县反排苗族过客家年时，在祭祖之前，要在除夕下午先敬土地。有的还要敬两次，第一次以米饭、香腊和纸钱供奉，并在土地祠宰杀雄鸡祭祀；第二次将煮熟的鸡送去再敬一次，有的则完全学习汉族祭祀土地神的方式，只用刀头肉，或煮熟的鸡或鸭送去再敬献一次。[②] 设置土地菩萨，是受汉文化影响的结果，其目的也如汉族地区一样，希望土地神庇佑村寨平安清吉，猛兽不危害人畜。

在湖南城步县苗族社会建造房屋中，接房梁木时所演唱的仪式歌《鲁班歌》，亦在大量借用儒释道的人文资源。

> 吉日时辰，天地开张。鲁班到此，大吉大昌。此梁生在昆仑山上，长在龙虎山前。王母娘娘见生，九子太婆见长。文武百官不许砍伐，过路君子不许取梁。只有弟子才能取，只有鲁班才能砍。东君修

---

① 阮镜清：《广西融县苗人的文化》，《民俗》1943 年第 2 卷第 3-4 期，第 26 页。

② 国家民委《民族问题五种丛书》编辑委员会，《中国民族问题资料 · 档案集成》编辑委员会编：《中国民族问题资料 · 档案集成 第 5 辑 中国少数民族社会历史调查资料丛刊 第 105 卷〈民族问题五种丛书〉及其档案汇编》，北京：中央民族大学出版社 2005 年版，第 216 页。

造，正要沉香做梁木。永远发达，世代荣昌。①

巫词中出现的鲁班、昆仑山、王母娘娘及东君等文化信息，均源于儒道文化的历史传说与神话故事。在加工梁木时唱诵的巫词，更是直接使用儒家文化的政治性文化资源。

锯子锯得崭齐，刨子刨出豪光。左边刨出左丞相，右边刨出状元郎。中间刨出文武百官，两头刨出探花、榜眼。永远发达，世代荣昌。②

（三）借鉴儒释道的伦理观念

湘西苗族《忏会佛歌》即体现了苗族传统宗教在与儒释道的接触与交融中，广泛吸收了儒释道的伦理观念。

未曾开言先察透，众位道友听从头。同到佛堂把会做。千朵桃花共树茺，男女老幼有好丑，佛堂不可用机谋。众位都望神保佑，今夜齐来把愿钩。人有真心神看透，保佑平安无忧愁。保佑财喜天下有，保佑田地又丰收。老者保佑添福寿，少者长生不白头。年年保佑进人口，家发如同水源流。③

这首《忏会佛歌》首先体现出对佛教神灵信仰的诚笃，但亦不乏汉族式的“有求必应”的功利性心理，其中又似乎夹杂着命定论的基调，要求信众屈服于命运，坦然于现实，而谋求来世幸福的儒佛混合观念。

其间，还夹杂着更多的儒家伦理道德信念，诸如谦虚为人，诚恳待人，孝悌为本以及家和万事兴的夫妻相处之道。

① 城步苗族自治县民间文学“三集成”编委会：《中国民间歌谣集成湖南卷·城步苗族自治县资料本》，城步苗族自治县印刷厂 1990 年印刷，第 72 页。

② 城步苗族自治县民间文学“三集成”编委会：《中国民间歌谣集成湖南卷·城步苗族自治县资料本》，城步苗族自治县印刷厂 1990 年印刷，第 73 页。

③ 石启贵：《湘西苗族实地调查报告》，长沙：湖南人民出版社 1986 年版，第 351-352 页。

劝人出礼是好意，不要争强论高低。坐闲将情来比礼，贤的贤来愚的愚。不才将就出几句，道友切莫怒心机。山高石多少碧玉，人在世间君子稀。切莫好贪虚名利，真心诚意把家齐。教子读书耕田地，嫖赌逍遥要远离。少年不可闻游戏，免得老来受寒饥。父母养儿情难叙，只望成人把志立。勤劳恩情心不记，双亲年老悔心机。自古父母从孝义，莫说逆亲顺妓妻。为子若从父母意，儿孙世代名远题。忤逆不孝伤天理，落得人轻把志低。灯戏场中要少去，背地说人厚脸皮。孝敬公婆是正理，赶快朝山拜菩提。夫妇时常要和气，富贵荣华家道齐。读书妻望夫中举，说话人前头莫低。乖巧愚蠢不如意，都是命中带来的。总望天神保佑你，无灾无难病远离。①

除了有关个人修为与基本的伦理道德原则外，苗族传统宗教之思想也包含着对于国家与民族关系的政治性伦理观念的思考。苗族椎牛祭祖时的巫词《吃牛》，亦坚守着中华民族多元一体的民族关系信条。虽然在历史上曾经不同程度地出现过大汉族主义与地方民族主义思想，民族关系时有纠葛，但是，中华民族为统一的多民族国家的政治伦理观念，始终被社会舆论主流及全体中国人所认同。这一思想亦成为儒家文化的政治伦理之一，在苗族的传统宗教信仰中，亦被公众认可。

世间上的人死完了，普天下的男男女女死完了。世间上只剩下德归一个人了，普天下只剩下马笃一个人了。德归养有五个苗族孩子，马笃养有五个汉族孩子，苗族是哥哥，汉族是弟弟。②

在极为隆重的集体祭祖仪式中，由苗族传统宗教的宗教师公开宣讲苗汉关系史，虽然其内容是基于苗族民间的历史传说，但其根本内容则是与中华民族的产生与演进历程相吻合的。更为重要的是，在如此重大的宗教祭祀中，明确宣布苗族为哥哥，汉族是弟弟，苗汉为一家，这一国家政治伦理观念的反复传达与灌输，无疑有助于民族团结与国家统一的共同诉求。

① 石启贵：《湘西苗族实地调查报告》，长沙：湖南人民出版社 1986 年版，第 354 页。

② 贵州省民间文学工作组：《民间文学资料·吃牛》第 29 集，1961 年印刷，第 271-272 页。

结　语

由于苗族社会盛行万物有灵观念，宗教信仰浸淫于该民族生活的各领域；所以，苗族民族文化之有关社会实践、技能、知识、伦理道德的形而上层面的结晶，以及相关的器具、实物、手工艺品与文化场所等形而下的表现形态，无不与其传统宗教产生紧密的联系。可以这样定论，苗族传统宗教就是其民族文化的综合载体，研究苗族民族文化，必须关注其传统宗教的内涵。

就目前的学界研究，历史时期，苗族没有自己的文字，迄今为止，也少有发现以其民族文字形态保留下来的文献与实物资料。所以，有关苗族文化形而上层面的精神文化完全依靠口耳相传的民间歌谣形式传承，并一代一代地增补延伸。苗族民间歌师通常既是理老，又是巫师，甚至还兼任寨老等角色；即使是单纯的宗教师，也能唱诵饱含民族文化内容的巫歌、神辞及古歌古根，是从业者的一项基本职业技能。所以，苗族宗教师就是苗族社会的知识分子，苗族传统宗教的祭祀神辞就是苗族历史文化的贮积库。了解、学习苗族历史，要掌握本我的认知而非他者的视角，必须研究苗族传统宗教，这样才能以文化自觉的方式阐释其机理。

千百年积淀而成的苗族传统宗教，在其塑造与演进的历程中，无不与苗族社会之生产力水平、时代背景、思想观念以及重大历史事件息息相通。既然宗教信仰始终是苗族社会的生活主题之一，既然整个社会都习惯于在宗教祭祀中表达共性的或者个性化的诉求，那么苗族传统宗教无疑是解读、诠释其民族之哲学思维、社会历史观、伦理道德论及其价值观的最好切入点。

非物质文化遗产从来就是一个民族的文化精粹之一，研究、保护苗族至今依然存留的活态的非物质文化遗产，就必须充分认识苗族传统宗教领域的文化遗存。重大宗教祭祀场合演唱的，饱含苗族历史记忆的口传活态非物质遗产苗族古歌；苗族传统宗教中的傩舞之戏剧史资料、音乐及舞蹈元素都是弥足珍贵的苗族非物质文化遗产。对这些文化遗存的研究，同样离不开苗族传统宗教的解释维度。

民族问题与宗教问题紧密相连，现当代构建和谐社会的政治诉求在民族地区的具体运行中，亦必须考虑民族宗教的重要角色因素。在苗族地区的社会建设中，必须注意到苗族传统宗教从来就是、今后依然应该还是社会管理与教化的重要平台。在社会主义新农村建设中，要实现苗族地区的社会和谐，要维护其社会秩序，首先必须在社会主义意识形态及国家法律法规与相关政策的指引下，从大局出发，构建新型社会秩序，维护安定团结。同时，必须因地制宜、因时制宜地利用地方性社会资源，让国家的方针政策找到更有生命力和生长点的契合因素。

在苗族地区，苗族传统宗教则是不可或缺的重要资源。具有苗族传统宗教因素的习惯法之合理内核，可以弥补国家法律规范在该地区施行过程中的某些不足或者欠缺。以传统宗教为底色的议榔、埋岩制度在乡村社会秩序构建与具体事务的管理中，依然还有发挥其积极功效的空间。尤其是苗族传统宗教的宗教伦理道德要求，在神性保障下，在苗族社会具有较高的信度与威力。今天，我们在社会建设中，不应当忽视其发挥的道德教化功能，也需要借鉴、利用其合理因素参与社会管理。

尽管苗族传统宗教与苗族社会依存度极高，也是我们了解、认识苗族社会的重要平台；但是，作为宗教的解释与论证机制，它也会深刻地影响苗族社会的思维方式、解决问题的手段；尤其是在多神崇拜的背景下，时时处处均以神性评判为准绳，一切社会工作与事务都可能被置于宗教视角中考量，这样就极容易导致脱离于实际乃至背离科学精神问题的发生。上述问题，也即我们必须正视苗族社会在现代化进程中的宗教困惑，必须在保护其民族文化优良传统的同时，跳出窠臼，充分认识苗族传统宗教之不足与缺陷。

参考文献

一、学术专著

（一）目录文献

1. 国家民族宗教事务委员会全国少数民族古籍整理研究室：《中国少数民族古籍总目提要·苗族卷》，北京：中国大百科出版社 2010 年版。

2. 李锦平、李天翼：《贵州苗族古籍总目提要》，贵阳：贵州民族出版社 2008 年版。

3. 胡忠慧：《苗族侗族研究篇目索引》（五），《黔东南民族师专学报》1994 年第 1 期。

4. 陈洪波：《苗族侗族研究篇目索引》（六），《黔东南民族师专学报》1994 年第 2 期。

（二）历史文献

1. 荀子：《荀子》，北京：中华书局 2007 年版。

2. 管仲：《管子校注》，北京：中华书局 2004 年版。

3.（刘宋）范晔：《后汉书》，北京：中华书局 1965 年版。

4.（唐）张鷟：《朝野佥载》，北京：中华书局 1979 年版。

5.（宋）李昉：《太平御览》，北京：中华书局 1985 年影印。

6.（晋）干宝：《搜神记》，贵阳：贵州人民出版社 1991 年版，第

382 页。

7. （晋）常璩：《华阳国志》，济南：齐鲁书社 2000 年版。

8. （明）沈庠：《贵州图经新志》，明弘治年间刻本。

9. （明）谢东山：［嘉靖］《贵州通志》，明嘉靖刻本。

10. （清）陆次云：《西南民俗文献·峒溪纤志》第四卷，兰州：兰州大学出版社 2003 年版。

11. （清）林溥：《古州杂记》，民国贵阳文通书局据嘉庆刻本排印。

12. （清）俞渭：［光绪］《黎平府志》，光绪八年（1882）黎平府志局刻本。

13. （清）徐家干：《苗疆闻见录》，贵阳：贵州人民出版社 1997 年版。

14. （清）田雯：《黔书》，康熙庚午年（1690）刻本。

15. （清）严如煜：《苗防备览》，嘉庆二十五年（1820）刻本。

15. （清）余泽春修，余嵩庆等纂：［光绪］《古州厅志》，光绪十四年（1888）刻本。

16. （清）蔡忠建修，龚传坤等纂：［乾隆］《镇远府志》，乾隆刻本，贵州省图书馆 1965 年据南京图书复制油印本。

17. （清）严如煜：《苗防备览》，嘉庆二十五年（1820）刻本。

18. （清）王玮纂修：［乾隆］《乾州厅志》，乾隆四年（1739）刻本。

19. （清）王鳞飞等修，冯世瀛、冉崇文纂：［同治］《增修酉阳直隶州总志》，同治二年（1864）刻本。

20. （清）黄培杰：［道光］《永宁州志》，清道光十七年（1837）刊本。

21. （清）赵沁：［乾隆］《玉屏县志》，清乾隆二十二年（1757）刻本。

22、（清）吴起凤：［光绪］《靖州直隶州志》，清光绪五年（1879）刻本。

23. （清）蔡象衡：［嘉庆］《通道县志》，1931 年据嘉庆刻本石印本。

24. （清）张官五：［同治］《沅州府志》，清同治十二年（1874）增刻乾隆本。

25. （清）王寿松修，［光绪］李稽勋等纂：《秀山县志》，光绪十八年（1892）刻本。

26.（清）萧管：［道光］《松桃厅志》，清道光十六（1836）松高书院刻本。

27.（清）顾祖禹：《读史方舆纪要》，北京：中华书局2005年版。

28.（清）孙炳煜：［光绪］《会同县志》，清光绪二年（1876）刊本。

29.（民国）任可澄等辑：《黔南丛书》，贵阳文通书局、紫江朱氏存素堂刊，1922—1943年。

30.（民国）陈绍令等修、李承栋纂：《黄平县志》，1965年贵州省图书馆复制油印本。

31.（民国）黄元操、任可澄：《续修安顺府志》，1931年稿本（未刊），贵州安顺市志编纂委员会1983年整理排印。

32.（民国）郭辅相修、王世鑫等纂：《八寨县志稿》，1932年铅印本。

33.（民国）刘显世、谷正伦修，任可澄、杨恩元纂：《贵州通志》第六册，贵阳书局1948年铅印本。

34.（民国）丁尚固修、刘增礼纂：《台拱县文献纪要》，1919年石印本。

35. 贵州省地方志编纂委员会：《贵州省志·民族志》，贵阳：贵州人民出版社2002年版。

36. 红河哈尼族彝族自治州民族志编写办公室：《云南省红河哈尼族彝族自治州民族志》，昆明：云南大学出版社1989年版。

37. 湖南省少数民族古籍办公室：《湖南地方志少数民族史料》（上），长沙：岳麓书社1991年版。

38. 方国瑜：《云南史料丛刊》，昆明：云南大学出版社2001年版。

39. 湖南少数民族古籍办公室：《苗族历代诗选》，长沙：岳麓书社1990年版。

40. 四川黔江地区民族事务委员会：《川东南少数民族史料辑》，成都：四川民族出版社1995年版。

41. 南省元阳县志编纂委员会：《红河州元阳县》，贵阳：贵州民族出版社1990年版。

42. 屏边苗族自治县民族志编写组：《红河州屏边苗族自治县民族志》，

昆明：云南大学出版社 1990 年版。

43. 云南省河口县瑶族自治县志编纂委员会：《河口县志》，上海：三联书店 1994 年版。

44. 三江县民委：《三江侗族自治县民族志》，南宁：广西人民出版社 1989 年版。

45. 贵州省黎平县志编纂委员会：《黎平县志》，成都：巴蜀书社 1989 年版。

46. 贵州省岑巩县志编纂委员会：《岑巩县志》，贵阳：贵州人民出版社 1993 年版。

47. 贵州省剑河县志编纂委员会：《剑河县志》，贵阳：贵州人民出版社 1994 年版。

48. 凤凰县民族志编写组：《凤凰县民族志》，北京：中国城市出版社 1997 年版。

49. 广西壮族自治区地方志编纂委员会：《广西通志》，南宁：广西人民出版社 1992 年版。

50. 文山壮族苗族自治州苗学发展研究会：《文山苗族》，昆明：云南民族出版社 2008 年版。

51. 贵州省苗学研究会惠水县分会：《惠水苗族》，贵阳：贵州民族出版社 1996 年版。

52. 《城步苗族自治县概况》编写组：《城步苗族自治县概况》，长沙：湖南人民出版社 1984 年版。

53. 伍新福、龙伯亚：《苗族史》，成都：四川民族出版社 1992 年版。

54. 萨维那：《苗族史》，贵阳：贵州大学出版社 2009 年版。

55. 《四川苗族志》编委会：《四川苗族志》，成都：四川出版集团巴蜀书社 2009 年版。

56. 王尧：《中华文化通志·民族文化典·苗、瑶、畲、高山、佤、布朗、德昂族文化志》，上海：上海人民出版社 1998 年版。

（三）西南诸省苗族实地调查报告

1. 陈心传：《五溪苗族风土记》，手稿本，1937 年。

2. 贵州省民族事务委员会、贵州省民族研究所：《贵州“六山六水”

民族调查资料选编·苗族卷》，贵阳：贵州民族出版社 2008 年版。

3. 杨汉先：《中国边疆社会调查报告集成·黔西苗族调查报告》第一辑第 2 册，桂林：广西师范大学出版社 2010 年版。

4. ［英］塞缪尔·克拉克：《民族研究参考资料·在中国的西南部落中》第 25 集，贵州省民族研究所 1985 年印刷。

5. 国家民委《民族问题五种丛书》编辑委员会，《中国民族问题资料·档案集成》编辑委员会编：《中国民族问题资料·档案集成 第 5 辑 中国少数民族社会历史调查资料丛刊 第 90 卷〈民族问题五种丛书〉及其档案汇编》，北京：中央民族大学出版社 2005 年版。

6. 国家民委《民族问题五种丛书》编辑委员会，《中国民族问题资料·档案集成》编辑委员会编：《中国民族问题资料·档案集成 第 5 辑 中国少数民族社会历史调查资料丛刊 第 101 卷〈民族问题五种丛书〉及其档案汇编》，北京：中央民族大学出版社 2005 年版。

7. 国家民委《民族问题五种丛书》编辑委员会，《中国民族问题资料·档案集成》编辑委员会编：《中国民族问题资料·档案集成 第 5 辑 中国少数民族社会历史调查资料丛刊 第 103 卷〈民族问题五种丛书〉及其档案汇编》，北京：中央民族大学出版社 2005 年版。

8. 国家民委《民族问题五种丛书》编辑委员会，《中国民族问题资料·档案集成》编辑委员会编：《中国民族问题资料·档案集成 第 5 辑 中国少数民族社会历史调查资料丛刊 第 105 卷〈民族问题五种丛书〉及其档案汇编》，北京：中央民族大学出版社 2005 年版。

9. 国家民委《民族问题五种丛书》编辑委员会，《中国民族问题资料·档案集成》编辑委员会编：《中国民族问题资料·档案集成 第 5 辑 中国少数民族社会历史调查资料丛刊 第 106 卷〈民族问题五种丛书〉及其档案汇编》，北京：中央民族大学出版社 2005 年版。

10. 石启贵：《湘西苗族实地调查报告》，长沙：湖南人民出版社 1986 年版，第 462 页。

11. 全国人民代表大会民族委员会：《贵州省台江苗族的宗教迷信》，1958 年内部印刷。

12. 陈国钧、吴泽霖：《贵州苗夷社会研究》，北京：民族出版社 2004 年版。

13. 贵州省志民族志编委会：《民族志资料汇编》第二集，1986 年铅印本。

14. 凌纯声、芮逸夫：《湘西苗族调查报告》，上海：上海书店 1989 年版。

15. 四川省编辑组编：《四川省苗族傈僳族傣族白族满族社会历史调查》，北京：民族出版社 2009 年版。

16. 刘锡藩：《苗荒小纪》，上海：上海商务印书馆 1935 年版。

17. 李绍良：《榕江乡土教材》（未刊稿），贵州省图书馆据中央民族文化宫图书馆藏原稿本抄录复制，1965 年。

18. 贵州省编辑组：《苗族社会历史调查》（一），贵阳：贵州民族出版社 1986 年版。

19. 贵州省编辑组：《苗族社会历史调查》（二），贵阳：贵州民族出版社 1987 年版。

20. 杨昌文：《福泉苗族》，贵阳：贵州民族出版社 1993 年版。

（四）西南诸省有关苗族的民俗文献

1. 骆小所：《中国西南文献丛书·西南民俗文献》，兰州：兰州大学出版社 2003 年版。

2. 丁世良、赵放：《中国地方志民俗资料汇编·西南卷》，北京：书目文献出版社，1991 年版。

3. 丁世良、赵放：《中国地方志民俗资料汇编·中南卷》，北京：书目文献出版社，1991 年版。

4. 诸宝楚：《西南民俗文献·滇疆苗蛮纪略》第十七卷，兰州：兰州大学出版社 2003 年版。

（五）西南诸省有关苗族的歌谣、谚语、民间故事集成文献

1. 龙宁英、石寿贵、石寿山：《湘西苗族巴代古歌》，长沙：湖南人民出版社 2012 年版。

2. 贵州省文联：《民间文学资料》第 1 集，1957 年内部印刷。

3. 中国作家协会贵阳分会筹委会：《民间文学资料》第 4 集，1958 年内部印刷。

4. 中国作家协会贵阳分会筹委会、贵州省民族语文指导委员会、贵州大学苗族文学史编写组：《民间文学资料》第 5 集，1959 年印刷。

5. 中国作家协会贵阳分会筹委会、贵州省民族语文指导委员会、贵州大学苗族文学史编写组：《民间文学资料》第 23 集，中国作家协会贵阳分会筹委会 1959 年印刷。

6. 贵州省民间文学工作组：《民间文学资料》第 27 集，1960 年印刷。

7. 贵州省民间文学工作组：《民间文学资料》第 29 集，1961 年印刷。

8. 中国民研会贵州分会、贵州民族学院：《民间文学资料》第 48 集，1982 年印刷。

9. 贵州省民族事务委员会、中国民间文艺研究会贵州分会：《民间文学资料》第 60 集，中中印刷厂 1983 年印刷。

10. 中国民间文学集成全国编辑委员会、中国歌谣集成云南卷编辑委员会：《中国歌谣集成・云南卷》（下卷），北京：中国 ISBN 中心 2003 年版。

11. 中国民间文学集成全国编委会、中国歌谣集成贵州卷编委会：《中国歌谣集成・贵州卷》，北京：中国 ISBN 中心 2005 年版。

12. 吉首市民间文学集成办公室：《中国歌谣集成湖南卷：吉首市资料本》，1988 年印刷。

13. 水城县民间文学三套集成办公室：《中国民间歌谣谚语集成・贵州六盘水市水城县卷》，《六盘水日报》印刷厂 1990 年印刷。

14. 古玉林：《四川苗族古歌》，成都：巴蜀书社 1999 年版。

15. 银龙：《城步苗款》，长沙：岳麓书社 2004 年版。

16. 文远荣：《雷公山苗族巫词贾理嘎百福》，北京：中央民族大学出版社 2010 年版。

17. 石如金：《湘西苗族传统丧葬文化〈招魂词〉》，北京：民族出版社 2007 年版。

18. 贵州省民族事务委员会古籍办、紫云苗族布依族自治县民委：《紫云县民族古籍资料》（第一辑），贵州地质彩印厂 1995 年印刷。

19. 石启贵：《民国时期湘西苗族调查实录・祭祀神辞汉译卷》，北京：民族出版社 2009 年版。

20. 项保昌、金洪、杨明富：《苗族指路经・文山卷》，昆明：云南民族出版社 2005 年版。

21. 罗有亮：《苗族指路经·红河卷》，昆明：云南民族出版社 2005 年版。

22. 织金县民族事务委员会：《苗族丧祭》，贵阳：贵州民族出版社 1991 年版。

23. 纳雍县民族宗教事务局：《纳雍丧祭词》，北京：民族出版社 2003 年版。

24. 吴晓东：《苗族祭仪“送猪”神辞》，北京：民族出版社 2007 年版。

（六）专题研究文献

1. 张泽洪：《文化传播与仪式象征——中国西南少数民族宗教与道教祭祀仪式比较研究》，成都：四川出版集团巴蜀书社 2008 年版。

2. 金泽：《宗教人类学导论》，北京：宗教文化出版社 2001 年版。

3. ［德］尼采：《偶像的黄昏》，长沙：湖南人民出版社 1987 年版。

4. ［美］彼得·贝格尔：《神圣的帷幕：宗教社会学理论之要素》，上海：上海人民出版社 1991 年版。

5. ［法］阿诺德·范热内普：《过渡礼仪》，上海：商务印书馆 2010 年版。

6. 李亦园：《宗教与神话》，桂林：广西师范大学出版社 2004 年版。

7. ［英］马林诺夫斯基：《文化论》，北京：中国民间文艺出版社 1987 年版。

8. 杨庭硕、罗康隆、潘盛之：《民族．文化与生境》，贵阳：贵州人民出版社 1992 年版。

9. 安顺市苗学会：《安顺苗族》，贵阳：贵州民族出版社 2011 年版。

10. 黔东南州文艺研究室：《风俗的起源》，上海：上海文艺出版社 1988 年版。

11. 中国民俗学会，花垣县人民政府：《魂牵蚩尤：全国蚩尤文化研讨会（湖南·花垣）论文资料汇编》，北京：民族出版社 2010 年版。

12. 王亚新：《原始记录：高坡苗族生活》，石家庄：河北教育出版社 2003 年版。

13. 张子伟、张子元：《湘西苗族椎牛祭》，长沙：湖南师范大学出版社 2012 年版。

14. 俞潦：《松桃苗族》，贵阳：贵州民族出版社 2006 年版。

15. 唐千武：《山情水韵苗寨风》，北京：中央民族大学出版社 2010 年版。

16. 沈从文：《沈从文文集》第九卷，广州：花城出版社 1984 年版，第 410 页。

17. 三江县民委：《三江侗族自治县民族志》，南宁：广西人民出版社 1989 年版。

18. 陆群：《民间思想的村落——苗族巫文化的宗教透视》，贵阳：贵州民族出版社 2000 年版。

19. 文山壮族苗族自治州苗学发展研究会：《文山苗族》，昆明：云南民族出版社 2008 年版。

20. 吉首市民委、湖南省社科院历史研究所：《苗族文化论丛》，长沙：湖南大学出版社 1989 年版。

21. 吴晓东：《苗族祭仪“送猪”神辞》，北京：民族出版社 2007 年版。

22. 郎维伟：《四川苗族社会与文化》，成都：四川民族出版社 1997 年版。

23. 《中国各民族宗教与神话大词典》编审委员会：《中国各民族宗教与神话大词典》，北京：学苑出版社 1990 年版。

24. 罗义群：《中国苗族巫术透视》，北京：中央民族学院出版社 1993 年版。

25. 佚名：《苗蛮图说》，日本早稻田大学图书馆藏本。

26. 刘亚虎：《荒野上的祭坛——中国少数民族祭祀文化》，北京：北京出版社 2000 年版。

27. 杨培德：《鼓魂》，北京：中国文联出版社 2002 年版。

28. 龙玉良：《贵州省松桃苗族自治县苗学会论文集》，贵阳：贵州民族出版社 2005 年版。

29. 龙秀海：《苗学研究文集》（一），贵阳市花溪印刷厂 2005 年印刷。

30. 朱慧珍、贺明珍：《广西苗族》，南宁：广西民族出版社 2004 年版。

31. 潘光华：《中国苗族风情》，贵阳：贵州民族出版社 1990 年版。

32. 潘定发：《雷山苗族文化与旅游丛谈》，北京：中央民族大学出版社 2010 年版。

33. 湘西土家族苗族自治州民族事务委员会：《苗族历史讨论会论文集》，1983 年内部印刷。

34. 程国恩：《红枫湖畔的苗家》，贵阳：贵州民族出版社 2001 年版。

35. 李显福、梁先学：《湖南苗族风情》，长沙：岳麓书社 2012 年版。

36. 杨永光、王世忠：《赫章苗族文集》，贵阳：贵州民族出版社 2009 年版。

37. 贵州省民族研究所：《民国年间苗族论文集》，贵州省民族研究所 1983 年内部印刷。

38. 中国社会科学院民族研究所历史研究室资料组：《民族史译文集》（8），1980 年内部印刷。

39. 翁家烈：《中国苗族风情录》，贵阳：贵州民族出版社 2002 年版。

40. 梁平先：《中国苗族民俗》，贵阳：贵州人民出版社 1990 年版。

41. 李绍明、周蜀蓉：《葛维汉民族学考古学论著》，成都：巴蜀书社 2004 年版。

42. 罗义群：《苗族文化与屈赋》，北京：中央民族大学出版社 1997 年版。

43. 李显福、杨先学：《湖南苗族风情》，长沙：岳麓书社 2012 年版。

44. 石朝江：《中国苗学》，贵阳：贵州人民出版社 1999 年版。

45. 赵国华：《中国生殖崇拜文化论》，北京：中国社会科学出版社 1990 年版。

46. 岑家梧：《图腾艺术史》，上海：商务印书馆 1937 版。

46. 杨学政：《云南宗教史》，昆明：云南人民出版社 1999 年版

47. 颜恩泉：《云南苗族传统文化的变迁》，昆明：云南人民出版社 1993 年版。

48. ［英］埃利奥特・甘铎理：《在未知的中国・柏格理日记》，昆明：云南民族出版社 2002 年版。

49. 四川省宗教志办公室：《四川基督教》，成都：巴蜀书社 1992 年版。

50. 顾卫民：《基督教与中国近代社会》，上海：上海人民出版社 1996 年版。

51. 贵州省民族研究所：《民族研究参考资料》第 14 集，贵州民族研究所 1982 年印刷。

52. 韩军学：《基督教与云南少数民族》，昆明：云南民族出版社 2000 年版。

53. 文山壮族苗族自治州苗学发展研究会：《文山苗学研究》（二），昆明：云南民族出版社 2008 年版。

54. 李廷贵 潘定智 杨正伟：《苗学研究》（二），贵阳：贵州民族出版社 1991 年版。

55. 李锦屏：《苗学研究》（三），贵阳：贵州人民出版社 1994 年版。

56. 贵州苗学会：《苗学研究》（五），贵阳：贵州民族出版社 2009 年版。

57. 贵州世居民族研究中心：《贵州世居民族研究》第 1 卷，贵阳：贵州民族出版社 2004 年版。

58. 徐晓光：《贵州世居民族研究》第 2 卷，贵阳：贵州民族出版社 2006 年版。

59. 唐千武：《雷山苗族文化与旅游丛谈》，北京：中央民族大学出版社 2010 年版。

60. 湘西自治州凤凰县民委、贵州松桃苗族自治县民委、湖南省社科院历史研究所：《苗族史文集》，长沙：湖南大学出版社 1886 年版。

二、学术论文

（一）民国报刊文献

1. 陈国钧：《西南新建设中的苗族问题》，《中华评论》1938 年第 1 卷第 4 期，第 7–9 页。

2. 葛维汉：《川苗之习俗》，《学术汇刊》1942 年第 1 卷第 1 期，第

151-153 页。

3.《云南边境之苗民生活》,《青年知识画报》1939 年第 4 卷第 1 期,第 21 页。

4. 阮镜清:《广西融县苗人的文化》,《民俗》1943 年第 2 卷第 3-4 期,第 21-33 页。

5. 王鹏皋:《苗民的迷信风俗》,《谈风》1936 年第 11 期,第 5-9 页。

6. 编者:《贵州的苗族社会》,《社会杂志(上海 1931)》1931 年第 1 卷第 6 期,第 6-7 页。

7. 佚名:《四川苗族归主者千余人》,《通问报:耶稣教家庭新闻》1936 年第 17-18 期,第 6-7 页。

8. 陈国钧:《贵州安顺苗夷的宗教信仰》,《边政公论》1942 年第 1 卷第 7-8 期,第 91-95 页。

9. 叶厥孙:《建设西南声中的贵州苗人》,《中学生》1939 年复刊号,第 30 页。

10. 许仕仁:《苗族生活及风习》,《新贵师》1948 年第 3 卷,第 16 页。

11. Samuel. R. Clork 著:《贵州黑苗的葬俗》王同惠译,《社会研究》1936 年第 101-128 期,第 106-107 页。

12. 于曙峦:《贵州苗族杂谭》,《东方杂志》1923 年第 20 卷第 13 期,第 87-88 页。

13. 于曙峦:《贵州苗族杂谭(续)》,《东方杂志》1923 年第 20 卷第 14 期,第 50-66 页。

14. 尹继善:《古州苗案尹继善摺二》,《史料旬刊》1931 年第 28-30 期,天三百九十三。

15. 陈国钧:《贵州苗夷民族概况一览》,《贵州教育》1942 年第 4 卷第 7-9 期,第 49 页。

16. 佘贻泽:《清代的苗民问题》,《新亚细亚》1936 年第 12 卷第 2 期,第 20-33 页。

17. 佚名:《滇省苗民揭竿造反》,《川盐特刊》1934 年第 188 期,第 15-16 页。

18. 王嗣鸿:《台江边胞生活概述》,《边铎月刊》1948 年第 2 卷第 1

期，第 9–23 页。

19. 泳霞：《贵州苗民的风俗》，《民众之友》1935 年第 1 卷第 8 期，第 14–16 页。

20. 觉迷：《苗猺犵狫奇俗志》，《国闻周报》1927 年第 4 卷第 23 期，第 1 页。

21. 黄邦和：《生活在苗民区里》，《民众周刊（上海 1945）》1945 年第 1 卷第 5 期，第 8–9 页。

22. 谭璇：《苗族节令风俗撮谈》，《边疆》1937 年第 2 卷第 3–4 期，第 26–27 页。

23. 曹恭：《黔省黄平贵阳两地苗胞访问记》，《西北论衡》1939 年第 7 卷第 18 期，第 14–16 页。

24. 童振藻：《黔苗近况述要及调整纲领》，《民族（上海）》1936 年第 4 卷第 5 期，第 775–803 页。

25. 王建明：《西南苗民的社会形态》，《边声月刊》1938 年第 1 卷第 3 期，第 44–55 页。

26. 岑家梧：《云南嵩明县之花苗》，《西南边疆》1940 年第 8 期，第9–22 页。

27. 刘熙：《改进西南苗夷教育之商榷》，《蒙藏月报》1936 年第 5 卷第 6 期，第 4–3 页。

28. 罗维：《抗战中之云南苗族问题》，《战时知识》1939 年第 2 卷第 12 期，第 9–12 页。

29. 陈赤子：《石门坎苗民的教育》，《贵州教育 》1942 年第 4 卷第 7–9 期，第 28 页。

30. 胡庆钧：《川南叙永苗民人口调查》，《边政公论》1944 年第 3 卷第 12 期，第 28–43 页。

31. 赤峰：《黔滇川边地行》，《边声月刊》1938 年第 1 卷第 3 期，第 59–74 页。

32. ［英］成国荣：《苗民中布道之情形（贵州）》，《兴华》1919 年第 16 卷第 2 期，第 16–17 页。

33. 杨力行：《湘西苗民的信仰》，《西南边疆》1940 年第 11 期，第35–42 页。

34. 仲番:《黔苗竹枝词（二）》,《国闻周报》1936 年第 13 卷第 47 期，第 1 页。

35. 魏鼎勋:《广西融罗苗疆谈丛》,《新中华》1936 年第 4 卷第 16 期，第 90-93 页。

36. 魏鼎勋:《广西融罗苗疆谈丛（续完）》,《新中华》1936 年第 4 卷第 17 期，第 86-90 页。

37. 凌焕衡:《广西镇边县之白苗》,《新中华》1934 年第 2 卷第 3 期，第 93-94 页。

38. 蒋默掀:《蒙自苗夷蠢动》,《时事月报》1934 年第 11 卷第 6 期，第 202 页。

39. 余范传:《湘省乾凤古绥区苗民概况（上）》,《边疆半月刊》1936 年第 1 卷第 2 期，第 10-13 页。

40. 余范传:《湘省乾凤古绥区苗民概况（下）》,《边疆半月刊》1936 年第 1 卷第 3 期，第 28 页。

41. 向尚:《苗区见闻》,《国讯》1936 年第 132 期，第 530-531 页。

42. 胡鸣龙:《中国苗族与西南国防》,《中国新论》1936 年第 2 卷第 9 期，第 63 页。

43. 寿茹:《湘边苗猺杂记（二）》,《新人周刊》1935 年第 1 卷第 38 期，第 16 页。

44. 记者:《湖南苗民风俗志》,《社会杂志（上海 1931）》1932 年第 4 卷第 1 期，第 21 页。

45. 黄平安:《贵州的苗民生活》,《社会杂志》1931 年第 1 卷第 5 期，第 3 页。

46. 叔先:《从苗猺社会的现状说到举办苗猺教育》,《教育旬刊》1935 年第 1 卷第 14 期，第 12-28 页。

47. 欧阳棫:《记湘西的苗族》,《申报月刊复刊》1943 年复刊号，第 102-105 页。

48. 盛襄子:《湖南苗猺问题考述》,《新亚细亚》1935 年第 10 卷第 5 期，第 22-34 页。

49. 许仕仁:《苗族生活及风习》,《新贵师》1948 年第 3 卷，第 16 页。

50. 胡斌:《广西苗山农村生活小记》,《农村月刊》1947 年第 1 卷第 6 期, 第 19 页。

51. 陈国钧:《到苗区去》,《东方杂志》1940 年第 37 卷第 16 期, 第 27-31 页。

52. 孙诞先:《贵州惠水(定番)苗胞习俗略述》,《生活思潮》1943 年第 3 卷第 1 期, 第 10-11 页。

(二) 学术期刊文献

1. 石寿贵:《巴代文化及其功用》,《湖南省社会主义学院学报》2011 年第 1 期, 第 34-37 页。

2. 吴晓东:《湘西苗语称谓"巴岱"译考》,《民族翻译》2009 年第 1 期, 第 42-45 页。

3. 陆群、石寿贵:《跃动在手指间的无声叙事——苗族"巴岱"手诀解读》,《文史博览》(理论版) 2013 年第 5 期, 第 22-23 页。

4. 余岛:《古代贵州的苗族教育刍议》,《苗学研究通讯》1998 年第 9 期, 第 54 页。

5. 廷贵、酒素:《苗族"鼓社"调查报告》,《贵州民族研究》1980 年第 3 期, 第 85-93 页。

6. 万昌盛:《奇特的苗族禳桥习俗》,《理论与当代》2010 年第 7 期, 第 51 页。

7. 杨正勇、李廷贵:《黔东南部分地区苗族原始宗教与原始文化调查述略》,《贵州民族学院学报》1989 年第 1 期, 第 50-57 页。

8. 杨德惠:《赫章苗族丧礼简介》,《苗岭风谣》1993 年第 1 期, 第47-49 页。

9. 秦朝智:《思南苗族探析》,《贵州民族研究》1996 年第 4 期, 第58-64 页。

10. 伍新福:《论苗族的宗教信仰和崇拜》,《中南民族学院学报》1988 年第 2 期, 第 21-25 页。

11. 韩军学:《天主教在云南少数民族地区的传播和特点》,《云南宗教研究》1995 年第 2 期, 第 33 页。

12. 尹建德:《步城苗族庆鼓堂》,《苗侗文坛》1998 年第 1 期, 第

77 页。

13. 王建民：《维克多·特纳与象征符号和仪式过程研究》，《中南民族大学学报》2007 年第 2 期，第 5-9 页。

14. 罗义群：《苗族祀月习俗与东君》，《黔东南民族师专学报》1999 年第 1 期，第 35-39 页。

15. 王岚：《论苗族盘瓠崇拜属于图腾崇拜》，《西南民族学院学报》1990 年第 4 期，第 15-21 页。

16. 杨文金：《贵州蒙正苗族的“竹王崇拜”》，《文史春秋》2011 年第 3 期，第 59-62 页。

17. 杨文金：《苗族的竹崇拜与竹王传说渊源》，《贵州文史丛刊》1992 年第 4 期，第 85-91 页。

18. 黄椿：《苗族信仰民俗中的性教育——以小坝寨为个案》，《贵州民族学院学报》2007 年第 3 期，第 110-112 页。

19. 海力波：《苗族图腾信仰管窥》，《民族论坛》1996 年第 1 期，第 81-85 页。

20. 杨正伟：《试论苗族始祖神话与图腾》，《贵州民族研究》1985 年第 1 期，第 51-59 页。

21. 雷秀武：《试论黔东南苗族图腾问题》，《贵州民族研究》1996 年第 2 期，第 122-131 页。

22. 吕养正：《湘鄂西苗族崇拜白帝天王考辨》，《中央民族大学学报》2002 年第 1 期，第 88-91 页。

23. 张锦华：《试述苗族的祖神崇拜和物神崇拜》，《贵州民族学院学报》2008 年第 4 期，第 32-35 页。

24. 杨昌国：《鱼·盘瓠·枫木-蝴蝶——苗族生殖崇拜文化研究三题》，《贵州社会科学》1993 年第 3 期，第 74-79 页。

三、学位论文

1. 东人达：《滇黔川边基督教传播研究（1840—1949）》，中央民族大学博士学位论文，2003 年。

2. 李晖：《黔东南苗族服饰中传统动植物图案的应用研究》，中南民族大学硕士学位论文，2010年。

四、文史资料

1. 全国政协文史资料委员会：《中华文史资料文库·民族宗教编》（第十八卷），中国文史出版社1996年版。

2. 政协贵州省赫章县委员会文史资料研究委员会：《赫章文史资料选辑》《第一辑》，1985年印刷。

五、网络文献

1. 杨文金：《蒙正苗族尊“孟获”为祖先》，金黔在线-苗疆风情网：http：//www.mjfqw.com/bencandy.php？fid=34&id=6393；2014-02-21 17：51：31。

2. 贵州省地方志全文数据库：http：//dfz.gznu.cn/tpi/sysasp/include/index.asp。

后 记

本书在我的博士学位论文基础上修改而成，承蒙贵州民族大学2015年学术出版基金的资助得以出版。

当年我心怀强烈的学术情怀走进四川大学校园，如今，三年博士生活已经结束，非常有必要将初衷与现状比较，非常需要检视自己一路走来的是非得失。回想走过的历程，虽然对专业的浓厚兴趣始终高昂，虽然依然清楚地定位自己：只有走学术研究之路追寻梦想最为贴切，自己的生命质量也才最有底色；但是，在成家立业之后继续攻读的现实，却随时会带给自己诸多的牵制和压力。我在手捧书本的同时，不得不随时以眼睛的余光快速地扫视我必须关心的纷繁复杂的家庭庶务、社会繁冗。所以，过去三年，我一方面尽可能多地阅读文献，探寻与中国少数民族宗教相关的学术问题，关注专业领域的热点；另一方面，由于已经没了工资支撑，我又不得不成天奔走于兼职单位，为解决生存问题而不遗余力。如今，我已经适应了在公交车上看书，在公交车上小憩，也适应了早出晚归的生活节奏。虽然如此，让我较为舒心的是内心对于走学术研究之路的愿望更为强烈，我也相信四川大学深厚的文化底蕴、宗教学研究所的学术传统已然被我吸纳涵化，也必将成为我日后在学术科研中的精气神。

四川大学宗教学研究所具有良好的学术传统，层出不穷的鸿篇巨制让我找到了学术归依，大师先贤们的雍容与博大精深每时每刻都会让我扪心自问。我非常明白，所里雄厚的师资，尤其是累累硕果早已无声地约束、规制与导引我那游走的心灵与散漫的生活走向专一，恪守谨严。课堂中，唐大潮教授的严谨、盖建明教授宽泛的学术对话、潘显一教授的多角度思维、闵丽教授的循循善诱以及段玉明教授三言两语即拨云见日的风格均让我受益匪浅。

三年来，导师张泽洪教授曾经为我纠正了几个早已是根深蒂固的错别字与标点符号使用的不当习惯。张老师的课堂容量很大，每次都会让我沉浸于海量的专业信息之中。阅读其著述，我就会追问自己的浮泛乖佞；导师的学人风范让我明白我必须沉静，必须心无旁骛、安心向学，才有可能在学术领域窥其门径，有所收获。导师极为注重其门下弟子思想道德与人生取向，他多次告诫我：不要目光短浅，不要为眼前利益而因小失大。在博士论文选题的取舍上，张老师让我既注意学位论文的基本要求，又得有所前瞻，必须为自己今后在专业领域的发展立些基础。《中国西南苗族传统宗教研究》的题目正是基于上述想法而被确定下来，在博士论文的撰写中，导师亦时常询问我的进度，答疑解惑，为我指点迷津。三年聆听，让我获益颇多，能够忝列其门下，我深感幸运。

时至今日，我衷心感谢三年来辛勤培养我们的四川大学，感谢宗教学研究所的各位师长，感谢导师张泽洪教授的辛勤付出。

周永健

2015 年 4 月 16 日